U0846682

每天一堂北大管理课

MEITIAN YITANG BEIDA GUANLIKE

文 捷◎编著

中國華僑出版社

图书在版编目（CIP）数据

每天一堂北大管理课 / 文捷编著. —北京：中国华侨出版社，2013.1

ISBN 978-7-5113-3135-9

Ⅰ. ①每…　Ⅱ. ①文…　Ⅲ. ①企业管理　Ⅳ. ①F270

中国版本图书馆 CIP 数据核字（2012）第 298668 号

● **每天一堂北大管理课**

编　　著 / 文　捷
责任编辑 / 棠　静
责任校对 / 李向荣
装帧设计 / 天下书装
经　　销 / 新华书店
开　　本 / 710 毫米×1000 毫米　1/16　印张 /22　字数 /382 千字
印　　刷 / 北京联兴华印刷厂
版　　次 / 2013 年 1 月第 1 版　2013 年 1 月第 1 次印刷
书　　号 / ISBN 978-7-5113-3135-9
定　　价 / 39. 80 元

中国华侨出版社　北京市朝阳区静安里 26 号通成达大厦 3 层　邮编：100028
法律顾问：陈鹰律师事务所　　编辑部：（010）64443056　64443979
发行部：（010）64443051　　传　真：（010）64439708
网　址：www. ovcaschin. com　　E-mail：oveaschin@sina. com

前 言
PREFACE

北京大学作为国内最知名的学府之一，获得了国人的一致赞誉。能够进北大聆听课程是一件十分有益的事情。北大光华学院作为专门从事管理研究和教育的机构，它秉承了北大深邃的学术思想和深厚的文化底蕴，在过去的20年内，已经发展成为国内最为顶尖的商学院之一。

在当今的社会中，从个人到团队再到一个大型的企业，其实都离不开管理学。无论是管理个人，管理手边的第一件小事，还是管理一个公司，都需要科学的管理和规划。因此，只有充分学习管理技能，汲取成功的管理经验，才能应付生活中的各种管理问题，才能带领自己的团队或者企业更好地适应现代市场的发展变化，才能应对管理过程中的各项新挑战。

本书全面融入了北大光华管理学院的管理思想，总结了管理者在管理过程中可能遇到的各种管理难题，以及经过实验检验的各种管理理论，用每天学一点的形式串联起来，每天讲述一个管理者普遍关注和关心的管理话题，使你在轻松的阅读中掌握系统的管理知识和技巧，进而全面提升自己的管理能力。

本书内容较为丰富，涉及了管理领域的多个方面，主要包括目标、领导艺术、创新、人才、授权、团队、执行力、企业文化、自我、竞争、压力、管理原则等管理知识，内容涵盖人际、创新、沟通、执行、制度、用人、激励、奖惩、竞争、营销、顾客、目标、成本等。每天轻松学一点，让你学会用管理者的眼光去思考和统筹生活中的一切难题。

同时，它传承上百年北大的文化积淀，揭示管理学的真谛，只要你悉心琢磨，认真实践，汲取北大名师的思想精华，灵活地去解决现实中的问题，就一定会在管理工作中驾轻就熟、得心应手。

本书内容充实，避免枯燥和说教色彩，力求用极为通俗易懂的语言使你了解到更为实用的管理知识。它既注重管理理论的操作性介绍，又有经典案例，是一本不可多得的管理者参考用书，每天只需花费5分钟，便可以使你掌握全面系统的管理知识，使你尽快成为一个优秀和卓越的管理者。

目 录
CONTENTS

第 1 章 目标管理课

第 2 章 领导艺术课

第 3 章 创新管理课

第 4 章 人才管理课

第 5 章 授权管理课

第 6 章 团队管理课

第 7 章　执行力管理课

第 8 章　企业文化课

第 9 章　危机管理课

第 10 章 时间管理课

第 11 章 自我管理课

第 12 章 竞争管理课

第 13 章 压力管理课

第 14 章 管理原则课

第1章
目标管理课

第1天　企业的目标要明确

每个人都要有自己的人生奋斗目标，但目标不要太大，认准了一件事情，投入兴趣与热情坚持去做，你就会成功。人是不能一天没有目标、没有梦想的，没有目标，人生就会迷茫、失落，心理就会脆弱。一辈子的目标要定得高远，但每个阶段的目标就要现实一点，要永远比周围人做得好一点。目标与能力成正比，目标要一点点积累，每一天、每一阶段的目标实现了，最后成就的就是远大的目标。我从自己不断攻克目标的经验中总结出了这样一个公式：时间＋目标＋努力＝成功。由此可见一个人要想成功，目标是多么地重要。

——俞敏洪（毕业于北京大学英语专业，新东方教育集团董事长兼总裁）

每一个人都应该有自己的目标，目标是一种志向、一种抱负，是一种驱使我们前进的动力。同样地，一个企业要想发展，离不开有远大见识的领导、努力工作的员工和创造共同目标的管理者。

对于管理者而言，明确的目标能使我们产生达成最终结果的积极性，能使我们看清楚自己所承担的使命，也十分有助于我们依据轻重缓急安排事情，同时，也使我们有能力去把握现在。

北大人所强调的企业目标主要指目的或宗旨的具体化，是企业需要奋力争取希望所要达到的未来的状况。具体来讲，是根据企业宗旨而提出的企业在一定时期内所要达到的预期效果。

可以说，目标是一个企业凝聚力产生的源泉，也是产生效益、利润的基本点。当然，管理者在制订企业目标时要遵循的一个最基本的原则便是：明确。

工作中，我们也许都有这样的经验：当我们只有一块手表的时候，我们能很快确定时间，该干什么干什么；当我们有两块或更多手表的时候，我们会看看这块，又看看那块，时间上的不一致会让我们犹豫不决。拥有两块或更多手表并不能告诉我们更明确的时间，反而会让我们对时间的判断缺乏自信。

一位老猎人带上三个儿子去森林中猎野山鸡，一切准备工作做好之后，他们出发了。四个人来到了森林里，这时老猎人问三个儿子："你们现在能看到什么？"

老大回答道："我看到了我们手里的猎枪，森林里乱窜的野兔。"

父亲摇摇头说："不对。"接着又要老二回答。

老二的回答是："我看到了爸爸、大哥、弟弟、猎枪、野山鸡，还有一大片的森林。"

父亲同样很失望，摇摇头说："不对。"

老三的回答只有一句话："我只看到了野兔。"

这时父亲点点头说："很好，你答对了。"

结果，一天下来，老三的收获最多。

目光要坚定，目标也要坚定。对同一件事情，不能确定多种不同的目标；对于一个企业，不能设有几个不同的企业目标，否则，都会陷入混乱之中，不仅管理的人混乱，下面执行的人也会没有头绪，不知道到底该怎么办。

诺基亚公司董事长奥利拉有一句精辟之言：一个企业不可能在方方面面都行，因此，必须学会专注。作为一个优秀的管理者，有明确的目标很关键，不能让精力分散在不同的点上，并让这个目标成为企业成员、团队成员的共同奋斗的方向，大家有劲往一处使，做起事来会更容易、更快速，这样，才能把事做好。

第 2 天　目标要远大且具有激励效果

做企业首先要求管理者要有远大的目标，不要被短期诱惑，还要有梦。

——周其仁（北京大学中国经济研究中心教授）

一人能做出多大的成就，完全取决于他有多高远的眼光、多广阔的胸怀和多大的人生目标。同样地，一个企业能够走多远，能取得怎样的业绩和成就，完全取决于管理者的眼界有多远。只有目光远大的管理者才能够从全局出发，制定出远大的目标，从而引领企业向更高远的方向发展。

所以，这就要求管理者在制定企业目标的时候，不能让目标过低、轻易便能实现，这起不到激发下属或者员工积极性的作用。管理者一定要从企业长远的发展规划出发，使目标尽量高远。但是，目标定位也不能过高，不能远远超过企业可提供的条件或者员工的能力，超过可实现的范围，这样也起不到激励的效果。

美国管理心理学家维克托·维姆指出了一个“期望理论”，即人们在工作中的积极性或者努力程度（激发力量）是效价和期望值的乘积，其中效价指一个人对某项工作及其结果（可实现的目标）能够给自己带来满足程度的评价，即对工作目标有用性（价值）的评价；期望值是指人们对自己能够顺利完成这项工作可能性的估计，即对工作目标能够实现概率的估计。因此，一个目标对其接受者如果要产生激发作用的话，那么对于接受者来说，这个目标必须是可接受的，可以完成的，可以激发出其工作潜力。对一个目标完成者来说，如果目标超过其能力所及的范围，则该目标对其是没有激励作用的。

有一次，法国一家报纸进行一次有奖智力竞赛，其中有一道题是这样的：如果卢浮宫失火了，而你只有可能抢救出一幅画，你会抢救哪一幅？在各种各样的答案中，法国作家贝内尔的答案被评为最佳答案，并获得该题的奖金。其实，他的答案很简单，他说：“我抢离出口最近的那幅画。”

由此可见，最佳目标并不一定就是最有价值的那一个，而是最有可能实现的那一个。每个人都可以随意地设置一个目标，但是如果这个目标没有实现的可能，也就没有了意义。更为严重的是，它还会重挫员工在执行过程中的积极性与自信心。

作为管理者，在制定目标的时候，一定要郑重考虑目标的可行性。目标设置脱离了实现便成了荒诞，让执行人员无法接受。像这样的目标，超过了企业的现状和员工的实际能力，对员工起不到任何的激励作用。

第3天　让目标具有一定的挑战性

每个人的潜能都是来自于自我的强迫中，你不强迫自己工作，你永远不知道自己有多能干。

——朱文恚（北大教授）

让目标能够实现，并不意味着管理者在制定目标时一再降低对目标的要求，结果员工很轻松地就能完成，没有一点挑战性。比如说一条河里明明可捕获至少100条鱼，而你的要求是让他们去捕获50条鱼，这样的目标很容易就能够实现，根本不能激发他们对工作的热情。领导者在团队建设中的首要任务，就是为组织成员设定一个具体的、明晰的、有挑战性的目标。

为什么目标要有一定的挑战性呢？每个人都有他的惰性，太轻松地就能完成目标会让他们更加没有压力。很多时候，我们都强调有压力才会有动力，一个没有挑战性的目标会让他们大大放松对自己的要求，更别说能激发他们的潜能了。

摩托罗拉公司创始人高尔文经常为员工设置具有挑战性的目标。20世纪40年代末，摩托罗拉公司刚进入电视机市场时，高尔文就为电视机部门制定了一个富有挑战性的目标：在第一个销售年，以179.95美元的价格卖出10万台电视机，还必须保证利润。

此言一出，就有人抱怨说："我们怎么可能一下子卖出那么多呢？那至少意味着我们在电视机这个行业的排名能升到前四，再看看我们现在的排名吧，最多能排第七。"

还有人说："售价还不到200美元，那成本得从现在的基础上下降多少啊，如果我们不能有效地降低成本，怎么盈利？"

不过，高尔文并没有因此而"妥协"，只是说："我们一定要卖出这个数量。在你们拿出用这种价格、卖出这个数量，还有利润的报表给我看之前，我不想再看任何成本报表。我们一定要努力做到这一点。"

事实证明，许多看似不可能的目标，完全是可以实现的。不到一年，摩托罗拉公司实现了原定的目标，并不断发展。

所以说，管理者在制定目标时，要适当地给员工一些压力，既不能让目标太高，脱离了实际，也不能让目标太低，远在员工的能力范围之下。要让他们觉得这个目标并不是那么容易实现，但只要自己努力去做，还是可以实现的，而且能圆满地完成任务。

很多时候，企业目标过低反而会让员工感到不满意，一个不能充分发挥自己能力和挖掘自己潜力的企业更不值得他们留恋。作为管理者，要让目标上一个高度，让员工需要跳起来才能触碰到它。

第 4 天　给目标设定一个完成的时限

时间限定是提升工作效率的最佳利器。

——北大光华管理学院管理课理念

当目标确定之后，如果不给员工一个完成的期限，那也不能起到预想中的结果。试想，当一个目标本可在三个月内完成时，他们却用了半年甚至更久，那并没能起到提高工作效率、提高企业业绩的作用。

如果一个目标没有了完成的期限，那反而会成为一种阻碍。比如说，你只说明让员工完成 30 万元的销售额，却没给他一个明确的期限，是一个月，一个季度，还是可以更久呢?

联想创办之初，柳传志说联想要做一个年销售额达到 200 万元的大公司，结果年销售额达到了 300 万元。之后，柳传志再设定了一个阶段性的目标，用 10 年的时间达到 4.5 亿美元的销售额。

虽然其他人认为这个目标不太可能完成，但事实证明，柳传志是正确的。到了 1995 年的时候，联想内部把 2000 年的目标修正为 20 亿美元，结果使营业额达到了 30 亿美元。

有些目标能够在短时间内完成，而有些则需要安排相当长的一段时间才能完成。总之，目标都需要有一定的期限，这样才能进行有效的考核。比如说要求员工在 6 月 30 日前完成上半年的工作目标，这样既能给员工一个时间上的标准，也能给他们一定的压力，他们尽最大的努力在规定的时间内完成目标，其结果往往就会实现目标并在一定程度上超过目标，给企业带来更大的效益，也提高了企业的竞争力。

第 5 天　认准方向，朝目标前进

年轻人要有一点理想，甚至有一点幻想也不怕；不要太现实了，一个年轻人太现实了，没有出息！小到个人，大到国家，都要有远大理想。没有远大理想的青年，难有大的发展前途；没有远大理想的民族，难以屹立于世界民族之林，早晚会被淘汰。

——任继愈（毕业于北京大学哲学系）

一艘船，如果没有明确的航向，无论风从哪个方向吹来，都是逆风；对于一个丧失了人生方向的人而言，不管选择哪一条路，都会让自己身陷险境；对于一个没有明确方向的企业而言，只能走一步看一步，很难有大的发展前途。

可以说，方向即为目标，管理者只有在管理过程中把握正确的方向，努力地朝着自己的目标迈进，才能够卓有成效地实现目标。

台湾集成电路公司在10年的时间里，创造了13亿美元的营业额，成为当时台湾增速最快的企业。能够取得如此大的成功，在很大程度上得益于他们提出要超越本土做世界第一的目标，甚至在企业的孕育期就把这个作为企业的发展方向。在企业获利率达50%时，董事长张忠谋仍然会设各种指标，要求公司向英特尔看齐。“财务数字只是结果，不能真正反映企业竞争力。”他在会议中斩钉截铁地说，“不管是景气好、景气不好，赚钱、不赚钱，主管的责任，就是建立竞争优势，让竞争者永远赶不上来。”

作为一个管理者，需要明白企业目标对企业未来发展的重要作用，要懂得在日常工作中设定合理的目标，确定目标的责任和实现目标的步骤，不能根据自己的一时好恶随意设定目标。

有些管理者在工作中不能做好自己的工作，论经验、论知识储备、论想象力，他们都不比别人差，究其原因，就是他们没有自己的目标，只是把眼光停留在眼下的一些小得失上，忽视了工作成果的重要性。

一个能够重视目标的管理者，清楚自己和自己的团队该往哪一个方向走，把注意力放在工作当中，并在工作中不断地超越自我，实现既定的目标并朝更远的方向发展，为所在的部门做出更大的贡献!

第6天 “目标管理”的具体实施

实施企业目标管理，可以为企业提供管理的基点，可以兼顾组织目标和个人目标。对企业员工而言，可以加强个人能力的开发，提高全体员工的凝聚力。同时，目标管理还能够产生激励作用，能有效地评估组织和个人。

——北大光华管理学院管理课理念

做任何一件事，只要你迈出去了第一步，然后再一步步地走下去，就能够逐渐地靠近最终的目的的。同样地，一个企业有了目标之后，就要将目标细化，对目标进行管理，换句话说就是将抽象的目标转化为切实的行动，如此才能实现目标。

北大的管理理念认为，只有能够合理地将企业的大目标进行具体的分配和实施，切实落实到行动，企业的目标才具有现实意义。

那么，作为一个企业的管理者，如何对“确实的大目标”进行管理呢？具体来说，目标管理可以如此操作：

制定公司总体大目标→将大目标分解到各个部门→各部门针对自己的目标制定具体目标→个人再制定具体目标→个人制定行动计划并签定协议→实施行动计划→检查反馈执行情况→实施绩效考核→拟定奖惩方案→兑现奖惩。

工作目标体系具体为：

企业目标→完成目标的具体措施（下级目标）→完成目标的措施（再下级目标）。

也就是说，上级完成目标的具体措施，也就是下级的目标，一直将目标落实到每位最底层的员工！

第7天　合理地将大目标化成小目标

任何一个大的目标都可以分成许多小的目标来实现，即使你不能一下子达到最高目标，你只要一步一步向前走，最终就能实现。因为每一个目标的实现都是为你下一个更大的目标做准备的。没有远大目标的人注定不能成功，但是有了远大的目标却不善于将其细分化，这样的人也很难获得成功。

——俞敏洪

北大管理者认为，宏伟蓝图自然是具有无穷魅力的，但它同时往往并不是唾手可得的。最重要的就是不要去看远方模糊的事，而要做手边清楚的事。

确实，要达到大目标，就像上楼梯一样，一步一个台阶，将大目标分解为多个容易实现的小目标，脚踏实地地向前迈进，每前进一步，达到一个小目标，就能够给自己增加信心，不断地推动自己去实现下一个小目标，最终实现大目标。

当然在具体规划你不同阶段的事业目标时，也要做到以下几个方面：

1. 每个阶段的目标应该有激励价值，而且又有实现的可行性。目标是现实行动的指南，如果定得太低，实现起来太过容易，无法起到激励作用。但如果超出自己的能力范围，不仅不能在预期的时间内见效，还会挫伤个人的积极性，使自己失去信心，影响目标的实现。所以，在规划阶段目标时一定要根据个人才能、个人经验、社会阅历、个人素质以及所处的环境条件等综合进行考虑。

2. 目标要尽可能地具体，并且要限定时间。有很明确的具体的任务要完成，又有时间限定，你就能够集中精力，开动脑筋，调动自己和他人的潜力，全力以赴地去让员工做该做的事情。这样就会离目标越来越近。

3. 目标也要具有灵活性，要根据不同阶段的需要不断地进行调整和修改。对于中长期目标，至少要做一次检验，做出必要的修改。僵化保守，很难发挥下属或员工的潜能。对于短期目标，也要根据现实情况的变化做出相应的调整，灵活变通，不要将目标限定死。

4. 设立不同阶段的目标时，一定要全面地衡量，切不可草率行事。要知道，设定不同阶段的企业发展目标，是企业走向卓越的重大起步，必须要配合具体的行动计划做充分的思考。要从企业的资金状况、所处的环境条件与需要等诸因素方向进行反复的思考、论证和比较，要将之看成是企业发展的大事来对待。

5. 对不同阶段的目标进行大胆的尝试，在实践之中使其不断地完善。制定企业不同阶段的目标是对企业未来的设计，一定会有不完备之处。如果在实施的过程中发现超过了企业的能力所限，就要灵活地进行调整，甚至重新作决定，这是一种极为科学、认真的态度。

总之，一个企业的大目标是由成千上万的小目标组成的，只有管理者肯沉下心来，踏踏实实将每一个小目标都完成好，才能实现企业的大目标。

第 8 天　将企业目标与员工目标结合起来

管理一个公司，到底需要在哪些方面做好，过去十一年我也不断总结，基本上是一个方面，是目标，大家有一个共同目标。

——李彦宏（毕业于北京大学）

北大的管理理念认为，任何一个企业的发展都离不开员工的努力，当然，员工的发展也不可能置身于企业之外，所以说，企业与员工也是一种相互依存的关系，缺了任何一方都很难成功。

一个企业要想做到可持续发展，不仅要有好的决策，树立正确的发展目标，也需要执行的人能够正确落实决策，这就需要员工能与企业有共同的目标。

管理者希望员工能够敬业和服从，把企业的未来当成是自己的未来；对于员工而言，他们希望得到更多的回报，满足生活的需要，实现个人价值。想让员工更加愿意全身心地为企业付出，联想公司、方正公司、同方公司等在媒体上宣称在多少年之内造就多少百万富翁。其实，这是企业发展的一个目标，也正好迎合了员工在利益方面的期望。

美国康宁公司总裁哈夫顿曾委派公司最能干、最受尊敬的资深经理人负责康宁公司的品质管理。他拨出500万美元，创立了一个新的品质管理学院，用以实施康宁公司大规模的教育和组织发展计划。同时，他向员工承诺，每个员工的训练时间提高到占工作时间的5%。康宁公司的品质管理计划很快就达到了哈夫顿的目标。正如一位高层经理所说："它不只改善了品质，更为员工找回了自尊和自信。"

很多时候，员工把自己分内的事做好就很不错了，如果要他们为了实现企业的目标而付出更大的努力，很多人一定不会乐于接受。作为一个管理者，需要塑造企业与员工的共同目标，这样才能激发员工最大的积极性和工作动力。

在许多国际知名企业中，比如通用电气、宝洁等，当一批新的员工入职后，他们都需要接受相当长的一段时间的培训，并且在一段时间后还会不断地强化公司的理念。其目的就是让员工随时清楚地知道自己目前所处的位置，并且随时检查自己是否与组织的目标一致。

当员工的目标能与企业的目标保持高度一致时，管理者自然无须为他们是否会努力工作而发愁。作为一个管理者，要能够对处于不同阶段的员工制定出不同层次的期望，这样才能最大限度地调动他们的积极性，让他们与理想、与目标的距离逐步缩小，从而促使企业的目标也一步步变成现实。

第9天　唯有想做"第一"，才能成为"第一"

不满是向上的车轮！

——鲁迅（北大教授）

俗话说，不想当将军的战士就不是好士兵。容易满足的管理者，就注定不能带领员工取得大的成功。北大管理精神认为，企业的管理者从自己当上领导的那一天起，就应当树立永做第一的强者心态和强烈欲望，这种欲望可以让管理者制定出高远强大的目标，进而带领企业走向强者的位置。

比尔·盖茨时常激励自己的话就是"富而思进，永争第一"，他不仅是这样要求自己的，也是这样制定企业的发展目标的。

1975年7月，年仅20岁的比尔·盖茨与保罗·艾伦在新墨西哥州的阿尔伯克基正式创建了微软公司，将他们久存于心的梦想变为了现实。

20世纪70年代个人电脑的市场发展很是缓慢，当时的电脑巨人IBM公司为了与苹果公司抢夺市场，决定与微软公司联手拓展市场。于是，IBM公司就将软件开发的所有业务都承包给了比尔·盖茨，这使他在白手起家的起始阶段就找准了发展的良机。

在与IBM公司合作的过程中，比尔·盖茨竭尽所能，成功地写出了DOS的操作系统。没想到10年后DOS操作系统却给世界造成了十分巨大的影响，微软也正是靠这套操作系统为自己唱响了名声。

有了动力的盖茨，在企业中提出了“事事第一”的发展口号和目标。企业员工在他不断的激励下，微软公司到20世纪80年代初，就开始不断地壮大，员工也增加到100多人，而且实力也与IBM公司不相上下。微软公司发展到1986年的时候，成功转型为一个上市公司，首次公开发行股票。短短数日内，比尔·盖茨就成为世界历史上最年轻的亿万富翁。

“富而思进，永争第一”，比尔·盖茨也常用这句话来激励自己的员工。比尔·盖茨之所以能取得巨大的成功，就在于他对自己所取得的成绩永不满足，于是，他就会始终激励自己向前发展，不断进取，最终实现了自己的理想，达到了自己所向往的目标。“富而思进，永争第一”的奋斗理念，是比尔·盖茨在实践中创造的金科玉律，它能帮助盖茨生产的软件席卷全球，永创潮流，长盛不衰。

古今中外，那些成功的名人，都往往是揣着一颗积极主动的心去做好每一件事情，积极主动地去寻找发展的机会，因此，他们能够高效率地创造出一个个的成功。

第10天 让每位员工都明确自己的具体工作目标

欲想员工尽力而为，达成自己的小目标，管理者必须让每位员工都能够明确自己的具体的工作目标！

——北大管理精神

当代管理大师肯·布兰查德在其著作《一分钟经理》中指出：“在相当多的企业里，员工其实并不知道经理或者企业对自己的期望，所以在工作时经常出现‘职业偏好病’，即做了过多经理没有期望他们做的事，而在经理期望他们有成绩的领域里却没有建树。造成这样的情况，完全是由于经理没有为员工做好目标设定，或者没有把目标设定清晰地传递给员工。”

主人的两头牛不见了，就吩咐他的仆人出去找。太阳快下山了，主人还没有看到仆人的影子。没办法，他只好去找仆人，想知道发生了什么。在野地里，主人看到仆人正在那里来回瞎跑，就问他：“你到底在干什么？”

仆人一脸兴奋地说：“到这里的时候我发现了两头鹿，您也知道，鹿比牛可金贵多了，所以我就没去找牛。”

主人说："那鹿呢？"

仆人说："有一头向东边跑了，我去追，可我跑得没它快。不过我记得朝西的那头鹿脚有点问题，我现在去追它，肯定能追到。"

作为一个管理者，想让员工最大限度地发挥他们的能力，就要让员工能够明确他们的工作目标。一是给员工树立一个明确具体的目标，很多时候，员工没有工作的动力，显得懒散无力，并不是他们不想努力，只是没有一个具体的目标，让他们没了奋斗的方向，不知从何处着手；二是给员工树立的目标要难易适当，把目标分成几个小目标去一步步实现；三是给予达到目标的员工一定的奖励，这不仅是一种鼓励，更是一种刺激，会让员工倾尽自己最大的全力，为实现目标而努力。

作为管理者，如何做到呢？以下三点可以借鉴：

1. 将目标具体量化，并指导员工如何去实施，让员工有信心、有目的地去完成目标！很多时候，一个目标的确定，可以有效地改变一个人的工作态度。如果管理者能够帮员工明确他的工作目标，并且能够有效地指导他去实现目标，那么，他一定会变成一个自觉的人。

2. 给员工的工作目标要合理。我们要根据每位员工的工作能力，制定其最合理的工作目标，即目标不能太难、太远，也不能太容易实现，要具有挑战性。同时，无论这个人的目标是什么，都要将其分成几个步骤去做，这样更有利于达成远大的目标。

3. 要根据员工完成目标的具体情况，给予员工适当的奖励和惩罚。这样可以最大限度地激发员工的积极性。这里需要注意的是，这种奖惩制度不要仅仅流于口头话，可以以制度的形式正式化。同时，奖惩制度要具体化、量化。比如规定完成任务后，要具体奖励多少金额。这样的奖励就会变得十分有刺激性和有价值，员工就会尽他最大的努力去完成自己的目标。

第 11 天　如何判断团队目标是否合理

目标合理化和树立目标同样重要。

——余世维（北京大学客座教授）

员工的个人目标很重要，团队目标也很重要。企业的大目标确定后，要将具体的目标下发给每个团队，要想使整个团队能够发挥出最大的合作潜力，首先要判断团队接到的目标是否合理。具体来说，可以从以下几个方面去判断：

1. 分配给团队的目标是否适合团队的整体计划与经营策略。

2. 目标是否与团队的实际实力相符合，在规定的时间内，能否富有挑战性地完成任务。

3. 系统化的目标是否符合企业的整体目标。

4. 目标能否细化，并且细化后的目标能否落实到具体的人。

5. 企业内部各个部门的目标是否能够相互配合。

6. 细化后的具体目标是否能够体现员工的意愿。

7. 长期目标与短期目标是否能够相互平衡。

8. 各个部门的目标能否相互关联。

总之，作为管理者要判断出团队的目标是否合理，要有具体的标准。团队的管理者也应该根据自身的实际能力进行目标管理，如发现有不妥之处，应及早着手改进。

第 12 天　协助员工实现个人目标

一个高效的组织，应该讲究协同作战。作为组织中的一员，在做项目的时候，应该想到，你拥有的不仅仅是自己部门的资源，身边很多其他部门的资源都可以为我所用；而在你的日常工作中，也应该随时想到，自己的工作是否可以为身边的其他同事或团队提供帮助。当组织中的每一个成员都这样做的时候，这个组织的整体效率就会是最高的。

——李彦宏

在目标管理中，帮助员工实现个人的愿望与目标也是一件很重要的事情，是目标管理的一个重要方面。如果员工在工作中不能实现目标，对其自身、对管理者、对整个企业都会造成影响，甚至会让企业付出代价。

北大管理精英认为，员工的目标能否实现，关系到他们对工作投入的热情与兴趣。如果他们的个人目标不能逐步实现，他们有理由对自己和企业的未来表示怀疑。海尔集团 CEO 张瑞敏说，一个企业，上对国家负责，缴纳税金；下对员工负责，帮助每个员工实现他个人不能实现的目标。

陈冲是某公司销售部的一名能力突出的业务员。一次公司下达了一个新的任务：销售部在第四季度必须实现 600 万美元的销售额。

在销售部经理和许多员工还在抱怨的时候，陈冲却在努力地工作。两个半月的时间里，他完成了自己的销售额。不过，由于其他人并没完全投入到工作当中，在剩下的半个月里，还需要完成近 200 多万的销售额。

压力之下，销售部经理提出了辞职。由于陈冲表现出色，被任命为新的销售经理。在剩下的不多的时间里，他把精力全部投入到工作之中，带领大家在最后一天里完成了任务。

其实，在实现企业目标的同时，业务员陈冲的目标也得到了实现，这自然更加激发了他的热情。管理者要明白，员工是企业宝贵的资源，是所有企业目标的执行者，企业的目标能否实现，不仅在于管理者是否有有效的手段和方法，也在于员工对管理者工作手段的配合和反映。他们能不能在执行的过程体现自己的积极性和创造性，在很大程度上取决于在企业目标实现的同时，他们个人的目标能不能实现。

作为管理者，不能仅考虑到企业的目标，也要确保员工的目标也能随之实现，这样，才会让员工充满干劲，继续为企业的发展奉献自己的力量。

第 13 天　通过监督查看目标的执行情况

只有目标，缺乏必要的监督，一切都是空白。

——北大光华管理学院管理课理念

北大管理精神中，极为重要的是员工的执行力。北大管理者认为，在实施目标管理的过程中，监督是极为重要的一部分。在管理过程中，如果管理者存在丝毫的懈怠的侥幸的心理，都有可能会影响整体目标的实现。

作为管理者，虽然很多事情都不需要自己去亲力亲为，但对员工在执行任务、实现目标的过程还是需要进行有效的监督，及时发现问题、指出问题，并提出解决问题的办法，以保证员工在执行目标的过程少走一些弯路。

某IT公司总部在上海，在合肥还有一家分公司。年终的时候，总部发现公司成功实现了全年的销售额，还以为他们完成了销售目标，但仔细一分析才发现，至少有一半的销售额不是来自总部给他们提供的产品，而是他们发现有些客户有一些新的要求，便自己组织人员为他们做了一些软件。所以说，他们其实并没有完成总部的销售目标。

作为总部的分公司，他们的核心任务本是销售公司的产品，而他们更多地却从事了研发的工作，到头来，并没有得到总部的表扬，甚至还受到了严厉的批评。

作为管理者，应当对员工的工作过程进行及时有效的追踪，虽然不对他们的工作进行过多的干涉，但一旦发现问题，还是需要及时指出。如果这家分公司的管理者让员工在一开始就清楚地知道，他们的主要任务就是通过提高销售额进一步打开合肥市场，为总部新产品的投入铺路，而不是自己研发新产品，结果也许就不是这样。要知道，如果销售部门做了研发部门的事，那会出现什么样的情况呢？新产品倒是多了，但市场却没能得到开拓。

在执行任务的过程中，员工不可能不出现一点瑕疵，作为管理者，就是要对这些瑕疵进行及时纠正。目标的实现过程不会总是简单的，总会让员工在执行的时候遇到一些问题，如果管理者不在这时提供帮助，便有可能让他们在一条错误的道路上越走越远，以至于离目标也越来越远。

第 14 天　目标管理需要获得决策者的支持

目标管理最需要决策者的支持。

——北大光华管理学院管理课理念

为什么说目标管理需要获得决策者的支持呢？我们知道，管理是一种挑战，每一个企业都会有自己的总目标，目标管理都是从决策者制定出总目标后开始的。可以说，最高决策者对目标管理的决心够不够、热情高不高等，对目标管理的实施都会产生直接的影响。否则，一切就只会停留于形式，做一些表面上的文章。

理论上讲，目标管理的推行由企业最高层管理者提出，这样更具权威与说服力。不过，在现实中，由于最高层管理者过于放手，使得目标管理往往由管理部门的领导提出，而最高决策权并不掌握在他们的手中，所以说，获得最高层管理者的认可对目标管理的作用是很大的。

既然如此，我们该怎样做以获得他们的支持与认可呢？可以从以下几个方面着手：

1. 聘请管理顾问，有目的地对最高管理层灌输概念。

2. 适时地向最高管理层提出企业存在的一些问题，当他们问及问题的原因和可采取的措施时，便可伺机向他们提出目标管理者的作用。

3. 对比其他企业采用目标管理后的效果向最高管理者阐明目标管理的好处，这种最直观的对比最容易让最高管理者看到目标管理的优势，也容易得到他们的认可。

总而言之，是否采用目标管理取决于能否为企业带来利益，能否解决企业自身存在的一些问题，只要能对企业的发展有益，最高管理者是会赞同的，因为他们比任何人更关心企业的业绩能否实现增长。

第 15 天　制定企业目标的注意事项

公司有什么制度不合理，应该大胆地拿出来进行修改，否则执行力是执行不下去的。

——曾仕强（北京大学客座教授）

一个企业目标的制定关系着企业在未来一段时间内的走向，关系到众多的员工在接下来的工作中的方向。如果企业的目标不合理，将会给执行的员工带去诸多不利，也给整个企业带来不利影响。

作为管理者，在制定目标时，要注意以下几个方面：

1. 目标的制定要符合实际情况。眼高手低是许多人的通病，对于很多企业而言，会出现这样的情况，他们总是把目标设置得很高，但又没有必要的条件确保目标能够完成，结果，每次制定的目标都不能得以实现，给员工的信心带来极大的打击。

2. 制定目标要坚持“自上而下，再自下而上”的原则。在制定目标前，企业的最高决策者应该把他们的观点拿到管理层和员工当中，让他们进行讨论，这样既能发挥集体的作用，又能增强员工的主人公意识，体现出企业对员工的尊重。

3. 要重视“全员参与”。“全员参与”让员工感受到企业对他们的认可，也让他们事先清楚企业发展的愿景，明白企业在发展的过程中将会给自己带来什么，也就增强了他们的责任感。

4. 制定的目标内容不要太累赘，做到简洁明了。说到底，企业目标的制定都是为了企业的发展，这需要全体员工共同的努力和付出。作为管理者，要让目标易记、易懂，让员工知道自己在目标执行中应该发挥怎样的作用。

5. 要满足员工在实现目标后的利益。目标的实现是一个全员参与的过程，尤其需要员工的执行才能得到有效的实现。当企业的目标实现后，要能够满足员工的需要，做到企业与员工的双赢。

第 16 天　给员工提供相应的协助

拒绝承担个人责任是一个易犯的错误。作为一名有效的管理者，应该为事情的结果负责。

——余世维

北大管理精神指出，每位管理者在实施管理的过程中，虽然不必在每一个问题上都投入自己的精力，让自己深入一线，但也不能以为有了员工去完成任务，便觉得自己无事可做，可以什么都不用管。作为管理者，要在员工执行的过程中给予他们必要的帮助，认真履行自己的职责。

当员工在实际工作中遇到困难的时候，管理者要给予下属必要的人力、物力上的支援与协助。当然，这种支援与协助一般情况都是在下属提出请求或是他们在执行目标时遭遇困难的时候及时提出，以避免下属认为是管理者在干预或妨碍他自主实现目标的权利。同时，当下属需其他部门的支援时，管理者应协助进行“横向联系”，以加强部门间的团队合作，共同达到目标。

小李是某公司的一名销售员。月初的时候，经理给他的任务是在一个月内实现 50 万元的销售额。虽然刚来公司没多久，小李还是觉得这对自己来说应该不会太难。然而，快到月末了，小李离任务的完成还有很大的距离。这时候，经理并没有责备他的意思，而是说他刚来还不太了解情况，也没能掌握一定的销售技巧，叫他不要担心。

听了经理的话，小李并不觉得如释重负。因为当他意识到自己不能完成任务时，已经询问过经理他该怎么做，但经理只是说让他自己摸索。小李想，如果那时候经理给他一些建议，也许结果就不是那样了。

当员工在遇到困难提出求助的时候，管理者应该提出切实有效的帮助，因为员工的工作进程关系到整个目标的实现进程。如果管理者完全任其自主工作，对他们的工作情况不闻不问，那一旦出现问题，而他们又没能意识到或没有有效的措施去处理，就有可能带来极其不利的影响。管理者在这个过程中，需要给他们相应的指导，提高他们的执行力。

有些管理者觉得在这种情况下给员工一些鼓励就足够了，如说一些激励的话或是拍拍他们的肩、与他们握握手等，其实，员工更需要实际的协助。他们需要的是管理者能在此时提供及时雨般的帮助。

第 17 天　目标不能随意变更

执行力差的原因之一在于管理者出台的管理目标不严谨，朝令夕改。

——曾仕强

一个合理的企业目标是上下级之间不断沟通与协商制定的，当目标最终确定后，全体员工就会在工作中为实现这个目标而努力。如果管理者在目标确定之后还随意地更改，就会给员工的实际工作带来极大的不利影响。正所谓“牵一发而动全身”，朝令夕改的目标会让员工在执行的进程中产生疑虑，也会让执行力大大降低。

春秋时候，楚国有一位拥有高超射箭技术的人。他能够在百步之中射中杨树枝上面的叶子，并且还百发百中。楚王很羡慕这位高人的本领，于是就传他过来教他射箭。这位高人就将自己的射箭技巧倾囊相授。

楚王兴致勃勃地练习了一阵子，渐渐能得心应手，于是就邀请他一起到野外去打猎。打猎开始了，楚王便叫人将躲在芦苇丛里的野鸭子赶出来。野鸭子被惊扰地振翅飞出。楚王弯弓搭箭，正要射猎时，忽然从他的左边跳出了一只山羊。

楚王一想，一箭射死山羊，可比射中一只野鸭子划算多了！于是，楚王就又将箭头对准了山羊，准备射它。

也正是在这个时候，右边突然又跳出一只梅花鹿。楚王又想，若是射中罕见的梅花鹿，价值比山羊又不知高出多少。于是楚王把箭头对准了梅花鹿。

忽然大家一阵惊呼，原来从树梢上飞出来一只较为珍贵的花鹰，振翅便往空中蹿去。楚王又觉得还不如射苍鹰好呢！

然而，正当他要将箭头瞄准苍鹰时，苍鹰却迅速地飞走了。楚王便只好又转头去射梅花鹿，但是梅花鹿最终也逃走了。于是便只好再回头去找山羊，但最终山羊也早早地溜掉了，连那一群鸭子都飞得无影无踪了。

楚王拿着弓箭比画了半天，结果什么也没有射着。

瞄准了一个目标后，就要全力以赴，随意更改目标，会让你一事无成。一个团队也是如此，只要认真地细分市场，瞄准目标，并锁定目标，并且加强部门或团队间的协调配合，全力推进公司宏伟目标的实现，才能最终将目标转化为现实。

所以，这就告诫管理者，要确定目标时，一定要考虑周全。一旦确定了目标，切勿随意更改。这样才能保证每位员工都能针对各自的岗位职能，确定更清晰的工作目标，制定得力的工作措施，全身心地投入到实际的工作中去，创造性地开展工作，实现最终的目标。否则，管理者随意更改工作目标，只会使公司彻底缺乏向心力和凝聚力！

第 18 天　合理地关注员工的工作进程

团队执行力不佳的原因之一是缺少科学的监督考核机制，没有人监督，也没有监督方法。开会的时候要问有没有方法、有没有人负责、有没有监督，什么东西没有人监督，执行力很快就有了偏差。

——曾仕强

当任务一项项安排给员工，让他们去完成后，管理者还需要做些什么呢？是不是就意味着管理者自此就高枕无忧，等着收获就行了呢？自然不是这样。一个优秀的管理者，一定要注意非常重要的两个环节：一是任务的安排，另一个便是检查员工的工作情况。

过程决定结果，如果员工在执行的过程中出现错误，便不会取得预想中的结果。有些管理者在分派完任务后，便忽视了对员工工作情况的关注，结果导致他们中有的人在错误的道路上越走越远，离目标也就越来越远。这就要求管理者对员工的执行过程进行一定的控制。

进行一定的控制并不是剥夺员工自主处理问题的权力，而是为了最大限度上保证所有事情都能正常进行并确保符合目标要求。从另一个方面看来，这种控制的目的是确保员工按要求努力工作、不浪费资源、避免造成损失、限制员工越权行事等，帮助员工实现既定目标。

在执行任务、实现目标的过程中，管理者总会授予员工相应的权力，但这并不表明就可以放任不管。虽然对工作的细节不予干涉，但对工作的执行情况则还是需要正确地把握，在必要时给予适当的建议与协助，让下属能有效地工作。

有时候，我们经常能看见这样的情况，管理者本想了解员工的工作情况，但一看到员工辛勤工作时，也就放心了，结果工作成绩一出来，便让管理者很不满意。原因在哪儿，在于管理者没有找到事件的关键点，光看是否忙碌，显然不能代表工作过程的有效性。

合理地关注员工的工作进程，要做到两点：一是尽量让员工主动汇报工作情况；二是了解工作过程中的重要环节。这样才能让合理的检查、监督发挥出真正的作用，既能减少员工的一些困难，更是让他们的工作离目标更近。

第 19 天　及时进行成果评估

"及时雨"的激励是卓有成效的！

——北大光华管理学院管理课理念

要想使每位员工发挥最大的积极性，管理者就要及时对员工的工作成果进行评估，并给予及时的、适当的奖励。"奖励一个人，激励上百人。"奖励应有适当的时效，一个员工如果有一项任务完成很久了，还没得到及时的奖励，等到他得到奖励的时候，几乎就会忘记他为何得到奖励，这样就起不到应有的激励效果。

思科公司的管理者向来很重视"及时奖励"，他们也是采用这种方法来激励人才留下来。思科公司专门设有"即时奖"，如果员工在销售中有超常的表现，那么，主管随即可以给予其 50～2000 美金不等的激励奖。

IBM 公司还设立了"金香蕉奖"。它的由来是这样的：有一天，一位年轻人走进 IBM 公司创始人汤姆·瓦特森的办公室，告诉他自己取得了一项了不起的成绩。瓦特森十分高兴，想好好奖励一下这个小伙子，结果找遍办公桌抽屉，也只找到一只香蕉，他就把这只金黄色的香蕉作为奖品给了小伙子。小伙子随即感到激动万分，因为这代表他的工作业绩得到了领导的认可，大大激发了小伙子再次全心投入工作之中。从此，"金香蕉"便成为 IBM 公司员工取得成绩的象征。

要知道，人们的一切行为都是为了追求有利或避免不利，由此在生理或心理上必然产生与之相适应的喜好或厌恶情绪，从而产生不同的行动效果。而激励则是为了诱导人们共同的喜好和厌恶的趋向，促进事业的长期发展。当然，这种趋向，不同的人也各不相同，但是有一点却是相同的，就是要及时和适度。

生活中，还有不少的管理者，总是喜欢开"空头支票"，要员工或者下属完成一项任务之前承诺得相当地好，但是当员工或下属将任务完成了，他却迟迟不兑现，或者以种种借口推诿了事。这种激励方式，只会失信于民，挫伤员工工作的积极性，而且还可能造成混乱，取得完全相反的效果。

古人提倡"赏不逾时，罚不迁列"，是指奖赏不能错过时机，惩罚也不能等到士兵离开队伍的行列再去执行。激励也只有及时才能够使人们迅速地看到做好事的利益或者做坏事的恶果，"赏一劝百，罚一警众"，产生震憾和轰动效应，才能够赏立信、罚立威。

北大管理精神指出，要及时对员工的工作成果给予评估，使激励与员工的获奖欲望最强烈的阶段相吻合，这样才能获得最佳的激励效益。正如美国名将马歇尔所认为的那样，在战斗中表现突出的部队，应给予迅速的表彰，他说，嘉奖可立即办好，向新闻界宣布；文书工作可以随后办理，因为要求填写各种报表而造成时间的延误，能使奖励的价值减到最低的限度，那种认为“有了成绩跑不了，年终算账晚不了”的想法与做法，会使奖励本有的激励作用随时机的怠误而丧失，造成奖励走过场的结局。

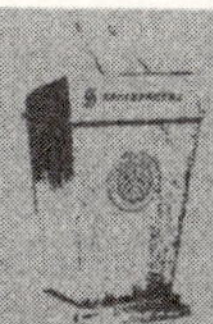

第2章 领导艺术课

第20天　威信比权力更重要

领导力就是获得追随者的能力。

——翟鸿燊（北大客座教授，著名国学应用大师）

任何一个管理者要想带领好自己的团队，就要在员工心中树立一种威信。这种威信是领导者力量的化身，是其行使管理权的必要基础，它比权力更重要。这好比在一个企业中，管理者在行使管理权的时候，也要衡量一下自己在员工心目中的分量，而这种分量主要是指管理者的威望。

北大的管理理念对领导者的威望做了这样的阐述：威望即为人的声威和名望。威望对领导者以及企业组织来说，具有十分重要的作用。它是每个组织实施统御的必备条件，是领导者身上的无形光环，是领导者力量的化身，也是成就事业的基础。领导者如果没有威望，组织就不会有任何一致的行动，最终会使其走向衰亡。

一个用权力来行使管理权的管理者，只会让下属行动上信服；而一个靠自身威信来行使管理权的管理者，会让下属心服口服地服从管理，达到良好的管理效果。可以说，威信要比权力更能达到有效的管理效果。所以，一个聪明的管理者，都会将精力放在建立自身的威信上面，从而最终收到事半功倍的管理效果。这样的管理者不会像那些跋扈的统治者那样去将组织的所有归自己所有，任由自己支配权力。而是会将主要精力用来塑造个人良好的品德，锻炼自身的能力，树立强有力的担当意识，从而在下属心中树立起强大的精神支撑，建立属于自己的威信。

第21天 管理者如何树立自己的威信

领导者力量缺乏的主因来自：理念不够坚定，言行明显不一致！

——曾仕强

北大的管理理念一直认为，一个有威望的领导者，首先要有卓越的才能，要能够为组织做出突出的贡献，而非靠自己已有的权势去征服别人而获得。高超的才能是领导者自身声誉和名望的传播者。因此，企业的领导者在得知威望的重要性的同时，要格外注重自身的品德与修养，在员工心中树立威望，这是吸引全体追随者的最好利器。

一个有威信的管理者，除了要靠其自身的品德及修养支撑起来的人格魅力，还要依靠自身的思想修养、领导艺术、文化素养、群众关系等因素来练就。

那么，在生活中，管理者要如何去做才能在下属心中树立起极高的威望呢？

第一，虚心学习，增长才干。对于管理者来说，不仅要努力学习管理才能，还要学习本行业的各种技能，不当门外汉。同时也要学习法律、经济、心理学以及领导艺术等相关知识，以提高自己的综合素质。其综合素质越高，知识越丰富，能力越强，就越会受到大多数员工的尊重和信赖。

第二，与时俱进，更新观念。领导要与时俱进，能够接受新生事物与新观念，不故步自封，不因循守旧，而且要有强烈的创新意识，对各种事物的看法要有自己独到的见解，从而才能使员工信服。

第三，工作讲求计划，办事要有条理。工作讲计划，办事有条理，才能清晰自己的思路，才能在各种问题来临时考虑得周全、透彻，从而能够做出迅速的反应，处理问题也能够慎重、果断地作出决定，提高办事的能力。

第四，博采众长，一专多能。领导不仅要有过硬的专长，而且也要有广泛的兴趣，要博学多才，这样才能受员工尊敬。

第五，领导者要有实在的业绩。具体表现为：

1. 敢于承担责任。在困难来临时，要勇于承担责任，不畏艰险，冲在前头，为战胜困难做出表率，带领全体员工战胜困难。

2. 少说多做，真抓实干。真正受员工爱戴的领导会少说多做，不做表面文章，一切从实际出发，真真切切地为员工谋福利，办实事。

总之，管理者平时只要善于从凝聚力、号召力和影响力三个方面去努力训练，就一定能树立强有力的威信。

第 22 天　树立威信，必须要处处比下属强吗

我希望你们学习辜鸿铭先生的英文和刘师培先生的国学，并不要你们也去拥护复辟或者君主立宪。

——蔡元培（北大校长）

北大校长蔡元培先生的这句话其实是告诉我们，每个人都是自己的不足或者欠缺之处，不必处处追求完美，样样都做得好。固然，有威信的优秀管理者必然会有自己的过人之处，然而，这种过人之处只是表现在某些方面，而非样样都要比下属高明。

某广告公司新来了一位非常优秀的部门经理，性格很是好强。他所率领的部门需要不同技能的成员来达成部门的整体工作目标。他有极强的学习能力，认为他的能力必须是所有团队成员中最强、最全面的。于是他上任不到一个月，手下的一名主管便提出了辞职，原因是直接上司是内行，在工作上只是执行上司的意见，无法施展自身的才能。

有一次，这位经理去检查属下的工作，看到一位属下的工作出了点小问题。这位经理便二话不说，立即帮这位下属纠正了技术上的错误，这让那位犯错的员工顿时佩服有加。

假如事到如此，这位经理也就以他自身的行动为员工树立了威信。完成工作后，他也许有些得意忘形，竟然拍胸脯说道："技术不比你强，能空降到公司直接做部门经理吗？"这样的吹嘘顿时让部门听到的同事都心生厌恶，从而失去了他在员工心目中的威信，给人一种妄自尊大的感觉。

这位部门经理正是没有对自身的职位有一个正确的定位，对自身的工作性质和存在价值有一个清楚的认识，而将自己变成了一个技术上比较出色的小角色，最终不仅让他失去了员工，也降低了他的威信。

由此可见，管理者威信的建立，重点要放在认清自身的角色和职位，做好自己的本职工作，同时还要修炼良好的品德，而非要花大精力去超越你的下属。

第 23 天　正其身，则不令而行

遵守纪律的风气的培养，只有领导者本身在这方面以身作则才能收到成效。

——王强（毕业于北京大学英语专业）

北大管理精神认为，任何一个管理者都是一个团队的中心，其一言一行都会受到工作部门员工的关注，也会对员工造成深远的影响。所以，要想使你的管理卓有成效，就要懂得“正其身”。

无论在哪个组织中，能“正其身”的管理者浑身都闪耀着一种人格魅力，会有形或无形、有意或无意地感染下属。如果管理者不能严于律己，却又对员工要求严格，员工自然不会服从。自己的行为不能让员工信服，员工自然也就不会尽其所能，整个团队就会人心涣散，失去向心力和凝聚力，自然就会影响团队的良性运作和健康发展。所以，要想成为一个优秀的管理者，首先就应该做到“正身”以感染员工，为员工树立榜样，让上进心强的员工主动仿效学习，让落后的员工自惭形秽，发挥领导“正其身”的潜移默化作用。

从北大走出的诸多优秀的管理者都认为，领导的工作作风就是大家的工作作风，一个懒懒散散的管理者，其下属也不会勤快到哪里去！在这方面，美国著名的管理者玛丽·凯就有着极为深刻的见解，她说：“在企业中，每个人都会模仿管理者的行为，而不管其行为是好还是坏。如果一个管理者时常迟到，吃完午饭后拖延到办公室的时间，经常在上班时间打私人电话，工作中不时因为喝咖啡而导致工作中断，那么，他的下属也极有可能会仿效他。当然，下属也会模仿管理者的好习惯。比如，管理者经常会在公司加班，以处理那些比较棘手的工作，那么，他的下属也会模仿他，时间久了，也会将棘手的工作拿回家做！可以说，管理者的职位越高，其肩上的职责就越大，就越要注意自己的一言一行，以给下属留下良好的印象，因为管理者始终处于众目睽睽之下！”

为此，管理者做每一件事情，都应该考虑到自身的榜样作用，注意自身的一言一行，用不了多长时间，你的员工们就会因为仿效你的行为而去工作，从而提高工作效率。当然，即使不能给下属起到好的榜样作用，但最起码要做到遵守制度，无论在任何时候都不要凌驾于制度之上。如果领导者遵守制度，那手下不照干行吗？只要领导者遵守制度，下级自然就会认为其令人佩服，领导威信自然会形成。

第24天 用精神力量去领导

有一部美国电视连续剧叫《兄弟连》，讲的是第二次世界大战诺曼底登陆时发生在美国101空降师的一个连的故事。这个兄弟连最初的连长叫Dick Winters，指挥战斗极其厉害，战士跟着他出生入死，建立了深厚的感情。这个连长被提升成营长之后，上面派了一个无能的连长过来，两次指挥战争就把这个连的战士牺牲了2/3，敌人倒一个都没打死。剩下的这十几个人发现不对劲，觉得这个连长是不能领导这么一个英雄的连队的，如果再这样下去自己的命也没了，最后就想办法把这个连长给弄走了，这个连队也恢复了英雄的风采。

——俞敏洪

北大管理理念认为，一个懂得并做到用精神力量去领导企业的管理者是伟大的，同样，拥有这种精神力量的管理者也是幸福的，因为你的下属会非常愿意追随你。至于如何才能拥有这种精神力量，北大毕业的俞敏洪有自己的独到的见解："首先你要真的相信这种力量，其次你做过的事情证明了你这样做是对的，这就加固了你的精神力量，然后你要把这种精神力量通过言行传递给别人。我让我所有的管理者都看到，我比他们更加勤奋，更加努力，更加100%把新东方当成家。"

同时，要想拥有这种领导者的魅力、领导者的精神力量，最重要的是让身边的人跟自己一样坚持一个信念，而这个信念最核心的要素，俞敏洪认为就是发展前景。"靠目标和梦想的激励，我觉得作为团队领导人，有一个非常重要的特点，需要对你周围的所有人，包括合作者、创始人、群体员工，都要有一个激励精神，用目标来激励，用精神力量来激励，用自身的肩膀去扛痛苦，让员工感到光明。"

做这件事情让人们感觉到能有未来，这也是任何人做事情的前提。一个企业可以制造未来的成功、个人的成长和财富的增加，这是给大家的一种必然的鼓励。这个鼓励透过什么表现出来呢？通过领导人对未来的信心。领导者哪怕一分钟暴露出对企业没有信心，人就会散掉。企业越是小的时候越要有信心，这个信心不能靠装，而一定是发自内心的，就算被踩到地下也会钻出来的信心，要让人们看到，这个事业是在不断发展中的。

第 25 天　管理者必须要有稳定的情绪

企业实力弱，创业者经验不足，不能很好地处理一些困难，这个时候如果创业者的情绪不够稳定，就容易影响军心。

——俞敏洪

北大的管理理念很注重管理者情商的训练。情商，即为情绪的管理能力，它比智商更重要。一个人的情商取决于他的心态，不同的心态就会产生不同的情绪，不同的情绪在处理问题时，就能够产生不同的结果。

歌德说："谁不能主宰自己，谁就永远是一个奴隶。"主宰自己，主要指主宰自己的情绪，这是干大事者所必备的能力。可以试想：你早上上班，如果你是一脸怒气，对谁都是阴着脸，其他的同事一定会想："是不是和老婆吵架了，或者是遇到什么不顺心的事了？"有了诸如此类的心理暗示，谁还敢与你说话呢？工作中出现问题，谁还敢去向你请示呢？久而久之，大家就自动对你产生畏惧感，做事畏手畏脚，有了问题，脱卸责任，生怕惹你恼怒，那么，这样的团队怎么做出好的业绩来？

一个人不成功，并非是他缺乏机遇，也不是因为他资历浅薄，更不是他们能力不行，而是他们没能够掌握好自己的情绪，喜怒形于色，不能很好地将工作和生活分开来。连自己个人的情绪都管理不好，如何去管理别人，甚至带好一个团队呢？

第 26 天　领导者要勇于承认错误

作为一个管理者，重要的就是要勇于承认错误。

——李彦宏

现实生活中，一些管理者犯了错误总会遮遮掩掩，支支吾吾给自己找客观理由，总是害怕部属会嘲笑自己。殊不知，勇于承认错误是自信心强大的表现。你在下属面前犯了错，能够主动承认，不仅不会引起部属的嘲笑，相反，还会让部属觉得你是个心胸宽阔的人，从而受到他们的崇敬、爱戴和拥护。

从北大毕业的企业家俞敏洪在谈到管理者的素质这样说道："我宁愿承认错误也不愿意死要面子。管理者一定要心胸开阔，敢于承认错误，这样才能起到应有的作用，才能为自己树立极好的威信。这个对我来说问题不大，因为我善于承认错误。如果我不承认，就可以被我的高层管理人员骂上很长时间，我还不如赶紧承认算了，他们就没得骂了。新东方的元老从来不把我当领导看。坏处呢，新东方结构调整管理的难度增加；好处呢，因为有人敢骂我，我能及时纠正自己的错误，因为这帮人都是我大学的朋友哥们，向他们承认错误不算丢面子。然后我发现向下属承认错误也不丢面子。有一次，我骂一个员工，凶了一点，伤他自尊了。第二天我意识到这个问题，就给他发了一个邮件，向他道了歉。这个员工感动得不得了，在我面前保证说一定要好好干，做出成绩来，所以，我们要勇于承认错误。”

一个愿意主动承认错误的管理者，能够充分表现其对部属的尊重，也是树立威信的重要方式之一。

第27天　管理者要培养自己的“黏合”能力

我记得一位管理大师说过，一个优秀的领导者，不是他自己最优秀，而是使最优秀的人为你做事。新东方早期人们劝说我最多的一句话就是你越早退休，新东方的发展就会更快。现在明白了，能不能凝聚人才是企业发展的重中之重！

——俞敏洪

北大管理精神指出，具有“黏合”能力是对一个管理者最起码的要求。一个管理者如果不能够很好地与部属打成一片，或者与大家貌和神离就极难开展工作，也很难开创出工作的新局面。所以，一个管理者就必须牢固树立善于与他人合作共事的意识，遇事多协调、多沟通，做到大事讲原则、小事讲风格，不断地提高自己的共事的能力。

那么，作为管理者应如何培养自己的“黏合”能力呢？主要可以从以下几个方面努力：

1. 要增强与其他同事合作的意识。一名管理者如果个性太强，缺乏与他人合作的意识，每天孤军奋战、单打独斗，即便是自己能力再强，也极难收到良好的效果，并且还极容易产生戒心、形成内耗。这样的团队就极难形成一个战斗堡垒。所以，作为一名管理者就必须要牢固树立合作共事的意识，想问题、做事情，必须要以大局为重，要讲团结，讲合作。总之，作为一名管理者，要像一个浑身都涂满黏合剂的球体，主动黏合一切可以黏合的力量，努力营造一个善于合作共事的良好氛围。

2. 要善于协调，注重沟通。作为一名管理者，要搞好团队与团队之间、人与人之间的协调和沟通，这是合作共事的一个重要环节。因为加强协调和沟通是化解矛盾、消除误会、增强团结、增进友谊的极为有效的方法，尤其是当双方的看法不一致、工作需要衔接、工作安排发生时间的冲突、工作方法出现分歧、需要合作解决问题，以及关系不顺、职能交叉造成争功诿过时，更要加强协调和沟通。通过沟通来疏通关系，调整利益，形成共识，寻求合作，以达到和谐相处、合作共事的目的。当然，协调与沟通，一定要讲求方式、方法与策略，讲究语言艺术，注重感情投入，并且以诚相待，用真心换真情，用自己的人格魅力去打动人。观点要求大同，存小异，不断地通过修正自我，树立自己在团队中的威信。同时，也要学会让步，学会宽容，既能够容人，也能够容言、容事。切忌自高自大、盛气凌人、固执己见，或者是将自己的意见强加于人，只有这样，才能起到事半功倍的效果。

3．大事要讲原则，小事讲风格。管理者要让自身具有黏合力，善于和团队合作共事，并不是要搞无原则的一团和气，也不是做是非不辨、好坏不分的老好人，或者是人云亦云、遇事无主见地随风倒，更不是当察言观色、看风使舵的投机分子，而是要在大非面前，必须坚定自己的立场，旗帜鲜明。同时也要讲大局、讲原则。在个人利益和他人利益发生冲突时，要学会忍让，不斤斤计较，不自私自利。有困难就上，给员工树立威信；同时也不要拉帮结派，要光明正大，不搞阴谋诡计，要团结，不要分裂，要弘扬正气，抵制歪风，要公平对待每一位员工。如此才能得到员工的尊重。

总之，作为一个管理者，要事事以身作则，努力使团队形成一个心齐风正、人心思上、人心思干、团结协作、和谐共进的浓厚的氛围。

第 28 天　管理者要培养亲和力

亲和力是一个领导者的必备素质，是领导与员工之间的黏合剂。

——北大管理精神

对一个管理者而言，要想让员工忠诚于你，将你的事业当成自己的事业去努力拼搏奋斗，就要善于与员工打成一片，让员工觉得你是一个和蔼、善良的人，值得跟着你干。

从北大光华管理学院毕业的周迎仁指出，一个聪明的管理者，会尽可能地通过亲和式的管理方法去拉近与下属之间的距离，这样才能让下属们真心地接纳管理者的想法与理念，愿意与管理者一起同甘共苦，更容易做出成绩来。

其实，要拉近与下属的距离，有时候只需要一句话、一个动作便可以达到目的。但是想让这份感情更为长久地得到维持，作为管理者还需要从以下几个方面努力：

1. 巧用“圆桌”效应，让员工感到平等和谐。所谓“圆桌”效应，即为会议室多使用圆桌，在开会时，员工不分上下，随便就座。这样可以避免席次的争执。“圆桌”代表与会者“一律平等”和“协商”的意思。圆桌所呈现出来的柔和感和曲线美使员工生出“亲切的关系”、“和谐的闲聊”、“融洽的气氛”等形象和感受，使管理者与员工打成一片，这样可以有效激发员工的参与热情，管理者也更容易从下属那里得到更快、更有效的信息。

2. 多鼓励下属。下属在工作中取得成绩，就要予以鼓励。否则，会让下属产生一种受冷落的情绪，认为管理者不够关注自己，影响以后的工作积极性。在看到下属做出成绩后，可以向他诚挚地说声“你辛苦了”、“谢谢你”、“你真棒”、“这个主意太好了”等，这可能会比给他100元的奖励更有效；或者可以给他一个认可与信任的眼神、一个忘情的拥抱、一张鼓励的便条或亲笔信等，有时候，这比年终的模范证书还要管用。同时，对于那些失败的下属，也要给予一定的鼓励，让他放松心情，更能让他体会到管理者非常重视自己，那么自然会对管理者报以感激，并在未来的工作中努力挽回损失。

总之，人都是有感情的，在与下属的相处过程中，管理者适当地利用感情做杠杆，便可以赢得下属的喜爱，这也是赢取“民”心最为有效的方法。在工作中你可以适当地利用亲和式的管理方法拉近与下属的关系，让他立刻感觉到你是个有感情的管理者，最终收获的是下属的忠心！

第29天　学会唱“红脸”，勇于做下属的挡箭牌

肯为下属着想的人，能得到丰厚的回报。

——俞敏洪

工作中，每一个人都有可能会犯错。很多下属在犯错后，经常会处于一种战战兢兢、如履薄冰的状态。在掌握了下属的这一心理状态后，不妨在下属办事不力的事情，替他们承担责任，做他们的挡箭牌，以鼓励他们重新振作起来。这样做，会使下属心存感激、心生敬佩，对管理者产生信任感，会使他在以后的工作中表现更加出色，以报答上司的一片心意。

汉明帝时，曾经有一伙匈奴人来投降汉朝。明帝见罢，随即就令尚书仆射钟离意准备一些绢绸赏给他们。钟离意就将赐绢绸的数量拟定好，交给手下一个很得力的郎官去办理。那个郎官想：“既然是赏赐，多给一点儿不是更能彰显我们大汉天子的仁爱之心吗？”于是就擅自做主，多给了匈奴人一些绢绸。

此事暴露之后，明帝不但没有龙颜大悦，反而大发雷霆，下令要对那个自作主张的郎官用酷刑。作为这件事情的负责人，钟离意自知责任重大，便匆匆觐见皇上，口头请罪说："做事犯错，人人在所难免。这件事情是由我负责的，郎官的任务是我派下去的，现在出了问题，论罪也应该由我承担，郎官是我的下属，此人平时办事尽职尽责，对国家更是一片忠心，他这次犯错误也是出于一片好心，想向匈奴人表示大汉天子对他们的仁爱之心。虽然有不当之处，还请皇上从轻发落。请皇上明断！"说完，就脱下了衣服准备接受惩罚。明帝见钟离意主动替下属承担责任，对下属如此爱护，随即又感到很是欣慰，就令他穿好衣服，免去惩罚，当然也饶恕了那位郎官。这位被庇护的郎官受到钟离意如此的袒护后，从此对他忠心耿耿，为钟离意做事尽心尽力，从此再也没有出现过纰漏。

上司为部下揽过，意在保护部下，令其反省思过。管理者在必要的时候做下属的挡箭牌，他们一定会感恩戴德，全心全意效忠于你。

第 30 天　做一个有"气量"的管理者

作为管理者，必须要拥有高人一等的气量，这样才能立刻俘获下属的心。

——李彦宏

俗话说：宰相肚里能撑船。作为一个管理者，在与下属的相处过程中，要赢得下属的信赖和忠心，就要显示出你的气量。只有这样，下属才更愿意为你效力，助你在职场的道路上行得越远！

那么，对于管理者，应如何培养自己的"气量"呢？

1. 乐于听取下属的意见。有些管理者在面对下属的意见时，会认为下属在挑战自己，便勃然大怒。这样会使下属觉得你是个气量极小的人，觉得你难以成大事，以致毅然辞职，久而久之，会让你丧失更多优秀的人才，最终使自己的事业发展陷入困境之中。要知道，积极听取并采纳下属提出的一些建议，会让你避免错误，利于自身的发展。所以，管理者在做出某项决策或实行某项措施时，当听到不同的声音时，千万不要火冒三丈予以压制，而是应当认真考虑，看其是否说得有道理。对一些积极的意见要给予采纳，并给予一定的奖励，这样才能让你的周围聚集更多的贤才，才有利于自身的发展。

2. 主动化解矛盾。有时候，管理者因为个人原因，在批评下属时态度会有些粗暴，伤了下属的自尊心。事情过后，管理者应当向下属主动道歉，以显示自己的气量。

松下幸之助就有着过人的气量。有一次，一位下属因为一时疏忽在财务报表上漏掉了一个数字，使公司遭受了一些损失。松下幸之助勃然大怒，在大会上狠狠地批评了这位员工。

当自己的情绪平静下来后，松下幸之助突然觉得，自己刚才的那些行为有些过激，因为那张报表自己也在上面签了字，自己也有责任。即使不是这样，自己也不应该这么严厉地批评下属。想到这里，松下幸之助立刻感到坐立不安，于是急忙打电话给那位下属，向他表示自己的歉意。恰巧那天下属正在搬家，松下幸之助便登门祝贺，还亲自为下属搬家具，忙得满头大汗，这位下属感动得热泪盈眶。从此以后，这位下属也从未再犯过错，对公司忠心耿耿，更视松下幸之助为自己的榜样。

松下幸之助认识到自己的不当行为后，立即向下属表示歉意，以自己的气量赢得了下属的忠心。所以，作为一个管理者，也要向松下幸之助学习，这是俘获人心的法宝。

3. 勇于为下属承担责任。在团队中，你的下属也许会因失误而犯下错误，这时候，你向他提出严厉的批评的同时，也要主动帮下属承担责任，尽力去挽回损失。这更显出你的高风亮节，表现出你豁达的心态、过人的气度，就会让很多矛盾消于无形，不知不觉中你的身后也有了大批的追随者。

第31天　掌握批评的尺度

直接批评是伤人的利器！

——季羡林（北大教授）

当下属犯错误时，不少管理者最直接的反应就是凶狠地训斥或者责骂，这样做并不会有助于问题的解决。既然错误已经犯下了，就只能够在如何减少错误的损害程度和避免重犯上面下功夫，使错误成为通向成功之路的铺路石。

美国一家公司的高级负责人，因为工作严重失误而造成了500万美元的巨额损失。为了此事，他心中极为紧张。许多人向董事长提出应将他革职查办，但是董事长却认为一时的失败是企业家精神的“副产品”，如果能继续给他工作的机会，他的进取心和才智有可能超过未受过挫折的人。因为挫折对有进取心的人是最好的激励剂。

第二天，董事长把这位高级负责人叫到办公室，通知他调任同等重要的新职。这位负责人十分吃惊：“为什么没有把我开除或降职?”“若是那样做，岂不是在你身上白花了500万美元的学费?”后来，这位负责人用坚强的毅力和智慧为公司做出了卓越的贡献。

批评是一种艺术，作为管理者，如果能以一种极为巧妙而且不伤感情的方法去批评员工，这是极好的方法。

其实，管理者批评员工的目的无非是要让对方改正错误，同时能够激励他，希望他能做出更好的成绩来。而如果管理者直接批评对方，会刺痛对方的心，达不到应有的良好效果。而如果你能够适时地把握批评的“度”，则会使被批评者欣然接受。

所以，对于不同的对象，管理者应该选择不同的批评方式与选择不同的时机，以达到良好的批评效果。当然，在平时的管理过程中，管理者也应该不断地总结批评员工的经验，让批评更有效果。

第32天　掌握批评员工的艺术

批评是一门艺术，根据不同的对象应采取不同的批评方式，以达到良好的批评效果。

——俞敏洪

批评其实是一门艺术，管理者在平时的工作中应如何有效地利用它呢？主要可以从以下几个方面去努力：

1. 注意批评的场合。作为一个管理者，批评员工一定要考虑批评的时间、场合或者时机是否合理。比如，一位管理者带着部下到顾客那里去访问，当管理者发现部下在言谈举止上存在问题时，最好不要当着顾客的面对其提出批评。这个时候，最为重要的还是要用极高明的谈话方法将部下的缺点给掩饰过去。当没有旁人在的时候，再对其提出批评，这样可以有效地维护员工的尊严，让他对你心存感激，达到有效的批评目的。

2. 对事不对人。有些管理者在批评员工时，总是会这样说：“从你做的这件事就能看出你这个人怎样!”这是批评之大忌。批评时，最好只针对事情，而不能够以个人的人格、品性等来说事。比如，你可以这样说：“小王，根据你往常的表现，你不应该犯这样的错误，是否有什么原因使你这次没有做好充分的准备……”这种气氛十分有助于让对方认识到领导不是在攻击他这个人，而是在针对事情本身。这样批评，就将批评建立在较好的氛围之中，使对方欣然接受。用这种方法，指出他人错误的同时实际上夸奖了他，使他得以重新树立自我形象，因为领导的意思给员工的感觉是“领导的话说明我这个人还是不错的”。这样，员工心里就很清楚领导是信任他的，并期望他做得更好，这本身对于他不辜负领导的信任和期望就是一种强有力的激励。

3. 先赞扬，后忠告。批评的最终目的不是要把对方压垮，不是整人，而是为了帮助他成长；不是去伤害他的感情，而是帮他把工作做得更好。

有的管理者之所以善于运用批评，就是因为他们能采取先扬后抑的方式，比如“小刘，你的文章写得不错，一定下了不少功夫。但是其中有一个问题需要你注意……”，“小张，你一贯表现不错，对你取得的成绩，我为你感到高兴。就是有一点我觉得你可以做得更好，我也相信你一定愿意改正的……”如果对方需要得到忠告，要从赞扬其优点开始。这种方式就像外科医生手术前用麻醉药一般，病人虽然有不舒服的感觉，但却可以消除他的痛苦。所以，作为一个管理者要学会从赞扬开始，以忠告结束批评，既解决了问题，也没伤害感情，是一种极为奇妙的方法。

第 33 天　管理者批评时常犯的错误

任何工作都没有未来，未来掌握在负责工作的人手中。要尊重人才，不要伤害他的自尊心。

——李彦宏

每个人都难免会犯错误，管理者对员工提出批评时，最常犯的错误是不注意批评的场合或时机，在大庭广众下让员工难堪不已。另外，就是新账旧账一起算。这两种方式都在一定程度上伤害了员工的自尊心，都起不到良好的批评效果。

北大是一个拥有着宽阔胸怀的著名学府，它的管理理念也是宽容的。它告诫管理者，在批评下属的时候，一定要缩小批评的范围。一个人在犯错误后，最无法忍受的就是大家也对他群起而攻之，这样会伤害人的自尊，也许会让人承认错误，但却无法让人接受这种批评方式。会让受批评者对管理者甚至同事充满敌意，一旦有机会，将会以牙还牙。

作为一个管理者，要想使受批评者心服口服地接受批评，一定注意批评的场合和时机。要知道，当他人在场时，哪怕是最温和的方式也可能会引起被批评者的怨恨，无论是否辩解，他也能够感到自己丢了面子，甚至会让他觉得你在贬低他的人格，这样绝对不能起到良好的批评效果。

同时，批评要杜绝新账旧账一起算。就是说，如果员工犯错误，你提醒他一次也就够了，下一次犯错的时候，千万不要连这次也一起算上。否则，会让员工觉得你在揭他的伤疤，或者觉得你对他抱有成见，或者别有用心，起不到有效的批评的目的。

管理者在任何情况下都要记住批评的目标：使他的工作得以改进，顺利地完成任务。批评不是存款，时间越久，利息越多。总是翻阅别人的老账，唠叨个没完，于事没有丝毫的帮助。批评别人时，宜“就事论事”，不要旧账新账一起算。在交谈结束时，说几句“我相信你会从中吸取经验教训的”诸如此类勉励的话，就会让人觉得这不是有意打击，而是变失败为成功，不失为一次有益的经验。这样想过之后，他会鼓起精神，更加踏实地投入工作。

第 34 天　要打气不要打击

人才难得又难知，就要尊重人才，就要用人不疑！

——北大光华管理学院管理理念

工作中，谁都难免会有失败的时候，人生本来就是在无尽的变数中不断延续的，但是每个人面对失败的表现却不尽相同。有的人会说明理由，极力地辩解，不肯轻易地认输；而有的人则会闭眼深思、深究其原因，很愿意承担责任；还有一些人则会惊慌失措、烦恼不安。一些管理者认为，对于部属的失败，应该熟视无睹，以示对他的惩罚。还有一些管理者则会对其加以“斥责”和“非难”，以示部属要有所警戒。殊不知，这样做的结果则很有可能会使部属重蹈覆辙。

管理者对待工作失败的部属，追究其失败的原因，促使他本人反省，是无可厚非的。然而，追究也要讲究方法。下策是揪其痛处，使其引以为戒；上策则是鼓舞志气，使其重新再来。要打气而非打击，处世精明的管理者都懂得这个道理。

当然，如果是一位足以被部属信赖或者仰慕的管理者对部属斥责几句，部属是不会生气的，反而会自我反省，努力工作以挽回局势，以期待下一次更好的表现。因为他知道，领导的斥责，只是针对他的工作，而非在贬损他的人格。

不幸的是，有些领导专门喜欢以人格攻击的方式对部属大加斥责：“只有你这个饭桶才会做出这样的事情”、“你从来没有一件事做得成功，你——白领薪水，是公司的渣滓”。这种口不择言的斥责，会伤害部属的自尊心，很难赢得部属的尊敬和忠诚。

管理者要明白，失败很多时候并非完全是坏事，让部属从失败中彻底领悟工作的真正意义与人生哲理，才是真理。身为管理者，在任何时候都不要轻视任何一个失败者，要相信他们有足够的能力去克服失败，从失败中站起来。当下属的创造受到了挫折，领导最为正确的做法就是去鼓励他，给他打气而不是给他打击。

做领导难，做会管人的领导更难，做人人满意的领导难上加难。在各行各业的领导岗位上，谁能够拥有大的魄力、大的思路、大的度量、大的公正之心，谁将会永远掌握管理的主动权。

第35天　兑现承诺，不要失信于人

无论身处什么样的社会，一个人做人做事的最终成功，只有依靠“诚信”二字。你先对别人有诚信，大部分人也才会对你有诚信。就算你有时候被别人骗了，也不能因此就丢掉诚信，否则你就会失去自己成功和幸福的根基。

——俞敏洪

古人说：言忠信而行正道者，必为天下人所心悦诚服。作为一个管理者，要想在下属面前发挥强大的影响力与号召力，首先要讲诚信，遵守诺言。可以试想：一位领导向下属做出了某种承诺，下属立即对其产生了期望。而如果是承诺不能够兑现，下属便会立即感到失望与厌恶，随之领导也会失去影响力。

领导说话不算数，不兑现承诺，下属自然不愿意效忠于你，对你的印象也会大打折扣。当下属从企业中找不到诚信的时候，他们会觉得这样的领导不值得自己为其付出，更不会竭尽全力为企业创造价值。所以说，要想抓住下属的心，领导就必须要讲信用、守承诺。

领导要做到讲信用，守承诺，在与下属的交往中要注意以下几点：

1. 对没有把握的事情不轻易许诺。许多领导在与下属相处的过程中，当无法实现自己对朋友的承诺时，总会这样抱怨：“那件事情我只是口头上说说而已。”虽然是简单的一句话，却会有损于你在下属心目中的良好形象，打消其工作的积极性。要规避这一点，领导在与下属相处的过程中一定要遵循这样的处世原则：不要轻易向下属许诺，而一旦许下诺言，就一定要实现。也就是说，没把握的话绝对不要说，有把握的话在不适当的场合下也不要说。“不轻诺”，这是说话算数的基础。轻率许诺者，必是常失信的人。与其最终成为失信的人，不如一开始就不对人许诺。例如你对下属说“明年涨工资”、“明年我给大家买车”等话语，也许你认为这只是玩笑，但听者有心，到时候你没有实现这些诺言，那么下属势必会对你感到失望。

2. 将说过的承诺进行书面记录。身为领导的你，在职场之中必然有许许多多的事情要处理：会见客户、参加各种会议、做好管理工作……事情一多，不免会遗忘对下属许下的承诺。而下属又不能随时提醒你，当你的承诺兑现不了时，自然就会感到不满，对你产生反感。所以，为了让自己做到“言必信，行必果”，当对下属许下承诺时，一定要做好书面记录。如果自己不方便，那么可以让助手帮你记下，然后让他及时提醒你去兑现承诺。这样就可以避免因遗忘而没能兑现承诺的事情发生了。

3. 失信时，要积极向下属道歉。假如因为自己一时的大意，忘记了去履行自己的承诺，比如你答应下属下班后一起去吃饭，但是因为其他的事情，你忘记了此事，当你想起时，一定要打电话对下属进行道歉，或者到第二天上班时亲自对下属解释。只有这样，下属才能化解心中的芥蒂，重新对你产生好感。在失去诚信时，最忌讳的就是一声不吭，或者冷淡地说一句：“不就忘记了吗?”那么，下属势必会对你产生厌恶，甚至出现跳槽的心态。

总之，“轻诺必寡信”。身为领导，如果失信于下属，一方面会破坏在下属心中的形象，另一方面还势必会影响下属的心态，对你产生反感。所以，努力做到说话算数，这是一个成功领导应有的行为，也是赢得下属好感与忠心的必要修养。

第 36 天　学会给人才戴上“金手铐”

留住好人才是公司成功的标志。

——翟鸿燊

北大管理精神指出，现代社会企业间的竞争说到底是人才的竞争。于是，如何留住人才，留住好人才，已经成为现代企业能否快速发展的重要标志。那么，作为一个管理者，如何才能留住人才呢？最好的方式，就是给人才一个光明的“未来”！

要知道，一个人无论在哪里工作，都需要一个奔头、一个前途。现实生活中，很多管理者的问题在于只顾及了自己的前途，而忘记了自己部属的未来还掌握在自己手中。

无论是你的下属还是普通员工，如果职位不高、薪资也不高，外面有一大批人随时可以过来取代他们，在这样一个缺乏安全感的环境中工作，如果管理者不为其规划一条道路，确定一个努力的方向，他们是无法安心工作的！仅仅只是那种朝不保夕的危机感或者漫无目标的空虚感就可以让他们发疯了。

所以，管理者除了用车子、房子、奖励、荣誉、官职等留住人才之外，最重要的还是能为他们提供发展的平台与施展才华的舞台。如果人才的能力在其岗位上不能够施展出来，人才就会有想法。企业管理者要能够依照他们的特长为他们提供更为广阔的发展平台与施展才华的舞台。用海信老总周厚健的说法就是给人才戴上“金手铐”。这句话其实蕴含两层意思：管理者作为公司的骨干，首先一定要支撑起公司，让公司有发展前途，这样才能让下属不用担心随时可能被裁掉；第二层的意思就是管理者作为下属的职业导师，要注意帮助下属成长，让他们具备为自己挣前途的本事。

两层意思中，第一层不言而喻。管理者本身也是员工，也需要为自己的前途努力，最好的方法必然是让公司有前途。关键是第二层，这正是考验管理者管理能力的地方。能否做个合格的管理者，就看这一点。从第二层意思上讲，给下属一个好前途，最好的方法就是帮助下属制定职业规划，不要以为这是个华而不实的形式，一份好的职业规划，甚至可以起到定心丸的作用，不但有利于企业人员稳定，还有利于企业效益增长，而且两个作用还能相辅相成。

第37天　学会给下属规划未来

给每个部属规划一个明确的目标和努力的方向，是给他们最好的酬劳。

——余世维

在工作中，很多职工面对低廉的薪水、辛苦的工作、严苛的上司，往往会无所适从，他们不知道自己的未来在哪里。这个时候，一份清晰的职业规划，对他们来说显得极为重要。但是，对于这样的员工，该如何规划职业生涯，往往是件头疼的事情。所以，除了要下属完成业绩之外，管理者还应该替员工做好职业规划。这样，员工才会感到企业的关怀，才能增强凝聚力和向心力，这比单单提高他们的薪水更能让人感到温暖。

河南省鹤壁市自2003年起实施了“大学生村官”计划，其中共选拔了3批共1018名大学生村官。仅有8人因考入行政事业单位或外出另谋职业而退出。加上因为不适应农村工作与群众不认可而被淘汰的17人，总共只有25人提前退出，人员的稳定率达到97.5%。能够做到这一点，依靠的就是“事业留人”。

最初，有些学生“村官”坦言：因为采用的是聘任制，不能够纳入事业的编制管理，这让那些渴望做出一番大事业的年轻“村官”感到前途迷茫。然而，鹤壁市委领导努力为他们营造创业氛围，提供相关服务，给他们找准致富项目，让他们率先富起来，然后带动其他农户致富。有项目的村官很快就占到总人数的47%。大学生们有了自己的项目，看到了事业前景，很快就在农村落地生根了，每年的产值有2亿多元。即使外面给他们更好的待遇，他们也不愿走。

鹤壁市领导留住大学生的策略值得现代的企业管理者借鉴。这种方式能够让员工在企业有十分明确的发展方向，能够与企业一同成长，共同发展，既可以增强企业的凝聚力，也可以让业务人员为自己有良好的发展前景而不愿意离开企业。

其实，美国微软公司就是全世界最吸引人才、能够最大幅度留住人才的公司。因为公司的人力资源部规定有“职业阶梯”的文件，其中极为详细地列出了员工进入公司一开始，一级一级向上发展的所有可选择的职务以及不同职务所需要的工作能力与经验，包括相对应的薪金待遇，使员工在来到公司之初就对今后的职业发展做到心中有数，能够明确自己的发展目标，大大减少了人才的流失。为此，作为现代企业管理者，一定要懂得帮助你的下属或员工做好职业规划，以降低人才的流失率。

第38天　注重感情投资的管理者深得人心

管理者都应该熟知孔子的“仁爱”哲学，并且巧妙地将“仁爱”思想运用到管理中，使得整个管理充满人性，这是赢得人心的关键。

——王选（毕业于北京大学，现任北京大学教授）

北大是包容的，也是仁和的，所以，它的管理理念中处处体现了这些特点。北大管理理念指出，管理者应该重视对下属的感情投资，他们明白感情投资不会立竿见影，马上见效，但绝对不会吃亏。因为感情投资不需要多少金钱，但其效果却远比金钱的作用来得大。

作为一名管理者，要想让下属理解、尊重并支持自己，就必须学会关心、爱护他们，这是进行感情投资时首先应该注意的问题。因为只有如此，才能使下属与自己的心贴得更近，才能使他们更加拥戴和支持自己，才能使他们对工作尽心尽力，才能给予你更大的回报。

有投入才会有产出，有耕耘才会有收获，不经春风，哪得春雨？感情是维系人际关系不可缺少的纽带。作为一个管理者，要想让下属理解、尊重、信任和支持你，首先你应懂得怎样理解、信任、关心和爱护他们。因为人都有让别人尊敬重视自己、关心体贴自己、理解信任自己的心理渴望。如果老板能够注意这一点，并身体力行，那么企业中将会出现亲切、和谐、融洽的气氛，内耗就会减少，凝聚力和向心力就会大大增强。

要注重感情投资，管理者需要做到哪些呢?

1. 帮助下属解决生活问题。无论员工的能力如何，他们在企业中工作都有一个共同的目的：生存。如果一个人“身在曹营心在汉”，整天为生活而发愁，你想让他专心做好工作是很困难的。只有在生活有保障的前提下，人的创造力才会得到最好的发挥。

而身为管理者，如果在能力所及的范围内多为下属解决生活问题，他就会感到你的体贴，愿意长期为你付出更多的劳动。因此，为下属做好安定的生活保障，这是赢得下属尊敬与喜爱的有效方式。

2. 让下属感受“家的温暖”。在平常工作中，领导要让下属尽量感受到“家的温暖”。想要做到这一点，领导就必须了解每个下属的名字、家庭状况，适时给予他们问候，让他们感受到关心和重视。

同时，你还可以在特殊时间给下属带来不一样的关怀。例如借助下属的生日、工作周年纪念日、调动、升迁以及其他重要的事情，大家庆祝一下。借着这种比较宽松的气氛，你可以说几句赞美的话，让下属感受到你的关怀，这样，他就能对你产生一种浓厚的情感。

另外，需要注意的是，感情投资应该是一种自觉的、一贯的行为，不要只做表面文章，不能摆花架子。这样才能让下属感受到你的真诚，才能赢得他们的信赖。

感情投资也应是一种长期的行为。“路遥知马力，日久见人心”，所谓以情动人，贵在真诚持久。感情投资需要较长的时间才能结出果实，毕竟人与人之间的理解与信赖需要一个过程。作为一名老板，如果能长期与下属平等相待，以诚相见，感情相通，必定能吸引和留住那些最优秀的员工并激发他们的工作热情。

第 39 天　艺术地处理下属间的矛盾

我的柔弱个性在新东方内部起到了黏合作用，任何情况下我都不会走向极端。这是新东方没有崩盘的重要原因。

——俞敏洪

在管理的过程中，下属间难免会发生矛盾，会在一定程度上影响团队的凝聚力。这个时候，作为管理者就要主动站出来消除同事间的矛盾，以达到消除矛盾的作用。

当然，因为发生矛盾的人的性格是不尽相同的，所以处理彼此间的矛盾要讲求艺术。一般情况下，可以采用冷处理的方法以使双方达到和解的目的。冷处理即为在事情时机不成熟或者不宜主动处理的情况下，采用一种“冷却”的处理手段，由此达到不处理而处理的实际效果。如果下属之间闹了什么矛盾，管理者完全可以采用这种方式给他们“降降温”，以达到管人的目的。

一家广告公司设计部的两位设计师因为一个方案而产生了矛盾，“官司”便打到了经理办公室。经理便亲自给他们倒了茶，请他们喝完茶回去，然后分别接见。两个人自然是“公说公有理，婆说婆有理”，所讲的虽然有出入，但却很有道理。然而，经理已经将事情的原委弄清楚了。

这个时候，经理没有直接说谁是谁非，而只是温和地说道：“事情我已经明白了，你们完全没有必要因为分歧而吵得这么凶嘛，你们俩都是在为公司的利益着想，所以是不存在根本性的冲突的。你们俩回去再好好地想一想，互相要取长补短，争取合计出一个更好的方案来。”

领导这么一说，两位设计师都有了台阶下。冷静了几天，双方都有所收敛，互相道个歉，重新研究方案，终于想出了两全其美的解决办法。

冷处理的生命力在于灵活。灵活运用就是从实际出发，根据具体情况具体分析，有针对性地、随机性地使用。在使用这一招的时候，领导可以一言不发，也可以综合运用神情、目光、姿势等方式予以辅助，形成一种综合性的暗示语言，来表达自己的思想和倾向。例如，下属在反映情况的时候，为了表示倾听，领导要适时地“嗯”一声；或者可以皱皱眉头，以示不解；有时候可以提笔记录一下，以示重要。

这里需要注意的是，冷处理的时间不应拖得太长。如果冷却一段时间之后双方还仍旧耿耿于怀，那么上司就必须采取必要的措施，否则，下属会以为你不主持公道，或者是无能，进而损害领导的威信和尊严。

第 40 天　强烈的危机意识

公司离破产永远只有 30 天。无论一个公司取得多么大的成功，都别放下危机意识——哪怕片刻。所以，请记住，最好永远把自己当作一家胸怀远大理想的小公司。

——李彦宏

北大管理精神指出，作为一个管理者，危机意识是必不可少的。危机意识具体是指一个对周围环境时刻都保持警觉并随时做出反应的意识，是关系主体在应对各种变化时所做出的行动力，因此，一个缺乏危机意识的管理者会在危机来临时变得手足无措，最终会将整个企业的未来葬送。

在当今如此宏大、复杂、多变的市场环境中，一个企业随时会遇到各种各样的险境。企业管理者要想使企业在市场竞争中获得永久的稳定发展，就要拥有强烈的危机意识。正如世界著名咨询师所说：“企业家都应当像认识到死亡与纳税难以避免一样，必须为危机做好计划：知道自己准备好之后的力量，才能与命运周旋。”

挺宇集团公司总裁潘佩聪在刚接手公司时就树立了强烈的危机意识。她在某次记者招待会上，曾深有感慨地说：“我现在虽然是站在巨人的肩膀上，但是并不好站，因为我随时都面临着来自企业的各种新的挑战，而这些挑战让我时刻都有一种危机感，使我每天都如履薄冰。”

她说：“整个企业集团的经营状态正在逐渐步入规范之中，但是，随着市场竞争的日益激烈，我们的经营方式都时刻面临各种新的挑战，各方面的瓶颈都在制约着公司的突破性发展。整个企业是我事业的起点，身为管理者，无论企业是处于顺境还是逆境之中，都应当将自己置于危机之中，以寻求更高、更远、更快的发展。”

为了使企业在新的发展环境中不断地突破自身的瓶颈，潘佩聪不断地在危机中寻求发展机遇，并且还进行了一些新的探索：企业产权向社会化与多元化转变；管理上逐步从“人治”开始向“法治”转变。这样，她从理性的高度真正地避免了管理的随意性，逐步地实现了管理的专业化。

潘佩聪强烈的危机意识，使她能够制定出应对各种危机的经营策略，使得挺宇集团不断向高科技、现代化、集团化的台阶迈进。

我们知道，企业作为市场的核心主体，竞争贯穿于其生命周期的每一个阶段之中，可以说，市场竞争是市场经济环境下企业生存与成长的主要方式。所以，企业在生命周期的每一个阶段，都可能会面临着突然死亡的威胁。如辉煌一时的巨人集团、爱多 VCD 等企业在其学步期与青春期就突然“死掉”了；拥有几十年发展历程的武汉长江音响在其发展的成熟期垮台了；而拥有 200 多年发展历史的英国巴林银行则是在其贵族期就向世人告别……

因此，作为一名合格的企业家，要时刻对企业的内外环境变化保持高度的警惕，对外要看市场竞争与政府政策；对内要注意企业运营的各个方面。这两个方面中的任何一方出现问题，对企业造成的影响都可能是致命的。另外，在现实之中，随着企业的不断发展，企业规模的不断增大，公司会遇到越来越多的危机，企业家必须要牢记，在数以千计的环节中稍有失误或者失职，都有可能将公司拖入危机之中。

第41天　坚韧不拔的坚强意志

没有坚强的意志，领导就不可能在事业上获得成功，更不可能迎接各种力量对领导本人及其所拥有权力的挑战。

——俞敏洪

意志主要指个体能够自觉地确定目标，并能自觉地根据目标的要求来支配、调节自身的行为，并最终实现预定目标的心理过程。对每个障碍的克服，都离不开意志力；面对每一个艰难的决定，我们主要依靠内心的力量。实际上，意志力并非是人生来就有或者不可改变的一种特性，它是一种可以培养与发展的技能。坚强意志力既然是企业管理者必备的一种素质，那么，要增强个人的意志力就要从以下几方面做起：

1. 强烈的欲望。在种种强烈的欲望的推动下，很容易获得以及维持坚韧的毅力。

2. 树立明确的目标。一个人要清楚地知道自己究竟要什么，这是培养个人坚韧不拔意志的第一步，也是最重要的一步，清晰的目标是你克服种种困难的重大力量之一。

3. 心理暗示。有这样一个故事：在17世纪的法国有一位以身先士卒而闻名的将领——图朗瓦，他每次打仗时都会冲在队伍的最前面。在别人问及此事时，他总是直言不讳地说："我的行动看上去像一个勇敢的人，然而自始至终却害怕极了。但是始终在暗示自己说：'老伙计，你虽然在颤斗，可还是得往前冲呀！'结果毅然地冲锋在前。"据心理学大量的事实证明，好像自己有顽强意志一样地去行动，有助于自己成为一个具有顽强意志力的人。因此，企业管理者也要在日常生活中不断地做这样的心理暗示，以提高自己的意志力。

4. 逐步培养。企业管理者要知道，坚强意志的练就不是一夜间突然产生的，在逐渐锻炼积累的过程中也不可避免地会遇到各种挫折与失败，因此，必须要先找出使自己斗志涣散的原因，才能有针对性地进行解决。

5. 乘胜前进。企业管理者的每一次成功都意味着个人意志力的增强。如果你用顽强的意志力克服了一种不良的习惯，就说明你获得了另一次挑战并且获胜的信心。企业管理者的每一次成功，都可以使自己的自信心增加一分，为你在攀登悬崖的艰苦征途上提供了一个坚实的"立足点"。或许你面对的新任务是极其艰难的，但还是要相信自己，既然以前获得了成功，这次以及今后也一定会取得胜利。

坚韧不拔的意志可以征服世界上任何一座山峰，只要你肯用信念、耐心与全身心的力量去重新塑造自己顽强的个性，这正是你战胜竞争者的优势。因此，在困难面前，你不要去考虑失败，将放弃、不可能、办不到、会失败、行不通、没希望等向困难退缩的愚蠢字眼从个人的意识中彻底地删除掉。要明白，世界上的任何问题，都有一把打开它的钥匙，成功就取决于个人心智的拓展与意志力。在管理过程中，要尽量地避免绝望观念的出现，一旦受到它的威胁，就要想方设法地向它挑战。同时，也要学会在绝望的环境中保持信心，在逆境中忍耐住痛苦，只有这样才有可能会在沙漠中见到绿洲，在黑夜中熬出光明来。

第 42 天　塑造积极主动的良好心态

做事，必先主动，这是我创业最大的心得。不管做任何事都需要激情，因为只有激情才会让人变得积极主动。一个积极主动的人，总是很认真地去做每一件事情。这样，这个人成功的几率就会很大。

——俞敏洪

作为一个企业管理者，要追求成功，就要有主动的积极心态。即便自己的实力与别人相比较有较大的差距，也要勇于面对各种挑战。在困难来临的时候，要认为自己是真正的强者，要认为自己在短时内就可以拥有超过对手的实力，能够将对手打败。即便是失败了，也不要轻易放弃自己的事业。

自己的事业，自己的人生并非上天为你安排好的，这都要靠自己积极主动去争取。永做第一的积极心态可以给自己增加进步的机会，增加锻炼自己的机会，增加实现自己价值的机会，同时也为争取管理者的角色积蓄了力量。如果到了很多事情都需要别人来告诉你怎样做的时候，你已经远远地落在了别人的后头，你将很快会被社会所淘汰。

企业管理者要想使自己的企业在如今强手如林的市场中站稳脚跟，就必须要具有永做第一的积极心态，要为企业的发展定下远大的目标，然后在这个目标的推动下不断地向行业第一的位置迈进。对于那些发展中的企业，企业管理者要敢于与比自己远为强大的对手相比肩，永远找比自己更强大的对手，这样才能使企业在发展的道路上越走越远。

商场的严酷性比战场有过之而无不及，企业一时间的相对停滞也就意味着绝对的大步倒退。因此，企业管理者的心态是否积极主动与企业的命运是息息相关的。在竞争异常激烈的市场中，要使自己的企业能够获得健康发展的因素，企业的管理者就务必要勇于竞争，善于竞争，同时也要吸收各方面的智慧，丰富自己，自强不息，永争第一。

第43天　要拿得起，更要放得下

做企业最重要的是拿得起，更能够放得下。

——俞敏洪

一个企业管理者，要处理的事情是千头万绪的，如果不分巨细，事必躬亲，眉毛胡子一把抓，不但没有那么多的精力，也不可能将事情都办好。诸事当前，企业管理者只有放得下小事，才能专注于眼前的大事，才能办好大事。拿得起大事，就是要管理者抓工作中的主要矛盾、做好企业中的中心工作，谋划好企业发展的战略性问题。放得下小事，并非是要管理者放弃一般性的工作，对小事不管不问，忽略次要矛盾、次要方面，而是要注重企业整体优势的发挥。

但是，企业管理者在“放下”的同时，也要坚持以下原则：

第一，坚持原则，但不死板。

管理者与下属相处时，既要坚持原则，又不能对问题机械死板地理解，将企业中的规定变成僵死的教条，要善于将原则性与灵活性辩证地统一起来，做到内方外圆。一方面对重大事情要坚持原则，严格地按照企业的规章制度去做，对的给予奖励，错的给予惩罚，旗帜鲜明，才能在企业中树立起良好的风气，才能在下属面前保持威严。但是如果领导者不问事情的性质，一味地按照规章制度来办事，没有一点儿人情味，也会严重地挫伤下属的积极性。因此，企业管理者在处理大事与小事的过程中，一定要艺术地处理，以达到让人心悦诚服的效果。

第二，宽容下属的小错误，但不过分地纵容。

我们这里所说的“放下”主要是针对下属的缺点与弱势的，有缺点并不等于犯错误，有弱势并不等于会失职。但是，管理者如果以“放下”或“宽容”为名，庇护下属的错误或者失职行为，只会对经营管理造成危害。因此，管理者的“放下”不是对下属的一种纵容，更不是怂恿。把握“拿起”和“放下”的管理界限，对领导行为有着十分重要的意义。

一个出色的企业管理者，应该做到在“放下”的同时又能按规定例行惩罚。适时地“放下”是管理者人性的体现，而惩罚则是管理者职责的要求，二者并不是相互矛盾的，反而是高度统一的。没有对下属的尊重和理解，就没有“放下”的气量，而这种气量也能形成对事业的真正追求。反过来，没有对错误的惩罚，也无法推进事业的不断进步。

第44天　如何让员工不迟到

严格的制度是企业赖以生存的基础。

——李彦宏

在企业内部，员工经常迟到不仅会延缓工作进度，同时也会影响他人的工作情绪。那么，作为管理者，应如何去应付员工的迟到问题呢？不同的人有不同的处理方法。有些企业规定了十分明确的关于迟到的制度，会依照制度来处理，比如迟到罚款，迟到罚值日等。这些惩罚虽然可以在一定程度上约束员工迟到，但却不能起到良好的效果。

经常迟到的员工，多数是因为工作时间的安排上出现了问题。在这样的情况下，你可以以群众的压力使他做出改变。比如你在公司的全体会议上强调，让员工在上班后都到你的会议室去签到，其他员工如果都能遵守你的指示，自然就会对他构成威胁或压力。另外，作为管理者，你也可以找他面谈，要求他准时上班，提高他对时间的警觉性。

管理者在劝说的时候，最好能够列出实质性的数据，让员工意识到他的迟到对公司造成的影响。比如，这个星期其迟到多久，每天迟到的时间是多少，如何影响了工作进度等。用数据来摆事实，让员工意识到问题的严重性。如果对方作出合理的解释并说明其生活中的困难，你则也应该以诚恳的态度予以协助来解决，这样一方面可以使员工对你心怀感激，同时也可以使其不再迟到。

第45天　如何增强员工的工作责任心

每个人都要捡起地上的垃圾。勿以善小而不为，公司任何一处小的不完美，都是你可以动手去改善的地方，而对公司而言，如果员工都愿意把公司的每件小事当成自己不可推卸的责任，那么这家公司就没有理由不成功。

——李彦宏

在日常管理中，许多管理者都觉得自己的员工对工作缺乏必要的责任心，他们甚至会想，如果公司的每一位员工都能像他们自己那样去关心公司该有多好。实际上，员工对公司的责任感并不是自然就有的，因为员工是公司风险的规避者，员工不会像管理者那样主动去关心公司的命运。管理者要想增强公司的责任感，就必须在充分理解员工的基础上，去采取一些相关的措施。

当然，要让员工对企业拥有充分的责任心，就必须要明白员工对公司缺乏责任心的主要原因。

在一个企业中，管理者认为，企业利润就是承担风险的报酬，谁来承担风险，谁就应该获取利润。而员工则无须承担任何的风险，拿的也只是工资，为此，他们则只会逃避责任，或者不愿意承担责任。要想增强员工的责任感，管理者可以从以下几个方面努力：

1. 明确员工的工作职责。具体来说，就是完善公司自上而下的管理模式，这为增强员工的责任感提供了条件和基础。制定并执行严明的规章制度、健全部门的职能与岗位的职责，做到定岗、定员、定职责，虽然这样做并不能够增强员工的责任感，但却可以消灭员工的“搭便车”的现象，让员工的劳动与他的收入成正比例，以提高员工的公平感与对公司的满意度。

2. 提高员工的福利待遇。在企业中，员工通过工作获得收入，这些收入首先可以满足他的生理需求与生存需求，所以，福利待遇是员工最为关心的问题。如果公司的福利待遇水平高于同行业的平均水平，则员工就有保住这份工作的需求。为了满足这个需求，员工就会有服从公司制度的动机和行动，提高员工的公平感与对公司的满意度。

3. 满足员工个人发展。在满足员工的基本需求之后，员工的自我实现需求就会越来越明显。这个时候提高福利待遇的激励效果就会不明显，公司应该根据公司的情况制定一些能够满足个人发展的策略，来满足员工自我发展的需求。如果员工能在公司实现自我价值，则就会关心公司未来的发展，因为公司的前途已经与个人的前途联系起来，从而提高员工对公司的责任感。

4. 员工持股。管理者可以推行员工持股策略以增强员工对公司的责任感，因为，只有让员工自己当老板，员工才能够站在领导者的角度去反省自己的工作，才能更加有责任感。

前两种方式属于被动增强责任感的方式，而后两种则是员工主动增强责任感的方式。但无论怎样，让员工拥有老板那样的责任心始终是不太现实的，除非让员工拥有与领导同等数量的股份。

总之，员工的责任心是企业的防火墙，是员工做好本职工作的最主要的条件之一。管理者只要采取有效的管理方法，一定可以达到一定的目的，增强员工的责任心。

第 46 天　有效地避免部门间的冲突

天时、地利，面对中国改革开放的大潮，任何一个做企业的人都具备。中国人最难做到的是人和。新东方内部也有纠纷，但是管理者一定要做好部门间的协调工作，以避免冲突的发生。

——俞敏洪

企业内部，各个部门为了维护本部门的利益，难免会发生冲突。如果这些冲突不能够得到极好的解决，则会给企业带来致命的后果。

其实，部门间出现冲突，多数情况下，都是因为沟通不畅。如果部门间出现冲突，也说明管理者的失职，不能很好地促进部门间有效地沟通。为此，管理者要注意培养下属的协调能力，充分利用公司聚餐、例会、总结会议等机会向下属灌输协调的重要性。如果有必要，一定要适时地召开协调会议，也可以在企业内部建立必要的调解机构，专门缓和和协调部门间的矛盾。

第 47 天　如何解决部门间的冲突

在企业的经营管理中，矛盾冲突是难免的。这时候领导者如何处理就很重要，处理得好就人和万事兴，处理不好就可能翻脸成仇人。

——俞敏洪

如果部门间发生冲突，管理者在平时的管理过程中应如何解决呢？主要可以尝试从以下几点努力：

1. 保持冷静、尊重和耐性。部门间人员的冲突多数情况下都来自于压力与不悦，但你再怎么不高兴，也应该展现尊重与礼貌，保持冷静，并找出冲突的主要原因，进行协商。这样就可以维护良好的部门关系，建立信任，十分有利于化解争端。

2. 对事不对人。很多时候，部门间人员冲突的背后往往蕴含了双方的运作、职责上的分歧。为此，我们可以将冲突的个人因素抽离，要对事不对人，这样才能够锁定问题，比较客观地交换意见，化解双方的冲突。

3. 先听后说。要有效地解决问题，一定要仔细地聆听对方的说辞，不能够只听，还必须要让说话的人感觉自己受到了支持，也就是说，要积极地运用倾听的技巧，这样一方面以示对对方的尊重，另一方面则有利于缓和彼此间的矛盾。

4. 以争取整体利益为原则。管理者听过双方的意见后，然后再对其进行协调，以谋求实际的解决之道。但是有个前提，那就是必须考虑你所决定的解决问题的方法，是否会损及公司的整体利益。绝对不能够以自己部门的或自身利益优先为原则，这会妨碍问题的进一步解决。

5. 共同寻找可能的解决方案。管理者可以通过全体会议，通过讨论、协商的方式，制定出一套双方都能够接受的方法，以化解双方的矛盾。

6. 在发生冲突的过程中，如果双方的情绪呈现对立化，需要高层领导定裁的，一定要请上司出面，让领导裁定。

第 48 天　合理地激发冲突，有利于组织发展

冲突和“人和”之间并没有多大的关系，在特殊的情况下，激发冲突会对组织产生积极的作用。

——俞敏洪

在你管理的团队中，是否有这样的情况：每天员工都规规矩矩地上班、下班，但工作效率却十分地低下？是否感觉内部人员每天都死气沉沉，没有一丝活力？这个时候，作为管理者就要打破这一状态，就要学会适当地激发冲突。

有人可能会说，企业最重要的是讲求“人和”，管理者激发冲突，会在一定程度上影响“人和”。其实不然，正如新东方董事长俞敏洪所说，有时候，适当的冲突跟“人和”一点关系也没有。就像一个家庭里夫妻吵架，并不代表两个人关系不好。在新东方里，很多时候的吵架是围绕新东方的发展前景以及个人在新东方的发展。俞敏洪认为：“这种东西太正常不过了。”

其实，在特定的情况下，冲突是会产生极为积极的作用的。那么，当你领导的团队中出现死气沉沉的局面，就要适当地学会激发冲突。具体可以从以下几个方面去努力：

1. 可以通过引进新人的方法，在团队内部形成新的竞争机制，以激发员工的工作积极性。

2. 巧妙地运用“沟通”手段。在团队内部制造一些新闻，比如哪位员工通过什么样突出的表现，获得了领导的表扬或者奖励，或者晋升到了新的职位，以刺激那些整日无所事事、无追求、无上进心的员工。

3. 可以适当地学着改变团队的文化。管理者应及时向团队人员传递这样的信息：冲突并不可怕，并且以自己的行动加以支持。应该对那些敢于向现状

挑战、提出不同看法和进行独创性思考的员工给予大力的支持和奖励，比如晋升、加薪等。

总之，管理者要根据自己所带领团队内部的具体情况进行操作，在具体的操作过程中，一定要谨慎行事。

第49天　培养准确的判断力

一个人最重要的能力是判断力。面对快速变化的外部环境和快速发展的产业，如果能及时准确地把握产业机会，就可能回避风险并快速获得成功，这一切都取决于一个人的判断力。

——李彦宏

准确的判断力，应是一个管理者所必备的能力。这里所谓的准确的判断力，就是对事物的发展趋势的掌控和把握能力，说白了，就是透过现象本质的能力，在事情还未发生之前，就提前预知事情的发展前景。判断力包括：敏锐的感知能力、良好的推理分析能力、认清局势的能力、区分主流与支流的能力。一个做大事的人，往往能够通过一个不起眼的细节，得到一个整体的判断。你只要通过磨炼拥有了这种特质，就能运筹帷幄，掌控事情发生发展的大局。

刘强是一位从事快速消费品行业的经营商，在一次论坛上，他听到一位专家提出了这样一个观点：中国快速消费品最容易做成个人品牌的是那些“哑巴行业”，比如袜子、餐具、毛巾、清洁液等，因为这些行业还未发现消费者认同的品牌，谁做广告谁就能火。听到这样的消息后，刘强回到公司中开始大刀阔斧地进行公司结构调整，而且还专门组建了品牌公关部。

一年之后，他的清洁液品牌已经做得小有成绩了。几年之后，他所经营的产品，已经成为大众所青睐的品牌。

拥有准确的判断力可以让你抓住一切稍纵即逝的机遇，从而干出一番大事业来。为此，在生活中，你一定要练就这种能力。

那么，具体如何练就准确的判断能力呢？

要练就准确的判断力，最好的方法就是回到现场去。每个岗位都有自己的现场，研发部门有研发部门的现场，业务部门有业务部门的现场，只有在现场中才能提取到最有效、最真实的信息，然后通过不断地分析细节并且总结，在不断的积累之中，才能让自己拥有准确的判断力。

第50天　要有务实的工作作风

无论做什么，都要乐于和善于做小事，形成严谨务实的工作作风！

——秦春华（第十届北大团校学员）

作为管理者，一定要有一种不浮躁的心态与扎实、务实的工作作风。不务实就会抱怨，抱怨就会浮躁，而浮躁就会对工作疲于应付，很难深入钻研去做出成绩来。

其实，在德国的企业中，对团队中的管理者最起码的要求便是做好自己的本职工作，兢兢业业、踏踏实实地做事，只有这样才能干出切实的成绩来。在德国人的眼中，“好”的意义比原来的“好”更加深一层，管理者不仅要完成工作，而且还会在完成工作之后进行自我检查，会将每一个细节都认真地进行核对，绝对不放松。

那么，对于管理者而言，如何培养务实的工作作风呢？让我们来看看德国人是怎样做的吧！

其实，在德国企业的团队中，其管理者的务实的工作作风是体现在日常生活的方方面面，体现在整个过程中。他们会将自己每一个细节都做到位，在他们眼中，90%的完美并不表示完成了工作，他们甚至会为了达到另外的10%的完美而付出和90%的完美同样多的时间与精力。

北大管理精神中一再强调“务实”在管理中的重要性，它体现在管理的各个层面。首先，管理者对待自己的本职工作，要能够将之落实；对待下属，不能只说不做，要履行自己的承诺。要知道，响得最厉害的轮子，不一定最先被上油，更有可能最先被换掉，为此，管理者在工作中一定要扎实工作，求真务实，不唯书、不唯上，只唯实，这样才能沉下心来。

第51天　领导要有“不唯上”的管理思想

一个有活力与创造力的组织，一定会鼓励一线员工坚持自己的观点并敢于直接表达——即便这可能有悖于某些上级或权威的观点。只有这样才能让每个人的专业性与责任感真正发挥出来，避免企业犯经验主义的错误。

——李彦宏

“不唯上”是指员工在工作中，因时因地因人贯彻执行上级的指示与决策，反对机械地照搬照抄。“唯上”只会造成管理者独断专行，下属工作机械，不能够实事求是，极容易出现差错，给企业带来不必要的损失。

为此，作为管理者，一定要树立“不唯上”的管理思想，如此才能避免犯经验主义的错误，才能够激活一个团队的创造力和工作积极性，才能取得最终的成功。

当然，管理者要树立“不唯上”的管理思想，一定要做到以下几点：

1. 群策群力。平时要多多鼓励员工表达自己的观点，对工作多提建议或意见，这样才能广取智慧，使决策更趋于完美，使工作更趋于完善。

2. 不独断专行。对于工作中的重大问题，管理者要多召开会议，展开讨论，不独断专行，以避免犯经验主义和个人主义的错误。

3. 鼓励员工“不唯上”。在平时的管理过程中，管理者也要多多鼓励员工做事不要从个人利益出发，要因时因地贯彻和执行上级的指示和决策，反对机械地照搬照抄。

第52天　良好的人品是管理人员的根本

如果管理者缺乏正直的品格，那么，无论他是多么有知识、有才华、有成就，也会造成重大损失。他破坏了企业中最宝贵的资源——人，破坏组织的精神，破坏工作成就。正直的品格对于一个管理者而言，是一个必须具备的重要素质！

——俞敏洪

判断一个管理者是否具备管理者的基本素质，最重要的一点就是要考察他的人品。北大管理精神十分重视管理者的人品素养，这是判断一个管理者能否做好管理的基础。要知道，很多时候，管理者正是通过其人品才能够实现其管理；管理者也正是通过其人品，才树立了别人效仿的榜样。在人品这一点上，任何人都不能弄虚作假。管理者的同事，尤其是他的下属们，只要与管理者共事几周就会知晓，他们可以原谅别人的无能和疏忽，甚至是粗鲁无礼。不过，他们却无法宽恕人品恶劣，他们也无法宽恕管理者选用人品差的人。

可以说，人品对企业最高管理层的重要性是毋庸置疑的，因为一个组织的精神是自上而下树立起来的。如果一个组织富有精神，那是因为它的最高管理者的精神崇高；如果一个组织腐败，其根源在它的最高管理者，正所谓“上梁不正下梁歪”。假如一个员工的人品无法成为其下属的效仿榜样，最高管理者就不要把他提拔到重要的工作岗位上。

总之，人的品质好坏就决定了一个组织或是一家企业品质的好坏，这其中包含这家企业的产品品质和服务品质。

第53天　有效利用自己的时间

其实管理者的管理时间，首先是管理好自己，其次是管理好他人，才能提高效率，节省时间。

——李彦宏

“忙了一天，不知道忙了些什么，时间还安排得那么紧凑。”这是有些管理者经常会有的感慨。

作为一个管理者，有效地管理和利用自己的时间是管理的出发点，要知道自己的时间该花在什么地方。时间的充分应用或浪费，在管理过程和管理成果上都会起到相当重要的作用。

美国伯利恒钢铁公司总裁查理斯·舒瓦普请教效率专家艾维·李：如何利用好自己的时间，更好地执行计划？

艾维·李说自己可以在10分钟内给舒瓦普一样东西，它可以使伯利恒钢铁公司的业绩提高至少50%。他递给舒瓦普一张白纸，让他写上明天要做的6件最重要的事情。舒瓦普用了5分钟写完，艾维·李又让他用数字标明每件事对舒瓦普和伯利恒钢铁公司的重要性，这又让舒瓦普花了5分钟。

艾维·李说：“现在把这张纸放入你的口袋。明天早上第一件事是把纸从口袋里拿出来，做第一项，不要看其他的，只看第一项。着手办第一项事情，直到把它完成为止。然后用同样的办法对待第二项、第三项……直到你下班为止。如果你只做完第一项，那也不要紧，因为你总是在做最重要的事情。当你一直坚持这种方法的时候，带动公司里的人也这样做。然后给我寄张支票过来，你认为值多少就给我多少。”

3个月后，舒瓦普给艾维·李寄去一张2.5万美元的支票，还有一封信，信上说，那是他一生中最有价值的一课。

想一想，管理者的时间都用在哪些地方了呢？管理者要完成领导安排的任务，要做好各部门间需要配合的工作，要帮助下属解决问题，要完成那些自己认为要做的事情。前三种情况都是相对被动的，只有最后一项是主动的，也是一个管理者体现自己业绩的最重要部分。

有效地运用时间，能够提高管理者的工作效率，在同等的时间里，完成更多的事情，而且做得会更好。作为一个管理者，要清楚每一天时间的用途。

第 54 天　对社会充满责任感

我认为不管什么企业，承担社会责任是必需的。

——俞敏洪

一个企业追求利润最大化自然是无可厚非的，不过，如果一个企业只是追求利润，而忽略了对社会的一份责任，那却是不应该的。一个着眼于长远发展的企业，除了要盈利、创造财富、积累财富外，还要承担一定的社会责任。一个优秀的管理者，不仅要对企业、对工作充满责任感，对社会也要充满责任感。

以格力电器为例，从 1998 年的抗洪前线到 2003 年的“非典”战役，从 2007 年的抗击南方特大雪灾到 2008 年的汶川地震灾后重建，再到西南五省干旱和青海玉树地震，处处都活跃着格力电器的身影。在这一系列善举的背后，支撑格力电器的精神理念无疑是高度的社会责任感。一个优秀的管理者，要有敢于担当的魄力，要有担负社会责任的勇气。

格力电器总裁董明珠女士曾对媒体表示：“一个企业如果不对社会有贡献，不对国家有贡献的话，它本身应该说就不是一个好企业。格力作为中国乃至世界上最大的空调企业，在做好自身企业的同时，还能够为大家做什么？我认为更多的是献出爱心。”这正是格力高度的企业责任感的一种体现。

在管理者的心里，有两件事情十分重要：一是要想方设法提高企业的经济效益，拓展企业的发展空间；二是要为社会尽一份力，承担一定的责任。如“劲酒虽好，可不要贪杯啊”这句广告词，它不仅是一种推销产品的噱头，更重要的是向消费者宣传过度饮酒有害健康的消费理念。

第 55 天　做出最有效的决策

决策是管理者唯一的任务。

——北大光华管理学院管理理念

决策是每一个管理者每天都要面对的事情，它对每一个管理者都是极为重要的。无论管理者做什么，都是围绕着决策进行的。

决策对于一个企业的发展有着重要的作用，先决定好做什么，才能知道该做什么，然后一步步去完成任务。一个企业在发展中面临的许多问题，都与最初的决策紧密相关。决策对了，相当于给大家指明了一个大的方向，就算中途有什么不顺，大家还能够朝着这个方向前进。

1982年，艾克尔出任泛美公司总裁，他仅凭直觉选择了美国洛克希德公司生产的L1105—500型三引擎宽体飞机。这种飞机单位飞行成本无论在油耗还是员工费用上都比竞争对手那些新型飞机高，泛美公司的竞争力因此大打折扣。更不幸的是，洛克希德公司宣布停止制造L1105的各型飞机，使泛美航公司L1105—500型飞机的维修立即成为难题，没过几年，这种飞机就成为一堆废铁。

为了争夺国内航线，领导层又投资购买了国家航空公司，这样又带进了一批DC10—30型飞机。为了使公司现代化，艾克尔不惜花10亿美元巨款购买了西欧空中客车公司制造的A300型飞机，同时，又出售和交换了一批飞机。这样，公司共拥有5个生产厂家生产的10多个不同的机种，这也使公司的培训、零部件的储备、引擎的维修以及机场管理等负担加重，无形地增加了飞行成本。由于公司机型复杂，飞行成本偏高，泛美航空公司完全丧失了竞争能力，最后走上失败之路。

从某种角度去看，管理过程就是一个不断做出决策和实施决策的过程。作为一个管理者，不能仅凭自己的直觉下判断，这样很容易产生先入为主的观点。

在管理大师皮特·德鲁克看来，一个管理者“不但要正确地做事，还要做正确的事”。在制定企业的战略目标时，如果一个企业的发展目标不明确或出现失误，就可能对企业的运作和发展产生直接的影响，这就要求管理者能够“正确地做事”。

第56天　如何提高管理者的决策能力

管理一个部门和管理一个公司其实是一样，上级所应具备的技能和下属是不同的。这也解释了这两年职场为什么会流行这句话：“公司提升了一个糟糕的经理，失去了一个Top Sales”，因为一个优秀的sales不等于他具备经理的技能。一个团队的领头羊的职责是指引方向，告知大家路在何方，而不是告诉大家每一步该怎么走。

——李彦宏

决策能力的培养对于一个管理者是极为重要的，尤其是现代企业中的中高层管理者。那么，企业管理者应如何提高自身的决策能力呢？主要可以从以下几个方面入手：

1. 克服从众心理。从众心理具体是指个体对社会的认识和态度常常受到群体对社会的认识和态度的左右。从众行为者的意识深入考虑的是自己的行为能否为大家所接受，他们追寻的是一种安全感。从众行为者认为群体的规范、他人的行为是最正常的时候，就会出现遵从；当他认为群体的规范、他人的行为并不合适，而自己却又没有勇气去反抗时，就会被动地表现为依从。从众心理重的人极容易接受暗示，他们的依赖性都很强，无主见，人云亦云，极容易迷信权威和名人，常说违心的话，办违心的事情。而决策能力强的人则会摆脱从众心理的束缚，做到思想解放、冲破世俗，不拘常规，大胆地探索，因此他们能够独具慧眼，发现一般人所不能够发现的问题，捕捉到更多的成才机遇。

2. 增强自信心。要提高自身的决策能力，首要一点就是要对自己有信心。缺乏自信就没有决策，增强自信心首先要有知难而上的胆量。温斯顿·丘吉尔就说过："一个人绝对不可在遇到危险的威胁时，背过身去试图逃避。若是这样做，只会使危险加倍。但是如果立刻面对它毫不退缩，危险便会减半。决不要逃避任何事物，决不！"

当然，除了增强自信心，还要变被动思维为积极思维。"凡事预则立，不预则废"，平时善于动脑筋，关键时刻自然能够做出决策。另外，在管理工作中，也要注重培养自身的责任感和义务感，跳出个人的小天地，如此你的自信心才能够坚实可靠。另外，平时还要注意选择那些有自信心、敢作敢为的人，时间一长，看得多了，就必然会受到积极的影响。

3. 决策勿求十全十美，注意把握大局。管理者要决策时，不能要求十全十美，如果考虑太过周全的话，只能是作茧自缚。其实，决策最重要的是要把握大局，权衡出利弊得失，当机立断，优柔寡断很难达到自己理想的目标。如果你能将这种果断的做事风格持之以恒，你的决策能力将能大大地得到提高。

第57天　承诺是一种艺术

无论做出什么样的承诺，其目的都是为了调动员工的工作积极性。

——北大光华管理学院管理课理念

在企业管理过程中，管理者总会给员工一些承诺。比如，一个企业在创立初期，会向跟着他一起打拼的员工承诺说，等企业发展壮大起来了，会给员工一些股份。在企业发展的时期，管理者会给那些有专业特长的技术骨干说，等取得什么样的业绩的情况下，会给予什么样的待遇。当企业在发展的逆境中，管理者会给员工承诺等公司走出困难期，将会给予员工什么样的福利，等等。

这种承诺能够激发员工的工作积极性，增强其工作热情，十分有利于企业保持稳定持续的发展。

然而，管理者的承诺是一种艺术，在不同阶段给员工做出承诺的时候，一定要掌握分寸，不要盲目承诺，以免最终造成不可收拾的效果。对于管理者来说，给员工做出承诺，一般要涉及三个方面：承诺的具体程度、承诺的时机是否合适和承诺期限的长与短。一般来说，承诺的时机一般选择在需要安定人心或者鼓励其积极进取之前。如果承诺的内容很具体，那么兑现承诺的期限不应该过长，具体的时间应该提前而不应该拖延。如果给出的承诺的内容比较含糊、概括，应该给员工勾勒出一幅可实现的美好的蓝图，承诺的期限要长一些，这样可以将员工各方面的利益结合在一起，产生巨大的凝聚力。当然，承诺也应该符合实际，要让员工感到“跳一跳，够得到”，既不能够漫无边际，也不能够毫无挑战性。否则，就很难起到激励员工的作用。

第 58 天　对下属要给予充分的信任

在用人方面，信任最为重要。既然你选择了他，就不应该处处怀疑，处处不放心，这样才能使人才在其职位上发挥其聪明才智。

——北大光华管理学院管理课理念

北大管理精神认为，发现人才，然后给予重用，并且再给予其充分的信任，这是让人才充分发挥其潜能，为你做出巨大贡献的基础。

俗话说，用人不疑，疑人不用。既然你对他心生怀疑，就不要用他；用了之后，又对其心存怀疑，只会令对方心灰意冷，这样也不能够充分调动其工作的积极性，也不会让人才发挥出自身的聪明才智，这对管理者来说是一种极为失策的行为。

当然，要对下属给予充分的信任，就要有博大的胸怀。看准了人才之后，放手去使用，无论在什么样的情况下，都要给予其充分的信任，为其提供必要的信心支持。不要轻易插手下属的工作，使下属产生“士为知己者死”的想法，以出色的工作业绩来回报上级的信任。这样管理者也才能够与下属建立起十分密切的关系，才能够上下一心地将工作做到最好。

对于此，松下幸之助颇有体会。他认为，起用某个人，只有在充分信任他的时候，他才能够一心一意地为企业卖命。作为一个成功的企业经营者，他有个极为重要的观点就是“用人不疑，疑人不用”。他深刻地相信，对待任何人，首要的就是信任。

在20世纪20年代中期，松下电器公司刚刚起步，首先在日本的金泽市设立了营业所。金泽这个地方，松下没有去过，不熟悉那里的环境。但是经过多方面的考虑，松下还是觉得十分有必要在此成立一个营业所。而有能力去主持这个新营业所的主管，为数不少。但是，这些老资格的人却必须要留在总公司工作，以免影响总公司的业务发展。这个时候，松下突然想起了一位年轻的业务员，他刚满20岁。他自认为这位年轻的业务员不会因为年轻就担当不了大任。

于是，松下就决定委派这位年轻的业务员担任设立金泽营业所的总负责人。松下就将他找来，对他说道："这次公司决定，在金泽设立一个营业所，我希望你能够去主持大局。现在你就立刻去金泽，找一个合适的地方，租下房子，设立一个营业所。具体的资金我已经安排好了，你只要努力去进行这项工作就好了。"

听了松下的这番话，这位年轻的业务员很是吃惊。他极为惊讶地说道："如此重要的职务，我恐怕不能够胜任。我进公司工作还不到两年，只是一个无足轻重的小职员，也没什么经验，更没什么特殊的才能……"说话期间，他的脸上的表情有些不安。

松下对他很是信赖。所以，松下就几乎以命令的口吻对他说道："你没有做不到的事情，你一定能够做到的。尽管放心吧，你一定可以做到的。"

果然，这位年轻人一到金泽，立即就展开了相关的活动。他每天都将事情进展的情况一一写成报告递给松下。没过多久，一切筹备工作都已经就绪了，于是松下就又从大阪派去两三个职员，开设了这家营业所，取得了成功。

不疑就是信任下属，让他独当一面。如果你觉得他可以担大任，哪怕他出了一些失误，也不要随便就怀疑他的忠诚度与能力，相反，如果你给予他更多的支持，他一定会因为对你心存感激而全身心地投入工作，从而激发出工作潜能，达到预期的效果。

作为一名企业管理者，无论在任何时候，信任都是你收获人心、推进上下级关系的一个法宝。如果你选择了一个可用之才，那么就给予其充分的信任，那么整个企业的人际关系将会变得异常融洽，企业上下将会焕发出一片生机。

第59天　努力记住所有员工的名字

记住员工的名字，一方面能够大大地缩短人与人之间的心理距离，而且更能赢得员工对自己的好感，从而愿意服从你的管理，这是一种极有效的管理方法。

——北大光华管理学院管理课理念

可以试想一下：如果你是一名普通的员工，一天，一位位高权重的管理者突然在办公室响亮地叫你的名字，你内心是否有一种“受宠若惊”的感觉呢？你内心是否会对这位管理者心生爱戴之情或者因对其心存感恩而努力工作呢？

当然会！其实，对于管理者而言，努力记住每位员工的名字，并在适当的时候喊出来，也是一种极好的管理方法与提高工作效率的管理技巧。

可能有些管理者会这样认为，自己不是什么“大人物”，就算是记住了那些“一面之交”的朋友们的名字，也不会换来对方的感激之情。更何况，自己的记性又不好，有通迅录、备忘录、笔记本电脑等那么多的现代化工具，根本没必要去记住那些人的名字。

当然，我们尽管不是“大人物”，即便是记住了员工的名字，也不一定会赢得对方的感激。但假如我们忘记了员工的名字，却一定会招来员工的失落感甚至不满。尤其是当我们让某个员工为自己办事的时候，我们轻率地说“忘记”或者说不出来对方的名字，会给对方带来失落感，从而挫败其工作积极性。

当然，对于一些大型企业的管理者而言，记住所有员工的名字，并不是一件十分容易的事情，需要采取一定的技巧：

1. 在第一次与员工见面的时候，就应该充分地做好准备工作。你在询问对方的名字的时候，如果没有听清楚，务必请对方再说一遍；如果对方的名字很是特别，你可以问：“怎么写？”然后在与对方的交谈中，一再地重复地使用他的名字，并且要将其名字与其表情、身材、面貌特征，一齐印在脑海中。

2. 有些时候，我们初次会与位份比自己低的下属交换名片，一定不要把那张名片看一眼就装进口袋中。要想方设法去努力记住对方的名字，这样不至于在与对方交谈中忘记对方的名字，却不好意思再从口袋中取出名片来看。就是说，当别人递给你名片的时候，一定要将他的名字读一遍，然后在每一句话的开头，找机会说：“某师傅（先生），您是……”如此这样重复，就可以一遍遍地传入自己的耳朵之中，便能够迅速而准确地记住别人的名字了。

同时，可以在晚上入睡之前，将当天交流的员工的名字再回想一下，并回想你们的谈话内容、对方的特点，这样就很容易记住对方的名字了。

第 60 天　学会恰当运用刚柔相济的管理艺术

既能让员工信服并改正自己的错误方法，并且又能让其对管理者心存感激，那就要巧妙地运用“刚柔相济”的管理艺术。

——北大光华管理学院管理课理念

刚柔相济是一种巧妙的管理“艺术”，意思是在管理部下的时候，对于他们所犯的错误，先给予施威，给他们点批评或者责罚，使他们对自己的错误有所醒悟；待他的愧疚之心平息下来后，再恰当地给他一点点甜头，这样才能引导他走向正确的方向。

其实，在生活中，任何一个员工在遭受到“上司”的斥责之后，必然会垂头丧气，心灰意冷，改正自己错误的心情也丧失殆尽，甚至还会想：这下我一定在领导者心中留下了不好的印象，今后一定会“失宠”，可能再无出头之日了。如果真有这样的想法，最终的结局只有两个：要么破罐子破摔，自暴自弃；要么与领导反目成仇，对抗到底。那样的话，就意味着领导者失去了一个员工，以后的工作势必会遭遇尴尬的局面。

身为领导，在管理过程中必须深谙“打一巴掌不忘揉三揉”之道。遇到犯错的员工，一定要以博大的胸怀和高远的眼光来理解下属，适时地用一两句温馨的话语来鼓励他们，或者在痛斥下属之后，私下里给他这样的信息，告诉他：“我是看你有前途，所以才批评你的。”这样，受到斥责的部属听了，必然会深深地体会到“爱之深、责之切”的道理，也必然会对你忠心，会更加发奋努力地工作，付出自己的真诚。

在管理过程中，刚与柔是辩证统一，互为补充，不能偏废的。净“刚”无“柔”则易折，纯“柔”无刚则难树。只有将二者相结合，以刚衬柔，以柔辅刚，刚柔相济，才能充分地体现出领导者的智慧与力量。然而，刚柔怎样能相济，管理者一定要拿捏有度。过度地刚则脆，过度地柔则弱，刚柔适度的标志是：刚能克，柔能胜。也就是说，“刚”能让下属深刻反省，改正错误；“柔”能俘获下属的忠心。

刚柔相济的两手策略，在现代社会应用极为广泛，用通俗的话来说，就是“胡萝卜加大棒”的管理方式。日本企业家松下幸之助认为，经营者对于部下，应是慈母的手紧握钟馗的利剑，平日里关怀备至，犯错误时严加惩诫，恩威并施，宽严相济，如此才能成功统御他们。

对自己的部属与员工要维护和关爱，以慈母般的心去对待他们，这是每一个经营者必须具有的素质。因为，他们是你的同路人，甚至是你的依靠。而且，也只有这样你才能够团结他们，达到既定的目标。

然而，在对他们施以柔爱的同时，还必须要严厉。这种严厉是基于人类的基本特性而来，这正如松下幸之助所说，在企业中有些人不需要别人的监督和责骂，就能够自觉自发地做好工作，不出差错。然而大多数的人都是好逸恶劳，喜欢挑轻松的工作去做，这时候，管理者就要在后头随时督促他们，给他们施加强硬的压力，他们才会谨慎做事的。对于这种人，只能严加管教，一刻也不能够放松。也就是说，经营者在管理方面宽严得体是十分关键的，尤其在原则与条规面前，应该分毫不让，严厉无比；对于那些违犯了组织条规的，就应该举起钟馗剑，狠狠地砍下，决不姑息。这种方法也被称为“鲜花疗法”，是一种极为有效的管理方法。

第 61 天　如何巧妙地驾驭团队中的“功臣”

如何驾驭好企业中的“功臣”，是对管理者管理才能的重要考验。

——俞敏洪

古人曰：“业大者易骄，善始者难终。”在现代企业中，一些为企业做出过突出贡献、曾被领导与员工刮目相看的“功臣”，往往容易滋生居功自傲的情绪。这些人往往不听招呼，不守规矩，我行我素，脱离群众。管理与引导好这些人，不仅是促进企业建设顺利开展的需要，也是保证功臣个人健康成长进步的需要。

对于任何一个管理者来说，能驾驭功臣是一种相当高明的技巧。功臣为一个组织曾经做出了卓越的贡献，所以他们难免会居功自傲。在这种情况下，管理者只有坚持高标准、严要求，才能使他们健康地成长，为企业所用。对他们错误的行为及时地提醒和教育，才是对他们最好的爱护。

当功臣出现骄傲自大、不求上进等不良的情绪或思想时，管理者一定要私下找他们谈话，要悉心地“诱导”他们，帮助他们克服错误的思想，让他们树立谦虚谨慎、积极进取的思想观念。对待他们的错误，管理者务必使他们明白，自己与其他员工一样，没有任何特权，都是在纪律的严格约束之下的。

管理者需要注意的是，对于功臣的错误行为不能只靠权力、命令来强制其改正，而要晓之以理，动之以情，只有这样才能使他们信服。如果他们一犯错你就对他们大发脾气，以教训人的方式去命令他们，只会激发对方的逆反心理，招致不服，甚至可能会使他们与你反目成仇，与你对着干，这样一来，就更麻烦了。

人非草木，孰能无情。在面对居功自傲的功臣时，一定要以博大的胸怀包容他们，同时还要顾全大局，对他们进行批评教育。要对他们晓之以理，动之以情，在与他们讲话时应该言辞恳切，将批评融入关切之中。既指出他们自身问题所在，又帮助他们分析问题产生的原因以及任其发展下去可能会造成的结果，同时要给予他们热情的勉励与殷切的期望，让这些“功臣”从内心真切地感受到你是在关心他、爱护他，是真心实意地帮助他修正缺点、改正错误，这样才能真正地达到治病救人的目的。

第 62 天　学会运用幽默的管理艺术

如何将自身的“幽默术”成功地运用到团队管理中来，并非是一件简单的事。

——北大光华管理学院管理课理念

在工作中，一些管理者很善于运用“幽默”式的管理方式。他们在说服员工的时候，会采用十分幽默的语言，既能巧妙地让员工认识并改正自身错误，也能避免在众人面前伤及员工的自尊心，让员工觉得其是一个可亲可爱的管理者，愿意与其接近，这样的管理者更容易赢得员工的爱戴和尊重。

毕业于北大的谭小芳老师通过个人调查了解到，美国的一些企业管理者经常将幽默巧妙地运用到管理中。他们认为，幽默的确能够提高生产力，提升员工的上气，并且丨分有助丁团队合作。在美国，一些企业甚至还会让员工接受幽默式的训练，想尽办法增加员工的幽默感。在科罗拉多州的迪吉多公司，参加过幽默训练的 20 位中级经理，在 9 个月内生产量增加了 15%，病假的次数减少了一半。

所以，在平时的管理过程中，管理者一定要学会在适当的场合、适当的时候给员工们开个玩笑，幽默一下，增强你的亲和力，加深你与员工之间的感情，并使工作效率得到有效的提升。

所以，管理者平时要在员工面前表现得随和一些，不要故作严肃。同时，也要记住一些幽默故事，并学会在适当的时候讲给员工听，这是提高工作执行力和效率的一种有效的方式。

第 63 天　塑造管理者的形象魅力

成为领袖的关键在于培养一般人所不具备的领袖“根性”。“根性”就是根本性格，仿佛一棵大树，从树根、树干衍生出许许多多的枝叶。性格决定命运，人们的失败，往往并不是因为能力的不足，而是由于性格的缺陷。

管理者要增强其自身的感召力、向心力和凝聚力，提高自身形象魅力是最好的选择。

——北大光华管理学院管理课理念

北大管理精神指出，管理者的形象魅力，可以有效地提高其感召力、向心力和凝聚力。反之，管理者如果形象不佳，缺乏形象魅力，则就会失去对下属和生活伙伴的吸引力，在平时的管理过程中，会在一定程度上降低其魅力和影响其管理效果。

那么，管理者应如何塑造自身的形象魅力呢？其实，管理者的形象主要包括体貌形象和精神形象。其中最为直观的是体貌形象，所谓体貌形象主要是指管理者本人的外表，也就是你的外表打扮要与你内在的气质相符合，让人看起来产生愉悦的感觉。同时，也要注重内在的精神气质。当然，这是一种与生俱来的天然素质，通常能够反映人的内在身体状况和心理状况，这种自然的生理条件与心理状况，对于增强管理者自身形象有着重要的辅助作用。在塑造精神气质的时候，一定要注重优良品质的塑造，这是极为重要的一个方面。同时，在与下属交往的过程中，也一定要善于保护个人的形象。最后，也要在平时去凸显一下自身的个性魅力，这是管理者塑造自身形象的关键。

——第 3 章——

创新管理课

第 64 天　创新需要一双善于发现的眼睛

勇于创新和灵活应变，是企业持续发展、克敌制胜的源动力。然而随着企业规模的变大和业务的成熟，多数公司都会自然而然地倾向安于现状、保守行事。因此，如何永葆组织的创新激情与灵活求变精神，成为企业管理者的一项长期任务。

——李彦宏

现代社会，竞争越来越激烈，想让一个企业在竞争中能占有一席之地，最好的选择就是不断去创新，真正做到人无我有，人有我优，人优我精。

没有创新，犹如一潭绝望的死水，没有办法向前流动、向前进。“一招鲜，吃遍天”，许多企业之所以能在风云变幻中屹立不倒，不断发展，在于它们拥有自己的、领先于他人的核心技术。很多时候，用钱能买到的往往只是产品，而产品的制造过程、核心技术并不能买到，当然这也是一个企业的非卖品，是它们赖以生存的根本。

作为一个管理者，要深刻认识到创新对于一个企业未来走向的重要作用，要有一双善于发现问题的眼睛，在观察中捕捉灵感，在生活中发现商机。

有一次，海尔冰箱海外产品经理邵宏伟来到英国曼彻斯特小镇，在住户家中，他也会帮着干点活，与住户讨论有关冰箱的使用情况。

在与住户的交流中，邵宏伟发现了一个问题，住户家中的冰箱高度比预留的空间高度矮了不少，让人看上去感觉很不合理。原来，该住户喝啤酒时喜欢加冰，本想买一台带制冰机的对开门大冰箱，不过这种大冰箱根本进不了家门，在预留的空间位置更是放不下。到头来，他就只能买一台较小的冰箱。邵宏伟还发现，该住户喝啤酒时只能加冰块，如果想加冰屑的话就必须用刨冰机把冰块打碎，这样就十分麻烦。

这一情况激发了邵宏伟的研发灵感，回国后他立刻指导研发。2004 年 8 月，海尔推出了“专为英国用户设计的超薄对开门大冰箱”——它的宽度刚好可以进入英国住户的家中，而且，它的制冰机能制取冰块和冰屑。

这款冰箱刚在英国市场上市，就接到了占当地大容量冰箱 40％份额的订单。

管理学大师德鲁克曾经指出，“管理是一种实践，其本质不在于‘知’而在于‘行’，其验证不在于逻辑而在于成果，其唯一权威是成就”。作为一个管理者，要善于创新，敢于创新，有一双善于发现、善于观察的眼睛，从一些细微的、容易被人忽视的地方发现可以有所作为之处，这样才能不断激发自身的创造性思维，为企业的发展提供帮助。

第 65 天　创新要适合企业的发展之路

想想这十几年以来，我自己生命当中，经常说的就是认准了就去做，不盲目创新，不跟风，不动摇。同时对自己要有清晰的判断，一个人应该做自己最擅长的事情，同时也做自己最喜欢的事情，这样的话，做成的概率会很大。

——李彦宏

企业的发展离不开创新，能够创新的企业才有未来。但是，值得我们注意的是，创新要与企业的发展目标与方向相吻合，盲目创新并不可取，这也是许多管理者在鼓励创新却依然面临失败的一个重要原因。

创新的目的是为了给企业谋取更大的利益，它不是时装秀，不是赶时髦，专挑别人还没涉足的；也不是疯狂跟风，看到别人、别的企业的某一领域有所成就，也想在那一领域分一杯羹，结果投入重金去搞研发，也难以取得预想中的成绩。创新重在务实，从企业的长远出发，适合企业发展的要求。

在我们的思维里，一个服装企业，自然以生产、销售服装为主导业务；而一个啤酒企业，那自然是以生产、销售啤酒为主导业务，不过，像重庆啤酒这样的企业，完全成为人们眼中的另类，他们斥巨资研发治疗性乙肝疫苗。

2009 年，重庆啤酒的股份每股在 22 元左右，由于过于相信治疗性乙肝疫苗的光明前景，股价一路飙升，最高时达到每股 83.12 元。2011 年 12 月 7

日，重庆啤酒不得不如实披露治疗性乙肝疫苗的二期试验结果：治疗性乙肝疫苗与安慰剂疗效差不多，该疫苗是失败的。如此一来，重庆啤酒的股份直线下降，市值蒸发260亿元以上。

一家啤酒企业研发乙肝疫苗，可以说是一个技术创新，如果能够取得成功，对众多患者而言也是一个福音。只是这个世界性难题哪有那么容易攻克，一位药企的高管就曾直言，开发新药的失败率极高，而且动辄数亿美元甚至数十亿美元的投入，欧美顶尖药企尚且未能研发出治疗性乙肝疫苗，仅凭重庆啤酒亿元级的投入怎么能研发出来？

对于很多的管理者而言，盲目创新的原因不外乎两点：一是没有经过认真的调查和估算，只是在脑子里把一个概念性的东西组织了一下，自己认为可行就行动了；二是盲目地自信，把自己的能力无限放大，结果在遇到实际问题时往往以失败而告终。

管理者的决策在很大程度上影响着一个企业的未来发展趋势。作为一个管理者，敢于创新是一件值得提倡与鼓励的事情，但要着眼于企业的发展目标，立足于实际，多在自己擅长的领域做文章，而不能轻易涉足一个完全陌生的领域。

第66天　逆向思维，打造成功

很多时候你只需要换个思维方式，便可能打造完全属于自己的成功之路。

——北大光华管理学院管理课理念

逆向思维是与正向思维相对而言的，正向思维是我们运用得最多，也最普通的一种思维方式，当我们在遇到问题的时候，总是首先习惯性地运用正向思维去思考解决问题的办法。与这种常规的思维方式相比，逆向思维则是一种非常规的思维方式，只要运用得当，就会有意想不到的收获，尤其对于一个管理者而言，逆向思维更是十分必要的。

以前的圆珠笔有一个让人感到头痛的问题，那就是“漏油”，这既让消费者在使用时感到极大的不便，也让厂家感到头痛。通过分析不难发现，造成“漏油事故”的主要原因有两点：一是滚珠本身耐磨性差，还没等笔芯里的油用完就出现磨损的情况；二是笔芯本身装油量太大，在滚珠出现磨损的情况时笔芯里的油还没有用完。大部分的厂家只是习惯性地看到了第一个原因，为了解决这一问题，把精力全部放在如何提高滚珠的耐磨性上，结果在很长的时间里也没能取得突破。而日本一家自动圆珠笔公司在经过仔细考虑后，反其道而行之，他们只是轻轻松松地用一招就简单地解决了问题，那就是减少笔芯的装油量，让笔芯里的油在滚珠出现磨损之前就用完。这家公司因此一举成为日本的著名企业，拥有了独家生产10年的专利权。

这就是逆向思维的力量，当人们都用习惯性的正向思维去思考解决问题的方法时，不妨改用逆向思维试着去想想。许多人对逆向思维并不感到陌生，只是在自己遇到实际问题的时候，还是习惯于常规，致使一些本来不太难的问题也变得棘手。

如果一个企业的管理者缺乏逆向思维，就会习惯于别人做什么，便让企业也做什么，而不会考虑在别人不擅长的领域去挖掘成功。

作为一个管理者，不能让自己局限于常规性的正向思维当中，很多时候，反过来想一想会有更好的发现和处理问题的办法，认清企业的发展方向。逆向思维不但有利于打破传统思想和观念，发现认识上的错误；对于正确的认识，也可以进一步确立它的正确性。

第67天　着眼于市场，创新才卓有成效

在创新之前，一定要拥有清晰的发展规划！

——俞敏洪

在市场经济条件下，一个企业想要获得长远的发展，就需要有自己的核心竞争力，这样才能在激烈的市场角逐中满足消费者的需要，吸引消费者的眼球。不管是什么企业，最终目的都是要让自己的产品走向市场，拥有自己的消费人群。

1987年，美国铱星公司开始“铱星系统”计划，1998年11月1日投入运营，开创了全球个人通信的新时代。这是一系列尖、高技术的结晶，它的目标是建立一个把地球包起来的“卫星圈”。在铱星的广告词中，通话网络将会覆盖世界的每一个角落。当然，“铱星系统”计划也曾被很多人看好，是外界公认的现代通信的一个里程碑。不过最终还是没能逃脱失败的结局。2000年3月18日，铱星公司宣告破产，一个耗资50多亿美元的“铱星系统”从此也就淡出人们的视线。

铱星公司走向失败的原因是多方面的，决策失误、营销观念落后、债务危机等都是造成其失败的原因，不能满足市场需要也是其中之一。铱星公司曾经错误地认为，只要技术先进，价格并不会影响消费者的购买欲望。现在看来，这种观点显然是不对的。消费者更喜欢物美价廉的产品，虽然铱星的高科技含

量深受好评，但价格高、话费高成了铱星的一块硬伤，对许多的普通消费者而言，只能是可望而不可即，而且，会有多少人需要在那些不毛之地通话呢？到2000年3月，铱星系统的全球用户只有5.5万个，而中国的用户不到1000个，而在铱星方面的预计中，仅初期在中国市场就要做到10万用户。铱星要想实现赢利最少需要65万个用户，5.5万与65万显然相差太大。所以，科技再新潮也要满足市场的需要，从消费者的真实需求出发，只能满足很小一部分人需要的产品难以占领一块市场。

作为一个管理者，在坚持创新、鼓励创新的同时，也要关注市场的变化与真实需求和消费能力，要有一个明确的市场定位和市场分析，不能仅凭自己的个人意愿、个人好恶去判断一个新产品有无广阔的发展前景。很多东西，如果完全超出了消费者的消费能力，不能被消费者接纳，再高、精、尖也是枉然。

第68天　速度不是创新的全部

创新的确可以加快企业的发展速度，但也要讲求“稳”！

——北大光华管理学院管理课理念

在我们的眼中，很多事情都讲究一个“快”字，企业发展越快越好，产品更新越快越好……不过，创新不是一个简单拼速度的过程。正如高铁一样，不管它的速度提到多快，如果出了事故，技术上有缺陷，那也得把速度降下来。更严重的是，人们对其会有一定的怀疑心理，有的人出于安全考虑，会选择其他的出行方式。

当雀巢速溶咖啡刚刚走向市场的时候，他们将广告宣传的重点放在“速溶”两个字上，因为这种新式的速溶咖啡打破了传统的喝咖啡方式，不用煮，不用洗煮具，突出其方便、快捷。本以为这样能够抓住消费者的心，没想到消费者对这种新式咖啡并不感兴趣，反而认为使用这种咖啡是一种懒惰的表现，销售业绩十分惨淡。

原来，在许多家庭妇女看来，给丈夫和孩子细心地冲上一杯咖啡能够显出自己的体贴和关爱，冲一杯速溶咖啡虽然方便，却会使自己留给他们的形象大打折扣。

当雀巢发现了问题的症结后，马上改变了原先的思路，将广告的重点转向表现产品的纯度、口感和味道上，并强调雀巢咖啡是“真正的咖啡”、“味道好极了”，等等。就这样，速溶咖啡避开了家庭妇女们的偏见，给她们的不再只是消极印象，成功地打入市场，深受消费者青睐。

所以说，单纯地强调速度快并一定就完全是好事，它不能作为创新的全部内容。作为一个管理者，在鼓励创新、坚持创新的同时，也要掌握好一个度。

创新能给企业的发展提供一个加速度，但简单的一个“快”字并不能完全体现出创新的全部内容。企业要发展，首要是一个“稳”字，然后才能追求“快”。

第 69 天　创新是成功的一大捷径

成功之道，唯有勇于创新，不断变通才能够赢！

——俞敏洪

这是一个快速发展、信息化高度发达的时代，产品更新换代的周期变得越来越短。很多时候，如果不能对现有产品进行技术革新，很难抓住消费者，最后会使消费者一点点流失。

这是一个讲求效率、讲求创新的时代，敢于创新才能让企业不在一棵树上吊死，不在一条道上走到黑，才能在激励的竞争中披波斩浪，充满竞争力。作为一个管理者，要能够正确地把握企业的发展现状和行业的发展动态，为了企业的发展，要有创新的管理思路，敢于打破原有的思维模式。

英国的洁里米冰淇淋公司生产的超级冰淇淋口味独特，在欧美地区深受欢迎。

劳森是洁里米冰淇淋公司的老板，当他刚进入谢菲尔德大学后，便在宿舍里做起了冰淇淋生意。不久，两个伙伴乔恩和伯德也加入了。劳森卖掉大部分债券自己投资，并拿出他高中时挨家挨户上门推销净水器挣的 6 万美元，和他们合伙开了这家公司。经过市场调查，劳森发现，20 多年来，冰淇淋的口味一直没有变化，他意识到，这将会成为他们取得成就的一个十分关键的因素。他采纳了啤酒商汉斯的建议，使用啤酒酿造技术制作口味奇特的冰淇淋，同时他与当地的乳酪厂联系，由他们提供特制的奶酪。

由于在口味上的成功创新，产品一上市便出现供不应求的情况。当然，这也让他们取得了丰厚的回报。

作为管理者，如果没有创新意识，就算他具有很高的学问，也很难在事业上有大的突破。想让知识产生更大的能量，就需要在创新意识的指导下大胆突破。

对于很多企业来说，无论是新产品的研发、产品的销售，还是企业的内、外部管理，在很大程度上都与企业决策者和管理者的创新能力有着重要的关系。很多企业似乎也有“七年之痒”，很难在激烈的竞争中谋得一席之地。许多企业辉煌一时，却终究难逃被淘汰的结局。作为管理者，需要从众多的失败的案例中发现问题所在，不能墨守成规。想让企业有着长久的发展，就需要富有创新意识，不断顺应市场需求，并能在一定程度上引导市场需求。

第 70 天　创新需要发挥比较优势

中国的许多企业之所以发展缓慢，缺乏竞争力，就是因为没有打开限制他们竞争的既有疆界，没有把眼光放到更多的行业，更多的客户群体。

——余世维

一个能在激烈的竞争中占得一席之地的企业，自然有其别人不及之处。一个能够取得进一步发展的企业，在鼓励创新的同时，更要让自己在有比较优势的项目上更进一步，给企业带来更大的利益。

1972 年，新加坡旅游局给总理李光耀打了一份报告，大意是说，新加坡没有埃及的金字塔，没有中国的长城，没有日本的富士山。除了一年四季直射的阳光，我们什么名胜古迹都没有，拿什么去发展旅游事业。

看过报告后，李光耀十分不满。他在报告上批了一行字：有阳光就够了！

后来，新加坡利用那一年四季直射的阳光，种植花草，在很短的时间里，发展成为世界上著名的“花园城市”，连续多年旅游收入列亚洲第二位。

对于一个企业而言，也许它的综合实力不及对手，但在其中的某一项或几项上却占有一定优势，这就需要在改善不足的同时，争取在优势项目上有更大的突破，这样把企业提升到一个新的高度，在竞争中取得更大的优势。

在激烈的竞争中，管理要让员工清楚自己所在企业的竞争力与竞争优势，增强他们的自信心。同时，鼓励他们在那些优势项目上大胆创新，逐步建立与加强自己的核心竞争力。

第 71 天　在类比推理中寻找创意

我们放宽了思路，不仅仅限于培训行业，出版业也有我们的市场。正是这种思路让新东方的市场越来越大，新东方的发展前景也更为广泛。

——俞敏洪

类比是由两个对象的某些相同或相似的性质，推断出它们在其他性质上也有可能相同或相似的一种推理形式。

类比推理是一种富有创造性的创意方法，有利于个人的自我突破，得出新的创造性成果。

在我国，兰州牛肉拉面有着悠久的历史，是街头地摊上普通老百姓的首选，正如在西方广受欢迎的肯德基、麦当劳一样。慢慢地，兰州牛肉拉面进入了城市，但它仍旧只是街头吃食。

后来，有人从麦当劳风靡全球的成功中受到启发，于是打起“兰州牛肉拉面”的旗号，在全国各大城市开起百余家连锁店。如今看来，这个策略取得了巨大的成功，它已经成为中国土产的、最大的饮食业连锁集团之一，“兰州牛肉拉面”也越来越得到人们的了解与关注。

类比推理可以激活我人的想象力，并使之打破传统思想的束缚，有一个明确的方向；类比推理对我们有着更大的启示作用，为新创意的探索提供较为具体的线索；利用类比推理，可以让现有的一些成功的案例有效地移植到自己所考虑的问题上，大大缩短探索的时间，更提高了可靠性。

对每一个能够取得成功的企业而言，它们的成功都是有其原因的。管理者也要多看多思考，从别人的成功中找出对自己有用的部分，合理借鉴与利用，打造属于自己的亮点与新意，也不失为有效创新的一大工具。

第 72 天　缺乏创新，结果只能被淘汰

创新，关系到企业的生死存亡！

——张维迎（北大教授）

无数个成功的案例告诉我们，创新是成功的关键之一；无数个失败的案例告诉我们，不能创新只会让个人、让企业走向衰亡，不管它曾经多么优秀、多么辉煌。在竞争面前，一旦被别的人、别的企业超越，将很难长久。

任正非曾在《华为的冬天》中说“华为的冬天就要来了，要做好过冬的准备”，结果，在几年的时间里，公司上下不断努力，平安地度过了所谓的冬天。一个企业取得一次、三次或几次的成功，在几年内都能保持一定的竞争力并不是什么难事，只是要让它 10 年、20 年甚至更久都有旺盛的生命力，成为一个老字号，那难度就不是一般地大了。

1991 年，比尔·盖茨曾应邀到柯达总部，在与柯达董事会成员商谈 Windows 上支持柯达数字图像格式的问题时，时任 CEO 的惠特莫尔竟然睡着了。

其实，与柯达相比，当时的微软还算不上什么。1990 年，微软的年收入为 11.8 亿美元，而柯达的年收入为 189.1 亿美元。在胶片给柯达带来滚滚财

源和各种荣誉桂冠的时候，讨论数字化这种枯燥且含金量不高的问题，难怪惠特莫尔会睡着。更何况，在100多年的时间里，柯达都能依靠感光胶片保持发展的势头。

然而，当数字化的浪潮袭来时，柯达大势已去。柯达发明了数码相机，却最终栽倒在数码相机上。2012年1月19日，柯达公司正式依据美国《破产法》第十一章提出破产保护申请。

社会是在不断向前变化发展的，人们的需要也在发生翻天覆地的变化。不管什么样的产品，都有一个或长或短的生命周期。如果因为这个周期长而没能看到创新的必要性，那结局肯定是个悲剧。

一个管理者、一个企业都要学会自我超越，不能总在原地踏步，满足于现状。有人说过这样一句话：现状每时每刻都在成为历史，正如时光每时每刻都在逝去一样，你永远不可能将某一现状固定在那里，让你得以舒心地睡大觉。

当别人在前进的时候，你就是在后退，最终会被别人远远甩在身后，等你再想着追赶的时候，已经变得不容易了。

第73天　如何鼓励员工参与创新

维护纪律和权威不是目的，而是一种手段，真正的目的是高效率、增强竞争力。外部环境变化不快，纪律严格、按部就班可能效率最高。但是百度所处的市场在迅速发生变化，每一个百度人都要有相应的自由度，他所负责工作的变化随时作出调整。

——李彦宏

一个企业的发展需要发挥全体人员的作用，有发展方向的制定者，就有展开工作的执行者。在员工执行任务的过程中，也是管理者应鼓励他们参与创新的过程。比如某个问题每次都是采用同样的办法去处理的，这次换个方法行不行呢？在产品的生产过程中，员工提出了一些新的、有益的想法，可不可以采纳呢？……不要认为他们是“不务正业”，以为按照操作手册去执行就可以了，管理者应该鼓励他们参与创新的过程。

有的人总会表现出自己的两面性，一方面他大谈员工对企业发展的重要性，担心他们创新意识不够；另一方面又对员工处处设置障碍，限制了他们的创新能力。其实，创新的能力是需要培养的，也需要管理者对他们进行鼓励，这样，员工才真正把自己的金点子表达出来，这本身也是企业的一种财富。既然如此，管理者该如何做呢？

1. 加强员工对企业的认识。很多企业的员工虽然在一线工作，了解一线的基本情况，但对企业的经营战略和发展规划不一定十分清楚。由于企业的外界环境在不断地发生变化，企业的战略及规划也要根据环境的变化而变化，如果管理者不将这些变化的信息及时地传达到员工那里，员工就会慢慢地落后于公司的发展。

2. 对员工创新行为的评价要做到正确合理。这既是在鼓励员工创新，同时也是对他们的尊重，不能对他们的所有建议都表示认可，毕竟里面还是会有很多不合理的部分。

3. 不要让员工的创新思维仅局限在本职工作以内。对每一个人来说，总是充满着对未知领域的渴望，在员工完成了本职工作的前提下，管理者可允许他们做一些自己感兴趣的事情。

4. 正确区分创新意识与创新内容。创新性建议便一定能够有效地落实吗？不然。其实，在很多情况下，大部分的建议都是没有实际意义的，但不能因此而拒绝他们的建议，因此还有一小部分算得上精华，对企业的发展也会产生相应的作用。

5. 对能产生效益的建议采取一定的奖励措施，这也是鼓励员工进行创新的有效手段。

企业发展靠全体人员，作为管理者，要为员工创造一个良好的环境，让他们乐于提出自己的建设性意见，这也能让管理者在这个过程中发现对企业有益的人才，何乐而不为呢？

第 74 天　用创新铺设发展之路

企业腾飞离不开“创新”二字，用创新足可以铺设企业未来的发展之路！

——张维迎

北大管理精神指出：对每一个企业而言，创新是至关重要的。在激烈的竞争中，只是从事一些简单的加工制造，很难让企业有足够的竞争力。一个有着长远发展目标的企业，应该根据国内外不同的环境和市场发展趋势进行创新，为企业打造属于自己的核心竞争力。

伊夫·洛列是法国美容品制造师，1969 年，他创办了第一家工厂，在巴黎的奥斯曼大街开设了他的第一家商店，生产并销售美容产品。

为了能够打开销路，方便顾客，他采用了一种全新的销售方式——邮购。每当公司收到邮购单后，他们会在几天之内把商品邮寄给顾客，同时会赠送一件礼品和一封建议信，并附上制造商真挚的笑容。这一销售方式几乎占了他整个营业额的一半。

这样的销售方式深受那些整日忙于工作和离商业区较远的人的欢迎，也给洛列的公司带去了可观的效益。

对于现在的我们而言，邮购不是什么新鲜事，而在那个时候，邮购确实是洛列的一大创举。最后他也享受到了这一创举的成果，公司在世界范围内都有着良好的业绩。

据有关资料分析表明，中国企业的平均寿命为3.5年，集团公司的平均寿命为7年。每天都有许多新的公司注册成立，同时也有许多公司破产倒闭。这并不是危言耸听的事，在我们身边，不也经常上演着这样的事情吗？

一个企业的衰败有很多客观原因，也有很多主观原因。但是，不管客观原因还是主观原因，可以肯定的是，企业的衰败往往都是没有创新造成的，是自己阻碍了自己。

丰田汽车公司董事长奥田硕认为："只有那些能够自如应付经营环境的变化，不断进行自我变革的企业，才能够超越时代保持住自身的优势。"

一个企业要想在竞争中不被打败，持续发展，就要能够克服一切困难。作为一个管理者，首先就要使自己有创新精神，敢于创新；同时也要鼓励团队其他成员不断创新。如果不能通过创新的手段去为成功铺设道路，那前面的路将是越走越艰难、越走越狭窄，到最后无路可走的时候，只有宣告失败。

第75天　创新就不要害怕摔跤

在创新的道路上，不要过多害怕失败，在管理中有宽容失败，才能建立一套完成创新的制度。

——北大光华管理学院管理课理念

创新是一个长期的过程，其中难免遇到挫折与失败。这个时候，如果把那些挫折与失败当成灭顶之灾，完全丧失信心，那最终的结果只会是让创新的原动力"流产"。在追求发展的过程中，我们要鼓励创新，不怕失败，正如我们常说的一句话，"失败是成功之母"，失败可以促使一个人不断前进，走向最终的成功。

2005年，有着十多年工龄的采油工李凤勤在工作中发现，许多工人为了避免冒罐、罐被抽扁、输油泵空转等事故，每隔30分钟就要到采油罐前观察液位。可就算是这样，险情还是不能排除。李凤勤想，如果集油站能实现自动监控，省时、省力又安全，真是一举多得。

经过不断的观察与摸索，李凤勤决定在油罐“位液”上下功夫。

在李凤勤的设想里，“液位传感器”是一个很重要的部件，不过，这种东西在当时的市场上还没有。她只好与弟弟动手自己做。几个月后，想象中的“液位传感器”问世了，只是一测试，功能很差。

在失败面前，李凤勤并没有退却，继续研制、试验、调试，最后终于攻克了技术难题，李凤勤的“液位自动监控报警器”成功了。

破解庞加莱猜想的朱熹平教授说：“破解猜想，我和我的团队经历了无数次失败与失望，我已经把失败看成常态，把成功当作偶然。”

IBM的一位高级负责人曾在一次技术创新中失败，造成近千万美元的损失，就在大家都认为他会被公司开除的时候，董事长却说：“如果将他开除了，那公司岂不是给他白交千万美元的学费？”

对于创新，一个好的结果固然很重要，但过程更不容忽视，就算失败也不能轻言放弃，大到一个国家，小到一个企业，它关系到你能否真正抓到成果的核心部分。成果可以花巨资去买，而过程是一个技术问题，别人不会轻易出售。这就需要我们不断地尝试，失败了也要继续前进。

在创新的过程中允许失败，是许多成功的企业成功之道。作为一个管理者，要能够激励员工进行创新，允许他们在一定范围内的失败，更重要的是鼓励他们对失败的原因进行分析，然后再一步步改造，直到最后成功。

第76天　打破常规，扫除创新的阻碍

发展企业最重要的就是要进一步解放思想，扫除观念上的障碍，破解机制瓶颈，以求进一步求真务实、真抓实干，以改革创新促进企业发展得又快又好！

——北大光华管理学院管理课理念

什么是常规？常规就是我们以为本就应该那样的东西。而创新是一种创造、改变、更新，这就要求我们敢于打破常规的限制，有新的想法，有创造力。

通用汽车总裁杰克·韦尔奇曾说过：“在目前这个竞争激烈的新经济时代，一个企业家最差劲的表现就是缺乏创新、不思进取。”

作为一个管理者，有时候很容易让自己陷入一种误区之中，他们既想在管理中规规矩矩的，不要横生枝节，又希望员工能够充满创新精神，不断有新的突破，不要太循规蹈矩。前者能让企业在竞争对手都还不强的时候平平稳稳地

发展，后者能让企业有一个真正的突破。如果想二者在常规下兼而有之，是很难的。

非洲天气炎热，人们向来喜欢赤脚走路。有一次，某公司派两名推销员去那里推销皮鞋，试图打开当地的市场。当他二人到达后，都对眼前的情况惊呆了，不过两人惊呆的表情表达的是完全相反的感慨。

一个人看到后，立刻就失望了，在这么热的地方，皮鞋怎么会有好的销路，赤脚都闲热；另一个人看到后，感到十分惊喜，眼前完全是一片没有被人开发的市场，将来一定大有可为。于是，他努力地引导当地人购买皮革，结果成功地开辟了当地市场。

创新需要打破常规，不能被一些固有的观念限制了发展的脚步。有些团队喜欢那种中规中矩的员工，当有人提出一个新的观点或别具一格的解决问题的方式时，其他人就会表示不解和反对，因为他们只是希望凭借过去的经验去处理问题，不想打破固有的一种平衡。这也让那些敢于创新的人感到为难，不仅不能让自己很好地融入一个团队、一个集体，反倒是把自己孤立了出来。

作为一个管理者，要有敢于创新的意识和鼓励创新的勇气，敢于让员工摆脱一些条条框框的束缚，尝试从不同的角度去思考问题、解决问题。一个管理者心中所想的，应是想着如何让企业的产品更成功，更加具有市场竞争力，而不是处处限制自己和员工的行为。

第 77 天 敢于冒险，拒绝简单

创新便是冒险，所以，要创新成功，就要拥有敢于冒险的勇气！

——余世维

当战斗机飞行员接受第一堂训练课的时候，教官就会告诉他们：“既有老练的飞行员，也有冒险的飞行员，但很难找既老练又冒险的飞行员。”

在前进的这条道路上，很多人都是在四平八稳的公路上走着，而那些杂技人员却不一样，他们敢于走钢丝，在这里，“走钢丝”就是在冒险，也是一种创新。这些杂技人员可以在台上、在峡谷间表演给人们看，那些不敢走钢丝的人只能掏钱当看客，赞赏他们的勇敢。

在英特尔的价值观中，敢于冒险是重要的一个部分。

34 年前，罗伯特·诺宜斯、戈登·摩尔带着些许的赌气和冒险情绪离开仙童半导体公司，以集成电路之名共同创办了英特尔公司。从此，“敢于冒险，勇于创新”便深深地烙在了英特尔公司的企业文化之中。

洪力原是英特尔中国公司 OEM 总监，那时候他每天工作超过 12 小时，时任英特尔前亚太区总裁 John Bresilin 就对他说过："你确实花了很多时间，也很辛苦，但在这一年里，我没看见你犯错误，这对我来说是不可以接受的。因为你只做了你熟悉的、让你感到很舒服的事情，花时间在小的方面做得很完美，使你失去了其他机会，不能去把握创新的机会。"

要想让企业能够长远地发展，的确需要在擅长的领域做擅长的、熟悉的事情，但不能一直徘徊在这些擅长的、熟悉的事情上，让其成为困扰企业发展的一种桎梏。许多人喜欢长期从事一些可以重复的工作，因为这样的工作不需要他们过多地思考，只需要按部就班地按流程去做就能取得一定成效。这是敢于创新的人最忌讳的事。

作为一个管理者，要希望自己的员工敢于冒险，敢于创新，尝试自己不熟悉的事情，不断总结经验，进而获得成功。这样的管理者，才能帮助企业扩大市场规模，推出新产品、新服务，使企业拥有永不枯竭的前进动力。

第 78 天　想他人所没想的，做他人所没做的

想他人所没想到的，做他人所没做的，是企业不断向前发展的永续动力。新东方主要的培训业务就是出国留学。在 2002 年，我提出新东方开始做少儿英语的时候，很多人反对。大家认为，我们的出国考试、国内考试两大块已经做得很好了，只要把它再做好做精就行。但是，我觉得少儿英语将成为新东方未来发展的一个重要项目。

——俞敏洪

一个企业要在激烈的竞争中求得一席之地，就必须正确把握市场行情，生产出适合市场需要的产品，这就要求企业的管理者能够准确地掌握市场动向，想他人所未想的，做他人所未做的。

一个年轻人和邻居上山开采石头，当别人都把石块砸成石子，当建筑材料卖出去的时候，他却将石块当作艺术品卖出了高价格。

两年后，采石的行为被禁止，大家开始种果树，只有他种的是柳树。丰收的季节到了，果实累累，这时大家发现没有装梨用的筐，年轻人家独一份。

后来，年轻人在县城里做起了服装生意。一天，一个知道年轻人经历的著名商人特意来找他，却发现这个年轻人正在与对门的店主吵架。原因是对门的店主总是让店里衣服的价格比他那里便宜，结果，年轻人店门前冷冷清清，而对面的那家顾客往来不息。

这位著名商人感到很失望，笑自己只是听了一个传闻就当真了。但他还是坚持过去与年轻人交流了起来，当他知道对面那家店也是年轻人的时候，又惊又喜，当即决定花重金聘请他。

企业想有更好的发展，并不一定是市场需要什么，我们再去生产什么，这样总会让企业处于一种相对滞后的状态。其实，在竞争日益激烈和国际化的时代，在满足需要的时候，也要注重创造需求、引领需求，比别人总能快那么一点点。

曾经的“梦幻”公司虽然在竞争力上不如“宝洁”公司，但它却抓住了市场的空隙，在清洗剂上最早采用喷口设计，以此获得了消费者的青睐。当“宝洁”公司开始准备反击后，它又率先推出了3000毫升、5000毫升装的清洗剂，消费者购买一次可以使用很长时间，这也使得“宝洁”公司产品的上市计划受阻。“梦幻”公司不但满足了消费者的现实需求，而且还引导了消费需求，挖掘了潜在需求，在清洗剂领域击败了“宝洁”公司。

竞争赢在先人一步，想别人没有想到的，做别人没有做到的，这样才能让自己掌握主动。作为一个管理者，先人一步才能以敏锐的嗅觉洞悉和把握市场的变化，抓住转瞬即逝的机遇，为企业的发展争取更多的有利条件。如果你所想的也是别人想的，你所做的正是别人在做或是做得很好的，那说明你的创新能力还不够，需要加强，比别人做得更好，才能突出重围，找到出路。

第79天　如何做到先人一步

很多人谈创新，认为就是做别人没有做过的事情，但大部分创新，都是在前人成就的基础上更先一步。如果有人登上珠穆朗玛峰的时候能够带上一个梯子，站在梯子上他就达到了别人从来没有达到的高度；如果说珠峰是前人的成就，那梯子就是个人的创新，通过创新达到新的高度。

——俞敏洪

在上面，我们认识到了在竞争中先人一步的重要性，既然如此，作为一个管理者，如何真正做到先人一步呢？我们可以从以下几个方面出发：

1. 深入市场，进行调查，掌握市场供求信息，清楚消费者需要什么。这是做好先人一步的最重要一点，只有这样，才能满足消费者和潜在消费者的需求。

在日本牧田电机破产的前夕，业务经理加藤武氏在送货间隙偶然听到了“电锯”这个陌生的字眼。敏感的加藤竖耳倾听以后，兴奋地向公司董事长汇报了设想。这家公司迅速作出决定取得了日本国内第一把电锯，并改良成功，占领了日本市场。这种敏感性和抢占市场的速度使濒临破产的公司起死回生。

2. 仔细分析调查结果，有针对性地采取相应措施。在调查中，如果发现企业和竞争对手在某些方面的差距较大，就要求我们能够做到避其锋芒，抓住对手的薄弱环节。在现代的消费过程中，服务也是重要的一环，当我们发现竞争对手的服务质量不尽如人意时，我们可以从此处着手，把做好服务放到一个突出的位置。

3. 当局者迷，旁观者清，在考虑如何做好先人一步时，管理者也可以询问专门的咨询或策划机构，从他们那里获得一些有价值的点子。

市场如球场，在足球场上，率先进球的一方自然能拥有更大的心理优势；率先进入比赛状态的一方更加能够抓住时机。在企业间的竞争中，不管是现有领域还是新的领域，率先进入市场、赢得市场的一方更能抓住市场，获得消费者的青睐。兵贵神速，在这个以“新”、“快”、“准”制胜的时代，想要让自己的产品能在市场上永葆竞争力，就需要管理者时刻关注市场行情的动向，突出企业的竞争优势。这样才能让企业在风云变幻的市场竞争中处于不败之地，才能让自己在激烈的竞争中有所作为。

第 80 天　创新也需要另辟蹊径

面对激烈的竞争，想成功必须寻找新的突破口，独辟蹊径，才能在诸多竞争对手中脱颖而出，找到真正属于个人企业的发展之路。

——俞敏洪

现代社会竞争十分激烈，同一类的产品总会有几家甚至更多的企业同时生产，功能一样，品牌不同。正如在一条跑道上，有诸多选手在拼命往前跑，一不留心，便有可能把你甩在身后。

其实，如果你停下来细想一下，如果自己实力本身就不及他们，又何必苦苦地跑在他们身后呢？发挥自己的比较优势，开拓一片新的市场或研发一种新的产品就不行吗？

在非洲大草原上，每当进入旱季的时候，动物们总会为了水进行漫长的寻找，而当它们找到了水时，又会发现里面潜藏着凶恶的鳄鱼。

威猛的狮子来到湖边，喝完水后悠然而去，但羚羊、野牛、猴子等大批动物却显得犹豫不决，鳄鱼正张着大口，专等它们落入陷阱。

它们在水边徘徊不定，一头胆大的野马走近水边，小心地喝了几口，其他的动物也相继凑了过来。突然，鳄鱼扑了出来，紧紧地咬住了猎物。

就在这样一轮又一轮的较量中，总会有动物成为鳄鱼的美餐，但猴子并没有出现问题。原来，它们在离水边不远的地方刨出了一个又一个洞，有限的水便渗透了出来，虽然不多，但足以解决它们的饥渴。

在这里，猴子没有与其他动物挤在一起，而是另辟蹊径，挖出来生命之源，而且没有受到鳄鱼的威胁。

作为管理者，就应该像猴子一样，在处理问题时总会有一些新的解决之法。当脚下的路走不通或走的人太多的时候，何不停下来想一想：旁边还有没有别的路呢？

第81天　创新思维模式

创新思维的方方面面都可以创新。

——北大精神

北大是一个注重和培养个人创新的高等学府。为鼓励广大师生发挥创新性思维，专门开设了一个开放性的跨学科研究和教育机构，是一个集创新研究、创新教学与创业实践于一体的教育机构。它崇尚：创新是一个思维模式，是最为基本的品质。其实，所谓思维模式，很大程度上是一种对经验的过于执着。

很多时候，人们总是以自己做对的就是对的，自己做错过的就是错了，从来没有想过是不是真的和他所想的那样。如果一个人只是因为自己曾经做过一件事情而没有取得成功，便觉得这件事情是不可取的，那他自身便陷入了一种固有模式的桎梏之中。作为一个管理者，一定要懂得从这种桎梏中跳出来，能让一些固有的、陈旧的思维模式成为自己考虑问题的阻碍。

1996，张瑞敏来到四川，听到有人反映说海尔洗衣机不好用，排水管总是被堵。后来他才知道，这不是洗衣机本身质量上存在问题，而是顾客用它洗红薯，这自然容易造成堵塞。

原来，当地盛产红薯，人们除了将一部分出售外，还会将大量的红薯加工成薯条，于是，洗红薯便成了一件费时又费力的事。没办法，他们把红薯投入洗衣机中，时间一长，排水管便堵住了。这时，张瑞敏有了一个大胆的想法：能不能发明一种洗红薯的洗衣机？

到了1998年，能洗红薯的洗衣机出现了，得到了市场的认可。

试想，如果是你遇到这样的问题，你是让当地人改变使用洗衣机的习惯，让他们明白洗衣机只能洗衣服，不能洗红薯，还是像张瑞敏那样，想着推出一款新的洗衣机呢？

很多时候，人们总是被一些固有的思维限制住，总以为自己才是对的。其实，只要换个角度便会发现，别人的观点未必就是错误的，甚至是让你开辟一块新天地的妙语。

作为管理者，在面对问题时不能以一成不变的观念去处理所有问题，正如我们以前经常能听到的一个问题——一斤铁与一斤棉花哪个重一些一样？很多人会脱口而出说一斤铁更重，实际是它们是一样重的，都是一斤。错误的原因不外乎在人们的印象中铁会比棉花重，却忽略了单位。管理者要敢于创新，不能墨守成规，要知道，你的创造性想法和观点越多，就越能好地处理一些新的问题，就越能给企业做出新的贡献。

第82天 营销模式也需要时时创新

真正的消费不是刺激出来的，而是创新开发出来的。

——张维迎

不管是什么样的企业，生产什么的产品，其终极目标都是获得尽可能大的利润，在激励的竞争中不被淘汰。

销售额是利润的直观体现，而营销又是关系到销售业绩的重要一环。现如今，企业为了能够招徕更多的消费者，在营销模式上做足了功夫，许多以往没有的营销模式相继出现，如电话营销、直销、连锁营销、网络营销、电子商务……总而言之，现在企业为了扩大自己的影响力，奇招屡出。

在网上买衣服、化妆品等商品并不是什么新奇的事情，简单快捷，不过，在网上购买汽车倒是让人眼前一亮。

2010年12月，吉利汽车的全球鹰官方旗舰店在淘宝商城里正式开张，在业内首开汽车电子商务先河。狂人李书福的“网上卖车”变为现实，也让全球鹰进入到新的营销渠道——淘宝旗舰店。

全球鹰是5万元级的汽车，消费群体是收入并不宽裕的消费者。这部分人有一定的固定收入，但还不算十分充足。虽然购买一辆车不算是很难的事情，但最敏感的也还是价格问题。同时，年轻人大多数都有网购经历，对网上购买汽车这样的事情也会有一种好奇心理，只要条件允许，还是喜欢尝试一下。

针对消费者最关注的问题，吉利在淘宝网店上首先突出价格不变、价格透明、价格统一，同时还承诺与线下销售待遇是同等的，售后服务不会缺损。比如，一旦出现维修、零配件更换，网上消费者可到线下的实体经销店进行维修与保养。如此一来，也就打消了消费者的后顾之忧，吉利在1分钟内售出300辆，连续6个月突破3500辆以上的销量。

继吉利之后，宝马、奥迪、沃尔沃、一汽丰田、东风日产、北京现代等汽车品牌也相继开启网上售卖，集体“触网”。

当然，没有哪一种营销模式是万能的，能解决所有的问题，让企业获得100%甚至是更大的效益。作为一个管理者，在选择营销模式的时候，要从本企业和企业产品的特点出发，认真选择或创造营销模式，切忌盲目跟风，看到某一个企业通过某种途径使产品成功打入市场，自己也随着他们的套路走。

第83天　创新是一个长期的过程

企业常青之道源于不断地创新！然而，创新是一个长期的过程，它不仅仅只是某些聪明脑袋的灵感的泄露，创新实质上应该有一个正规化的、常规化的操作程序，并将这种程序永续地发展下去。

——北大光华管理学院管理课理念

从某种意义上讲，一个企业能够启动创新战略，本身就意味着风险。创新的过程就是一个冒险的过程，也是一个长期的过程，不是朝夕之间便能看到成效。如果设定的目标不合理，急于求成，给企业的发展带来的也许会是致命的打击。一个企业之所以敢于创新，在于它们在制定目标时立足于实际，而不是盲目地遵从管理者个人的想法和观点。

任何一个目标都有合理与盲目的差异，合理的目标能够起到提高士气的作用，促进企业向前发展。而盲目的目标则会影响员工的积极性，尤其是那些脱离了实际，得不到员工支持的目标，更会让员工心生怨意，信心受损；或者，他们为了实现目标而不断地加快进度，结果忽视了对产品质量或服务的严格要求，带来适得其反的后果。

作为一个管理者，要能够正确地权衡企业的目标能给企业带来什么，在最大程度上确保收益大于投资、大于风险，这样才能让创新不沦落为一种盲目的冒险。对此，作为一个管理者，如何才能制定出合理的目标，最大限度地让收益大于风险、大于投资呢？

首先，要对企业和市场的现状都有一个清醒的认识。企业的目标都是着眼于未来，不过却是立足于现在的基础之上。管理者需要清晰地了解市场动态，并根据企业的现状制定出合理的目标，不能好高骛远，更不能闭门造车，让目标脱离了实际，可望而不可即。

其次，在制定目标时要坚持原则。目标的制定关系到企业的长远发展，管理者在制定目标时，要确定目标能够被人接受。毕竟不管是什么样的目标，都需要通过行动去实现，如果不能被员工接受，势必会给实现目标的过程带来诸多阻碍；同时，对于目标是否完成要有一个明确的考核方式；当然，目标也要有一定的难度，让员工感到有一定的挑战，通过努力可以实现。很多时候，太容易得到的东西并不能引起员工的注意，他们也不会感兴趣，结果把简单的工作也做得令人发指。

合理科学的目标是对员工的一种激励和对员工能力的一种发掘。作为一个管理者，在制定目标的时候，不能只是凭自己的臆想去制定，盲目追求实现一个不可能实现的目标，要从实际出发，从员工的真实能力出发，这样才有可能实现。

第 4 章
人才管理课

第 84 天　人才是一种宝贵的资源

企业对人才的选择往往决定着这个企业能走多远，如果要做一个世界级的优秀企业，那就要力争在全世界范围内找到最优秀的人才。

——李彦宏

21 世纪什么最重要？人才。人才是什么？人才是一种宝贵的资源。对一个企业而言，拥有一流的人才队伍，才能创造出一流的业绩。随着竞争的日益激烈，人才对于企业的生存和发展起着越来越重要的作用。他们能给企业带来源源不断的生命力。只要人才不缺失，再大的困难也能扛过去。

三星公司于 1938 年成立，在 70 多年的时间里，从一个默默无闻的小杂货店，迅速成长为一个世界性的大企业。

三星取得成功的原因之一就在于它对人才的重视与培养，确保每个人处在他们最适合的位置上，充分发挥各自的能力，这些人也为三星的发展贡献出了自己的力量。

三星十分重视从实际工作中选择人才，它对人才的评价，不是依据学历高低，而是立足于员工的实际工作能力。对于那些突出的人才，三星从来都是毫不犹豫地进行提升。

人才是企业最宝贵的财产。只有将员工与企业结为一体，共存共荣，才能激发员工对企业的热爱之情，使他们树立强烈的企业意识，用心服务于所栖身的企业。

松下幸之助有句名言，“出产品之前出人才”。从创立公司的初期，就把这种思想作为公司的重要方针。

管理者的成功在很大程度上体现在下属完成任务的质量上。作为管理者，最重要的不是事事亲力亲为，而是要努力搭建人才涌现的平台，让下属的能力能够得到发挥，让他们的积极性和创造性能得到最大的释放。做到了一点，才会让管理者、让团队跨上一个新的高度，在激励的竞争中谋得一席之地。

比尔·盖茨也曾说过：“如果我可以带走微软的研究团队，我可以创造另一个微软。”作为企业的管理者，应深刻地意识到人才对企业未来的重要性，要能够吸收人才、发掘人才、留住人才。

第 85 天 把选择人才当头等大事来抓

当前企业之间的竞争归根结底是人才的竞争，而企业要想笼络住各种人才，管理者首先要重视人才，将选用人才当头等大事来抓，如此才能让人才在企业中发挥重要的作用。

——北大管理精神

现代社会，无论哪个企业，人才都是其发展的第一利器，也是其生命。选择并重用一个人才就等于搞活一个企业，所以，身为管理者，应该将企业的选人放在第一位，“选对人”比“做对事”更为重要。

微软公司总裁比尔·盖茨总是认为，一个企业家寻找到一个合适的人才，比他的财产增长更能够让他激动。他这样说道：“这个世界上无论任何角落，只要有哪个人才被我发现，我会不惜任何代价，将其请到我身边来。”他在创立美国微软研究院时，曾经请了许多说客去说服卡内基·梅隆大学的雷斯特教授加入。在历经几个月的“软磨硬泡”后，雷斯特终于被盖茨重视人才的真诚所打动。雷斯特加盟微软以后，又网罗了一大批计算机方面的人才，这让盖茨极为高兴。

其实，从一开始，比尔·盖茨就坚持公司一定要雇用业界中最为出色的人才。必要的时候，他还亲自介入招聘过程。比如说，当一个十分有发展潜力的程序员犹豫是否该加盟微软时，比尔·盖茨就会亲自打电话过去说服他加入。当微软发展起来以后，他还时不时会打通他看中的人才的电话，问其是否愿意加入他们的团队。

商业学教授蓝多·依·斯佐斯在《微软模式》中这样说道：“盖茨从来都是有意识地去雇用那些有潜力的人才并给予他们十分丰厚的回报，这似乎已经成为当代成功企业一种流行的成功模式。而这也是微软成功的重要原因。”

比尔·盖茨正是因为重视人才，将人才作为头等大事来抓，其周围才能聚集起了一大批人才，使微软在技术开发的道路上一路领先，在经营方面运作高超，最终成为全球发展最快的公司之一。

惠普公司前老总戴维·帕卡德也十分重视人才的选用工作，他认为，优秀人才是公司最为重要的资产，一家公司要想持续健康地发展，必须要下重力气选人才。所以，与其他公司不同，惠普的管理层总是会将录用人才这件事排在所有事务之前，将选用人才当作头等大事来抓，渴望发现真正的人才。

由此可见，人才是企业最为宝贵的竞争力之一，为此，许多企业都始终将挑选人才、引进与重用人才，作为兴办经济实体第一位的工作环节来抓。

企业的成功其关键在于管理者是否能够从根本上去重视人才，是否能够主动将选用人才作为头等大事来抓。如果肯向他们学习，那么，你也会开创出像比尔·盖茨那样的企业来。

第 86 天　不拘一格用人才

企业的竞争就是人才的竞争，面对形形色色的下属，管理者需要做到不拘一格，让下属充分展示自己的能力，并不断地提高自己的能力。

——北大光华管理学院管理课理念

北大作为享誉世界的百年名校，其光华管理学院也是中国最好的商学院之一，不拘一格用人才便是它的用人策略。这是任何组织都应该学习的地方。对于管理者而言，用好人才能做好事，然而，在现实生活中，一些管理者总是埋怨：人才固然重要，但是到哪里去寻才呢？其实，很多时候，并非是人才难得，而只是自己太拘泥于一些所谓的规则，经常被一些陈规陋习所束缚；或者是仅凭管理者自己的好恶去选用人才，结果只会出现手下兵强马壮，却无法发挥巨大作用的局面。

要知道，金无足赤，人无完人，每个人都有着不足之处。作为一个管理者，要更多地发挥下属的优势，在用人时做到不拘一格，大胆地任用下属，这样才能让他们的能力得到最大程度的发挥。

当微软还没有 Windows 操作系统的时候，比尔·盖茨亲自去请一位软件高手加盟微软。然而，那位高手对他的拜访一直是不闻不问。盖茨没有放弃，还是继续去拜访，这位软件高手决定当面拒绝他的要求，还自己一片清静。

与盖茨见面后，他的第一句话就是“我从没见过比微软做得更烂的操作系统”。不过，盖茨并没有因此而生气，而是虚心地说：“正是因为我们做得不好，才请您加盟。”那一刻，那位高手愣住了，他被盖茨的谦虚折服，加入了微软，成为 Windows 的负责人，最后开发出了世界上使用最普遍的操作系统。

如果我们遇到这样的处境，会发生什么样的事情呢？也许会因对方的嘲笑感到羞愧；也许会反驳，与对方大吵一架，甚至大打出手；也许……最终的结果都是与对方不欢而散。盖茨没有这样，他没有生气，更没有拂袖而去。因为，眼前的这个软件高手看出了现有操作系统的“烂”，虽然在言语间有着一种不敬，但他有实力，着实是一个难得的人才。

每个人都有自己的长处，一个优秀的管理者，就要真正做到“智者取其谋，愚者取其力，勇者取其威，怯者取其慎”，使下属的专长得到最大限度的发挥。如果只是因为看不惯下属的某些行为或言语，或是与下属有过矛盾，再或是下属学历偏低……就将其贴上“永不重用”的标签，这不仅是自己团队的损失，更是企业的一大损失。

微软之所以卓越，是因为拥有为数众多的卓越人才，而人才的汇集，又是因为领导者有卓越的用人理念。微软喜欢开放型人才，他们从不需要那种只会说“Yes”或“No”的人。他们知道，凡是固定的、限制的见解，都是对企业有百害而无一利的。

第 87 天　不计小过，能用人之长

人才也是不尽完美的，特别是做出成绩之后，很容易引来别人的嫉妒与非议。但是一个有才能的管理者是不会计较人才的过错的，他们在任何时候都能够重视人才，拥有护才之魄，惜才之心，对真正有才之人会不拘一格，都能够大胆地起用。

——俞敏洪

古人有云：龙有蛇之一鳞，不害其为灵；玉有石之一脉，不害其为宝。这就告诉管理者在识人用人时都不能够求全，要善于用人之长。否则，不仅不能够知人，而且还会危害人才。历史上许多的贤才之所以蒙受冤屈，都是因为君主喜欢追究其小过节造成的。比如司马迁只不过为李陵说过几句公道话，却被汉武帝处以宫刑，使他遗恨终生。苏东坡只因为对朝政有意见，只写了几句诗来讽喻，却蒙“乌台诗案”之冤，下半生不被重用，过着颠沛流离的生活。另外，在历史上，也有诸多君主苛求小过，才使那些别有用心的与溜须拍马之徒能趁机落井下石，极尽吹毛求疵之能事对贤能之士加以诬陷，才使诸多良臣发

挥不了治国才能，使国家遭受损失。

然而，在现实管理过程中，看到别人的短处是件容易的事情，而看到别人的长处就相当困难了。所以，作为领导者一定要敞开胸怀，正确地对待人才的某些缺点与不足。用人时，一定要有“力排闲言碎语”，不怕“吹冷风”的勇气与魄力，不计人之小过，善用人之所长。

要知道，培养人才是件不易的事情，因为一点小错误就轻易放弃真正有才之人，无异是在自毁长城。但是，面对有过失的人，作为管理者应该怎么办呢？海王集团的掌门人张思民就面临了这样一次挑战。

有一次，海王集团的一位经理人在主持一个项目时，因一时发昏，收了对方的回扣。因为数额巨大，很快被人发现了，公司上下一片哗然，张思民自己也勃然大怒，并在公司高管会议上对这位经理人痛骂了一通。可是，这位经理人曾为集团做过很大的贡献，并且工作能力也颇佳，而且他收回扣也是因为家庭突遇横祸、经济拮据的缘故。事情调查清楚后，张思民又回顾了集团这几年的风风雨雨，想起了这位经理人的功绩，既痛恨又惋惜，禁不住百感交集。

几天后，张思民就主动联系到那位经理人，对他说：“你到我们集团旗下的另一个子公司做经理吧，但是不要再犯同样的错误了！”那位经理人十分感激，愣在那里，几乎不敢相信自己的耳朵。

事后，就有人责怪张思民“心太软”，说他这是在养虎为患。而张思民却一笑置之。他有把握确定这位经理人以后一定会脚踏实地地干事，因为那位经理人是企业中不可多得的人才，能力极为出众；二是其在过去的多年中，在企业发展最为困难的时候，他能忠心耿耿，为企业的发展立下了汗马功劳，从未出现过此类的事情。三是那位经理人贪财的背后，确实有值得人原谅的因素。所以，张思民确信他以后不会再犯同类的错误。

以后的事实也证明，张思民的做法是正确的。那位经理人到单位后，兢兢业业，廉洁奉公，赢得了公司上下一致的好评。

子曰：“人非圣贤，孰能无过？知过能改，善莫大焉。”每个人因为这样或那样的原因难免会犯错误，是将其“一棍子打死”全盘否定其才能，还是仔细斟酌、灵活应变？最为关键的还是要看管理者是否有像张思民那样的肚量和胸怀，是否愿意给人改过自新的机会。

每位管理者都要明白：世界上没有十全十美的人，管理者在选用人才之时，也要对其进行全面的分析，用辩证的眼光去识人、看人，切忌求全，这样才能够做到知人用人、人尽其才，企业也会因此而焕发出生机来。

第 88 天　与竞争对手亲近的人也可用

善用“度外之才”，是最高明的管理者。

——北大光华管理学院管理课理念

很多时候，我们会看到这样一种现象，当一个新上任的管理者接手工作之后，便急于清理前任管理者器重的人，再安排一些自己满意的人，似乎这样才能增强自己的影响力，提升凝聚力。

其实，对于一个优秀的管理者而言，要敢于大胆地使用人才，尤其是那些在竞争对手手下得到过重用的人才。每一个人才只是被不同的人赏识，他们本身并没有什么不是，如果因此而不对他们“另眼相看”，觉得他们不会为己所用，那损失更多的还是管理者自己。

柯克本是 IBM 公司的二把手，但他与当时的总裁小沃森的关系并不融洽。就在柯克去世后不久，时任 IBM 公司“未来需求部”负责人的伯肯斯托克闯进小沃森的办公室，大声叫嚷着：“我还有什么盼头！销售总经理的差事丢了，现在干着因人设事的闲差，有什么意思?”

原来，在伯肯斯托克看来，自己曾是柯克的得力下属，而小沃森与柯克是对头，柯克一死，小沃森肯定不会给他好脸色了。

虽然小沃森平时脾气暴躁，遇到这种情况肯定会严惩对方，不过，他觉得伯肯斯托克是个难得的人才，甚至比刚去世的柯克还精明。虽然他是已故对手的下属，性格又桀骜不驯，但为了公司的前途，小沃森决定尽力挽留他。

小沃森对伯肯斯托克说：“如果你真行，那么，不仅在柯克手下，在我、我父亲手下都能成功。如果你认为我不公平，那你就走，否则，你应该留下，因为这里有许多的机遇。”

后来，事实证明留下伯肯斯托克是极其正确的，因为在促使 IBM 做起计算机生意方面，伯肯斯托克的贡献最大。后来，小沃森在他的回忆录中说了这样一句话：“在柯克死后挽留伯肯斯托克，是我有史以来所采取的最出色的行动之一。”

一个优秀的管理者，应该有让所有人才都为己所用的胸怀，不管他们与自己的竞争对手有着什么样的关系，都能够继续重用他们，让他们在合适的岗位上继续发挥他们的作用。

第89天　尊重人是用人的根本

尊重人才是用人的根本。马克思指出，尊重是人类较高层次的心理需求。既然是较高层次的需求，自然就不容易满足。然而，一旦满足了，它所产生的重大作用是不可估量的。

——北大光华管理学院管理课理念

现代著名管理家韦尔奇结合几十年的管理经验认为：尊重别人是企业管理者的基本素质。要想成为一名出色的管理者，要学会用人，必须从尊重人才开始。

其实，尊重是管理过程中最为有效的激励手段，尊重会使你的下属感受到自己的重要性，让他们感到一种满足感；尊重还是一种极为强大的精神力量，它十分有助于促进企业员工之间的和谐，十分有助于企业团队精神与凝聚力的形成。

确实如此，当一个管理者懂得去尊重下属时，他也一定能够考虑到组织内外所有的人，而这种尊重别人的信念只有在行动中才能得到加强。

同样地，在现代企业中，尊重下属是人性化管理的必然需求，只有下属的私人身份得到了上司的尊重，他们才会真正感到被重视、被激励，做事情也才会真正地用心用力，才更愿意与管理者打成一片，才肯站在管理者的立场上主动与管理者进行沟通，想方设法探讨工作，完成管理者交给的任务，心甘情愿地为工作团队的荣誉付出自己的一切聪明才智。

然而，尊重人才这句话，绝非只是说说而已，它不但要求企业的管理者从心里深处意识到尊重人才是管理好企业之本，更要求管理者要将其转化为自己的言谈举止。具体要从哪些方面去做呢？

1．尊重人才先从细节开始。如果去问一位企业经营者：“进下属的房间是否需要敲门？”

相信许多经营者都会不以为然地说：“整个企业都是我的，还需要敲什么门呢？”

其实，在工作中，能否让下属感受到是否受到尊重，往往取决于点点滴滴的小事。

英特尔的前首席执行官格鲁夫的办公室与员工的办公室的大小是一样的。许多参观者十分不解，有的甚至批评格鲁夫这样做显得太过虚伪。而格鲁夫却说道：“我之所以这样做，是不想让自身的权力不自觉地放大，这样会给下属员工造成一种心理压力，不能与他们进行真正平等的交流。”

2. 将帮助人才成功作为一种工作职责。尊重人才就是要尽力地满足其心理需求，而每个人才都有渴望成功的心理需求，所以，管理者也要尽力地帮助他们成功，如此才能消除与他们之间的隔阂，拉近双方的心理距离，激发他们的灵感、信任、热情与责任心。

原惠普中国公司副总裁吴建中曾说：“尽力帮助企业中那些精英，是对他们最大的尊重，每个管理者都应将其当成一种工作职责加以履行。”

而如果一个经理擅用权力去欺压人才，限制他们发挥自身的才能，就一定不是个称职的管理者，至少说明其不是一个具有现代意识的管理者，最多也就是个旧社会的工头。管理者最为重要的事情是要用他的权力、他的专长、他的影响力去尽力地帮助员工成功。这样才能满足那些精英人才的最深层次的心理需求，才能为企业发展献策出力。

3. 采用正确的沟通方式。造物主给我们两只耳朵一个嘴巴本来就是让我们多听少说的。在工作中，管理者也只有善于倾听那些精英人物的心声，积极采纳他们的意见，让他们积极地参与到管理中来，才能让他们感受到被尊重的感觉。

要知道，世界上几乎没有任何一个人真正地喜欢听从别人发号施令，相反地，大多数员工更愿意管理者以协商的口气与自己交谈，这是对他们的最起码的尊重。

所以，在工作中，管理者要尽量同员工进行心灵上的沟通，了解他们的想法，积极采纳他们的意见与建议，如此才能让员工感受到被尊重的感觉，也才更愿意与企业融为一体，愿意竭尽所能献策出力。

第 90 天　对有“前科”的下属也要敢于重用

允许下属犯错，体现一个管理者的气量，更决定他是否拥有高超的用人“手段”。

——北大光华管理学院管理课理念

一个拥有高超管理手段的管理者，都是敢于重用有“前科”的下属的。当然，这里的“前科”不是指犯罪记录，而是犯错记录。在很多管理者眼中，那些曾经犯过错误的下属肯定是能力还不够，所以，这样的下属总是得不到他们的待见，似乎因为他们犯过一次或几次错误之后，便从显贵降为庶民，且永不录用。

“人非圣贤，熟能无过”，任何一个领导都应当给予员工犯错误的权利。对于犯错误的员工要会用、敢用。提拔人才应当不拘一格，不能因为一个人有这样或那样的缺点就将其忽略，打入冷宫或束之高阁。是金子就应该让它发光，是人才就该尽其才用，这是一条最起码的用人原则。

某企业董事长对人力资源总监说：“我需要一名助理，你调一个优秀、可靠的职员过来。”

人力资源总监拿了一本卷宗对董事长说：“这是他的资料，他在我们公司工作5年，没犯过任何错误。”

董事长说：“我不要这个5年没犯过错的人。我要一个犯过10次错误，但每次都能立即改正，并得到进步的人。这才是我需要的人才。”

对于那些犯错误的员工，你的提拔会产生很大的积极影响。首先，你给了他信任，使他更加热心工作，他们会认识到你不是一个喜欢公报私仇、心存偏见的人，你给他们提供了唯才是用的竞争环境，这两个方面是你做好管理工作的基础。

作为管理者，扬长避短，管理中充分利用员工的优点，在团队建设中让员工形成一种互补，这样就能建立一个卓越的团队。

很多时候，我们总是会告诫自己不要犯错误，对于那些犯过错误的下属，在任用时也总是小心翼翼，生怕会再出什么娄子。其实，从另一个角度看，错误不正是经验的不断总结吗？如果管理者总是盯着下属的错误，那才真是管理者最大的错误。

作为一个管理者，要能容忍下属犯错误，不能因此而对他们心生芥蒂。如果对他们的办事能力表示怀疑，尤其是在公开场合对他们表示否定，这将会极大地打击他们的自信心；而大胆地任用他们，则传达出管理者对他们能力的肯定，更能激发他们将功补过之心，在工作中取得更大突破。

第91天　善于用“度外之人”

敢于放下私人恩怨，善用“度外之人”！

——李彦宏

现实中，但凡真正有才能的人才，多是有主见、有思想、有傲骨的刚正不阿者。他们对领导者的指示特别是那些不符合实情的指示从来不会盲目地遵从。他们要么据理抗争，要么犯颜直谏，总会表现出“逆态”和“逆性”。

麦克·阿瑟曾经发出“人才有用不好用，奴才好用没有用”的感叹。一个组织或者企业要想不断地发展，需要的是人才，而不是那些只会拍马屁的奴才。所以，身为一个管理者，一定要敢于放下尊严，学会去尊重那些真正有用的人才。这样才能从他们那里获得真正有意义的见解与意见，才能使自己的企业发展更上一层楼。

美国 IBM 公司的总裁小托马斯·沃森是企业界的经营高手，他的用人特点就在于善于用“度外之人”。

小沃森自小就生活在父亲老沃森的身边，见了许多有才能的人，就非常崇敬和钦佩那些真正有本事的人。他自小就认识一位经理人，叫雷德·拉莫特。小沃森看得出来，他是一位极有能力的人，因为在 IBM 中，凡是认识雷德·拉莫特的人，都对其有着合乎情理的与不偏不倚的看法；面对老沃森，他也敢于毫无顾忌地说出自己的真心话，敢于对小沃森提出严厉的忠告。小沃森说，这位经理人对他的教益很大，否则他可能要犯很多错误了。

小沃森对父亲身边那些逢迎拍马、趋炎附势的人极为厌烦。他说：“自我加入 IBM 公司的那一天起，我就十分清楚谁对父亲的话唯命是从。有的人对他的每一句话都趋之若鹜，好像他是上帝似的。而对于那些人，我一有机会就想整治他们。”

小沃森接管企业后，在用人方面始终能够保持大度的胸怀，勇于接纳“度外之人”。比如前文中提到的伯肯斯托克，而且还提用了一批他个人内心不喜欢但却有真才实学的人。他曾说：“我总是会毫不犹豫地提拔我不喜欢甚至十分讨厌的与我有过过节的人。而那些我自己喜欢的员工，那些喜欢与我一道出去钓鱼的好友，则是管理中的陷阱。相反地，我总是十分善于寻找那些精明能干、爱挑毛病、语言尖刻、几乎令人生厌的人为我所用，这些人才能真正地对我推心置腹。如果将这些人安排在自己的周围工作，并能放下个人恩怨，耐心地听取他们的意见，那么，你就可以取得令人惊讶的成就！”

为此，我们现代的管理者一定要勇于放下私人恩怨，善于用那些“度外之人”，你这样做，一定会获得意想不到的收获。

第 92 天　让“怪才”展现其才华

北大唯才是录……“怪才”“奇才”只要放在合适的位置上，就能发挥出巨大的能量来。

——北大精神

北大兼容并包的思想理念，能够容纳一些有才能的人，无论是“怪才”还是“奇才”，只要是“才”，北大都会积极吸纳、引进，并将之放在合适的位置，让其发挥出巨大的能量来。其实，在管理过程中，每位管理者也应该积极地吸纳这种思想，广泛地接受、吸纳“怪才”，并将之放在合适的位置上，展现其才华。同时，当自己的下属中出现这样的怪才时，切勿“一棍子打死”，盲目地给他定性为不可用、不好用，而是要仔细地权衡其才能，让他们有展示自身才能的空间。

在这个世界上，不是所有的人都是千篇一律、一个模子刻出来的。有些人总是在别人的眼中显得另类，与他们不同，从而使他们更难被人接受。作为管理者，其实，这些人们眼中的怪才只是与众不同罢了，他们依然有着许多别人所没有的长处或优势。“怪才”也是一种人才，但却是一种很不容易被人理解的特殊人才。古往今来要用好这种人才，都是一件难事，没有一定的眼光，没有一定的气度和精神境界，是很难理解和用好“怪才”的。管理者要看得出他们的真实能力，不能被他们表面的“怪”迷惑。

美国燧石轮胎橡胶公司是美国最大的轮胎公司之一，在其创始之初，仅有几个工人和一间旧厂房。它能够迅速发展，在很大程度上归结于公司的创始人菲利斯顿敢于选用酗酒成性的发明家罗唐纳。

菲利斯第一次见到罗唐纳是在一家酒吧，当他正准备起身离开的时候，突然听到一阵哄笑，一个烂醉如泥的年轻人从里面走出来，把裤子当成围巾围在了脖子上。

当菲利斯从酒吧老板处得知这个年轻人是一个发明家后，他产生了浓厚的兴趣，他几次三番去拜访罗唐纳，吃了闭门羹也不泄气。这让罗唐纳很是感动，他下定决心帮助菲利斯，制成了一种储气量大而且不易脱落的轮胎。这种轮胎刚投入市场，便深受欢迎。最终，在罗唐纳的全力帮助下，燧石轮胎橡胶公司取得了不菲的成就。

“怪才”之所以在别人眼中显得“怪”，只是他们的表现不同于大众，当然，他们也会存有这样或那样的短处，有的短处还比较明显，不为外人所能容忍。这些毛病，带来的不良后果会很大，管理者应当给予他们帮助和纠正。但不能因为有这些毛病，就放弃了人家的长处和优点，对“怪才”视而不用，这对个人的全面发展和企业的进步是没有好处的。

“怪才”也是人才，只是在一定程度上难以被人们了解、接受，作为管理者，要能够识人、用人。正如索尼进行内部招聘的时候一样，三位自尊心强、清高不合群但点子多的“怪才”成功晋升，结果不到一年的时间里，索尼计算机便出现在了商店里，快速占领了市场。

第 93 天　如何留住出色的人才

人才是企业发展的“血液”，“留住人才”对企业来说至关重要！

——北大光华管理学院管理课理念

人才对企业未来发展的作用是毋庸置疑的。作为管理者，在有效地使用人才这个资源的时候，也要想着如何才能有效地留住这些出色的人才。正所谓“肥水不流外人田”，如果人才不断流失，又何尝不是为自己的企业平添许多劲敌？尤其是那些规模不大的企业，正是用人之迹，如果人才流失情况严重，对企业的稳定和未来的发展都会产生不利的影响。

既然如此，如果你是一个规模不大的企业的管理者，该如何设法留住那些优秀的人才呢？我们可以从以下几个方面着手：

1. 管理者要懂得如何去激发下属的事业心。对于很多人而言，他们不仅仅是为了生存而工作，他们有能力，有目标，有追求，渴望成就一番事业，打造一片属于自己的天空。但可惜的是，他们没有自己创业的资金，正是“巧妇难为无米之炊”。如果管理者给他们一个平台，给他们充分地展现自己的空间，那他们是很愿意留下来的。优秀的人才自然也会有着更好的眼光，他们知道所在的企业会不会有前途，他们会为自己的未来做出正确的抉择，一旦决定，便把自己的职业当事业来奋斗，不会在乎暂时的得失。

2. 管理者要做到诚实守信，不能只会许愿，在合适的时候，要让曾经的许诺变成现实。不管目前多苦多累，员工没有怨言，是因为他们也很清楚眼下的情况。但是，如果有一天企业已经初具规模，走上了正轨，一定要兑现当初的承诺，不能让那些变成“空头支票”，无法兑现。

3. 要不断地帮助员工成长。虽然你给不了他们高额的薪水，但你能更好地提高他们的工作能力，让他们找到工作的成就感。

4. 企业的发展空间大是留住人才的一个重要方面，所以，管理者要有一个长远的规划，让他们相信企业的未来和员工的未来都是可以通过奋斗去实现的，没有人愿意跟着一个没有目标和方向的管理者去抓瞎。

第 94 天　善于挖掘下属的潜能

对于每一个下属，管理者都应将他们视为一座金矿，也许他们眼下还不算出色，但只要你有效地发掘，他们将会为团队、为企业做出巨大的贡献。

——北大光华管理学院管理课理念

原通用电气董事长杰克·韦尔奇曾说过："管理者必须想尽办法，挖掘出员工的最大潜能。要相信，员工的潜质绝对超乎你的想象，只要你肯去挖掘，你就会得到一笔惊人的财富。"

20世纪90年代初，美国通用电气公司展开了名为"开动大家脑筋"的活动。他们把100名由各部门推选出来的代表分为若干小组，每位代表在小组里提出本部门的意见和要求，并发表自己的看法，公司高层经理则当场听取汇报。根据公司规定，听取汇报的高层经理对代表提出的要求只能回答"Yes"或"No"，而不得用"研究研究"、"以后再说"之类的话推诿或搪塞。结果，许多平时难以解决的问题都在会上顺利解决或得到满意的答复。

管理者需要在工作中对下属表示鼓励，让他们不断发挥潜能，这样就会为企业的发展赢得更多的时间和空间。下面介绍两种激发下属潜能的方式：

1. 在一段时间里，让下属轮流当一天管理者。每个人都有着不可估量的潜能，有时只需要一个契机就会使它得到激发。让他们做一天的管理者，就能使他们都有机会参与管理，使他们确立自己的价值。

2. 对于那些有激情、有信心的下属，管理者要多给予一些处理问题的机会。表面看来，似乎那些有经验、行事稳重的下属更能把事情做好，但让前者来做更有利于调动他们的积极性。因为在他们眼中，每一件不同的事情都是一个挑战，需要发挥自己的聪明才智才会把事情做好。

潜力需要在一定的条件和环境下才能得到有效的释放，高明的管理者不仅能把下属现有的能力用好，而且还能通过不同的途径发现和开发下属的各种潜能，实现下属能力的最大化。

第95天　为下属"量体裁衣"

人才只有在合适的位置上，才能发挥最大的效能。

——北大光华管理学院管理课理念

在现代企业的管理中，如何用人是每一个管理者必须面对的问题。企业间的竞争，在很大程度上也是人才间的竞争，企业网罗、拥有了人才不一定就意味着企业的未来一片光明。如果把下属比作战斗机的不同部件的话，要让他们形成战斗力，就要进行合理地组装，否则的话，他们依旧是一堆零件，发挥不了他们应有的作用。

在工作中，管理者要做到知人善任、量体裁衣，根据下属的特点安排工作，充分发挥他们的优势与特长。机翼就当机翼来用，机舱要当机舱来使，这样，才能充分发挥出人才的优势，真正形成一种力量。

美国电子资讯系统公司（EDS）的首席执行官查理·布朗在刚上任时，公司共有48个业务部门，并在经营中各自为政。为了改变现状，他把48个部门重组精简为4块业务。在这一过程中，他发现了公司内部被埋没的人才，并且提升了他们。与此同时，他还在企业外部网罗可用来改变公司现状的新的人才。1999年8月，他将尤兹招至麾下。加盟之后，尤兹便着手策划了公司整体形象的推广活动，包括在全美"超级碗"决赛转播中的商业广告。广告播出后的第二天，EDS网站的访问人数就急剧增加。

对于一个管理者而言，发现人才已是一件不容易的事情，实现人尽其才更不简单。但是，不管怎样，管理者都要去做，根据下属的特点安排任务。有效的领导者要经常这样提问题，当你认为你的下级不行、不得力时，你是否问过自已，你的下级有什么长处？交给他的工作是否能发挥他的长处？你为你的下级发挥长处创造了条件没有？如果这些问题你没有明确的答案，你就说你的下级不得力、不行，他们能服气吗？明智的领导者都应懂得，得力不得力是一个相对的概念，关键是看你会不会用你的下级。

优秀的员工多是优秀的管理者培养出来的，不是每一个人开始都能力超群。作为一个管理者，识人更要会用人，能说会道的不一定就技术过硬，开发能力强的不一定善于交际……每一个下属都会有自身的特点，管理者要做到合理安排，才能扬长避短。用人之长，能充分发挥下属的实力；用人之短，则英雄亦无用武之地。

第96天　合理搭配，实现人才的最佳效能

只有对人才进行合理的搭配，才能让团队发挥出1+1>2的效能。

——俞敏洪

在竞争日益激烈的今天，一个优势互补的团队对于企业的永续发展起着举足轻重的作用。产品的研发、技术、市场、融资等各方面组成的一流的合作伙伴是创业成功的法宝。所以，管理者在分配任务的时候，一定要注重团队人才的良好组合。因为在用人时，仅使用人的长处是不够的，你必须要将不同长处的人进行合理的组合搭配才能将工作完成得更为完美。如果人才组合搭配不好，则会影响团队的整体效率。这也就意味着管理者必须对企业内部现有的人才布局进行更为系统的分析、整合、优化配置，将他们放在最为合适的岗位上

面，优势互补，相互启发，形成一个有机的整体，通过这样合理的结构来弥补人才的不足，以达到人才的最佳效能。

管理者要明白，在现实中，无论哪一种人才结构都存在着个性差异，每一个团队中每位成员的气质、性格都各有不同。所以，身为管理者，在分配任务的时候，只有根据每位成员自身的个性对其进行合理的搭配，才能让整个团队发挥出最大的效应。其实，也正如踢足球一样，一个队几十个人都有其独特的个性和特长，只有相互配合，这个队踢起球来才能有声有色。如果将各自的特色与棱角都抹平了，这个队几乎就没什么希望了，想赢球就也难了。

所以，在实际的管理过程中，每位管理者都应该深入地对自己团队中的每一位员工进行深入的了解，追求人才的配套结构，取长补短，最终实现 1＋1＞2 的效果。

当然，要对人才进行合理的搭配，必须要注重人才最佳搭配的结构因素。具体要根据每个员工的知识结构因素、个性结构因素，等等，最终使人才团体发挥出最大的效能。

同时，还要注重人才的年龄结构搭配。根据不同的工作内容，管理者可以将老、中、青员工相结合，注重老员工丰富经验的同时，也要注重青年员工的创新意识，这样才能将一项工作完成得更为完美。

总之，合理的人才组合是企业人力资源规划的关键，也是一个企业能否对外发挥最大潜能的关键。合理的人才组合可以使每个个体在总体的引导卜激发释放出最大的能量，从而产生良好的组织效应。

人才也只有合理地进行搭配，才能够整合出整体的力量。一个人即便再能干，其力量毕竟是十分有限的。企业在选用人才的过程中，也一定要认真研究个体，只有合理地搭配，才能发挥出整体的最大效益来。

此外，从人才学的角度来讲，只有人岗适配，才能够充分地显现出人才的最大效益。人才的合理组合不一定都要追求“强强联手”，更为重要的是要追求优势互补。比如，著名的美国兰德公司和伦敦战略研究所，其在用人上就并非一味地追求增加清一色的高素质、有极强创新能力的研究人员，而是采用“1＋1”的用人制度，即一名研究人员与一名辅助人员进行搭配，让研究人员尽力地发挥其创造能力，让辅助人员努力地进行配合，保障研究人员的创造活动，如此大大提高了整体效能。所以，现代企业管理者一定要对企业内部现有的人才布局和结构进行系统的分析、整合。在优化配置的基础上，再有针对性地加强人才的培养，努力引进稀缺人才，满足企业内部发展的需要。

优秀的企业管理者在人才管理方面，不仅只看到单个人才的能力与作用，更重要的是要学会组织一个结构极为合理的人才群体，要努力将不同类型的人才进行合理的组配，并将他们放在最为适合的岗位上，使其与整体相互协作，从而形成一个有机的整体，通过此结构来弥补人才的不足，以求最终达到发挥人才的最佳效能。

第 97 天　哪几种人不能委以重用

选错人比人才空缺能给企业带来更大的损失。

——张维迎

作为一个管理者，为了企业的发展，求贤若渴的心情可以理解，不过，在选人、用人的时候，也不能粗心大意，若因用人不当而造成巨大的损失，那自己也逃不了干系，责任巨大。

既然如此，管理者在选人、用人的时候就需要多加一份细心，知道哪些人可以重用，哪些人不能重用，做到量才而用。总结起来，有以下几类人不能重用：

1. 朝秦暮楚的人不能重用。有些员工的能力的确很强，但给人的感觉总是很不稳定，人在曹营心在汉，随时都有走人的可能。如果重用这样的下属，一旦他们突然辞职，会造成工作的中断，带来一些不必要的麻烦。

2. 自命清高的人不能重用。有些人总是不把别人看在眼里，认为只有自己了不起，与他人的关系也总是很紧张。如果重用他们，反而会引起别人的不满，不利于团队的团结。

3. 迷恋权力的人不能重用。有些人属于权力的动物，功利心太重，为了在工作中实现自己的野心会不择手段，把那些与自己意见不合的人视为障碍，不达目的，誓不罢休。

4. 容易冲动的人不能重用。冲动是魔鬼，每一种工作都需要员工能保持冷静，尤其是面对重大问题的时候。如果重用容易冲动的下属，往往会把事情搞砸。

5. 妒忌心强的人不能重用。每个人都难免会有嫉妒心，当别人什么都比自己好时，不免感到不舒服。这本很正常，能够激励人的进取心。不过，这种妒忌心如果太强，就会扭曲成一种怨恨，觉得别人是挡路的障碍，这种情况下不免会做一些过激的事情。

6. 爱慕虚荣的人不能重用。有些人为了在别人面前表现自己有多出色，总信口胡说自己与某些有名的人保持着很好的关系，给自己的脸上贴金，那些人当然并不认识他，或者只是有一面之缘，算不上朋友。这种人，喜欢用这样的方式去抬高自己，让人觉得他值得重用，至少他手里有着不错的资源，但事实往往表明：他们只是过过嘴瘾，本身能力并没有那么传神。

也许还有其他类型的下属不能重用，需要我们的管理者发现和总结，在工作中，首先把好用人这一道关，对事情的发展能够起到事半功倍的效果，不然的话，痛失街亭的后果未必不会发生在我们身上。

第98天　敢于从内部挖掘人才

从别处挖掘人才的同时，也要注意从企业内部挖掘和培养人才，这是一个企业永续发展的动力。

——北大光华管理学院管理课理念

人才只能靠引进吗？当作为管理者的你还在为寻找人才而四处奔走的时候，可曾发现，其实需要的人才就在自己身边。每一个企业本身就是一个人才库，管理者需要善于从这个人才库中发现和挖掘急需的人才。

相对于外部招聘，内部选拔更为适合。当岗位出现空缺的时候，优先考虑内部员工是很必要的，原因有以下几点：

1. 这是促进员工发展的需要。一个企业能够在内部实现晋升机制，本身就是激励员工更好发展的有效途径。这种机制能够激发员工的工作热情，提高工作效率。

2. 企业需要的人才不仅要专业技术过硬，更要有经验，这样才能以最快的速度投入工作，最快地收到实效，而挖掘内部人才正好适合这一要求。

3. 从外部引进的人才，其人力资源成本往往是当前员工的数倍甚至数十倍，很容易引起当前员工的不满，从而在工作配合上出现诸多的敷衍和不到位状况。

国际上许多知名跨国公司如通用、联想、宝洁都非常重视培养自己的员工，而且喜欢在企业内部提拔高级管理人才，并提供丰富的机会以激励员工积极向上。像摩托罗拉每两年就挑选40个有潜力的高层领导，让他们参加一个两年制的MBA课程，IBM等其他许多公司也有类似的培养机制。显然，这样做为普通员工成为自己公司未来杰出的领导者创造了条件，铺设了道路。

虽然从外部招聘人才能够给企业带来先进的经验和新鲜的理念，但由于缺少对企业的文化心理认识等各种原因，往往收效甚微。相反，从企业内部提拔的员工就没有了这一方面的顾虑。

作为管理者，要在平时的工作中多多培养人才，多提拔有能力、有潜力的人才，这样会让员工对自己的未来更加充满信心，激发他们的创造力和积极性。试想，如果企业的管理人员都是从外部招聘的，将会出现什么样的情况呢？员工还会有心去发挥自己的全部能量吗？

第 99 天　如何从企业内部挖掘人才

合理调整企业内部人才的使用，可以达到事半功倍的效果。

——北大光华管理学院管理课理念

在现代社会中，企业间的竞争，说到底是人才之间的竞争。从外部选用人才是人才选用的一种重要途径，但是，从企业内部培养和选拔人才也是获得人才的重要途径之一，这样十分有利于调动企业内部员工的工作热情和工作积极性，可以达到事半功倍的效果。

那么，作为管理者，应如何从企业内部挖掘人才呢？主要可以从以下几个方面努力：

1. 经常盘点企业内部的人才。其实，所谓的盘点企业内部人才，是指企业内部每隔半年或者一年就能让各个层次的干部、职工实行一次内部的调动，以有效地提高人才的使用效率。其实，“人才盘点”主要包含以下三层意思：

一是要打破以往那种职位高低、工作优劣的等级观念，强调每一个岗位都是十分重要的，每一个人物都可以适应在不同的岗位上进行工作，并且经受住锻炼。

二是强调对人的实际工作能力的培养。一个人在一个岗位上面工作久了，容易思想麻痹，工作的方式呆板，反应迟钝，同时还容易犯经验主义的错误。这个时候，如果能将其工作岗位适当地调换一下，可以萌发其新的从未有过的想法。同时在新的岗位上，每个人还可能会遇到许多新的课题，这就迫使他们钻进去学习，汲取新的知识，以使自己的实际工作能力得到进一步的提高。

三是注重对人的创造性思维的开发。一个人如果长时期处于一个固定的位置上，人的思维就会呈现出既定的模式化的倾向。如果我们能够换个岗位，换个角度想一想，就会使人的思难呈现出发散式、逆向化的特点，人的创造性思维就会得到极大的激发。

2. 大胆放手让 B 级人干 A 级事。其实，这里所谓的 B 级人就是指那些具有丰富的知识、充沛的精力和强烈的进取心，但因工作时间不长而缺少经验的年轻人。这种人在工作经验方面会相对差一些，但是因为他们知识面比较广，接受能力强，思维活跃。更重要的是，他们有着年轻人独有的本钱——做事热情且有冲劲，积极向上有信心。而相对来说，那些具有一定工作经验、做事比较成熟稳重的A级人，其工作热情与信心就有些差了。在这样的情况下，管理者要积极尝试采用“让B级人干A级事”的用人模式，敢于放手让B级人干A级事，这样一方面可以有效地激发这些人的进取心，发挥他们的潜在能力，而且还大大地降低了企业管理成本。

放手使用B级人，可以大大地调动他们的工作积极性，充分发挥他们的聪明才智，为企业创造出更大的效益，而且还能够有效地促使B级人更快地成为A级人，以解决企业内部人才断层的现象，同时还大大节省了培养人才的大笔费用。

总之，每一个企业都是一个潜在的人才库，如果能够调整企业内部人才的使用位置，不仅可以从中发现人才，而且也可以在具体的实践经验中造就大批的人才。这样既可以降低人才的培养成本，同时也可以激发人才的创新精神，为企业创造巨额的利润。

第100天　做到人尽其才

兵随将转，无不可用之才。作为一个管理者，你可以不知道下属的短处，但不能不知道下属的长处。

——余世维

每个人的能力、特点不尽相同，不同的岗位需要不同类型的人才，只有当下属的能力与他们的工作相匹配的时候，才会最大限度地发挥他们的能力与潜能，为团队、企业带来最大的效益。作为管理者，要能够认清不同下属之间的差异，找到他们之间不同的特点与优势，这样才能在安排任务时做到合理，让他们在最适合的位置做最适合的事。

有的员工谨慎小心，有的员工讲究速度，有的员工非常善于处理人际关系，有的爱表现，有的好宁静……总之，员工的类型有很多，管理者需要做到的就是人尽其才，人尽其用。

为扩大规模，某企业高薪招聘了70多位技术型人才，优越的工作环境、高薪的挑战等都让这些人跃跃欲试。然而，不到半年的时间里，不同的问题一个接一个：有的人抱怨专业不对口，自己优势不能得到发挥；有的人觉得现有的条件不能满足工作的需要；有的人觉得自己被大材小用，能力远远超过了岗位的需求……所有的一切让管理层深感头痛，甚至有几名深受器重的员工选择了跳槽。这让企业陷入一片混乱。

为什么会出现这样的情况呢？可以说，这些人都有真正的能力，但这家企业在招人的时候忽略了工作岗位真正需要的人才，结果使许多人的能力不能得到发挥。

作为管理者，要懂得把适合的人才安排在适合的岗位上，做到资源的优化配置。一个人只有处在最能发挥其才能的岗位上，才有可能干得好，把自己的能力全部发挥出来，有所突破。

第101天　用人无须求全责备

用人之长，避人之短，是每个管理者必须坚守的人才管理理念。

——北大光华管理学院管理课理念

对于每一个管理者来说，手底下能有可供使用的人才是很重要的，他们也总会发出这样的感叹：怎么好使的人就这么少、这么难得呢？最终，手底下这些人怎么看都不满意。

北大管理课认为，“金无足赤，人无完人”，每个人必然是不完美的，但每个都有自己的优点，并非一无是处。作为管理者，如果少一点求全责备，把他们的优点有效地整合，将会产生什么样的效果呢？

用人切忌求全责备，我们看的应该是其主流，不能因有点短处而不见其长处。科学地对待人的短处和长处，人才是有的，不要因为他们不是全才，资历不够深，学历不够高，便把他们埋没了。

一个工程师在开发新产品上也许会卓有成就，但他并不一定适合当一名推销员；反之，一个成功的推销员在产品促销上可能会很有一套，但他对于如何开发新产品却会一筹莫展。

唐代柳宗元曾讲过这样一件事：一个木匠出身的人，连自己的床坏了都不会修而求助于他人，足见他锛凿锯刨的技能是何等地差。可他却自称能够造房，柳宗元对此将信将疑。后来，柳宗元在一个大的造屋工地上又看到了这位木匠。只见他发号施令，操持若定，众多工匠在他的指挥下各自奋力做事，有条不紊，秩序井然，柳宗元大为惊叹。对这位木匠应当怎么看？如果看先前就说他不是一位好的木匠，而把他贬得一文不值，那无疑是埋没了一位出色的工程组织者。

从这个故事中也可以悟出这样一个道理：若先看一个人的长处，就能使其充分施展才能，实现他的价值；若先看一个人的短处，长处和优势就容易被掩盖和忽视。

没有人能说自己是全才或全能，工作中有一些错误是必然的，负责日常操作的岗位只要不超过公司规定的底限便能接受，负责销售的人只要不破坏和客户的基本信任就有机会翻身，那些负责创新技术研发的人有错误和失败更是家常便饭。

其实，每一个管理者也都是一步步走过来的，他们本身也非完美，很多错误他们都曾犯过，所以他们能较轻易地发现许多员工的不足之处。既然每个人都有优点和缺点，管理者在用人时必须坚持扬长避短的原则。用人，贵在善于发展、发挥人才之长，对其缺点的帮助教育固然有必要，但与前者相比应居于其次。而且帮助教育的目的，也是使其短处变为长处。如果只看短处，则无一人可用；反之，若只看人长处，则无不可用之人。因此，在人才选拔上切不可斤斤计较人才的短处，而忽视去挖掘并有效地使用其长处。

很多时候，发现别人的短处实在是一件相当简单的事情，但要找出他们的一些优点却不容易。管理者要知道，你需要的不是没有缺点的人，而是有真本事的人，这样一来，管理者就会发现自己手下并非一无所有，而是人才如云。

第 102 天　唯才是举，避免任人唯亲

避免任人唯亲，努力做到唯才是举，知人善任，使各类人才各得其所，各展所长。

——俞敏洪

对于每一个管理者来说，在选拔、任用下属时，做到任人唯贤是很重要的，这会涉及一个下属对管理者的信任问题。试想，如果管理者在用人时把那些重要的任务都交给与自己亲近的人，那其他的下属会怎么想呢？所以，在管理者的心里，要有一个明确的用人标准，当用人唯亲遇到任人唯贤时，一定要避免第一种情况的发生。

市场调查公司 Maritz 最近通过调查发现，企业员工对公司的管理层怀有很深的“不信任”。调查显示，平均 10 个美国人中，只有大约 1 个人相信他们公司的领导是有道德而且诚实的人，这就是调查的结果。只有大约 12%的人认为他们的老板真的在听他们的意见，并且关心他们；只有 7%的人认为自己所在公司的高级管理层言行一致。

作为管理者，如果在选人、用人时只是看对方与自己的亲疏关系，这必然

会让其他人感到不满，对团队、对企业而言都是百害而无一利。

有数据显示，在私营企业中，有80％是家庭式的，但是新希望集团的董事长刘永好却认为："企业是我刘家的，但我们的事业却是全社会的。因此，在我的公司里不用亲人用外人，我给每一个外来员工以生存和发展的空间，让他们能捕捉到希望。"

一个优秀的管理者对有才华的下属，不管他对自己的态度如何，也不管个人恩怨怎样，都应以博大的胸怀、纳贤的度量主动接近他们、团结他们、感动他们并适时起用他们，让他们感受到你的仁慈之怀、爱才之心和容才之量，从而为你尽心尽力。与此同时，你的人格魅力和用人风范将会吸引更多的优秀人才，与你一道干大事、成大业，为团队的发展创造更大的绩效。

作为管理者，要充分肯定下属所表现出来的能力，不能总是受到人情的拖累，要让自己、让下属都知道，要想得到提升，得到高额报酬，唯有努力工作、提高业绩一条路可走，其他都行不通。

第103天　培养人才是管理者的一种职责

培养人才是每个企业永续发展的动力之一。

——张维迎

人才不是天生的，作为管理者，想要让自己的下属都成为得力助手，就要想方设法对他们进行培养。也许眼下他们还算不上人才，但在一段时间后，都会变得能够独当一面。

有些管理者在管理的过程中，更重视产品、技术、市场等，却忽略了人的力量。殊不知产品是人做出来的，市场是人开发出来的，技术是人创造出来的，任何企业首先是生产人才，然后是生产产品。所以，作为管理者，在对待人才的问题上，不仅要学会合理使用人才，更要学会培养人才。

联想集团总部成为了投资控股公司，其下属的几十家分公司和十几个事业部需要一大批人才，而这些人才不是从外面引进的，而是联想自己选拔和培养的。

最好的认识人才和培养人才的办法就是让他去做事。从1990年开始，联想就大量地提拔年轻人。1994—1995年，联想又展开了新一轮"赛马中识别好马"计划，当时联想在大陆只有1000余名员工，但提拔的集团经理以上的干部就有150人，总经理有30人，成为联想能够快速发展的中坚力量。

管理大师德鲁克对人才就做过很准确的定义：人才，是指具有知识和技能，能够进行创造性劳动，在社会发展和人类进步的实践活动中积极做贡献的人。那么，管理者应该从哪些方面着手去培养人才呢？

1. 有长远的目标和规划，把人才的培养作为企业的经营战略的一个重要部分。制定长远的目标和详细的计划，这样有利于企业与人才的成长同步，也有利于企业的长远发展。

2. 加强与下属的交流与沟通，让下属发表自己对团队、对企业发展的意见，同时也解决他们的疑惑。

3. 给下属充分的展现自己的空间。正如一匹千里马，你不给他纵情驰骋的广阔天地，不会体现出它的价值，与普通马无异；对于下属，管理者也需要给他们更多的平台与机会，不断提升他们的能力。

总之，培养人才是企业各级管理者需要坚持做好的一项长远工程，不能急功近利，需要持之以恒，不断完善。

第 104 天　培养下属的独立工作能力

只要逐渐培养起独立工作的能力，就是对下属最大的鼓励。

——北大光华管理学院管理课理念

对于一个管理者来说，有很多的下属能够独立工作自然是最好的，这样他们才能够独当一面。如果他们只有得到你的指示才知道如何行动，那就永远不会有所作为，更不能担当大任。

北大管理理念认为，管理的目的就是最大程度地让被管理者把事情做好，把任务完成，如果不用管理他们也能把事做好，这最好不过了。总的说来，管理就是找到愿意做这件事又有能力把这件事做好的人，安排到这件事上，然后协助他把事做好。协助的目的是让他能独立工作，是协助不是替代。当然，也不是管理者替代不了，而是不能替。当一个管理者手下有几十甚至上百人的时候，你能替他们把每一件任务完成吗？所以，下属的独立工作的能力越强，就越有利于工作快速有效地解决。所以，善于管理的人是能使下属独立工作的人。

SOHO 董事长潘石屹就是一个能给下属充分空间的人。在外部的销售上，他托付给了销售总监，整个销售部分成 3 个大组，每组一个销售副总监。

当然，不去管理监督并不等于没有管理监督。因为每个员工有自己明确的目标，SOHO 管理者只是创造了一个竞争的氛围，对于员工工作的过程，则给予足够的空间和自由。SOHO 相信，如果员工要完成自己的目标，势必只在充分调度自己的主动性和创造性后才能完成。SOHO 不干涉员工工作的过程，但设置了一个终点，到了考核的时候，管理层在终点给员工评分。

不管什么时候，如果管理者给下属员工过多的帮助，从长远看，对管理者、对下属都不会产生好的影响。对管理者而言，但凡是个事就要涉足，会浪费自己太多的精力在一些本可不用操心的事情上；对下属而言，不能得到适当的磨炼，结果埋没了自身的潜质和才华。

有些管理者总是担心下属在独立处理问题的时候会发生一些意外，出错了怎么办？造成不同程度的影响谁来负责？结果，他们宁愿自己处理大小事务，也不愿把一些下属其实可以处理的问题交与他们。一个渴望能够独立工作的下属，是不希望这样的事情一直发生的，否则的话，他们只能选择另谋高就。

第 105 天　对下属有颗宽容之心

大家都认为我是个宽容的人，因为我比较喜欢开玩笑。新东方的其他老师也都爱拿我开涮，经常笑话幽默满天飞……我鼓励老师说笑话、讲故事，只要能调节课堂气氛，但不能出格。新东方一直以来都提倡“幽默”的教学模式，也只有学生满意了，新东方才能做好。

——俞敏洪

对于管理者而言，宽容是什么？是对下属的理解，更是对下属的支持与激励。既然把任务交给他们去完成，就要对他们充满信心，给他们充分展现自己的舞台与机会，这样才能不断地激发他们的进取心与创造力。

有时候，我们经常能看到这样的现象，管理者对自己很是宽容，比如说上班迟到了，他们会告诉自己是加班太晚了；在工作中出了差错，他们会安慰自己说最近实在是忙得晕头转向。然而，对下属，他们又有着另一套标准，如果下属犯了错误，他们会严厉责备，以显示自己的权威。在这样的双重标准下，下属自然会心有不满。

在新东方，有这样一个有趣的事情。在一段时期里，有一个授课老师几乎每次上课前都会用半小时把校长俞敏洪骂一顿，然后再上课，结果连学生都不耐烦了，俞敏洪却一笑了之：谁让他讲课讲得好呢。可以类比的还有美国华裔总裁王嘉廉，对于与副总裁发生冲突以至打断副总裁鼻梁骨的员工，不但没有处分，反而提拔了。当别人提出疑问时，还是那句话：谁让他能干呢。

北大管理理念认为，对下属保持宽容态度是一个优秀管理者应有的美德。在任何时候，成功的路有千万条，不同却又相似：开始时可能做得不好，然后吸取经验教训，最终取得突破。正如孩子们都是通过不断地摔跟头才最终学会走路，又都是通过说错话才学会说话一样。作为管理者，必须对下属有一颗宽容之心。

其实，对于那些犯错的下属，教育才是第一位的，尤其是那些比较轻的错误，管理者通过找下属谈话，让他意识到这件事情是不对的，以后要避免等，就能取得更好的效果。海纳百川，有容乃大，每一个下属都是企业的财富，管理者需要用一颗宽容之心去激励他们，同时也为他们创造更好的发展空间。

当然，宽容决不是纵容，对于这一点，管理者也应该有一个正确的认识。当下属在一条错误的道路上越陷越深的时候，一定要及时止住，让他们重回正确的轨道。

第106天　请将不如激将

求人办事，如果直求、婉求都没有效果时，不妨采用“激将法”激对方出手。

——**北大光华管理学院管理课理念**

面对越来越激烈的竞争，管理者总会想着如何让下属按自己的要求努力完成任务、实现目标。很多时候，管理者都面临着这样的困惑：不管你采取什么样的措施，取得的效果总是不能令人满意，到底怎样才能激活下属呢？其实，在管理过程中，如果巧妙地运用激将法，将会取得意想不到的效果。

所谓激将法，就是用一些刺激性的话或反话去鼓动下属去做某事的一种手段，通过这种方法去激发下属取胜的欲望。每个人的潜能，只要激发得当，产生的力量是相当可观的。

某公司的市场部新上任一位经理，在一些老员工眼中，这位新经理实在年轻，论资历比他们差得远了。而正是眼前这个比自己差得远的人要来领导他们，自然让他们感到有些不平衡，对这位新经理的安排总是颇有微词，而且在完成任务的过程中似乎没有了以前的干劲。

其实，这位新经理对这些老员工还是很尊敬的，心想这样下去可不行，市场部千万不要砸在自己手里，这时，他的心里已然有了计较。既然此路不通，那不妨换个法子。

一个月后，这位新经理特意安排了一次工作业绩总结会。他把事先做好的业绩表发给大家，人手一份，说：“从大家手上的这份业绩表上，我们可以明显地看出，上个月我们那些业务新手的业绩非常好，占到了总比重的80%以上。”随后，他带头鼓掌向这些业务新手表示鼓励。

如此一来，那些老员工脸上就挂不住了，心想自己难不成还不如这些小辈，这个月一定要拿出点实力让他们瞧瞧，看他到时候怎么说。

就这样，所有员工都有了干劲，部门业绩快速增长。

这位新经理巧妙地运用激将法，让那些老员工重新激发起工作的热情与动力，避免了老员工消极怠工的现象，使部门的发展走上正确的轨道。作为一个管理者，如果能在言谈中使下属心服口服，必然能在日常工作中达到彼此融洽、齐心协力，从而产生良好的效益。

第 107 天　使用激将法要注意的问题

激将法固然可用，但是面对不同的人，应具体采用不同的方法。

——北大光华管理学院管理课理念

既然激将法能取得令人意想不到的效果，那是不是任何情况下都可以用激将法呢？不然。上面我们说巧妙地运用激将法会有所收获，这“巧妙”二字自然就是受到一定条件和环境的限制，能够满足这些条件和限制才能体现出效果来。

小李和小陈都是一家公司的销售专员，小陈觉得自己学习能力强，完成任务既快且好，但销售经理似乎对小李更为器重，这让小陈心有不满。一天，他将这种不满宣泄了出来，当着经理的面抱怨。

经理知道小陈争强好胜，而且能力也很强，于是决定将计就计，对小陈说：“你的能力并不在小李之下，可他已经拿了五次月销售冠军了，你想想你自己呢！”

听到这儿，小陈低下了头，也不出声了。他知道，小李比自己更努力、更勤奋，这也使得自己比他总是差那么一点。经理看他不吱声，继续说：“你要是觉得不服气，就做出个成绩来给大家看看。”

“好！冲你这句话，我非干出个样子来不可！”小陈坚定地表示。这一招果然灵，从此小陈判若两人，他多次拿到销售冠军的称号，还在最新的一次内部招聘中晋升为新销售主管。

激将法是发挥自发能力的一种重要方法，但没有哪一种方法能一蹴而就。作为一个管理者，在使用激将法时该注意哪些问题呢？

1. 每个人都有着自己不同的特点，如性格、处世方式等，年轻人好胜，你越说他胆怯，他就越勇敢；老员工自尊心强，越说他做不到，他就越不服输，一定要在人前证明自己能行。没有能包治百病的灵丹妙药，管理者要做到对症下药，因人而异，这样才能让激将法起到应有的作用。

2. 在使用激将法时，管理者要做到因时而异，把握好时机。说得太早，会打击下属的自信心，结果事与愿违；说得太迟，又会被说成是事后诸葛亮。

3. 使用激将法时要注意分寸，言辞要有所讲究，毕竟激将法中所说的一些话都会有刺激性，如果说得太过，反而让下属觉得管理者是在污辱他们；如果说得太轻，又不能真正引起下属的注意。

第 108 天　重学历更看重能力

学历是铜牌，能力是银牌，人脉是金牌，思维是王牌。

——北大金句

在管理者选人、用人的过程中，很多人会十分在意下属的学历水平，总以为学历更高的下属能力也更强。其实，这种看法不免会失真，学历固然是一种衡量的手段，但仅以此去给下属的能力做判断，就显得太片面。很多人学历并不高，但能力很强，在执行的过程中，表现得也更加突出。

如果一个管理者重学历，不看能力，那对部门、对企业的发展带来的危害是极大的。这种错误的选人、用人观，会把一些真正需要的有能力的人才拒之门外，吸纳进来的却是一些夸夸其谈、表面甚是风光的人。看起来他们是在选才，实则是在拒才。真正优秀的管理者，会在选人、用人时，注重对对方能力的考核，而不仅仅是看一眼那代表学历高低的一张纸。

在日本的许多企业里，就不要国立大学的毕业生。他们认为，虽然那些人中也有许多精英人才，但他们的缺陷也往往比别人多。他们在用人时，从不关心员工在学校的成绩，也不太注重员工是否拥有高学历，但却要求员工必须真正拥有非凡的创造力、记忆力、交际能力及胜任工作的能力。他们判定员工是否有这些才能的方法，不是看毕业证，也不是等级证书，而是客观公正地观察和评价。一个日本企业的老板，就善于观察员工的眼神，如果员工的眼睛向下看，便是胆怯的表现；如果平视且自然大方，则表明这个员工为人坦诚、自信。

作为索尼公司的创始人，盛田昭夫在总结自己的管理经验时，曾写过一本《让学历见鬼去吧》的书。书中明确提出要把索尼的人事档案全部烧毁，以便在公司里杜绝学历上的任何歧视。在索尼公司 1.7 万名雇员中，科技人员有 3500 多人，但是有相当部分的人并不是“科班出身”。在工作中，大家不论学历高低，只比能力大小，从而使得技术和质量位列“世界第一”的新产品不断问世，且畅销世界。

学历只是对一个人学习情况的一个总结，而能力才是真正能让人出类拔萃的东西。作为一个管理者，能够甄别下属的真实能力，大胆任用能力高的人，才能真正提高工作的效率，推动部门、企业的发展。

第 109 天　让员工知道你很重视他

有时候老板敬我们一尺，我们会还他一丈，人都是有感情的。

——俞敏洪

对于下属来说，管理者对他们的信任与支持是他们前进的最大动力。因此，作为管理者，在给下属布置新的任务时，需要让他们意识到，你是经过深思熟虑才选择他们的，相信他们能够顺利地完成。如果是这样的话，他们不仅会很乐意地接受，更会努力地发挥自己的能力，争取更好地完成任务。

一个优秀的管理者总是能够适时地给予员工鼓励，让他们知道自己在管理者眼中的分量。这是一种正面的肯定，应该好好地加以利用才对。

“小程，你今天的发现很及时，很重要，使我们的计划更加完善，不然的话，后果可就比较严重了。”

“小周，这件事情我看是非你莫属了，我相信你能出色地完成任务。”

一句简简单单的话，便能向下属传达这样一个信号：“在我眼中，你就是我的左膀右臂。”这也从另一个角度肯定了他们的价值，能给他们强劲的动力，让他们意识到自己到底有多重要。

王强从大学毕业后很快找到了工作，在简单了解了企业的情况后，公司老总便派他到上海去开拓市场。不久之后，王强就带回了第一份合同，但是这份合同让公司的几位副总很不满意，因为在合同里，对方给公司设置了种种苛刻的条件和限制，而他们连一点风险、一点责任都不承担。

这样一来，大家觉得大学生做市场开发很不合适，而公司老总只是哈哈一笑，说：“我看并没有大家想的那么糟糕嘛！一个刚毕业的大学生，连什么是营销都没搞明白，却这么快就签下了合同，应该是很有能力的。而合同里面的各种条件，不正是对我们的鞭策吗?”第二天，老总便飞往上海，热情地慰问了王强等第一线的销售人员，称赞王强这个头开得很不错，应该锲而不舍坚持下去。

有了老总的肯定与鼓励，王强心里踏实多了，信心倍增。由于有着出色的表现，后来王强被任为区域经理。

作为一个管理者，要多给员工一些自信，这样才能更加激发他们的工作热情和潜能，很多时候，一句简单的安慰和鼓励足以让他们重拾信心。你应该让员工知道，你一直都很重视他们，给他们的每一份任务都是有所考虑的，是对他们能力的一种信任，并不是随意指派。

第110天　深入了解下属跳槽的原因

人才是一种资源，这种资源能否长期为管理者所用，是一个很重要的、值得管理者深思的问题。

——俞敏洪

在现代这个竞争激烈的社会，人才的流动是很大的，许多人往往会选择通过跳槽去实现自己更大的抱负。作为管理者，此时就要明白，为什么他们要选择跳槽呢？原因无外乎待遇问题、企业和个人发展前景问题、工作环境问题：

1. 待遇问题。一分耕耘，一分收获，许多员工选择离开就是觉得回报与付出不成正比，有时还有“同工不同酬，不同工同酬”等现象，自己表现得比别人好，所得却不能比别人多，甚至比人少，这让他觉得公司在对人的问题上做得不好，不能体现出公平。

2. 对企业和个人发展前景的担忧也是员工选择跳槽的一个原因。在某一个时间里，企业管理出现混乱，前景不明，会使员工不能明确企业的发展方向，从而对企业失去信心；另外，如果企业不能给员工提供足够的发展空间，体现他们的优势，也会引来他们的不满情绪，从而选择另谋高就。

3. 工作环境会对员工产生重要的影响。这里所说的环境不仅仅指办公室环境，还包括企业内部复杂的人事关系，有的人选择离开就是因为与同事之间的矛盾日益激化而不能得到有效的解决，从而心生去意。

不管怎样，员工跳槽的现象总是难以避免。作为管理者，要做到最大限度地留住人才，从原因之中找答案，一一对症下药，尽量处理好那些可能会引发员工跳槽的问题，让他们快乐、满意地工作着。

第111天　鼓励员工提出合理化建议

一个成功的企业应该注重营造这样一种氛围，让每一个员工都觉得自己是企业的主人，将个人的事业发展融入企业目标中，能够随时提出合理化建议，与企业荣辱与共。

——李彦宏

每一个管理者都有自己的经营管理理念，不过，这些并不一定完全正确，或者说不一定能实现最大的效益。很多时候，员工往往能提出更有效的方法，如果予以采纳，付诸实践，能够带来更大的收获。

对于员工而言，企业管理者能够重视并采纳他们的意见，本身就是对他们能力的一种肯定，能在很大程度上激发他们对工作的热情与投入，提高他们的积极性和创造性，在以后的工作中能提出更多更好的点子，为企业做出更大的贡献。

某炼钢厂车间点检员在进行设备点检时，发现每生产一炉钢，从钢包离开烘烤器到煤气被关闭，需要5分钟左右的时间。也就是说，在这段时间里，煤气处于被浪费的状态。这名点检员在生产现场仔细观察、测算，得出一个具体的数字，在这段时间里，有近3GJ的煤气被浪费掉。他想，如果采用远红外控制，自动关闭煤气，那这些煤气是完全可以节省下来的。

他果断地向车间主任提出了自己的看法，主任又向厂部反映这一情况，结果得到成功实施。这样一来，一个月便节约煤气费用近40万元。

员工都是真正奋斗在一线的，他们的许多建议能够直击问题的要害，对于管理者提出的一些决策，他们也能根据多年的经验判断出后果的好坏。管理者要能够从他们的意见中找出有价值的合理运用，这样往往会带来意想不到的好处。

作为管理者，不要以为职位高才会有最好的见解，提出有建设性的意见，提出的意见才有分量。认真听取并合理采纳员工的意见，也是一条很不错的发展之路，既能提高效益，又能发现人才，提高他们的能动性，一举多得。

第112天　让员工在工作中成长

提升员工的工作能力，就是提升企业利润的增长点。

——李彦宏

对很多企业及其管理者来说，在为提高客户满意度而努力的同时，也在为提高员工的工作能力而想方设法。员工是企业利润的制造者，没有他们去执行，把产品推向市场，再好的产品也是枉谈。所以说，员工能力的高低，关系着企业利益的大小。

如何才能尽快地提高员工的能力，让他们快速地成长呢？北大管理课指出，只是向他们灌输理论是不行的，叮嘱他们注意这些、注意那些是不行的，需要让他们真正地投入到工作当中，因为工作才是他们成长的舞台。在工作中，他们才能真正体会到自己的不足，以待改进。

在IBM，除了为员工提供课堂学习的机会外，更重视让员工在岗位上学习，为他们提供在不同的部门工作的机会，让他们在工作中成长。

1981年，于弘鼎就被派到了香港，参加IBM统一的新员工培训，最终顺利通过了考核。但经验不足的他到了工作中还是没有信心，完成一份工作简报他都感到棘手。他的经理发现这点之后，就尽量为于弘鼎在公司里创造机会，无论是在自己部门，还是别的部门，为他提供做简报的机会。经过实际工作的锻炼，不但迅速提高了于弘鼎的工作技能，而且让他变得更加自信。

我们常说“是骡子是马，拉出去遛一遛才知道”，对管理者而言，给员工创造发挥的空间，让他们在工作中总结和积累经验，比他们硬生生地记下那些理论重要得多，更能不断地激发他们的成就感和责任感。

第113天　为员工提供晋升的机会

为员工提供晋升机会，可以促进员工提升个人素质和能力，充分调动全体员工的主动性和积极性，并在公司内部营造公平、公正、公开的竞争机制，但是提供晋升机会的同时，要注意规范公司员工的晋升、晋级工作流程。

——李彦宏

俗话说“人往高处走，水往低处流”，每一个员工在努力工作的同时，都希望能够得到企业管理者的承认，实现他们的个人抱负。

每一个人的内心都希望有晋升的机会，在一个更高的舞台上展现自己的才华。作为管理者，应及时地肯定、表扬员工的表现，为他们创造晋升的机会，这样会让员工觉得更有奔头，才肯踏踏实实地在自己的岗位上为企业做出更大的贡献。

北大管理课认为，在平时的管理过程中，应努力做到“想干事的给机会，能够干出一番事业的给岗位，干成事业的给待遇”，不断地提升员工的职业发展满足感。

在冠科电子科技实业有限公司里，只要员工努力，就算他们是一线员工，也会得到晋升的机会。冠科有一套公正、公开的内部晋升机制，当某个部门需要增加人员时，会先在所有员工看得到的地方张贴公告，说明需求的岗位及技术要求。每一名员工都可以报名，经部门主管面试合格后即可晋升到更好的岗位去工作。比如有一个叫王亚斌的一线员工，在短短2年时间内，已经经历多个部门岗位，从主管岗位转到了技术岗位。

有些管理者片面地认为员工工作的目的只是为了赚钱，当员工获得理想的报酬时就会不思进取。其实，他们的这一看法是不对的，工作的意义远不止如此。

美国心理学家马斯洛认为，人都有尊重和自我实现的需要。对每一个员工而言，能够因为工作业绩突出而获得他人的尊重，提升个人影响力，施展才华，施展抱负，是他们梦寐以求的愿望。我们试想一下，有谁不愿意出人头地，展示自己的才华和潜能，而浑浑噩噩、平平凡凡地度过自己的一生呢？企业要满足员工自我实现的需要，就要为员工的前途着想，为他们的成功提供舞台和机会，为脱颖而出提供必要的条件，从而让员工有成就感和归属感，对企业怀有深厚的感情。

管理者要认识到，当员工的表现和能力足以在一个更高的舞台、更大的平台上施展时，就该给他一个更大的发展空间，为他们提供晋升的机会。这既是进一步挖掘他们潜力的需要，也是进一步提高企业竞争力的需要。

第114天　培养员工独立思考的习惯

员工没有思路，企业就难有出路。

——北大光华管理学院管理课理念

很多时候，人们会有这样的误区：认为管理者就是决策的制定者，而被管理者只是单纯的决策执行者，按照管理者的要求去操作就可以了，不需要考虑怎么做能做得更快更好等问题。

其实不然，管理者需要培养员工独立思考的能力。但在有些管理者太喜欢指挥下属做事的情况下，他们的这一能力反而被隐藏了起来。到头来，管理者感到很累，而下属又没了锻炼的机会。

一个管理者在谈论如何让员工快速成长时，说他的办法就是不断地把问题抛给他们，让他们去思考如何解决问题，只会在不得已的情况下才会给他们他的意见。虽然员工们在开始的时候会不太适应，甚至有人会抵触，但时间一长，他们就都有了自己解决问题的办法。这样一来，本来只有管理者的一个办法变成有多种途径去解决问题。

管理学家里德提出过一个很新颖的观点，他说：“你们想一下，在你们身边有多少人是真正用自己的脑子的？有多少人是独立思考问题的？很少！据我观察，只有5%的人是真正用脑袋的，有5%是以为自己用脑袋的，有5%的是因为工作需要或是别人强迫而不得不用脑袋的，另外的85%是从来不用脑袋的。”自发地使用自己的脑袋的人只有5%，所以我们在社会上看到很多人都是“没有灵魂的人”，是“人云亦云”的人。

基于这一点，我们的管理者就应该不断培养员工独立思考的能力，不是凡事都先给出你的看法。如果没了你的意见，下属便犹豫不决无法作出决定，那说明你给他们的空间实在太小，没能让他们形成用自己的办法去解决问题的习惯，而这正是一个失败的管理者的体现。

第115天　下属比自己更出色怎么办

敢于任用比自己出色的下属，是衡量一个管理者度量是否阔大的重要标准。

——北大光华管理学院管理课理念

在企业管理的过程中，经常会出现这样一种情况，管理者会无意中选一些比自己差一点点的员工作为自己的下属。每个人都有喜欢比较的心理，而此时的管理者通常会把自己作为一个参照物，认为能力不及自己的下属才便于管理，而且不会对自己的位子构成“威胁”。结果是他在这一个小圈子中很突出，成了最忙碌的一个。

在一次董事会上，美国奥格尔维马瑟公司的总裁奥格尔维让人在每个与会者的桌上都放了一个俄罗斯套娃。大家打开玩具，发现里面还有更小的玩具，在最后一个娃娃身上，有一张董事长写的纸条：“你要是永远都只任用比自己水平差的人，那么我们的公司就会沦为侏儒；你要是敢于起用比自己水平高的人，我们就会成长为巨人公司！”董事们恍然大悟。这就是人力资源管理中著名的奥格尔维定律：善于用比自己优秀的人。

作为一个管理者，应敢于用那些比自己出色、比自己优秀的人才，不能嫉妒才俊，看到比自己强的人便有意压下去，让他们不得重用。管理者不能仅仅把那些优秀的下属看作自己的潜在竞争对手，更该把他们看作工作中最佳的队友与拍档，不能让自己的那点私心作祟。

在钢铁大王卡内基的墓碑上，刻着这样一段墓志铭——一位懂得选用比他自己更优秀的人来为他工作的人，安息在这里。这无时无刻不是在告诉人们任用出色下属的重要性。

敢于重用比自己出色的人，才能让团队、让整个企业充满更强的竞争力。一个真正优秀的管理者，不是凡事让自己站在第一线，而是知人善任，合理任用比自己更出色的人。试想，一个工厂的厂长担心产品质量出现问题，就整日待在车间做操作员，这行吗？一个企业的销售总监担心下属在开拓新市场中抢了自己的风头，便决定自己去开拓一块块新的市场，这行吗？

出色的下属是管理者手中所能掌握的一笔巨大的财富，他们能让管理者自己走得更远，站得更高，一定要善加利用，不然的话，只能让财富溜走，更不利于团队、不利于企业的发展。

第 116 天　是什么赶走了高潜质的人才

作为管理者，一定要对人才出走的原因有一个清醒的认识，给他们足够的挑战，给他们适当的回报，为他们实现自身价值创造机会与平台，这样才能提升他们对企业的认同感和对工作的热情。

——北大光华管理学院管理课理念

随着竞争越来越激烈，越来越多的企业已经意识到了人才对企业的重要性，也在人才的培养上不断加大投入。然而，很多企业并没能取得预想中的成绩，一些高潜质人才在企业内部出现变动后，便会选择离去，造成这一现象的原因有哪些呢？

1. 当高潜质人才得不到令其兴奋的工作、足够的认可，以及过上满意的生活时，他们便会感到失望，渐渐失去前进的动力。

2. 有些管理者会认为眼前谁的业绩最突出，谁就是最最需要的人才，其实不然。对员工的认识要从他们的能力、个人目标和敬业心等方面综合考虑，其中就算员工只在一个方面有所欠缺，也会让他们的综合能力受到影响。

3. 管理者对高潜质人才的过分“照顾”也会给员工的发展造成不利影响。有些管理者担心员工犯错，便尽最大的可能把他们安排到带有培训性质的岗位上，让他们既得到锻炼，又不会有失败的风险。而这恰恰成为员工真正成长的一大阻碍，每个人都需要在实战中才能提高自己的能力。

4. 管理者在重大问题上对员工的排斥也是影响员工满意度的原因之一。作为管理者，可以让他们了解企业的未来战略，同时也要强调他们在实现这一战略中应发挥的作用，提升他们对企业战略的认同感，进一步激发他们的敬业心。

5. 企业对员工用不用“薪”，也是员工选择去留的一个重要因素。对于那些高潜质的人才，管理者应该对他们的用“薪”有所不同，这何尝不是对人才的一种认可呢？

第 5 章
授权管理课

第 117 天　管理者不必事必躬亲

好的领导不必事事领先，样样在行，但一定要给下属正确的指导、明确的目标、必要的条件、合理的支持。要马儿跑，又不给马儿吃草，这样的领导其实是得不到任何好结果的。

——余世维

当一个企业达到一定规模的时候，管理者都会遇到这样的问题：事情变得越来越多，也越来越复杂，虽然自己很想把每一件事情都做好，但的确是心有余而力不足，疲惫不堪。

北大管理课指出，作为一个管理者，其主要任务在于指导员工如何把工作做好，最大限度地发挥出员工的能力，起到领导作用，而不是把精力都放在员工应该做的事情上。没人会有三头六臂，不可能去做每一件事。

山下俊彦本来只是松下电器的一个普通的职员，不过，松下幸之助发现了他的才干，觉得他是一个很优秀的人才，在整个公司里面也是最有能力的。为此，他力排众人的反对，重用山下俊彦，在 1977 年的时候，松下幸之助将其提升为总经理。

当山下俊彦出任总经理后，提拔了 22 名具有战略眼光且能力突出的新董事，使得松下电器的经营管理层力量在短短几年的时间里便得到空前的加强。到了 1983 年，公司的创利比他刚上任时增加了一倍以上。

员工能够做好的事情，管理者就没有必要涉足。从培养员工能力的角度看，也需要管理者能做到授权，这样才能提高他们独当一面的能力；从发挥自己的领导作用看，也需要管理者能认识到自己的真正职责。

很多人身处管理岗位，却依然把自己当成一名普通的员工，想到自己是通过不断地努力实干才有今天的成就，便告诉自己一定要比手下的员工干得更多、更好。有时管理者会认为只有自己才能把事情做好，不想放权让员工去做。当然，对权力的欲望也是一个重要因素，有些人担心一旦放权就会减弱自己的威信，不能控制住局面。凡此种种，都是令一些管理者不愿授权的原因。

其实，授权是管理者提升自己的很重要的一环一个不会授权的管理者，不会是一个合格的管理者。管理者的责任是去帮助团队、企业取得成功，而不仅仅是满足个人的利益。懂得授权的管理者，往往能够让自己的精力用在更多的重要的问题上；同时能让员工有一定的自主性，激发他们的积极性；也强化上下级之间的关系，提高工作效率，把一个整体的力量最大限度地发挥出来。

第 118 天　给员工充分的自主权

所谓管理者的职责，就是为优秀人才搭建一个自由、宽松的平台，因为人只有在自由的空间里，其创造力才能真正释放出来；也只有在独立自主地面对与解决问题的过程中，才能得到最高速的成长。

——李彦宏

作为一个企业的管理者，主要职责并不是如何去管住你的员工，让他们的所有行动都在你的支配之下，而是要授予他们充分的自主权，发挥他们的积极性。

管理者都是曾经的被管理者，本身就该很清楚，每一个员工都会有一套自己处理问题的方法，如果凡事都按照管理者的要求去做，就会完全扼制他们智慧的发挥，并不一定能得到预想中的结果。对于管理者而言，结果才是最重要的，至于过程，只要员工的行为在规定的范围之内，就该最大限度地授权于他们，信任他们。这也是员工内心所期望的。

倪国标是晋江瑞弘鞋材有限公司总经理。在许多人的眼中，他是一个洒脱的老板，似乎从来不用发愁，当别人都忙得脚不沾地、觉得一天 24 小时太短的时候，他反而还有充足的时间到各地去骑行。“整天忙忙碌碌的老板不见得是最好的，你的时间和精力毕竟都有限。”倪国标说，“一个企业要做大，老板必然要放权；而高管之所以会在你的企业工作，除了看重薪资以外，更重要的就是发展空间和所能行使的权力。”

为了能让员工获得更大的发展空间，更好地发掘他们的潜能，给企业带来更大的效益，许多企业都在为授权放权做努力。如Google公司就会允许工程师在20%的时间里从事自己喜欢的项目或技术工作，这一措施一经推出，就收到了令人意想不到的效果。因为有了20%可以自由支配的时间，那些工程师便可以在这段时间里来实施自己的一些创意，或者与其他同事一起完成某个有着出色创意的产品模型，如果这个创意的确能够吸引人，就有可能成为Google推向世界的下一个产品或服务。

作为一个管理者，目的就是要通过别人把事情做好。企业小的时候自然可以辛苦一点一件件去打理，难道企业规模大了也要让自己去做每一件事吗？这显然是不可能的。企业的发展要靠员工的努力，把工作做好，授权与命令相比，能收到更好的成效。一个有创造力的员工，不会喜欢总是在“命令”里周旋；一个能够给员工充足自主权的管理者，才能让自己从琐碎的日常工作中解脱出来，把时间用在一些更重要的地方。

第119天　授权不可过于盲目

管理者在授权时，一定要考虑到被授权者是否具有独立承载权力的能力。

——北大光华管理学院管理课理念

当管理者意识到授权的重要性和必要性时，也不可盲目地就把权力随意下放而不考虑员工是否真的有这个能力。在决定授权之前，管理者一定要对员工有一个衡量，确定他有这个能力与实力才能真正放权。

知人善用是每一个管理者都需要做到的。从一定程度上讲，授权就像是在放风筝一样，当员工能力强的时候，就要把手里的线多放一放，让他们有充分的自由去翱翔；当员工能力不足的时候，就要把手里的线握得紧一点，不至于让他们掉下来。

所以说，授权也不是一件简单的事情，需要管理者有一定的勇气和智慧，识人方能用人。

藤泽武夫是一个经营管理的专家，是本田宗一郎最得力的助手。本田宗一郎自是一个技术天才，但在管理上面却并不出色，于是，他把公司的管理大权全部交给了藤泽武夫，自己全身心地钻进技术里。

本田宗一郎曾说过：“我这个人根本考虑不了其他事情，即使有其他赚钱的买卖也干不了，也没有去做的勇气。另外，我是搞技术的人，对财务上的事一窍不通，我将它交给藤泽君来经管。能与藤泽君合作是我最幸运的事，本田公司也因此才发展到今天的规模。”

本田与藤泽精诚合作的传统深深地影响着后来的本田人。河岛就任第二任社长时，在经营管理上也实行分权管理。他本人管生产，两位副社长则分管销售和人事组织。第三任社长久米同样也继承了本田的用人理念。

本田公司的大胆授权，充分发挥了每个人的潜力，增强了员工们的使命感，公司也因此得到了长足发展。现在，本田公司已经是日本最大的汽车公司之一，在美国的销量仅次于丰田公司。

作为一个管理者，不只是为了减轻工作压力而授权，而是通过授权把各项工作完成得更好，做到人尽其才，人尽其用，在最大限度上让合适的人做合适的事。这样，才能把每一个人的能量都充分释放出来，为企业带来最大的效益。

第 120 天　授权不等于分权

授权不是像切蛋糕一般地将权力分散。

——北大光华管理学院管理课理念

对于很多管理者而言，他们之所以不愿授权与员工，最担心的问题之一就是怕授权会像切蛋糕一样，让自己手中的权力越来越小，从而弱化自己的威信，他们把授权当成了分权。这是一种怕分权的心理。还有一种就是管理者是自己错误地把授权当成了分权，主动地把权力分成数份，结果还是与自己想象的结果有天壤之别。

某公司的总经理觉得授权与员工很重要，便将各部门经理召集起来，对他们说：“我们公司的规模也算不小了，公司的现状大家也都清楚，有人曾对我说，偌大一个公司，全听我一个人的命令，这不利于公司的发展。我想告诉你们，从今天起，公司各部门对自己职责范围内的事都有决定权。当然，那些你们觉得我不会做的事情，最好不要下决定。”

总经理觉得自己一下子轻松了许多，都想着给自己放一个小假，然而，问题接踵而来。

原来，采购部门还是继续采购以前的产品，但销售部门却认为这些产品已经跟不上市场的需求，已经过时或即将要被淘汰。最后，销售部门为了提高销量，不得不做一些促销活动，在很大程度上影响了实际收益，最后，虽然销售量提上去了，但利润不升反降。

这样一来，总经理可就坐不住了，只好取消了以前的决定，再次集各种大权于一身。

其实，这位总经理想授权的出发点是好的，却误解了授权的性质，结果导致各部门完全是按自己的想法去做，没了一个总的指导方针。授权不是分权，授权是管理者给下属一定的权力，但下属的行动权和自主权是在一定的监督之下执行的，管理者对下属依然有指挥和监督的权利。

作为一个管理者，要给员工充分发挥的空间，根据目标的内容授予下属相对的行动自由的权力，使他们能够运用这些权力全力完成指定的目标。当规定期限结束的时候，便用原计划的目标对他们的工作状况进行相应的考核，这样才能让授权发挥出最大的作用。

第121天　授权前要物色到合适的人选

一个管理者，在授权时一定要明确什么样的下属才能真正地完成好任务，实现既定目标。在没有找到合适的人选之前，不要草率地下决定，授权与那些不敢承担责任的下属。

——北大光华管理学院管理课理念

在管理者决定授权的时候，一个重要的问题就出现了，想要又快又好地完成任务，实现目标，该授权给谁呢？

也许，许多管理者会最先想到是手底下那些得力的助手，以为他们是完成任务的最适合人选，其实不然。最优秀的不见得就是最合适的，一个聪明的管理者，不会根据下属的技术和眼下所表现出的能力来委派任务，而是从他们的工作动机和潜在能力去作决定。

正是由于许多管理只是从下属眼下表现出来的能力轻率地作出决定，致使任务不能圆满地完成。同时，对于那些有潜力的下属而言，这也是一种人才的浪费，他们没有发挥出应有的作用。每一个下属都是有待挖掘的金矿，作为一个管理者，了解了他们才能有效地开发出金矿的价值。

北欧航空公司的董事长卡尔松决定把公司的目标定为欧洲最准时的航空公司，这就需要改变原有的那些给公司发展造成不利影响的陈规陋习。不过，卡尔松自己并没有好的方案，但他知道，有一个员工或许能帮得上忙。

卡尔松专程去造访那位员工，说："我们想把公司打造成全欧洲最准时的航空公司，我想知道你有没有什么好的方案，希望在几个星期后你能给一个答案。"

几个星期后，那位员工找到卡尔松，说："我想这个目标完全可以实现，但我们需要6个月左右的时间，还要投入150万美元左右。"然后，他向卡尔松说出了整个方案。

卡尔松十分满意，因为他原本预计要耗费更多的资金、更多的时间。大约在4个半月后，这位员工请卡尔松来考察成果，这时候，北欧航空公司已经成为欧洲最准时的航空公司了。

一般说来，在授权的时候管理者都会优先从内部发掘合适的人选，这样能激发员工的积极性，给他们创造展现实力的机会。

第122天　量才而用，合理授权

量才而用，是授权要遵循的基本原则。

——北大光华管理学院管理课理念

每个人都有自己的特点，有自己的长处和不足。一个管理者，在需要授权的时候，要清楚不同下属的特点，做到量才而用，根据任务的需要合理安排，这样才会产生最大的效果，带来最大的益处。

作为本田集团的第二任社长，当河岛决定在美国办厂时，企业内已经预先设立了筹备委员会，其成员主要来自人事、生产、资本三个专门委员会中的人才。虽然做出决策的是河岛，但制订具体方案的却是委员会的其他成员，河岛认为委员会成员会比他做得更好。

新厂最终落户俄亥俄州，令人意外的是，河岛一次也没有去看过。一天，一位副总问他为什么不到美国实地考察一翻，他的回答是："我对美国完全是陌生的，既然熟悉它的人觉得这块地最好，我就该相信他的眼光。我又不是房地产商，也不是账房先生。"

对于财务和销售方面的管理，河岛完全继承了本田的作风，他把这方面的工作全权托付给副社长。1985年9月，在东京青山一栋充满现代感的大楼落成了，赴日访问的英国查尔斯王子和戴安娜王妃参观了这栋大楼，传播媒体也竞相报道，本田技术研究公司的"本田青山大楼"从此扬名世界。实际去规划这栋总社大楼、提出各种方案并将它实现的是一些年轻的员工们，河岛本人没有插手过问，他对手下常说的一句话就是：不要抱着权力不放，要充分相信年轻人。

本田集团之所以能够不断创造新的业绩，实现新的突破，在很大程度上在于管理者能够根据每个人的长处充分授权，对于一些能有作为的年轻人也敢于大胆起用，培养他们强烈的工作使命感，使本田集团不断向前发展。

作为一个管理者，认识到下属的能力很重要，这样才能根据他们的特点去合理地安排任务，授权与他们，让每一个人的能力得到充分发挥。

第 123 天　营造授权的氛围

想让员工意识到上级十分重视授权管理工作，营造一个良好的授权氛围是必需的。

——北大光华管理学院管理课理念

每一个员工都希望获得展现自己的机会，一旦得到机会，他们都会不遗余力地努力完成任务。当然，如果一个领导总是对他们的工作横加干涉，对他们的表现持怀疑态度，会极大地影响到他们的积极性。作为员工，他们需要被人信任，尤其是被上级信任的感觉，这样他们才能真正地展露自己的能力。

为什么要营造一个良好的授权氛围呢？这实际上是要引起员工对授权工作的重视，观察他们对授权的看法。因此，在确定授权之前，努力营造一个好的氛围是很重要的，作为一个管理者，可以从以下几个方面着手：

1. 与员工分享企业的信息，管理者为下属提供企业的经营成本、生产效率、产品和服务质量、财务状况、业绩等一系列敏感的信息。

2. 授予员工一定的工作自主权，在一定范围内鼓励员工自己做主。

3. 明确团队的责任，让团队富有责任感，拒绝对工作结果“踢皮球”的心态。

4. 帮助员工成长，作为一个管理者，要成为下属的老师和团队的带头人，创造一个良好的环境，发挥每一个人的能力。

原宏碁集团董事长施振荣在管理上特别注重授权，他曾经说过：“你一插手就完了，他怎么长大？”与施振荣一起创立公司的副总裁黄少华说：“施振荣从不会强迫你做任何事，除非你同意或愿意去做。”

要想让授权取得理想的结果，有一个良好的授权氛围很是关键。作为一个管理者，不能忽视对授权氛围的营造，否则的话，员工就有可能不能正确地领会领导的真正意图和企业发展的方向。

第 124 天　合理授权能有效提高员工的工作效率

“授权”会比“命令”更重要也更有效率。

——俞敏洪

如果一个管理者不能认识到授权的重要性及其作用，不能合理发挥下属的作用，大事小情都迫使自己去做，认为只有自己才能做好，结果只会使事情越积越多，压力也越来越多。如果他有 10 个下属，这相当于 10 个下属眼睁睁地看着他疲于奔命，却没办法去分担一二；如果他将工作的内容委派给这 10 个人去做，自然能让自己从那些烦琐的事情中解脱出来，既能提高工作效率，又能让自己的精力花在更重要的问题上。

在很多人眼中，美国投资大师乔治·索罗斯就是一个敢于通过充分授权来提高工作效率的人，这是因为他意识到了授权的重要性，从而把公司的许多事情都交给下属去处理，鼓励他们敢于“自作主张”。

有一次，索罗斯出差归来，刚坐下，秘书就抱出一大堆等他签字的文件，一问之下，他才明白，在他出差在外的日子里，这些文件都积在办公室里，有几份还是非常重要的文件。索罗斯十分生气，问：“为什么这些文件不让部门经理签，这些天他们都干什么去了，你知不知道在这段时间里，浪费了多少机会？”秘书委屈地说：“您曾经说过，重要的文件都需要您亲自审核。”

索罗斯一想也是，自己的确说过这样的话，他马上召开部门经理会议，宣布了一个重要决定：“以后除非你们遇到实在解决不了的问题，不要耽误我打球的时间。”就这样，索罗斯的办公室看不到文件堆积如山的现象了。有时候，他甚至还打趣地说：“这帮家伙现在都不理我了。”

一个管理者，如果不敢放手让下属去实干，利用并发挥他们的智慧，凡事都揽在自己身上，这样是不会把每一件事情都做好的，不能提高工作效率。手中的权力要懂得下放才行，眉毛胡子一把抓，只会让许多待解决的、更重要的事情不能得到快速有效的处理，眼睁睁地看着许多重要的机会流逝。

对每一个管理者而言，用人何尝不像下象棋那样，一颗卒虽然看起来没有车或者马的作用大，但只要执子时位置摆放正确合理，它同样能发挥不可估量的作用。在现代的许多企业中，越来越多的管理者会着手通过授权去提高整个企业的工作效率，他们善于通过用人、通过授权去延伸自己的力量，激发员工的潜能，不断提高工作的效率。

第 125 天　让员工能尽情发挥自己的才能

让员工能有发挥自己才能、展现自己实力的机会，是每一个管理者必须正确对待的问题。

——北大光华管理学院管理课理念

在有些管理者看来，大事小事都在自己的掌控之中，通过自己的手亲自去完成，才算是最好的；同时，“教会徒弟，饿死师父”这一传统的观念还是会在许多管理者的脑中作怪，也让他们不敢让自己好不容易争取得来的权力转眼间就转移到下属的手里，害怕他们对自己的地位构成威胁。

其实，作为一个成功的管理者，能够让自己的手下出现人才辈出的局面何尝不是一件好事？能够正确调配自己的下属，让他们完成任务，实现目标，有什么不好的？一个充满智慧的管理者，会尽可能地授权与下属，让他们尽情地发挥自己的才能，这样才能推动自己的团队或是企业的发展。

在 Intel 公司里，管理者的比例大概能够占到员工的 1/10，所以，对于每一个员工而言，在 Intel 公司里的机会会非常多。管理者在考察员工能不能成为管理者的时候，不只看他眼下的表现如何，还会留意到他是否有哪一方面的潜能。对于这些优秀的企业而言，经验都是可以积累的，并不是阻碍提拔员工的最大问题，学习能力在这个过程中扮演着更为重要的角色。

在 Intel，管理者常常会与员工讨论职业的方向在哪里，哪一方面更适合员工的未来。有时候，一旦管理者认为某一个员工很优秀，会为他设置一个新的职务，为他充分发挥自己的能力创造条件。

作为一个管理者，就要学会用授权去调动每一名下属的积极性，让他们每一个人都能发挥最大的能量，毕竟每一个人都希望能在别人面前展现自己的实力。当目标和应该遵守的规则已经完善的时候，该怎么做去达到目标，管理者需要给员工留下足够的空间，这也是对员工的信任与支持，不管在哪儿都有自己的影子。

员工需要一定的空间和自由，如果管理者处处“指手画脚”，反倒会使他们变得越来越消极，责任心也减弱，产生逆反心理。作为一个管理者，你可以给下属描绘一个蓝图，至于怎么去实现，完成任务，就让下属以自己的喜欢的方式去解决吧。

第 126 天　授权后就可以撒手不管吗

授权让下属去做，你会发现下属远比你想象的还要尽心、卖力和能干！

——北大光华管理学院管理课理念

当一个管理者授予下属相应的权力后，是不是就意味着自己可以完全地高枕无忧了呢？

有些管理者在实践授权的过程中，可能会误以为授完权后就没有自己什么事了。实际上，授权并不意味着放弃控制，一个管理学家就说过，控制是授权管理的“维生素”，所以，授权管理的本质还是控制。作为一个管理者，不能让员工恣意妄为，要让他主动承担起属于那份属于自己的责任。

一个不能为员工创造机会的管理者不是一个称职的管理者，也不能满足激烈竞争的需要。不过，权力与责任往往是相对的，权力有多大，与之相对应的责任就该有多大。当管理者在鼓励下属更加积极主动的时候，也要关注他们是不是在一条正确的跑道上奔跑。当他们的方向出现偏差的时候，还是要指导他们调转方向，走上正确的轨道。

当 51 岁的高尔文刚刚接任摩托罗拉 CEO 一职的时候，认为自己应该完全放开控制，让各高级主管充分发挥能力。然而，事与愿违，自 2000 年以后，摩托罗拉的市场占有率、利润等连连下挫，到 2001 年的第一季度，摩托罗拉更创造了 15 年来第一次亏损的纪录。

出现这种状况的原因何在？就是高尔文过于放权，对下属在执行的过程中出现的错误不能及时地纠正，导致他们在错误的道路上越陷越深，给企业也带来了巨大的损失。直到后来，高尔文才真正意识到了问题的严重性，开始进行调整，一改自己往日的作风，这才让摩托罗拉一步步走上正规，不然的话，摩托罗拉断送在他手上也未可知。

作为一个合格的管理者，合理地授权自然有利于发挥下属的主动性、积极性和创造性，最大限度地发挥自发的工作热情。不过，有一个重要的方面，那就是管理者要让下属明确工作的范围、任务及期望达到的目标，以及最后考核工作的标准，在下属积极展开活动的时候，需要管理者检查监督。

如果下属是天上的风筝，那管理者就是下面放风筝的人，不管风筝要飞向何处，那根线都始终拽在管理者的手中。根据下属的实际能力，拽在管理者手中的线可松可紧，但绝对不能从管理者的手中脱落。如果那样的话，风筝会飞向哪里，企业会走向何方？

第127天 让员工清楚自己的责任

第一次犯错误叫不知道，第二次叫不小心，第三次叫故意。所以你不要第三次犯同样的错误。中国有句话叫“事不过三”。

——余世维

北大管理课指出，权力与责任是对等的，没有人只会享受权力，不负责任；也没有人只负责任，而不享受应有的权力。当管理者授权与下属的时候，不能只是强调他们在工作时无须事事请示，有自己的自主决策权，也要把相应的责任授予他们，让他们清楚自己的责任。这样才能让他们在行使相应的权力时，能够考虑得更全面，朝着更加有利的方向前进。

有些人，当他们成功地接过领导手中的“指挥棒”的时候，会误以为自己只是接过了执行的权力，而没能认识到权力后面的责任，尤其是领导没有明示的时候，他们更有可能“胡作非为”，给团队或企业造成极大的损失。

小李是一家公司的办公室文员，平时工作勤勤恳恳，很得总经理的信任，很多事情，总经理也乐于让他去处理，还经常对小李说一些像“这里的一切都交给你了”、“在这些员工当中，我最信赖的还是你”之类的话。

一次，总经理需要外出进行谈判。临行时，他对小李说：“这里的一切就都托付给你了。”

在老板离开公司的几天后，有一位客户来访，咨询该公司是否要举行一次产品优惠促销活动。小李想，这正是一个展示自己的好机会，而且总经理前段时间也有过这样的想法，只是还没有就此做出详细的布置与安排。就这样，小李自己拍板决定了此事。当总经理听到消息后，本应马上向老板汇报、请示的，但他没有，而是自行决定了这件事。老板得知后，马上赶回公司，狠狠地批评了小李一顿。

在这里，小李的失职固然需要批评，这位总经理的态度也不可取。作为一个领导者，在确定下属工作内容的时候，也要让他清楚自己在任务中的角色，清楚自己应该承担的责任。否则，只会给下属造成责任由领导去扛的错觉。

索尼公司创始人盛田昭夫曾说过这样一句话：“不管你个人多么优秀，多么成功，多么精明或是多么能干，你的企业的未来都系在你应聘的员工身上。说得更夸张一些，企业未来的命运，实际上正操纵在公司最年轻的一群员工手中。”

员工是企业发展的希望，当然，有责任感的员工才是真正的希望。当管理者授权与他们的时候，也要树立他们的责任感，这样才能做到有效地授权，授权有度、有方，做到有的放矢。

第 128 天　学会激发员工的责任意识

好的管理者就是要组织离了你照样转！

——余世维

对于管理者而言，要想建立一个富有热情的高效的团队，必须要合理地激发员工的责任意识。这样员工才能更自觉地做好自身的工作，这是管理的较高境界，也是最为理想化的管理。

但是，对管理者而言，如何采取有效的措施去合理地激发员工的责任意识呢？主要可以从以下几个方面努力：

1. 制定合理的激励制度，公平平等地对待每一位员工。合理的激励制度能够有效地激发员工的工作责任意识和积极意识。其实，一提及激励制度，多数管理者可能会立即想到薪酬激励。其实，薪酬自然是其中最为重要的激励方式之一，但并不是唯一的方式。当员工通过自身的努力，使自己的基本生活需求得到满足时，他们便会产生更高的价值需求。这个时候，管理者就要根据员工的才能，给员工制定或规划一个广阔的个人发展平台，并通过培训等手段对其能力进行提高，让其个人价值和职位都得到提升，那么，就能够大大地提高员工的工作责任感，激发其内在的工作热情，同时也提高工作效能。

2. 明确工作责任，为每一项工作都制定严格的标准。管理者针对每位员工的工作内容，明确其工作责任，并且要制定极为严格的标准。让员工没有漏洞可抓，没空子可钻。这样员工就能严格依照标准，负责任地完成自己的工作任务。

另外，管理者还可以通过让员工参与公司决策的方式，以增强员工的责任意识。让员工对一些决策发表自己的意见或建议，增强员工的主人公意识，以增加其工作积极性，同时也增强责任意识。

第 129 天　哪些工作必须授权

授权的成功与否，从大的方面来讲，决定着企业的兴衰成败；从小的方面来讲，影响工作的顺利开展。因此，授权必不可少，授权势在必行。

——北大光华管理学院管理理念

当你每天面对不同的工作内容，被摆在眼前的一堆事情搅得无所适从的时候，可曾想过，其实很多事情并不需要自己亲自去做，让下属去完成也能取得良好的甚至是更好的效果。工作都有轻重缓急之分，对一个管理者而言，哪些工作需要自己投入更多的精力，哪些工作不需要自己去做，必须交给下属去办呢？

1. 对于那些风险低、影响小的工作，管理者要授权让下属去做，这样的工作对整个大局的影响不大，就算出了问题，也不会产生严重的后果。

2. 那些下属可以做得更好的工作要授权让他们去做，每个人都有自己的优势，下属在某一或某些方面也会比管理者更优秀，这时候，管理者就该授权让他们去做，同样可以取得预想中的结果。

3. 一些简单的、重复性的工作要让下属去做，管理者面对这样的事情，必须授权与下属，让他们放心地去做。

4. 对于那些下属已经完全有能力做好的工作，管理者要授权与他们。经过一段时间的沉淀与积累，下属的工作能力都不断地提高，当管理者认识到下属的能力已经能够独自处理好某些事情时，就应该痛快地把这些事情交与他们，这也能让他们进一步成长。

作为一个管理者，能够把授权落到实处，把自己、把员工都摆在一个止确的位置，才能有效地提高工作的效率，才能让自己的作用更多地体现在更重要的部分，而不能抓起芝麻却丢了西瓜，因小失大。

第 130 天　哪些工作不能授权

重要的授权决策一定要过夜。

——余世维

作为一个管理者，应当授权的工作要尽量让下属去完成，这样才会让自己有更多的时间去处理更重要的问题，做更重要的决策。不过，有些工作是绝对不能随便地授权的，对于授权的必要性和重要性，该不该授权，管理者需要有一个正确的认识。

那么，不能授权的方面又有哪些内容呢？

1. 关系企业未来走向的重要决策不能授权，做重要决策前的一些调查取证的工作可以授权让下属去完成，而那些具有实质性决策的工作就需要管理者亲自完成。

2. 制定标准或政策的权力不能轻易交给下属。为了让员工在工作时能做到有章可循，有规可依，管理者都会制定相应的标准来限制或督促员工的行为，如果把这类工作授权与下属，他们会制定出什么样的规章制度呢？不管下属制定的规章制度的具体内容是什么，其结果肯定是要让自己所能获得的利益最大化。

3. 当企业陷入困境、面临危机的时候，管理者就承担起相应的责任，不能授权与下属，要身体力行，让自己在危机中起到带头作用。像这种紧急关头，当然也是体现管理者自身能力的时候，如果只是让下属去琢磨解决问题的办法，自己却在一旁偷闲，不会得到下属的信任与支持。

4. 领导指名道姓让你去做的事情不能授权。这类事情在上级领导看来，肯定是很重要的，需要交给得力的人去做他才放心。如果管理者随意地就转手交给自己的下属去做，很可能达不到上级领导预想的效果。这样既会让上级领导怀疑你的办事能力，更可能对企业造成不好的影响。

总之，作为一个管理者，在授权的时候，要清楚自身所担负的责任，不能只是着手处理一些简单的小问题，反而把那些有着重要影响的大事随意交给下属，这是很不负责任的一种体现，要让自己真正成为一个称职的管理者。

第131天　不授权，吃亏的是自己

对手下的人，不要责骂，要学会授权，并盯紧他的做事过程。

——余世维

有些时候，管理者会感到很纳闷，自己已经是每天忙得不亦乐乎，在努力地试着去把每一件事情做好，却往往得不到理想的效果。而反观那些下属们，似乎一个个都闲得不知道该做些什么。

其实，这也怨不得下属不去为你分忧解难，如果你把他们应该做或者可以做的事情做完了，不给他们独自完成任务的机会，他们还能怎么样呢？只能猜想企业到底是想朝哪个方向发展。

一个成功的管理者不是一个整日让自己忙得团团转，而让下属无所事事的人，应该让下属动起来，自己变得轻松。对于那些不会授权的管理者来说，吃亏的是自己。

自从小陈荣升某公司的一名部门经理后，工作热情更加高涨了，只要是自己职责范围内的事情，不管大小，他都会亲自做主，就是怕下属在做的时候会出什么差错。

然而，不管小陈怎么努力，部门的业绩始终没能提上去，这让他很是烦恼。对于这一切，总经理都看在眼里。一次，他趁小陈汇报工作时对他说："我知道你付出了很大的努力，这些别人都看在眼里。只是，你知不知道，并不是所有的事情都需要自己去做，你要学会授权，利用下属的能力去更好地完成任务。你想想，如果我每天都做一些你们可以做好的事情，那我的时间要怎么安排才能满足需要呢？那样的话，根本满足不了。不授权，不让下属做那些他们力所能及的事，吃亏的可就是自己了。"

是啊，一个人的能力始终是有限的，作为一个管理者，要能够让下属的能力得到充分的发挥。小陈从总经理的办公室里出来后，仔细地想着总经理的话，若有所悟。当他根据下属的能力把工作交给他们去执行后，部门的业绩迅速得到提升，下属的积极性也变得空前高涨。

对于每一个管理者而言，充分发挥出下属的能量才能取得最大的效益。一个不会授权的管理者，虽然自己的地位相对越来越高了，但活得却越来越累，并不能感受到"位高权重"的喜悦，不授权所带来的最不利的影响还是更多地体现在自己身上。

第 132 天　培养人才是管理者的责任

管理是一种严肃的爱，培训是最好的福利！

——余世维

对于管理者来说，培养人才是他们工作内容的一个重要方面。如果仅仅因为担心"教会徒弟，饿死师父"这样一个传统意识，让自己在对待优秀的下属时变得若有所失，处处提防着他们，这对工作的进程也是很不利的。

作为一个管理者，如果不能为企业培养出合适的人才，就会为企业未来的发展埋下隐患，不但不能带领团队或企业前进，甚至会造成无法估计的危害。

人才是企业发展资源的一种积累，作为管理，要敢于授权，让下属在实干中进行锻炼。

当年，红豆集团的董事局主席周耀庭为了解决接班人的问题，把集团的资产分为8块，副总经理、副董事长等人各掌握一块。

10年的时间里，周海江掌管的那一部分资产已经成了一家上市公司，业绩也在稳步增长，而且，周海江手中也持有大量的公司的流通股。

在这些年的时间，周海江通过自己的努力做出了不小的成绩，最后他成为红豆集团的接班人，也就不足为怪了。

作为管理者，培养人才、选择合适的接班人是一个很重要的课题，容不得半点马虎，不然的话，就是在拿企业的未来做赌注。

一个企业的良性发展，离不开人才的不断输入。人才本身就是一种资源，需要管理者通过授权让下属得到历练，能为企业的发展做出更大的贡献。美国钢铁大王卡内基曾说过这样一句话："你可以拿走我的厂房、设备、资金，只要你不带走我的人，这样的话，5年以后，我还会是一个钢铁大王。"

作为管理者，要敢于授予下属充分的权限，培养他们的能力，不能让他们只是成为一个摆设，这正是资源的一种浪费。同时，也不能过于求全责备，容不得他们犯下半点错误，多给他们机会，让他们学会从挫折中成长。

第133天　正确掌握授权的时机

作为一个管理者，不能随心地把任务推给下属，需要选择恰当的时机，这样更能达到事半功倍的效果。

——北大光华管理学院管理课理念

授权时机的选择对授权所能达到的效果起着很重要的作用。一个管理者在勇于授权的同时，也要选择恰当的时机。既要让下属在合适的时间做合适的事，更要让自己在合适的时间做合适的事。

那么，对于一个管理者而言，什么时候才算是授权的好时机呢？

1. 当管理者面临某件事情，而下属比你对这件事更加了解的时候，管理者可以授权与他们，让他们去处理此事。

2. 每一个人都不是完美的，管理者也不一定有能力处理好所有问题。如果管理者发现下属中有人比自己更适合去处理面临的问题，可以授权与他们，让他们去处理好此事。

3. 当管理者发现自己有更重要的事情要完成，而下属完全能够处理好眼下需要解决的问题时，可以把事情交给他们去处理。

4. 如果下属能够把问题处理好，而且比管理者自己去做所需的资源更少，这时候，管理者可以把事情交给他们去处理，以最低的成本取得最大的效益。

5. 当管理者意识到因自己“专权”而引起下属不满的时候，需要管理者及时地授予下属相应的职权，这样才能打消他们的疑虑，提高他们工作的积极性。

6. 当企业正处于快速发展阶段，管理者的日程表安排得十分紧凑的时候，管理者也要通过授权来提高工作效率。这就像分流泄洪一样，不要让所有的水都往一道河里灌，要让水流从不同的小河中流走，这样才能有效地减弱洪水的危害。让下属去做那些他们力所能及的事情，能避免事情越积越多。有时候，那些急需处理的大事总是排在那些小事的后面，当管理者处理完这些小事的时候才发现，原来还有一个这么重要的问题没有及时处理，后悔莫及。

7. 当管理者正需要处理一些急需要解决的问题、分身乏术的时候，需要管理者把一些事情交给下属去处理，在这种紧急关头，下属也是很乐意为管理者分担一些困扰的。

总而言之，想要取得预想中的效果，授权就需要管理者抓住合适的时机，例如，在下属上班刚到公司时授权与下午快要下班时授权，哪一个效果会更好一点呢？应该是后者，因为早上刚到公司的时候，员工已经想好了一天的事该怎么做，需要做些什么，如果这时候突然给他们下达新的任务，就会打乱他们原有的计划；而在要下班时给他们一个新的任务，可以给他们一个思考与合理安排的时间差，为第二天解决此事做好一定的准备。

第 134 天　授权后责任依旧

权力的转移并不意味着义务的转移。

——北大光华管理学院管理课理念

在授权的过程中，需要管理者认识到这一点：授权后事情是交给下属去做了，但责任可不是全由下属去承担，管理者自己应承担的责任不会同时被授出去。一旦下属在完成任务的过程中出现什么问题，或是预定目标没有实现，管理者也要承担相应的责任。

某集团准备在一个新的领域有所突破，董事长任命项目经理小赵全权负责，同时，他还从集团其他部门调来了技术专家老王做支持，并在项目全体管理人员大会中强调："这个项目我已经交由项目经理全权处理，在这里，他代表的就是我。"

其实，单凭在单位的地位与影响力而言，老王比小赵更有优势，要自己听一个后生的调动，自然让他心有不甘，两人在工作中不免会有矛盾发生。

有一次，小赵觉得再也无法忍受了，当着众人的面对老王说："你以为没有你我们的项目就要停工吗？告诉你，我们照样可以做得很好，我可不需要一个不听指挥的人。"同时，他决定把技术方面的工作都接手过去。事情到了这个地步，老王也待不下去了，果断选择走人。

就在这紧要关头，董事长正好来了，他没有让老王走，把他留了下来。

项目经理小赵觉得很无奈，既然老王留了下来，自己也不能赶他走，那不管他就是了。两人就这样一直僵持着。

权力的转移并不意味着义务的转移，如果管理者在通过授权把权力转移出去的同时，也把责任转移出去，那他们不就只享受特权了吗？

在小赵向董事长汇报工作进展的时候，董事长觉得是小赵领导不力，延误了进程，他自己就没有责任？自己把授权当游戏一样，如何让下属去有效地工作呢？

不愿承认错误、不愿承担责任是许多人的通病，管理者也不例外。但是，作为一个管理者，需要为事情的结果负责。作为管理者，如果在需要承担责任的时候玩起了"踢皮球"，总喜欢责任往下属身上推，这势必会引起他们的不满与不服。这不仅不利于事情的有效解决，反而大大打击了下属的自信心，也会影响管理者自己的个人发展，对企业的发展造成不良影响。

正确认识自己，认识在工作中可能犯下的错误，做一个敢于担负责任的管理者，这样才能成为一个称职的管理者，成为一个对下属、对自己、对企业的未来都有益的管理者。

第 135 天　不干涉下属处理问题的方法

评定一个人是否称职或是否应该被提拔的最佳方法只有一个，那就是先给他一个平台、一份责任，看他是否能拿出实实在在的工作成果来证明自己。

——李彦宏

有些管理者在授权给下属之后，可能觉得自己的权威会因此而受损，下属会忽视自己的存在，于是，在下属正在处理问题的时候，就喜欢让自己站出来，说上那么几句，“指点”那么几下，似乎这样才能让大家意识到谁才是真正的头儿。

原贝尔公司的董事长查理波西说过这样的话：“在我从事管理工作的早期，学到了一个教训，那就是不要想一个人独撑大局，要仔细地挑选人才，雇用人才，然后授权给他们去负责处理，让他们独立作业，并为自己的行动表现负责。我发现，帮助我的部属成功，便是帮助整个公司成功，当然更是我个人的最大成就。”

有这样一个故事：

有一个猎人，有着一手高超的捕猎本领。他有两个儿子，而他一心一意想把自己这套绝活教给他的小儿子。

因此，在每次狩猎的时候，他总是手把手地将狩猎的技巧传授给他的小儿子，对他的大儿子不管不问，任他在一边独立地摸索。后来，猎人老了，再也不能进山狩猎了，而这时的小儿子依然没有掌握狩猎的本领，可大儿子的捕猎技术已经达到一个很高的水平。

虽然只是一个故事，却对管理者有着极大的启发，作为一个管理者，不能为了显示自己的存在而对下属的工作进程和工作方法指指点点，这样会在很大程度上影响到他们的积极性。要让下属在接到任务后，有能自行决定工作方案的权力，这样更利于他们发挥自己的创造能力，在工作中更充分地发掘自己的能力。

既然管理者已经赋予了下属相应的权力和责任，就应该放手地让他们独立做事。对于管理者而言，这个时候做好跟踪和相应的控制工作才是重点，不要关注下属工作的进程，需要关注的是工作的结果。在这个进程中，管理者要让下属知道，你可以允许他们犯错，但不能总在同一个问题上犯错，给他们鼓励和支持。

第 136 天　明确不愿意授权的原因

随时反思自己，是每个管理者都应遵循的做事原则。

——北大光华管理学院管理课理念

有些人在成为管理者之后，并没有真正领会到“管理”二字的含义，他们做的许多事情原本是让下属去做的，结果让自己忙得昏头转向，而员工却好像没有什么好做的。

相关资料显示，管理者不愿授权的原因是多方面的，这既有管理思想方面的原因，也有个人综合素质问题，还有传统文化和传统意识方面的原因。总结起来大致有以下几点：

1. 有比较就有鉴别，管理者也会有私心，担心下属做得比他更好，从而使自己变得逊色，有嫉贤妒能之心。

2. 过分强调个人的能力，认为自己完全可以把事情做好，这样反而忽视了团队的力量，“个人英雄主义”在现代激烈的竞争中不能长远，需要整个团队协作才行。

3. 管理者为了时刻显示自己的地位和作用，也是造成不愿授权的原因之一，这样的管理者要让下属明白，谁才是真正的核心，是最重要的。

4. 管理者不相信下属的能力，担心他们做不好，最后还要让自己来收拾残局，甚至造成恶劣的影响。

5. 权力心太重，喜欢让下属一直处在自己的监督和监控之下，担心一旦授权便减弱了自己的权力，降低自己的威信。

6. 管理因为不合理授权造成过重的不利影响，这也会让管理者心有余悸，担心再授权时会出现类似的情况。

作为一个管理者，要能给自己一个正确的定位。你已经不再是一个普通的员工，要根据工作的需要，授权给合适的下属，这样才能促进工作的进展，不然的话，反而会给工作带来不利影响。

第 137 天　要给下属提供强有力的支持

要克尽本分，把该做的事情做好。

——余世维

当管理者授权与下属开展工作的时候，对下属提供相应的帮助和指导是必需的。

在工作的过程中，管理者需要主动地为下属提供一些必要的信息和资源，帮助他们减少工作中一些不必要的小麻烦。也许在管理者看来，自己所提供的可能只是一些微不足道的小事，但在下属看来，他们不仅获得了充分的支持和条件来开展他的工作，而且他们对你产生了信心，让他们真正地感觉到你不仅一直在支持他们，而且能够帮助他们将工作完成得更好，那么，他们会更加主动地与你沟通，在你的支持和帮助下有效地实现工作目标。

不过，有些时候我们也会发现这样的情况：管理者很愿意为下属提供一些帮助，比如有关的信息与资源，但下属更倾向于通过自己的方式来解决问题，不会主动去寻求帮助。这样会导致一个后果，当他们不能圆满完成任务时，他们不是主动地寻求解决的办法，而是拼命地掩饰自己的过失，以至于让后果越来越严重。

某企业销售部经理与负责邮购的员工在年初商谈季度目标时，对员工的计划非常满意，很快就达成了共识。

该员工给自己定了这个季度6个方面的目标，而且很有信心圆满地完成任务。销售部经理也对他充满期待，对该员工说："好好干吧，我相信你能够完成这些目标。"

不过，这位销售部经理这一次犯了一个简单的错误，他没有及时给负责邮购的员工提供客户的名单和邮寄地址。这位员工本想用大宗邮寄的方式去实现降低邮寄成本4%的目标，这样一来，他还是只能采用零寄的方式。

一个季度过去了，其他5个目标都成功地实现了，但恰恰这样一个最容易实现的目标没能实现。

作为一个管理者，在与下属就目标达成共识后，不是说自己从此就可以放手不管了，只需要等着验收最后结果和考核绩效，要尽可能地为下属提供一些帮助。

管理者需要对下属的工作负责，无论任何的麻烦和问题，你都是需要和他一起面对和解决的。也许你相信他有能力去处理大部分的问题，不过在很多时候，他人的支持和协助能够更有效地达成工作的预期。自然，赋予他工作任务的上司无疑是最能够为他提供支持和帮助的人。

第138天　通过授权让下属独当一面

每位管理者都没有"分身术"，你要做的就是通过授权，让下属独当一面。

——北大光华管理学院管理课理念

随着竞争的日益激烈，分工越来越细，管理者在工作中都面临着许多问题，而且随时都有可能有新情况的发生。如果这时候管理者手下没有能够出来独当一面的下属，勇敢地为管理者分忧解难，那管理者很难从繁杂的事务中脱出身来。

因此，作为管理者，要为培养能够独当一面的下属而努力，这样会极大地减轻自己在工作中的负担，让自己有精力去处理那些更加重要的事情。

广州一家日化公司为了能够打开华北市场，迫切需要任命一名合适的区域经理。为此，公司领导选择了一位业务能力强，平时也常常会有主见的业务员进行培养。公司给他一定的资金，要求他在 4 个月的时间里摸清华北地区的市场情况、购买力，并拟定一份可行性报告。结果，在 3 个月之后，这位新任的区域经理就成功地开发了华北市场。

作为一个管理者，要想提高下属的实际能力，不能只是授权他们做一些简单易行的任务，要有一定的难度，这样才能真正提高他们的能力；同时，也要授予他们高度的自主权，授予他们一些复杂多变的任务，这样更能让他们得到真正的磨炼；当然管理者在授权的时候也要有一个全盘考虑，不能随意地就给下属新的任务，那些做事简单、死板的人头脑僵硬，缺乏灵活变通的能力，这样的下属在遇到新的情况的时候往往会手足无措。

所以，作为一个管理者，能让下属具有独当一面的能力是很重要的，这样才会在需要的时候有人能够勇敢地站出来。

第 139 天　不要让下属心有疑虑

在用人之道上，也有疑人的时候，会让人摸不到他的脉络，这样不能使人才充分地发挥其才能。

——俞敏洪

授权最明显的好处就是有利于任务快速有效地完成，实现企业的目标，同时也有利于发挥和培养有潜力的人才。

很多员工在执行任务的过程中会出现畏首畏尾的现象，每走一步都要征求一下管理者的意见。其实，他们也并不想经常去询问管理者，但他们心中一直存在疑虑：我可不可以这样去做呢？这样做符合上级的要求吗？当他不确定的时候，自然会征求管理者的意见。说到底，还是管理者对他们的授权不充分，让他们心中有太多的顾虑。

作为福特汽车公司的创始人，亨利·福特本是一个过于自我的人，凡事都喜欢抓在自己的手中，但前两次的创业他都失败了，直到第三次他聘请了著名的汽车专家詹姆斯·库兹恩斯出任总经理，才改变了这一局面。

库兹恩斯上任伊始便采取了一系列措施。从 1906 年到 1908 年，福特公司先后推出了“N”型和“T”型两种物美价廉的福特牌汽车，风靡市场，畅销全世界，亨利·福特从而摘取了“汽车大王”的桂冠。

作为管理者，在授权后就要让下属放开手脚去做他们认为对的事情。要让下属知道，你是信任他、了解他，才会让他独立处理这一问题的，驱散他们心头的疑云。在工作的过程中，除了必要的指导外，不要指手画脚，把下属当工具一样呼来喝去。

这种情况管理者也会遇到，因为还有更高层的管理者管理着他，试想，如果管理者在工作中一直受人干涉，心里自然也不痛快。

在授权的过程中，不能对员工管得太死，要给他们自主发挥的空间。虽然管理者有自己的工作方法，在业务方面都显得比较成熟，但仍不能将自己的观点强加在下属身上。要知道，他们正处在一个学习的阶段，凡事不要期待下属做得跟自己一样地完美，更不能因为下属的不熟练就束缚他们的手脚，给他们疑虑。

第 140 天　不能越级授权

管理的目的：让公司有规则，让公司有次序。

——余世维

在工作的过程中，一般的授权都是自上而下逐级进行的，而越级授权是间接上级对间接下级所进行的授权。越级授权是一种不正常的授权方式，会造成以下几个方面的危害，作为管理者，要尽可能地避免。

1. 越级授权会造成管理混乱，管理者有章不循，职责不清。

2. 越级授权会让员工的直接上级有一种被架空的感觉，成了一种摆设，认为自己没能受到重视，从而引起他们的不满。试想，如果员工事后越过直接上级去汇报工作，这会让直接管理者处于一种非常尴尬的境地。

3. 越级授权会让被授权者无意中获得了与中间领导层对抗的权力。

4. 越级授权会让管理者自身不能起到以身作则的作用，失去信任，威信不升反降，影响员工的积极性和创造性，影响部门的整体工作效率和质量。

小汪是某公司的一个区域经理，一次，他的顶头上司直接越过他，在他负责的市场上直接接触他的经销商，还承诺给这些经销商更多的优惠。

这件事情让小汪感到很郁闷，难道是自己在工作上的表现不能令人满意吗?

其实，在管理上有个著名的原则：上级只能越级检查，不能越级指挥；下级只能越级投诉，不能越级指示。作为上级，可以随时随地对下级的工作情况进行监督、检查，如果发现了问题，只要不是非常紧急，不马上解决就有可能造成巨大损失，上级一般都不应该越级向下发号施令，而是找到与此事相关的自己的直接下属，向他下达解决问题的指示。作为上级领导，关注问题的改善进程就可以了。

在一个正式的公司制度中，越级授权是不允许的。如果你是一个中层管理者，就要向自己的下属明确表示，不管接到哪个领导的任务，都应该在行动前向他们的直接上级汇报，否则，一旦造成不利的后果，他们需要承担全部责任。

第141天　防止“反授权”

高层管理者：做正确的事；中层管理者：正确地做事；执行层人员：把事做正确。

——余世维

在企业管理中，经常会出现这样的现象：高层管理者忙着做中层管理者的工作，而中层管理者又忙着做普通员工的工作，在授权的过程中，这一现象被称为“反授权”。

很多时候，由于反授权，执行者的工作责任和权力由其上级承担，使上级反而成为某种意义上的“下属”，久之成性，凡事找领导，造成企业内部效率低下，互相搪塞。

使用反授权的下属主要有三种类型：一是不会，二是迎合，三是故意。主要表现形式如下：

1. 请示型反授权：下属在已授权的工作中，经常向上级请示汇报，求得领导指示，这在强势领导和新下属中常见。

2. 问题型反授权：下属在已授权的工作中，常向上级提出许多问题，请领导解决，这在强势下属中较常见。

3. 选择型反授权：下属在已授权工作中，常提出数个方案，请上级做出选择，这在聪明下属中比较普遍。

4. 事实型反授权：下属在已授权的工作中，想证明自己的才能，不愿请示汇报，导致工作中出现问题形成事实后不得不叫领导解决。

5. 逃避型反授权：下属在已授权的工作中，不愿干或不愿承担责任，工作中采取请假、制造工作“撞车”等方法，把工作推给上级。

如何防止反授权呢？其关键还在于管理者自身，在授权的过程中要做到以下几点：

1. 要做到量才而用，根据下属的能力委派相应的任务。

2. 授权后对下属信任，否则，会极大地影响下属的积极性和自信心。

3. 责任是接受和行使权力时应尽的义务，所以要让下属清楚权责对等的重要性。

4. 杜绝越级授权，否则会造成管理混乱，使某些部门无法履行他们应行使的职能。

5. 授权时做到明确、具体，使下属在完成任务的过程中有所遵循。

只有完成了真正的授权才能取得应有的效果。身为一个管理者，必须注意防止“反授权”，这样才能成为一个成功的管理者。

第142天　防止授权的失控

成功的管理者对下属的授权一般都能做到收放自如，运筹帷幄。我认为：把握控制权首先要选准下属。

——俞敏洪

授权是单向的，自上而下。作为一个管理者，应防止出现授权失控的现象，不然的话，管理者就会对下级不能形成约束，下属觉得自己了不起，不听命于上级，甚至会出现越权的现象。

管理者将相关的权力交与下属，并不意味着自己可以不再关心此事，需要保留自己的必要权力，如指导权、检查权、监督权和修改权等，在授权的同时进行有效的控制，避免授权失控现象的产生。对此，管理者该如何去做呢？

1. 成功的管理者对下属的授权一般都能做到收放自如，运筹帷幄。他们认为：把握控制权首先要对下属选得准，在没有找到合适的人选时，他们不会轻率地委托权力。其次是要把握调整权，当发现下属素质差、经常越权，或发现下属已背离工作目标、原则，给工作带来了损失、不合格时，虽不能做到立即免职，也要做到立即指出，严肃批评，并削弱其权力，调整其授权，做到能放权能收权。再次是要严格控制权限范围，除特殊情况外，一般不准越权，不准“先斩后奏”，更不允许有“斩也不奏”的行为。

2. 管理者要紧紧把握监督环节。防止权力失控的关键在于监督。监督可防止“钻口袋”，被下属牵着鼻子走。

3. 管理者授权不能失衡。就是说，在自己领导的组织系统内，对多个下属授权，权力分布要合理，不能畸轻畸重（管理者主要助手除外）。无根据的偏重授权，以个人感情搞亲疏性授权，是万万不可取的。

摩托罗拉近年来的衰落也正在于此。高层管理者的控权不力，使公司的各级部门、各级主管互相推诿责任，工作效率低下。自 2000 年以来，摩托罗拉的市场占有率、股票市值、公司获利能力连连下跌。到 2001 年第一季度，更是创下公司 15 年来第一次亏损的记录。

因此，管理者若想轻松自如地驾驭员工，最好的办法就是在保证大权在握也就是有效监控和牵制的前提下，将小权即不必由自己掌握的权力交给员工。这样才能在权力授出去之后进行有效的控制。

第 143 天　对下属的工作进程检查跟踪

检查跟踪是授权管理的一项最重要的内容。

——北大光华管理学院管理理念

对授权进行相应的检查与跟踪是一项不可缺少的管理活动，它们不是对立的，而是相辅相成的。我们知道，没有授权，就无法充分发挥下属的积极性和提升他们的能力；而没有检查与跟踪，就不能确保下属的工作朝着正确的目标前进。

作为一个管理者，需要清醒地认识到，授权之后并不表示该工作此后就与自己没有关系，检查跟踪也不是一种对下属的不信任，而是为了让下属在完成目标的过程中尽可能少地走弯路。

1984 年 4 月，刘英武被宏碁公司总裁施振荣任命为执行总裁。曾任 IBM 公司软件开发实验室电脑部主管达 20 年之久的他，被视为宏碁发展的“秘密武器”，并完全掌握了公司的经营决策权。

刘英武上任之后，便急切地把 IBM 公司的企业文化与领导风格灌输进宏碁。他总是召开马拉松式的会议，而且基本不倾听下属的建议，下级必须无条件地服从他的决定，这让许多人对宏碁的未来感到迷茫，无奈地选择离开。

后来，刘英武又进行了一些失败的收购，给企业带来不小的损失。这时候，施振荣也意识到对刘英武的任命是一个错误，他觉得，刘英武是一个好的管理者，但不是一个好的企业家。于是，施振荣重新掌权，按照自己的方式重塑宏碁。

要想保证授权能取得令人满意的结果，检查与跟踪是必不可少的。当下属的工作出现一些问题时，就要及时指出并予以纠正。当然，检查与跟踪不是干涉下属的工作，是在给下属充分授权的情况下，在让下属按照自己的想法去实施的前提下进行一定的检查与跟踪，给下属的工作情况作一个评价。

每一种权力如果没有一定的制约，其带来的后果是无法估量的，这就需要管理者对下属的工作进行一定的检查与跟踪，这样才能让授权取得最大的效果。更何况，下属在执行的过程中本身就是一种学习，期间难免会出现一些不合理的情况，如果没有管理者及时指出，任其发展，定会带来相应的负面影响。

第144天　允许员工犯一些小错误

伟大的创新有时就存在于某些看起来不成熟的想法里，所以要鼓励员工的每一次创新，舍得给他们机会去试错。有时候明知风险很大，仍然可以让他们去做。可以小规模地尝试，如果结果不好，退回来就是了，但试错中得到的宝贵经验却可以让团队大步成长。

——李彦宏

当管理者授权让下属去完成工作的时候，要对他们的工作提供支持和帮助。在实现每一个目标的过程中，并不一定会是一帆风顺的，下属总会遇到一些困难，也会犯一些错误。这时候，管理者不能马上收权，让他们停止工作，要敢于允许他们犯一些小错，这样，他们有机会尝试不同的办法，改变错误，实现目标。

一项关于企业的调查中，其中一项为“当你的下属犯了错，你认为最有效的处理方式是什么”。在参加此项调查的250名中层干部当中，有200名干部选择了严厉的批评，以示警告。另一项针对员工的调查中，当员工被问及“当你犯了错误，你认为部门负责人什么样的态度你更容易接受、更有利于你工作的改进”的时候，80%的员工选择的是单独的批评、善意的指导。

有些管理者总是在批评下属时说："你怎么这么笨，做什么都不行，做什么都犯错。"但管理者自己似乎都忘记了自己以前做同样的事情时也犯错，自己也是在错误的不断总结中成长的。

李嘉诚从来不怕下属犯错。有一次，公司的一个年轻经理和外商谈判。哪知外商非常傲慢无理，根本不把这位年轻的经理看在眼里，对合同的条款一再地挑三拣四。也许是没有经验，也许是不够冷静，年轻经理当面就与外商争吵起来，不欢而散。

李嘉诚知道这个事情后，叫人把年轻经理找来。年轻经理心想这下自己肯定是"大难临头"，不料李嘉诚根本没有批评他，而是让他回去好好地总结一下教训，以后多注意一下谈判的技巧，为下次的谈判做好准备。并让他继续负责与那名外商的谈判。这位年轻的经理没有让李嘉诚失望，成功地与外商签订了协议。

如果下属在一年的时间里在工作中没犯过一点错误，那说明他没有创造性、竞争力，保守平庸，心理素质和工作能力都成问题，不可能有建树。授权让他们做一些有难度的工作，并允许他们犯错，能让下属知道管理者敢于承担责任的宽容态度，也让他们在工作的过程中信心倍增。

作为一个成功的管理者，他很清楚下属的真实能力，所以，当下属犯一些错误的时候，他也能从容应对，不轻易地否定下属。在很多时候，成功正是错误的不断积累，因为只有错过，才会让人想出更好的解决方法，积累更多的经验。

第 145 天　敢于为下属承担责任

要勇于为下属承担责任，也是一种人格魅力。

——俞敏洪

作为一个管理者，当下属在执行的过程中出现错误、面临责任的时候，会选择怎么做呢？是选择推卸，撇清自己与下属的关系？还是敢于承担，和下属一起面对？

一个优秀的管理者不会选择前者，因为下属的错误其实也是自己的错误，是自己没有尽到该尽的责任，敢于承担责任，是一个优秀的管理者应有的素质。

在完成任务的过程中，下属完全有可能出现一些闪失和差错，就算他们再负责、再称职，也在所难免。如果上司动不动就是一阵呵斥和痛骂，下属就会在工作中过于拘谨，久而久之，与上司就会产生距离和隔阂。如果花了很多精力，做了很多努力，还是出现差错，他的上司来了一句“一切责任在我”，就像给他们吃了一颗“定心丸”，下属必定心存感激，主动反思，往后安排什么工作，都会竭尽全力，肝脑涂地。

当年，李嘉诚还是一个钟表公司的学徒。一次，他趁师傅不在的时候，学着修手表，结果摔坏了一只。他知道自己闯了大祸，心想自己不但赔不起手表，这份工作也是难保了。

不过，当师傅知道此事后，没有责备他，只是让他下次不要再犯类似的错误。师傅主动承担了责任，请求上级给予处分，根本没有提到李嘉诚。

作为一个管理者，敢于承担责任是一种很可贵的品质，也是一种必须具备的基本素质，更是一种重要的领导艺术。一个管理者如果能在关键时刻承担责任，不仅会让下属有更多的安全感，也会使下属主动反思、主动承担责任，更重要的是会更加坚定下属的信心，使他们大胆工作，不再惧怕犯错误，为团队的发展尽责尽职。

第146天　管理者的杀手锏——撤权

管理者做任何事情都要取舍有道。

——俞敏洪

对于授权的重要性，管理者都是很了解的，所以，有些管理者就想着马上进行授权，然后怀着无比期待的心情等待着授权后的硕果。然而，授权并没有想象中的那么简单，很多管理者会发现，授权后的最终效果会让他们感到失望。当管理者对自己的授权感到没法控制的时候，最好果断撤回授权。

对于管理者而言，你没有时间去完成每一件任务，所以你需要将其中的一部分交与下属去处理。但当你看到事情朝着一个错误的、会带来恶劣影响的方向发展时，你需要果断结束他们的行为，尽可能地挽回损失。不然的话，只会使事情从坏变得更坏。

虽然说管理者需要允许下属犯错，要支持他们的行动，不过这是指他们的错误能够及时得到纠正。有时候，管理者在授权撤回的问题上一再犹豫是事情变得糟糕的一个重要原因。

撤回授权也是有效保持对下属控制的手段之一。授权之后，如果发现受权人没有办法完成任务或者完成任务非常困难，或者授权目标有所调整，或者发现受权人滥用职权，这时领导者有必要撤回授权。如果遇到上述情况，经理人不能果断地收回权力，轻者是影响公司和团队绩效目标的完成，重者可能会给公司和团队带来重大损失。正如巴达维所说的："既然没有时间把任务做好，但是总有时间把任务给结束吧。"

第6章
团队管理课

第147天　企业的成功来自团队而非个人

创业如同拔河比赛，人心齐，才能泰山移。对于迅速发展的初创企业来说，也许有多个关键因素决定其能否取得更大的成功，但其中最重要也最困难的要数“团队建设”。原因很简单，没有人会拥有企业不断发展扩大后所需的全部技能、经验、关系或者声誉。因此，一个创业者最重要的工作是组建一个核心团队。

——俞敏洪

美国大师罗伯特·凯利指出，企业的成功主要依靠团队，而不是靠个人，所以说，合作是一切团队繁荣的根本。对此，从北大外文系毕业的企业家俞敏洪说，新东方的成功，在很大程度上就是团队的成功。他深有感触地说：“教育是一种氛围，而不是一栋楼或多少资产，新东方的上空笼罩着一股‘气’，这是人才的积淀形成的。人散了，‘气’也就散了，事业就不可能做大，这也是许多培训机构想要模仿新东方而无法做到的。”

新东方之所以能够在众多英语培训学校中脱颖而出，要归功于它拥有一群堪称当时国内最优秀的英语老师。这些王牌老师构成了新东方独特的魅力和良好的口碑，最终奠定了新东方在中国英语培训市场上No.1的地位。

所以，企业中的每一位管理者，都要时刻树立团队意识和团队协作精神，并自觉组建一支高效地团队，合理分工，使工作取得更为完美的效果。

第 148 天　建立一个高效的团队

任何工作都不是一个人单打独斗，要的是集体的配合。

——程广见（北京大学特聘教授，拜耳前销售管理总监）

在如今的管理中，越来越多的人强调团队的力量，而事实也一再证明，团队的力量是巨大的。这不再是一个仅凭个人能力就可以解决一切的时代，随着组织工作的日益增多，也越来越复杂，就必须依靠团队的力量才能得到有效的解决。

团队管理是现代管理新理念中的核心理念之一，它强调的是组织的整体效应，追求的是创新、高效、综合实力和抗风险的能力。从企业发展的角度来说，团队的精神和力量是企业可持续发展的动力，是一个现代企业生存和发展必不可少的重要因素。尤其是随着竞争的日益激烈，更是需要充分发挥团队的作用。

在动物的世界中，羚羊算是跑得很快的动物了，它们总能成功地逃过狼的袭击，为什么呢？原来，在这个看似弱小的群体内，有一些领头的羚羊，一旦遇到危险情况，便跑到群羊的最前面，带队前进，跟在身后的羊群这才慌而不乱地跟着前行，避免成为狼的美餐。

在一个高效的团队里，其团队成员的整体反应速度往往是最快的，成员之间的能力也能够达到互补。虽然一个人的能力也许有所欠缺，但一旦融入到一个团体当中，便在其他成员的补充下变得完善，如鼠标、主机、显示器等分开看来，也无甚用处，一旦进行组合，就成了我们运用广泛的电脑，作用得到极大的提升。

第 149 天　选择合适的团队成员

不用花心思打造明星团队，团队即是可以和自己脚踏实地将事情推进的人。

——俞敏洪

作为一个团队，其成员构成自然不再是一个人，其成员可在 2 人至 25 人之间。从理想的效果上看，人数少于 10 人最佳。这些成员适不适合整个团队的需要，在很大程度上影响着团队的整体业绩。

团队成员的能力影响着整个团队能够取得的实际成果，作为管理者，在选择下属的时候，要注意到以下几个方面：

1. 对成员能力不要求一致，尽量让他们的能力和经验能够实现互补。这个道理很简单，如果大家的能力都突出地表现在某一方面，就会造成管理者在分派的任务的时候发现有些任务找不到合适的人选，而有些任务又各个都能去做。

2. 团队成员之间的身份和地位最好是差不多的，避免出现某个下属觉得自己比较特殊的情况，不利于团队间的团结。

从团队成员的来源看来，不外乎有内部选拔和外部招聘两种方式。不管是内部培养起来的还是从外面招聘过来的，核心团队成员的能力和特长必须有一定的差异化，这样才能使成员之间取长补短、互相配合，获得“1＋1＞2”的效果，毕竟我们很少会碰到真正的能力十分全面的人才。

当然，正确选择团队成员只是团队建设的开始，还需要大家齐心协力，相互信任，打造一支真正的高效团队。

第 150 天　制定有效的团队管理制度

团队也需要有效的制度去约束。

——俞敏洪

俗话说“无规矩不成方圆”，为了保证团队的工作能够得到有序的进行，就需要管理者对日常纪律、奖惩等都有一个标准，这个标准就是团队管理制度。

一个成功的企业需要强健的团队共同打造，实际上，对于任何一个组织而言，要使其成员具有统一行为，管理者首先需要做的就是建章立制，以此来约束、规范他们的行为，使他们保持高度的一致。试想，在一个团队中，如果没有一个制度来约束、规范、奖励他们的行为，大家就可以随心所欲，不能拧成一股绳，也就背离了团队的真实内涵。

在一个没有红绿灯的十字路口，各种车辆交叉地在那里缓慢地爬行，简直就像一只只蚂蚁，行人走了一个又一个，而车子似乎成了乌龟，只听到各种喇叭在刺耳地鸣叫。自从安装了红绿灯后，人们遵规守矩，交通也恢复了畅通。

团队的制度就像那红绿灯一样，起着指导与规范的作用。有效的团队管理制度可以提高团队的工作效率和气势，让大家在不同的岗位上各显其能。公司制度是硬的、冷的，原则是“方”的，必须要坚持。同时在公司团队建设中，各种形式的人情化管理又是软的、热的，是灵活的，是“圆”的，它对团队起到了关键性的稳定作用，也能激发团队的整体创造力。

当然，再好的一个制度，如果只是停留在嘴边或纸张上，也是不行的，需要真正地执行才能产生应有的能量。一个团队的执行力是它竞争力的一个重要表现，只要在按制度做事的条件下，才能让团队成员形成良好的规则意识，最大程度地发挥团队的真正的作用。

第 151 天　在团队中树立起管理威信

威信是“无言的召唤，无声的命令”。

——李彦宏

我们都知道，一个管理者如果没有威信，是不可能在团队中起到领导作用的。我们也能看到这样的情况，有的人虽然身在管理岗位，但对于他的指令，下属却视而不见。如此一来，也就没人去执行任务了。

作为管理者，你需要指示下属去完成任务。如果在他们的眼中你没有足够的威信，是不利执行的。虽然你手中有一定的权力，但他们就是不“惧怕”你，这就需要管理者能够意识到威信的重要性，以及采取一些措施去树立威信。

威信包括威望和信誉，管理者可以从以下几个方面着手：

1. 不要以权压人。管理者有管理者的权力，但这并不是威信的最佳体现。你需要考虑：为什么有的人能为了目标而努力？有的人愿意尽情地发挥自己的才智，愿意服从你的管理，那是因为威信在发挥着它的力量。

2. 在工作中做到以身作则，这是简单却相当有效的影响别人的一种方法。当管理者能够在工作中取得不菲的成绩时，那些下属自然也不甘落后，正是“强将手下无弱兵”。

3. 在工作中，管理者也需要诚恳、诚信，懂得如何去淡化权力意识，当事情交给他们处理后，给予充分的信任。同时，下达的命令不能随意更改，要知道，你的命令是让员工去完成任务的，而不是为了显示自己的权力。

4. 要对自己的承诺负责。作为管理者，当你对下属许下某种诺言的时候，就要尽全力去实现，“言必信，行必果”。如果你只是当开玩笑一样地过过嘴瘾，那是不会让他们信服的，更会让他们对你产生质疑。

总之，作为管理者，要善于主动去思考，在要求别人做好的同时，对自己也要有更严格的要求，做一个有真正实力的管理者。这样，当你在下达任务的时候，他们才乐于接受，并努力完成。

第152天　加强团队成员间的交流

管理的本质就是沟通。

——翟鸿燊

在一个团队里，如果不能有效地沟通，就不能够有效地协作，有时不仅帮不上忙，甚至导致适得其反的效果，让人哭笑不得。

有人认为，一个职业人士需要三项最基本的技能，它们分别是沟通的技能、管理的技能和团队合作的技能。加强团队成员之间的交流，才能让大家知道各自需要得到什么样的帮助，尤其是在遇到困难的时候，更需要加强彼此间的沟通。

当然，沟通也不是一件容易的事情。例如，当业绩在考核的范畴当中时，那些业绩好的员工不一定把自己的技巧真的和盘托出，与大家一起分享与提高。这也是人之常情，为了让自己的领先优势尽可能长久，许多人在交流时往往会选择留一手。同时，成员之间、成员对管理者也有可能有一些不满的看法，但又不如实地反映出来。

小张是某企业新上任的业务经理，在对手底下的员工进行业务培训的时候，努力地做到认真负责，但却总是表现出极强的个人主义和自我优越感，而且还更喜欢用邮件等方式沟通。在接受培训的成员中，有一个人的资格比较老，因此总是在培训的过程中有点摆架子。

结果，矛盾发生了，小张发现后者在业务处理上出现了一个问题，在没有和后者进行任何沟通的前提下，直接向上级反映了情况，结果让后者很不满。

本来事情并不大，小张太小题大做了，只要内部充分沟通，就能内部解决，没必要造成更大的负面影响。

员工之间、员工和管理者之间需要交流，管理者必须垂询他们对企业发展的意见，耐心倾听他们提出的疑问，并有针对性地解答。当然，如果企业面临一些困难，也该向他们阐明，并告诉他们，这个时候企业需要他们的帮助与努力。

团队里，要进行有效沟通，必须明确目标。对于团队领导来说，目标管理是进行有效沟通的一种解决办法。在目标管理中，团队领导和团队成员讨论目标、计划、对象、问题和解决方案。由于整个团队都着眼于完成目标，这就使沟通有了一个共同的基础，彼此能够更好地了解对方。即便团队领导不能接受下属成员的建议，他也能理解其观点，下属对上司的要求也会有进一步的了解，沟通的结果自然得以改善。如果绩效评估也采用类似办法的话，同样也能改善沟通。

第 153 天　鼓励团队成员合作

有效鼓励团队成员合作是团队焕发力量的关键点。

——俞敏洪

团队合作是指一群有能力的人在特定的团队中，为了一个共同的目标相互支持、合作、奋斗的过程。一个人的能力多大、多强，放到一个团队中才能更加充分地展现出来，离开这个团队，他的力量也会变得脆弱。

比尔·盖茨曾说过："团队合作是一家公司成功的保证。不重视团队合作的公司是无法取得成功的。"不管是企业还是个人，同事之间的相互配合都是不可或缺的事情。当今社会，各种知识、技术不断推陈出新，竞争日趋紧张激烈，社会需求越来越多样化，使人们在工作学习中所面临的情况和环境极其复杂，在很多情况下，单靠个人是不可能处理好各种问题的。

一个人在水边钓鱼，他发现不远处有两个人躺在地上，原来他们是因为太饿而精疲力竭，于是，这个人把一篓鱼和鱼竿送给了他们。

这两个人分别拿着鱼竿和一篓鱼走了，得到鱼的人捡了些柴禾准备烤鱼吃，他实在太饿了，没几下，一篓鱼居然吃得精光，不久，他看着空空的鱼篓奄奄一息。另一个人则拿着鱼竿艰难地向前走，就在他发现了一个池塘的时候，却昏倒在地，再也没能醒来。

试想，如果他们没有选择各走各的，而是商量着如何去共同寻找一个池塘，如何让这一篓鱼帮他们走得更远，他们就不会有那样的结局。

我们每个人都很清楚，个人的成功都是建立在团队成功的基础上的。如果一个团队没有发展，个人的利益也就得不到实现。

"人心齐，泰山移。"鼓励他们用他人的长处去弥补自己的不足，相互信任，精诚合作，做好团队成员之间的沟通和协调工作，使整个团队像一台结构精密的机器一样，有条不紊地和谐运转。

第 154 天　点燃团队的爆发力

四只老虎一只猴，形成了新东方极强的爆发力。

——俞敏洪

对于一个企业或者组织来说，一个强大的人才团队就是企业取得成功的坚强后盾。而对于一个管理者来说，能够点燃整个团队的爆发力，便能使你的企业变得更为强大。

关于此，俞敏洪深有体会：

在新东方成立不久，等到徐小平、王强回国加盟新东方之后，俞敏洪便做出了以下的安排：徐小平管留学、签证、移民和咨询，他先借给徐小平开办费，公司百分之百属于徐小平。王强回来，和杜子华一样待遇，开班上交15%的管理费，其余归己，加上基础英语培训地盘。王强说："我的地盘是0～99。"0～99岁的英语基础培训，当时一张白纸，不觉得怎么样。但后势发展迅速，新概念英语开发，基础英语学院成立，导致了新东方经济利益和行政生态的失衡。

在1997年10月，包凡一也回到中国，俞敏洪给了新东方出版地盘。诸位都是副校长，不在学校拿工资，各自在自己的地盘里，挣得多，拿得多，挣得少，拿得少，俞敏洪继续守着出国考试培训的老阵地。至此，新东方"诸侯分封制"格局形成，外语培训教学门类体系整合完毕。五个人当中，三个"海龟"，两个"土鳖"；俞敏洪、王强、包凡一三个同班同学，都属虎，加上杜子华属虎，四只虎。就这样，四只老虎一只猴，形成了新东方极强的爆发力。

俞敏洪点燃整个新东方团体的团队爆发力，主要依靠明确的分工和严密的组织，根据每个人的特长，将其安排在最适合他的位置之上，让其发挥最大的潜能。这是点燃团队爆发力的关键点。当然，要做到这一点，关键要看管理者的对团队每个成员的分配能力。

另外，我们都知道，构成木桶的有长木片和短木片，木桶盛多少水完全取决于那个最短的木片。这就是所谓的"木桶定律"，这也告诉企业领导者：团队中因为最弱的力量而影响了整体力量的发挥，也是一种组织不严密的现象。在很多时候，整个团队战斗力的强弱的表现不是取决于那个能力最强、表现最好的人，而恰恰是那个能力最弱、表现最差的落后者。只有当落后者的能力提高了，整个团队的力量就会变得异常地强大。因为最短的木板对最长的木板起着限制的作用。它决定着整个团队的战斗力，影响着整个团队的综合实力。

为此，企业内部一定要加强业务学习，提高企业员工整体的技能水平，这也是完善团体力量工作的具体实施。

企业要成长，团队建设是重中之重。随着社会各方面的发展与知识经济时代的到来，各种知识、技术不断推陈出新，市场竞争也日趋紧张激烈，市场需求也越来越多样化，企业管理者要面临错综复杂的情况与环境。在更多情况下，单凭管理者个人的能力是很难完全处理各种错综复杂的信息并采取切实高效的行动的，这些都需要企业团体成员之间进行进一步的相互依赖、共同合作，从而加强企业团队的建设。而加强企业团队建设，就要将企业看作一个木桶，不断地加强木板与木板间的紧密度。同时，下功夫补齐最短的那块木板的长度，也要选择一个好的桶底，不断加强团队中的薄弱环节，使企业像磁石一样，将与企业发展思想相一致的人吸引到自己的身边来，增加企业团队的凝聚力和向心力，加强团队建设，使企业能够在激烈的商场战争中激流勇进，愈战愈勇。

第 155 天　扫除团队合作中的阻碍

"争"则两败，"和"则共赢！

——刘东明（北京大学总裁班营销专家、中国电子商务协会网络营销研究中心主任）

北大管理课指出，身为一个管理者，在对团队进行管理的时候，要认识到在鼓励合作的过程中，有哪些原因会给合作造成困难，形成阻碍。做到这一点，才能采取一些有效的措施，渐渐扫除这些阻碍，给合作创造一个良好的环境。

然而，在现实中，想要真正实现团队合作并不是一件容易的事情，很多管理者依然很难真正地去驾驭整个团队，追根溯源，是几个常见的障碍在作怪。这些障碍相互联系，又相互影响，给一个团队带去极大的不利影响。

第一，团队成员间缺乏信任。不管在什么情况下，信任都是任何合作的前提，一个团队的成员如果相互间没有信任，就不会表现出自己真实的一面，而是互相防范、猜忌，守住自己的利益。

第二，对冲突的畏惧也是影响团队合作的一个重要因素。很多管理者会尽力采取各种措施来避免团队中的冲突，以加强对团队的控制；另外，他们也可能会把冲突当成是浪费时间的一种方式。因此，他们更愿意做出快速的决策，只让下属去执行，而不愿听取他们的建设性意见。这就会让下属与管理者之间产生一定的分歧，不利于目标的完成。

第三，对工作缺乏积极性。当管理者表现得过于"强横"，容不得他人的意见时，下属自然也不愿过多地阐述他们的看法，虽然表面上同意管理者的看法，但心里还是会有所不满，使得大家对工作的兴趣大幅降低。

第四，缺乏责任心。有的团队在碰到困难的时候，没人会去主动承担责任，甚至互相推诿、指责，各人自扫门前雪，结果导致问题变得更严重。

第五，对结果好与坏不关心。团队是一个整体，有些人觉得把自己该做的做好就行了，看到别人出现了问题也不帮他们去解决，甚至还在一旁等着看热闹。这对团队合作的影响也是极大的。

如果管理者能够让所有的团队成员都齐心协力，发挥出全部的能量，那这个团队将在任何时候、任何情况下都能够克服困难，实现既定的目标。

第156天　团队管理离不开良好的沟通

往上沟通没有胆（识）；往下沟通没有心（情）；水平沟通没有肺（腑）。

——余世维

在现代企业之中，管理主要有四种职能：计划、组织、领导、控制，而贯穿在其中的一条主线即为沟通。沟通是实现企业管理职能的主要方式与途径之一。任何企业的日常管理工作都离不开沟通。

在企业中，无论是哪项管理，都只有借助沟通才能得以顺利地进行。任何企业都是不断发展的过程，其在发展的过程中，许多新的管理理念与企业内部方法技术的出台，更是管理者与执行人员进行无数次的沟通、碰撞的结果。从某种意义上讲，沟通是现代企业团队管理的核心、实质和灵魂。

有关资料表明，多数企业管理者在管理过程中，与员工进行沟通的时间达到了70％。其中，开会、谈判、谈话、作报告是企业管理者最常见的沟通方式，管理者还要对外拜访、约见等。企业中70％的内部矛盾都是由于沟通障碍引起的，企业内部无论是员工的执行力差，工作效率低，还是领导不力等问题，归根结底都是与沟通有关的。因此，提高管理人员的沟通水平显得十分重要。

企业沟通的目的就是让全体员工对某一问题达成共识，而实现沟通的前提就是让全体员工一起面对现实。世界零售巨头企业沃尔玛公司的成功就在于其内部建立起了良好的沟通渠道，使内部员工通过信息共享、责任分担，最后实现了良好的沟通交流。

沃尔玛总裁萨姆·沃尔顿曾说过："如果你必须将沃尔玛管理体制浓缩成一种思想，那可能就是沟通，因为它是我们成功的真正关键之一。"

沃尔玛公司总部位于美国阿肯色州本盾维尔市。在公司内部，其总部的行政管理人员每周都要花费绝大部分的时间飞往沃尔玛在世界各地所开设的商场中，向有关人员通报公司的所有业务情况，并通过开会让所有员工共同掌握沃

尔玛公司的业务指标。在世界各地的任何一个商店里，内部的有关人员都会定时地公布该店的利润、进货、销售和减价的情况，他们并不单单只向经理们公布，也向每一个员工以及店内临时的计时工和兼职雇员公布各种信息，这样做主要是为了鼓励店内的每个人都能取得更好的成绩。

此外，沃尔玛公司的股东大会也是全美企业中规模最大的，而且每一次股东大会公司都会让更多的人参加，其中包括商店的经理与员工，其目的是让他们看到沃尔玛公司的全貌，让他们尽量做到心中有数，以便合理地安排具体工作。同时，也是让员工以主人公的身份参与到企业管理中来。这种沟通渠道在沃尔玛公司是极其常见的。另外，总裁萨姆·沃尔顿在每次股东大会结束后，都会和妻子邀请所有出席会议的员工到自己的家里举办野餐会，并且在野餐会上与所有的人随意聊天，畅所欲言，讨论企业的现在与未来。

为保持整个信息渠道的畅通，沃尔玛还与世界各个店内的工作团队保持沟通，注重收集内部员工的一些意见与建议，同时还时常地带领所有的人参加“沃尔玛公司联欢会”等。

企业间的有效沟通是企业在经营管理过程中经常遇到的基本问题，为此，企业要保持其与员工间真正的沟通，就需要企业建立有效、通畅的沟通渠道，将企业的相关信息都贯穿到内部的每个部门。这有利于消除员工与企业间的矛盾和隔阂，提高员工工作的积极性与企业整体的执行力，为企业谋取更大的利润。

对于企业内部的中层管理人员来说，一方面要善于向上一级沟通，另一方面也要保持与其下级的沟通，这样才能让每一个成员在共同的目标下，协调一致地努力工作。可以说，沟通是企业管理行为中最为重要的因素之一，也是管理者的重要职责之一。因此，管理者要掌握沟通技巧，因为它是沟通艺术的精髓。

第157天　保持沟通渠道的畅通

建立有效的沟通渠道是管理进行是否顺畅的重要标志。

——北大光华管理学院管理课理念

生活中，许多管理者都认为沟通其实是件极为简单的事，然而，从实际情况上来看，沟通却是一个极为复杂的事情。其复杂性主要表现在以下几个方面，比如，当沟通的人数增加时，沟通渠道便需急剧地增加，给相互间的沟通带来困难。

沟通固然是重要的，但是如果没有明确的沟通渠道，企业就必然会呈现出自发的无组织的状态，以致出现他人提供的信息并不需要，而需要的信息又无法提供，从而导致整个团队效能的下降。

当然，随着企业规模的扩大和人员的增加，机构的复杂以及信息流量的上升，为使信息能够有序地流动，管理者一定要建立最为稳定合理的信息传播体系，以便制约企业内部的横向以及纵向的信息流动，使各个部门以及各个员工都有十分固定的信息来源。不需要搞得企业内部流言四起，扰乱整个企业的正常运转。

西方古典管理理论在法国的最杰出代表亨利·法约尔说："召开各个部门领导人的会议是使工作人员保持良好的状态，十分有利于其完成自己任务的最好方法之一。"可以说，会议是一个良好的沟通渠道，每个管理者都应该定期召开会议，保持沟通渠道的畅通。其作用主要体现在：

1. 通过管理者对企业目前状况的全面介绍，更深入了解各个部门各自的情况，可以有效地做到上情下达，下情上传，各个部门之间便能够互通信息，从而增进了解，缩小认识差距，促进各自间相互的协调合作。

2. 在互通信息的基础之上，主要可以针对某个问题进行有效的沟通，并有效地协调合作方案，有利于问题的彻底解决。

总之，沟通是管理者需要做好的基本工作，然而要保持沟通的顺畅，管理者要采取有效的措施。首先要保证沟通渠道的畅通，以消除员工与员工间的隔阂和误会，有效地消除和解决矛盾与纠纷，有利于团队内部的团结和信息的畅通，使整个团队能够团结一心，为团队做出贡献。

第158天　让每个员工树立团队合作意识

一个团队的管理者如果缺乏团队合作意识，员工也无法体会到团队合作的重要性。

——蔡剑（北京大学GH企业绩效管理中心执行主任）

北大管理理念认为，要想让整个团队都合作紧密，发挥出高效率来，首先要培养员工的合作意识。团队意识主要是指组织的成员整体的配合意识，是组织成员为了共同的目标，共同形成的一种约定俗成的配合意念。

管理者要想自己的团队能够产生出1+1>2的团队效率，培养员工的团队意识是必不可少的。一个具有极强团队意识的企业，就意味着这个企业必定具有良好的凝聚力和战斗力，这两种力量足以使企业在市场中取得竞争的主动权。

在企业中，团队意识主要是指企业内部员工对团队精神的觉察与关注程度。团队意识是塑造团队精神的基础，企业员工如果缺乏团队意识，是无法塑造出团队精神的。同时，良好的团队精神是团队意识的重要体现。企业员工的团队意识不是练出来的，而是企业员工在长期的积累中形成的一种条件反射。一个具有强烈团队意识的企业具有较强的凝聚力，有强凝聚力的企业在激烈的竞争中是不可战胜的。企业的团队意识还会形成一股强有力的凝聚力量，这股力量在企业内部能够形成良性的循环，不仅可以提高工作效率，还可以吸引更多的优秀人才，将会大大地提高企业的竞争力。

沃尔玛公司是全球零售业的巨头，在其内部，员工具有极强的团队意识。沃尔玛也正是依靠这种团队意识，为顾客提供了最优质的服务，同时也为沃尔玛本身的发展创造了一个又一个业绩。

作为一个零售业巨头，沃尔玛在中国的很多店，每天有上万的客流量，因此，沃尔玛每天的工作都是繁杂的。与其他零售商一样，沃尔玛在企业内部也总会觉得人手不够。但是，在卖场繁忙的时候，不管是沃尔玛地区的运营总监、财务、人力资源或市场等各部门的经理与主管，还是办公室的秘书或文员都会换下笔挺的套装，奋不顾身地投入到工作繁忙的卖场中，填补空缺岗位。沃尔玛员工内部这种极强的团队意识，能够使他们在不增加人手的情况下互相协作，顺利地完成工作，不仅为顾客提供了高效率的服务，而且也为企业内部节省了开支，在顾客心中留下了高质量、高效率的服务理念，从一定程度上增加了沃尔玛的效益。

企业内部员工的团队意识，可以激发出员工与企业同呼吸、共命运的集体感，增强企业员工之间的协作精神，使员工共同去完成一些具有挑战性的工作。同时，员工之间通过协作与配合可以增多一些创造性的设想，从一定程度上增强企业的竞争力。因此，培养企业内部员工的团队意识，是企业打造高效团队的基础，也是企业获得长足发展的推动力。

第 159 天　如何培养员工的团队合作意识

培养团队意识就是让每个人都养成一种团队合作的习惯。

——王其文（北大光华管理学院教授）

员工的团队意识对整个团队是极为重要的，但是，对于管理者来说，如何培养员工的团队合作意识呢？主要可以从以下几点努力：

1. 企业经营者与企业管理人员应主动地在企业内部营造一种团队合作的氛围。在一些民营企业中，特别是中小型的家族式企业，由于其内部权力的集中化，使很多企业管理者不愿放下手中的权力，事必躬亲，这十分不利于企业内部团队意识的培养。因此，为了营造企业团队合作的氛围，企业管理者首先要学会放下权力，让中层先司其职，在领导的小圈子里先有合作的概念，让他们身体力行来影响其下的员工。

2. 对企业员工进行团队合作的培训。企业的内部，许多员工由于只将工作当成谋生的手段，对未来的发展没有多大的奢求，再加上自身学习能力不强，内部的团结协作意识不强。因此对他们团队意识的培养要做精心的准备，企业应先根据他们的心理接受能力及性格特点，有针对性地准备培训方案，多安排案例讲解，少提理论；同时可以让他们多个人参与同一项工作，增强内部员工的团结，从而增强他们的团队意识。接下来，管理者要根据员工自身的才能，将他们安排到合适的工作岗位上去，让团队合作成为可能。同时，在遇到问题时，管理者还应充分地引导员工提出意见与建议，并且积极全面地考虑、接纳提出的意见，让每个员工都有参与感觉，都有被企业重视的感觉，久而久之，企业内部员工就会养成一种团队合作的习惯。

3. 及时地解决疑难问题。企业内部的疑难问题，有时需牵涉到许多部门，协调不同部门间的成员及时地解决问题，就成为一个培养团队意识的好方法。管理者可以将不同部门的员工组成临时小组，让他们在协作中解决问题。久而久之，就能在企业内部形成高效合作的团队精神，从而提高员工的团队意识。

4. 企业要设定优秀团队奖励制度。对优秀的团队设定奖励制度是对团队成绩的一种肯定和鼓励，这种奖励可以激起团队成员的满足感、成就感与归属感，可以加速企业内部的团队合作意识的形成及普及，从而使企业内部潜能得到尽快的挖掘。

企业在培养员工团队意识方面具有较强的灵活性，它带给员工以“主人翁”的激情，通常精明的企业管理者都是善于激发员工的团队精神的人。它可以通过各种方式让员工在企业内部形成强有力的凝聚力，从而有力地推动企业的快速发展。

第160天　团队精神是一个团队的“黏合剂”

只有在团队共同目标实现的情况下，作为团队成员的每一个人的价值才能实现；也只有做到这一点，才能打造出一个真正的无敌团队。有了一个无敌团队，才能创造更大的价值。

——李彦宏

团队精神主要指集体合作、共同奋斗的精神，这种精神似团队的黏合剂一样，能将每个团队成员紧紧地联系在一起，使他们能够风雨同舟，共济患难，最终成为大海中具有高度凝聚力的“战神”。那么，在现代企业中，企业的团队精神是企业强有力发展的内在动力。所以，对管理者而言，一定要克服自身的缺陷因素、塑造团队精神，这是企业提升核心竞争力、走向卓越的重要基础。

任何一个团队都是由许多个个体组成的，所有个体在团队内部都有其极其固定的位置。然而这些位置之间决不是相互孤立的，而是相互衔接、互相关联的。要想组织发挥最大的效力，就必须将团队中这些相关联的位置相互合理地黏合起来，而团队精神同样也是其中的黏合剂。

美国著名的企业策划专家博比·可茨认为：“企业领导者个人的责任不仅仅是要考虑员工个人的才能的问题，还应该根据每个员工的个性特点，合理地分配职位并最终形成团体协作的力量。企业中如果缺乏团队精神，内部只能起局部的效应。”因此，建立一个有效的团队，培养一种团结的团队精神，是企业领导者管理工作中的一个重要的环节。

第161天　家族企业应如何塑造团队精神

塑造团队精神对民营企业突破短生命周期陷阱具有特殊意义。

——俞敏洪

在中国，大部分都是民营企业，特别是中小型的家族企业，其内部家族观念根深蒂固，企业的所有权与管理权都牢牢地被家族成员掌控，企业内部的规章制度对于家族成员来说形同虚设。即便出现了重大的失误，也能凭借裙带关系逃避责任。这对企业内部的一些机制的约束力无疑是一个严重的打击，不利于企业内部形成统一的目标，也不利于员工相互间的协作，严重影响了企业团队精神的塑造，最终也极大地影响了企业的整体效益。这是中国大部分中小型企业一种极为普遍的现象。

对此，企业管理者要塑造强有力的团队精神，就要对企业进行现代化公司制改造，按照现代企业产权制度的要求，将家族财产明确到家族内部成员每个人的头上，使家族成为企业产权的主体。同时，家族内部的管理者也要尽可能吸引新的投资者，将企业产权适当地向企业内部非家族成员扩散。也可以适当发行企业内部股，提倡企业职工持股，把职工的利益同企业的兴衰联系起来，打造命运共同体，通过将企业产权明晰化、多元化的方式，为塑造企业团队精神创造良好的基础。

霍尼韦尔国际公司是美国一家著名的企业，也是一家营业额高达380亿美元的多元化、高科技的先进制造型企业集团。霍尼韦尔公司在其发展的历程中，非常注重公司团队精神的塑造。每年，霍尼韦尔公司在家族成员股权占绝对优势的情况下，允许其内部的非家族成员拿出其15%以下的薪水购买公司的股票。另外，霍尼韦尔公司的员工可以公开地在股市上购买自己公司的股票，可以免收佣金。

这项制度，极大地激发了企业内部员工的积极性，企业员工都会以企业主的身份努力地投入到公司的发展之中，使内部员工与家族成员齐心协力，共同促进企业向前发展。

霍尼韦尔国际公司正是采用分散股权的方式，让企业非家族成员的利益与公司的发展紧密地联系在一起，塑造出了一支具有强凝聚力的企业团队。

此外，民营企业内部用人机制也严重地影响了企业团队精神的塑造。在多数民营企业中，任人唯亲现象十分严重，企业的关键性职位都由家族成员担任，家族主义氛围十分严重，在组织内产生“自己人”与“外人”的差别。外部人员感到自己是“被剥削者”，在行为执行中，感到自己是被排斥者，员工工作的劲头大大下降，甚至为生存趋炎附势，拉帮结派，企业内部很容易形成内讧，严重阻碍了企业团队精神的构建。

对此，企业经营者就要积极地改革企业内部的用人机制，建立信任关系，从而消除内讧。企业所创价值能力的来源主要在于员工内部的人力资本，无论这个人力资本是在家族成员身上还是外来人员身上。为了消除这种障碍，企业内部一定要建立起员工信任关系，要用科学的制度统一管理家族，以及有血缘关系的人与其他员工，从而在企业内部形成强有力的企业整体；用统一的纪律约束家族成员的行为，从而吸引企业外部的专业化管理人才与高素质人才，让他们在企业内部充分发挥自己的才智，与企业人员形成强有力的合力，共同促进企业的发展。

第 162 天 塑造团队精神，还需要从哪方面努力

塑造团队精神，并不是一个简单的事情。

——翟鸿燊

塑造企业的团队精神是一个极为复杂的过程，我们需要考虑的因素有很多。北大管理精神指出，企业内部人员的综合素质是塑造团队精神的人文基础。针对有些企业内部人员的素质偏低的情况，企业经营者一定要加强企业主与员工的培训，提高企业内部人员的综合素质，优化人力资源的知识结构，促进企业内部人员知识与技能的更新换代。

培训要与企业的具体发展情况相结合，与企业人力资源的有效使用相结合，与员工个人的素质、潜力、志向相结合。大力培养员工的大局意识，相互间的协作精神，使企业内部形成信任、尊重、关怀、理解与体谅的美德，为企业的发展创造一个充满关爱、和谐互助的人际关系氛围，为企业团队精神的形成奠定坚实的发展基础。

在现阶段，中国的企业大多都处于资本原始积累阶段，劳动时间过长与劳动强度较大的原因会在一定程度上造成员工的流失率增加，这也严重影响了企业团队精神的塑造。而过高的员工流失率则严重损害了企业的生产效率，同时也严重影响了企业团队精神的塑造。

针对此种情况，企业管理者应强化企业内部的激励机制，将企业内部员工的“个人能力”转化为“团队协作”。企业利益在家族所有者、管理者与员工之间公平合理的分配是团队精神具有持久生命力的基础，通过建立有效的物质、精神激励机制，从而消除企业主、管理者、家族员工与其他员工的不公平与不平等感，使企业内部形成一种荣辱与共、休戚相关的企业命运共同体，从而培养企业内部成员的忠诚度与凝聚力，这是构建企业团队精神的根本性措施。

维拉德·马里奥特在 1927 年开设了第一家 A&W 啤酒店，如今他的家族事业已经发展成为全球性的连锁酒店。维拉德·马里奥特当初制定了一套简单的用人哲学，归纳起来就是：发现、雇佣、培育、善待如同家人。老马里奥特的这套理论一直沿用至今，其子接管企业之后更是将这一用人哲学发挥到了极致。

在过去几年中，美国经济一直处于温和衰退中，酒店业普遍不甚景气，特别是“9·11”恐怖袭击事件，更使美国的宾馆饭店陷入绝望当中。在这种情形下，时任 CEO 的小马里奥特仍将集团北美分部雇员的辞退率控制在 1%。

虽然减少了员工的工作时间，但小马里奥特还是保留了医疗健康福利，即使每周只工作18个小时的员工也可享受。在这种制度的激励下，全体员工共同努力，使企业顺利度过了困难期。

企业要想获得进一步的发展，就必须要塑造企业的团队精神，一个企业如果没有团队精神就会犹如一盘散沙，企业的绩效就无从谈起。塑造强有力的企业团队精神是企业进一步发展的客观要求。企业与员工之间只有建立起同呼吸、共命运的利益关系，才能确保企业在发展过程中凝聚成一股合力，共同推进企业向前发展。

第163天　管理层要保持高度的团结

管理层的团结对一个团队的发展有着至关重要的影响，必要时必须借助一种有效的制度来加以规范，以求稳固发展。

——俞敏洪

新东方在发展初期，俞敏洪聚集了一大批人才与他共同创业，他让每个人都分管一个领域，各干各的，采用人情与利益兼顾的方法，让管理层内部少了许多利益方面的纷争。

他认为，要想组建一个高效的团队，一定要做好三大块，即利益、权力和人情。只有将这三大块权衡好了，人才能团结在一起。一旦出现利益纷争，朋友们就玩完了。所以他们从国外一回来，就让每个人都承包一块，各人干各人的。无论怎样，都是在新东方这个屋顶下面一起干，就这样干了三五年，大家都觉得很不错，而且还让新东方向前迈了一大步。

对于任何一个企业来说，等其做大做强之后，内部的管理就变得十分复杂。这个时候，一定要有一种制度来对员工的行为加以规范，这是企业发展的必然规律。尤其是企业的主要管理人员，如果这个问题没能够得到更为合理的解决，如果没有良好的组织结构和利益分配机制，很多企业将很难做下去。所以，作为管理者，一定要化解好企业内部主要管理者之间的矛盾，采用合理的方法团结好管理层，以构建起企业内部团队的崭新结构。

第164天　分享是合作的基础

无论你身在何职，都要学着与人分享，因为没有分享就没有合作，分享是合作的前提条件。

——俞敏洪

北大的管理理念指出，分享是合作的基础，要想构建起强有力的合作团队，一定要先学会分享。在生活中，我们可能都有类似的体验，那些愿意与人分享的人才能够得到邻居的帮助，与周围的人友好地相处。

其实，做企业构建团队也是如此，首先你要学会与他人进行分享，才能更好地合作。分享是合作的基础，不愿舍、只想得到的管理者是自私的，没人愿意与这样的人一同共事。那么，作为管理者，在具体的管理过程中，如何才能做到与他人进行分享呢？

1. 主动与团队成员分享信息。要想团队成员为了达成一个目标而努力工作，首先一定要保持内部信息的畅通，这是基础。所以，管理者一定要及时或定期与团队成员进行信息分享，并对团队成员进行合理的分工，让他们在合适的位置上发挥其聪明才智。

2. 主动与团队人员分享功劳。当取得了一定的成绩后，管理者不能够独揽功劳，而是要学会分享，指出这样的成绩是大家共同努力的结果，从而增强员工的归属感、荣誉感和自豪感，让员工为下一个任务或目标努力发挥出自己的聪明才智。

总之，要想增加团队成员的凝聚力，管理者一定要学会与他人分享，让每个人都感受到你时刻在为大家考虑，如此，企业才能在市场上占领更为优越的位置。

第 165 天　实现有效地倾听

成功的管理者都典型地具有良好的沟通技巧，这里包括能够有效地给出工作内容，倾听反馈并采取行动，在团队成员之间培养融洽的气氛。

——翟鸿燊

倾听是管理者了解员工诉求的有效方式，然而许多管理者不愿倾听，特别是不愿倾听下属的意见。其实，倾听是一个参与的过程，在这个过程中，管理者不仅要接受、理解别人的话，清楚他们的内心想法，更要为此做出必要的反馈。

倾听对管理者至关重要。当下属明白自己谈话的对象是一个倾听者而不是一个等着做出判断的管理者时，他们会毫不隐瞒地给出建议，分享情感。这样，管理者和员工之间就创造性地解决了问题，而不是互相推诿、指责。

美国的企业家亚克卡曾对管理者的倾听有过精辟的论述：“假如你要发动

人们为你工作，你一定要好好听别人讲话。一家蹩脚的公司和一家高明的公司之间的区别就在于此。作为一名管理人员，使我感到满足的莫过于看到企业内被公认为一般的或平庸的人，因为管理者倾听了他遇到的问题而发挥了他应有的作用。”

有一天，本田宗一郎正在自己的办公室里休息，一个叫罗伯特的技术骨干找到他。罗伯特兴奋地把自己最新设计出来的车型拿来给本田看，自豪地说：“您看，这个车型太棒了，上市后肯定会受到消费者的青睐！”

然而本田好像并没仔细听他的讲话，只是在闭目养神，他停了下来，收起了图纸，朝门外走去。此时的本田也觉察到不对劲，赶紧抬头叫罗伯特，可他头也不回地走出了办公室。第二天，罗伯特辞去了本田的工作，回到了美国，他给出的解释是本田宗一郎从头至尾都没有仔细听他的讲解。

回到美国后，罗伯特拿着自己的设计找到了福特汽车公司，福特公司决定对这个车型进行投产。新车上市后，给本田公司带去了不小的冲击。

作为管理者，应该学会倾听，不要总以为自己是他们的头儿，就有一种高高在上的感觉，需要坦诚相见，做一个忠实的听众，让下属说出自己的内心想法。

一个善于倾听的管理者，能够让沟通的渠道保持畅通，及时纠正管理中出现的一些错误，制定出一系列切实可行的方案和制度，促进团队的发展。

第166天　明确团队的目标

目标是目的或宗旨的具体化，是企业奋力争取希望所达到的未来的状况。它是每个员工努力工作的重要动力。

——北大光华管理学院管理课理念

如果有人问他的下属，当他们在接到一个新的任务时，最关心的是什么，他们的回答大多数都会是希望这个任务的目标或者方向是明确的，不要让人感到费解。

北大管理课指出，目标对每一件事情的作用都是毋庸置疑的，如果管理者不能明确团队的目标，每次都给人像雾像雨又像风的感觉，是很让人难以捉摸的。一个团队之所以能够存在，很大程度上是因为所有成员都有着一个共同的目标，这是他们共同努力的方向。他们知道需要完成什么，能够获得什么。

一条猎狗将兔子赶出了窝，然后穷追不舍，最终还是没能抓到。这一幕正好让一个路人看到了，他讥笑猎狗说：“你这么大，它那么小，你居然还跑不过它。”猎狗回答说：“你懂什么，虽然我跟它都是在跑，但我们两个的目标是完全不同的。我仅仅为了赶上一顿美餐，而它却是为了性命啊。”

由于兔子与猎狗的目标不一样，它们的动力也不一样。在团队管理中，不同角色的成员的目标是不一致的。项目主管直接面向客户，需要按照承诺，保质保量地按时完成项目目标。项目成员可能是打工者心态，我干一天你要支付我一天的工资，加班要给奖金，当然干项目能学到新知识、新技能就更好。

对于这个问题，管理者不需要觉得奇怪。一个好的管理者善于捕捉成员间不同的心态，理解他们的需求，帮助他们树立共同的奋斗目标。劲往一处使，使得团队的努力形成合力。

当然，在具体实施上可能会遇到一些问题。比如说员工持股问题，本来是把员工的利益与公司的利益捆绑在一起的问题，但是操作起来就可能会走样。A为一高科技企业的研发经理，他所在的公司实行员工持股制度，他说：“搞员工持股根本就没有吸引力，上不了市，我们手中的股票和垃圾没有区别，老板搞员工持股，还是网不住这些骨干员工的。”

笔者看来，项目主管也许还没有调配员工股的权力，但是可以给员工规划出一个好的发展远景和个人的发展计划，并使之与项目目标相协调。

第167天　分析影响团队业绩的因素

新兴的团队与传统意义上的团队相比有许多独特的规律和特征，其绩效的影响因子和作用过程也有自己的方式。这些新型团队的绩效管理研究将是团队绩效理论研究领域的新课题。

——北大光华管理学院管理课理念

对于每一个管理者来说，都渴望能够拥有一个高效率的团队，不断地提升业绩。然而，当管理者真正在为打造一支这样的团队而努力时，总会发现一些令他们感到棘手的困难。这些困难成为影响团队业绩的重要因素，成为一支高效团队的阻碍。

一是团队成员缺乏必要的团队意识。也许他们每个人都有潜力各自去完成任务，但由于没有一个整体的意识，导致凝聚力缺乏，使得效果不能得到最大化的体现。

二是团队的共同目标不明确甚至是没有。对于一个团队而言，如果没有共同的目标，那还有什么存在的价值？

在自然界中，有这样一种昆虫，它们在寻找食物时，往往是成群结队，后面的一个趴在前面一个的身上，这样一个一个地趴下去，就像我们听过的猴子捞月的故事一样，由最前面的去寻找食物。管理学家做了这样一个实验：把这些昆虫头尾连接在一起组成一个圆圈，然后在圈中央放上它们最爱吃的三叶草，结果它们就顺着这个圈爬得筋疲力尽也没有找到它们的食物，首领自己也迷失了方向。

由这个例子可以得到启示：如果团队失去目标，其成员也会失去方向，没有方向的团队就像盲人上了战场不知跟谁打仗。

三是团队成员对自己的职责不明确，对自己在团队中应该扮演的角色比较模糊。

四是管理者自身的领导力不够，不足以影响到下属的行为。作为管理者，需要时常去检讨自己的领导工作和领导效果，发现自己的不足之处。

影响团队业绩的因素是多种多样的，作为管理者一定要及时注意分析其中的原因，注意观察，以达到有效的管理效果。

第 168 天　激发团队成员的工作热情

团队成员是团队各项工作的具体执行者，他们的工作热情、工作积极性直接影响着团队工作是否高效。

——北大光华管理学院管理课理念

北大光华管理学院课指出，团队是由不同的员工组成的一个整体，想让团队有一个更好的发展，需要管理者学会不断地激发下属的工作热情，这样才会让他们保持着对工作的积极性和创造性。如此一来，如何激发下属的热情便成了管理者的一个重要课题。那么，作为管理者，该如何做呢？

1. 尊重你的下属。每一个人都渴望得到别人的尊重，不管他身在什么样的岗位。在一些工厂的一线车间里，我们经常会看到这样的情况，由于工作环境的原因，有些工人给人的感觉是脏兮兮的，其他同事、领导看见了都会离得远远的，这其实给他们造成了一种伤害，也影响了他们对工作的热情。作为管理者，如果能够主动上前与他们打招呼，说上几句关心的话，很容易让员工打内心里感动。

2. 主动与下属做朋友。有相关的研究表明，如果员工能够与管理者成为朋友，会提高他们的工作热情，而且效率会更高。有时候我们也会发现这样的问题，不是下属能力不行，不能把一件事情做好，而是他们对管理者的所作所为看不惯，甚至是故意犯一些错误。管理者不要总以为自己在下属面前就该时刻表现得严肃，要想到自己也是为下属服务的，对他们的疑问及时地解决，指出他们的不足并给他们提供帮助。

3. 在奖励下属时要做到公正、公平、公开。这个看似普通的问题往往被人忽视，尤其是忽视了它在激励的过程中所起的作用，作为管理者，必须把握好这一点。

4. 对下属充满信任，尤其是在他们遇到困难的时候，要相信他们能把事情处理好，顺利完成任务，在适当的时候，给予他们帮助。

团队成员是团队的重要组成部分，是任务的切实执行者，管理者需要调动智慧，不断提升下属的工作热情，让他们保持一个良好的工作状态。

第169天　将工作落实到每一个成员身上

只有将每一项具体的工作都落实到人，才能最大限度地调动每一位员工的工作积极性，才能让整个团队发挥出巨大的能量来。

——北大光华管理学院管理课理念

对于任何一个组织来说，团队建设是企业发展的根本保障。我们建设团队，无非是想让每个员工在相互间的合作中更高效、更完美地完成工作。团队合作固然需要每个员工拥有高度的协作精神，但是，具体的工作还需要每个人去完成。也就是说，每项工作都有具体的分工，每个员工执行效率的高低，直接决定着整个团队的效率的高低。

生活中，一些团队在执行的过程中，因为涉及的工作较为复杂，总会出现员工对工作相互推诿的现象。这个时候，管理者就需要将每项具体的工作落实到每一个团队成员，以增强其责任感，从而从整体上体现团队的工作效能。具体来说，管理者在做这项工作的时候，要注意以下几点：

1. 每个员工具体负责哪项工作，都要给予明确的指导，让员工明确自身的职责。

2. 对于每位员工要完成的工作，都给出明确的标准，达到什么样的程度才算完成任务。尽量将其量化、数字化，并形成书面文字，让其时刻牢记，不能有丝毫的懈怠。

3. 每个员工在完成工作的过程中，要兼顾到整个团队，需要与哪些部门进行协商或沟通，都要给予明确的指导。

4. 完成工作后，对不同岗位的员工给予怎样的奖励，都要尽量具体。

总之，以上的几种方法，就是强化员工的责任意识，让每位员工都负起责任，加强其团队合作精神，以提高整个团队的工作效率。

第 170 天　做好团队激励

每个人都需要有效的激励去发挥自身的潜能。

——北大光华管理学院管理课理念

要提高效率，一定要运用有效的激励，对于团队管理也是如此。在《亮剑》中，李云龙为了让战士们练兵，叫人杀了猪让炊事班煮了，热气腾腾的，在当时那个饭都吃不饱的年代，那才叫诱惑。让人扔手榴弹，谁能扔到那个筐中，就可以吃到肉。当然了，如果有其他的强项也可以吃肉。达不到目标怎么办？对不起，到一边闻味去。于是，李云龙手下的兵，个个都军事技术过硬！

在现代企业中，管理者要建设一支有效率、技术过硬的团队，也需要采用有效的激励措施。激励措施的好坏，直接影响到团队的士气，最终影响到团队的发展。在团队中，如果管理者能采取有效的团队激励措施，可以直接代替命令。

当然，激励的方式是多种多样的，比如，管理者通过在团队中树立榜样，通过培训、表扬、奖励、联欢、组织庆祝活动等方式，既可以增强员工的团结意识，也可以有效地增强员工的工作积极性。当然，在实际的工作中，具体要采取何种激励方式，一定要根据现实情况进行综合分析，作出决定。

第 171 天　当心团队建设中的危险信号：精神离职

员工精神离职，团队建设就会犹如一盘散沙。

——北大光华管理学院管理课理念

团队建设或团队管理的过程中，会出现一些隐秘的危险的信号，极容易蒙蔽团队管理者的眼睛，这就需要管理者有足够的重视，否则，团队建设有可能会前功尽弃。

其实，员工出现“精神离职”便是团队建设的危险信号之一，这也是许多团队中普遍存在的问题。何谓“精神离职”？主要指团队中的成员，其工作不在状态，对本质工作不够深入，团队内部不愿意协作，个人能力在工作中发挥不到 30%，行动较为迟缓，工作期间无所事事，基本上在无工作状态下结束一天的工作。但是也有积极的一面，上、下班非常准时，几乎没有迟到、事假、病假，团队领导指派任务通常是迅速而有效地完成。

其实，团队成员精神离职的主要原因在于个人目标与团队愿景不一致，也有工作压力、工作情绪等各方面的原因。很多著名的大公司普遍运用的是通过团队精神激励来降低团队的精神离职率。

对于精神离职者的解决办法，应该是有效地沟通，用团队精神与团队愿景来提升员工的工作状态，用激励手段去提升员工的工作热情。具体做法可以是安排假期，让精神离职者能够冷静地思考，调整自身的状态，从而激发自身的工作热情，将个人的工作激情融入到整个团队中，并影响团队中的其他成员。

第 172 天　预防团队精英瓦解团队组织

员工个体性的巨大差异，对团队有巨大的摧毁力。

——北大光华管理学院管理课理念

企业每个团队需要的是整体的行动率与目标完成率等，而员工逐个的分解就是要求团队的个体之间技能必须具有互补性，个体能力较大。正是因为个体差异，团队中总会有几个业绩或者技能较为突出的团队精英的出现，其主要表现为：个人能力强大，能够独当一面，在团队中常常以绝对的工作业绩遥遥领先于团队的其他成员；组织纪律散漫，好大喜功，目空一切，自身又经常定位于团队的功臣之例。当然，团队精英是任何团队所需要的。然而，团队精英却也有可能会瓦解团队组织。面对这种矛盾，常常会让团队管理者无所适从。多数管理者采用的办法是：听之任之，采用有别于团队其他成员的特殊政策。这种做法，对团队的破坏力和凝聚力的破坏性是巨大的，会导致团队的组织愿景向非团队发展，从而最终迅速地瓦解团队组织。

团队是由工作任务挑战性高且环境不确定性而建设的组织，成员的差异性极大，个人素质、工作技能常常也有区别。团队精英的出现，需要管理者正确地领导、全面地沟通，将精英融入到团队精神、团队文化中去，将团队精英的分力转化为团队的合力，用团队的价值观、团队的约束力等对团队精英给予正确的管理。

第 173 天　当心团队中的“非正式组织”

团队中的非正式组织的存在既有客观性，又具有必然性，它是一把双刃剑。管理者需要对非正式组织进行正确阶段性的评估，进一步有针对性地实施有效的管理，以实现正式组织的发展目标。

——北大光华管理学院管理课理念

一个企业中，团队是全体成员都认可的正式的组织，而非正式组织产生主要有两种原因：一是团队领导故意的行为；二是团队成员在价值观、性格、经历、互补性产生某种一致时所产生的非正式的组织，也就是我们平时所说的“小团体”。前者是管理者强化自身管理职能的需要，为了培养亲信，加强管理效力，客观上所形成的，虽然表面上能够极好地进行日常工作，能够提高团队精神，调和人际关系，实施假想的人性化管理，在团队的发展过程中，基本上向有利于团队的方向发展，但是长期而言，会大大地降低管理的有效性，团队的精神、工作效率的低下，也会在一定程度上导致团队优秀成员的流失。

“小团体”是紧密型的非正式组织，其愿景通常与团队的整体愿景不一致。在团队中常常不止一个这样的非正式组织，随着这种组织的产生，团队的瓦解之日就会不远。这种紧密型的非正式组织会偏离团队的价值观，破坏团队的文化，阻挠团队的创新精神与开拓精神。

一般情况下，松散型组织又会向紧密型组织发展，紧密型组织又会和松散型组织进行对抗。所以，团队领导者在团队中建立非正式组织是非常不可取的，是一种管理水平低下的同时对团队的极大的不信任的结果。

第174天　不能过分强调“团队利益高于一切”

当个人利益与团队利益发生冲突时，维护团队利益是必要的，但是，切勿过分地强调“团队利益高于一切”。

——北大光华管理学院管理课理念

在团队管理中，多数的管理者总是强调“团队利益高于一切”。当然，这也是多数人都认可的价值取向，很多人自然而然地会接受这个“论断”。然而，管理者如果在团队中过分地强调这一“论断”，可能会造成两个方面的弊端。

1. 极容易滋生小团体主义。团队利益对其成员而言主要是整体利益，而对整个企业来说，却又是局部的利益。管理者如果过分地强调团队的利益，处处从维护团队自身的利益的角度出发，经常会打破企业内部固有的利益均衡，侵害到其他团队乃至整个企业的利益，从而造成团队与团队、团队与企业之间的价值目标错位，最终影响到整个企业战略目标的实现。

2. 管理者如果过分地强调团队利益，会在一定程度上导致忽略和践踏个体利益。如果一味地强调团队的利益，就会出现“假维护团队利益之名，行损害个体利益之实”的情况。作为团队的组成部分，如果个体的利益长时间得到损害和剥夺，那么，就会在一定程度上影响员工的工作积极性和创造性，从而影响到整个团队的利益，乃至整个企业的整体利益。

所以，在日常的管理过程中，管理者一定不要过分地在团队中强调“团队利益高于一切”的理念，同时，在团队中也要兼顾到员工的个人利益。如此才能调动员工的积极性和创造性，才能让员工团结一致，相互协作地参与到工作中来。

第 175 天　团队内部也要引入竞争机制

团队建设，既要强调和谐协作，也要适当地引入竞争机制。

——北大光华管理学院管理课理念

团队建设过程中，管理者总是强调团队内部队员的团结一致，认为一个高效的团队只需要队员相互间的和谐配合就可以了。其实不然！一个高效的团队固然需要队员之间的和谐合作，同时，也需要在内部引入竞争机制，相互间进行竞争，这样有利于打破大锅饭的格局，提高团队整体的工作效率。

如果一个团队内部缺乏有效的竞争，在开始的时候，团队成员也许会凭着一股激情努力工作，但时间一长，他就会发现无论是干多干少，干好干坏，结果都是一样的。那么，他的工作热情就会立即减退，在失望、沉闷中，最终会选择“做一天和尚撞一天钟”的方式来应付过日子。这实际上是一种披上团队外衣的大锅饭。如果通过引入竞争机制，实行赏勤罚懒，赏优罚劣，打破这种看似平常实为压制的利益格局，团队内部成员的工作积极性和创造性就能够得以充分地发挥，团队也才能够保持持久的活力，最终做出成绩来。

第 176 天　团队建设不能过于讲求“人情味”

团队内部皆兄弟的做法是不理智的。

——北大光华管理学院管理课理念

在现实实际的团队建设中，很多管理者总是过于讲求团队内部的亲和力和人情味，认为“团队之内皆兄弟”，而团队内部严明的制度或纪律是有碍于安定团结的。这就在一定程度上导致管理制度的不完美，或者虽然有制度，但却是执行不力，制度也形同虚设。北大光华管理学院管理课强调，这种做法是不明智的。

其实，在任何一个企业中，在任何时候，制度和纪律都是成功的保证，只有每个队员做到令行禁止，团队才能够战无不胜。关于此，三国时期诸葛亮挥泪斩马谡便是一个极好的例子。

马谡与诸葛亮于公于私，关系都极好。但是马谡因为粗心大意，不听劝导，最终失了战略要地街亭，诸葛亮为了稳定军心，命令将其斩首。这其实就告诉管理者，在任何时候，严明的纪律不仅是维护团队整体利益的需要，在保护团队成员的根本利益方面也有着极为积极的意义。比如，在一个团队中，一个队员因为没能够按期保质保量完成工作任务，或者是在完成任务的过程中违反了某一项具体的规定。但他并无受到任何的惩罚，或者是惩罚根本就无关痛痒，这会使这个成员产生一种“其实也没什么大不了”的错觉。久而久之，就会贻患无穷。如果这个人一开始就受到严明纪律的约束，能够及时地纠正自己的错误认识，那么，就不会再犯错，工作起来也会更卖力一些了，这对提高整个团队的工作效率是十分有益的。

第 177 天　不要被“牺牲小我成就大我”所限制

强调团队精神，让大家团结一致，相互协作，并非是要舍小取大。

——北大光华管理学院管理课理念

在现实的团队建设中，很多管理者总认为，培养团队成员的团队精神，就是要求团队的每一个成员都要牺牲小我、换取大我，放弃个性、追求趋同，否则就会违背团队精神，就是个人主义在作祟。

诚然，团队精神的核心就在于协同合作，强调团队的合力，注意整个团队的整体优势，远离个人英雄主义。但是，追求趋同的结果必然会导致团队成员的个性创造和个性发挥受到扭曲和湮没。而如果团队成员缺乏个性，也就意味着没有创造，这样的团队只有简单的复制功能，而不具备持续创新的能力。

北大光华管理学院管理课指出，其实，团队不仅仅是人的集合，更是能量的结合。团队精神的实质不是要团队成员牺牲自我去完成一项工作，而是要充分利用和发挥团队所有成员的个体优势去做好这项工作。要明白，团队的综合竞争力主要来自于对团队成员专长的合理配置。只有营造一个适宜的氛围：不断地鼓励和刺激团队成员充分展现自我，最大程度地发挥个体的潜能，整个团队才能够迸发出如原子裂变一般的能量。

第 178 天　成功团队的四大特征

一个成功的团队具有无坚不摧的强大力量。

——北大光华管理学院管理课理念

一个成功的团队，具有无坚不摧的巨大力量。那么，如何判断自己的团队是否是成功的团队呢？具体表现在以下 4 个方面：

1. 凝聚力。古今成大业的人，其领导的团队无不有强大的凝聚力。比如成大业的孙中山、毛泽东，他们都有一个共同点，就是能够将千百万人的心连结在一起，这是十分独特的能力。我们跟随一个管理者，就是希望他能够创造一个环境，结合众人的力量，营造一个光明的未来。然而，正是这种凝聚力，在创造着人类的历史，试想，如果团队成员远离你，甚至因为你的言行让他们失望而放弃对事业的追求，你能够成功吗？

2. 和谐地协作。大海是由无数的水滴所组成的，对于团队来说，每个人都是团队中的水滴。在 21 世纪的今天，个人是敌不过团队的。个人的成功只是暂时的，而团队的成功则是永久的。每个企业的成功都是依靠每一位员工的配合与合作。就如同打篮球一般，一个人的能力再强，如果没有队友的配合也是无法取胜的。在比赛时，5 个人就是一个团队，有人投球、有人抢篮板、有人战术犯规，其目的都是为了实现整个团队的伟大目标。

3. 组织无我。在很多情况下，管理者的事业就是整个团队的事业、集体的事业。个人的力量是十分有限的，成功依靠的是团队的共同推进，每个成员一定要明白，团队的利益、团队的目标重于个人的利益和目标。在整个团队中，如果一个人只顾及到个人的利益，这个组织就一定会崩溃。团队如果没有了，个人的目标自然也无法实现。既然是团队行动，就应该听从领导的安排，任何事情就变得极为容易，这叫组织无我。团队的目标就是依造这种组织无我的精神所达成的。

4. 士气。一个缺乏士气的团队，是缺乏吸引力、凝聚力和战斗力的，而士气旺盛的团队，无论在任何环境中，都是无往而不胜的。刘邓大军挺进中原，狭路相逢勇者胜，就是最好的证明。这便是强大的士气，这可以让不可能完成的任务变成可能，从此使解放战争揭开了新的一页。而一个成功的团队就应该是时时充满士气、昂首向前的团队。

第 179 天　培养人才，规划团队未来

要将培养人才当成企业未来发展的一个长远规划来发展。

——北大光华管理学院管理课理念

企业的“企”是如何构成的呢？上面是“人”，下面是“止”，我们可以很

形象地看出来，如果没有了“人”，那企业就能被迫“止”住了。一个企业如此，更何况一个团队。

团队是由不同的人组成的，企业是由不同的团队组成的，这就要求管理者在团队建设的过程中要重视对人才的培养。一个优秀的管理者是不会忽视这一点的，因为他知道自己不可能永远都在同一个岗位上做下去，永远带着他那些下属去工作。而培养出优秀的人才，既能分担自己的工作压力，更重要的是还能为企业造就新的潜在管理者。

当然，人才的培养是一个长期的过程，不仅需要下属自身的不懈努力，挖掘自己的潜能，也需要管理者在对其进行培养的过程中能够采用有效的办法，为他们的成长提供必要的条件。

1. 对下属进行相关技能的培训是必不可少的，帮助他们了解、学习各种知识和技能，提高他们各方面的能力，尤其是专业方面的能力。

2. 为下属创造良好的发展平台，根据他们各自的特点合理地安排工作，做到人尽其才，并帮助他们一起规划出合理的职业生涯，使他们能够明确今后发展的方向。

3. 要重视人才的梯队化建设，创建有效的育人机制。

柳传志就是一个十分注重人才培养的人，他对人才有两个要求：一是要有上进心，他认为只想找一份工作的人，在联想没有大的发展。二是要有悟性。悟性是一种反思能力，过高地看重自己，不能领悟别人的精彩之处，那只是聪明而已，而不是智慧。

识别人才、培养人才、留住人才都是管理者的重要工作内容，作为管理者，善于从下属中发现人才，把他们放在最合适的位置进行培养。这样，在自己上调至更高职位的时候，这个团队可以马上有一个新的接替者，这其实也是在为企业创造财富。

第180天　不断挖掘团队成员的潜能

挖掘团队的潜能，便是挖掘企业的潜能。

——北大光华管理学院管理课理念

据相关研究表明，每个人的潜能都是巨大的，在平时我们所表现出来的能力只是区区的30%而已，还有70%的潜能没能发挥出来。在团队管理的过程中，如果管理者能够让下属的潜能得到开发，这给企业带去的绝对是一个利好消息。

作为管理者，该如何去挖掘出下属的潜能呢？

1. 让下属知道，他们在各自的岗位上都有着不可替代的作用。这样能够提升他们的自信心，自觉地承担责任，力争把工作做到最好。

2. 帮助下属树立正常的生活态度。有了正确的生活态度，一旦他们遇到了困难，他们就不会放弃，而将其作为一种推动力，那些原本力不能及的事情也能妥善地处理。

3. 给下属鼓舞和激励。不管他们是成功还是失败，都要鼓励他们继续前行，不被失败击垮，也不让自己在短暂的成功中迷失方向，而是再接再厉，进一步发挥自己的能力，力求更好。

4. 管理者也需要创造相应的文化氛围，让下属将自己的工作视为展示其创造价值的途径，而不仅仅是花时间去挣钱那么简单。当他们能够把自己的工作看成是一种创造的时候，能激发他们更大的工作的热情和激情，不管从哪个角度看都是有益的。

绝大多数人的体内都潜伏着巨大的才能，但这才能却是潜伏者，需要我们去发掘才能发现，需要得到外界的激发才能展露出来。作为管理者，就是要有效地开发出他们的能力，鼓励他们，激励他们，让他们的潜能得到最大程度的发挥。

第 181 天　逐步地提高工作质量

逐步地提高工作质量是团队建设首要考虑的问题。

——北大光华管理学院管理课理念

速度与质量永远都是管理者需要考虑的问题，我们都很清楚，速度并不是效率的全部，只有质量与速度同时上去，才能算得上真正意义上的效率提高。如果一味在速度上突飞猛进，但质量却是粗制滥造，会给整个企业带来生存上的影响。

工作质量是按一定的作业标准完成的劳动量，如果不能达标，便是不合格的。它涉及企业的各个层次、各个部门、各个工作岗位工作的有效性。在很大程度上，工作质量的高低取决于下属的素质，如他们的责任心、业务能力、质量意识等。为了提高工作质量，我们可以从这样几个方面着手：

1. 不断完善对团队的管理，不断完善各项管理制度以及各项业务管理规定，完善的制度是保障工作质量的必要前提；同时，有了制度还不够，也要在执行的过程中真正地实行，以此来提升工作质量，不能让它有名无实。

2. 加强对下属业绩的考核。根据员工具体的工作表现，该奖的奖，该罚的罚，做到奖罚分明，奖罚到位，不至于将工作考核流于形式。

3. 提升员工的整体素质。这一方面主要从企业文化培训、技能培训以及经验交流来实现，员工整体素质提高了，工作质量自然会相应提高。

4. 培养下属的危机意识。这并不是打击他们的士气，而是更好地防微杜渐，比尔·盖茨告诫他的员工“我们的企业永远离倒闭只有一个月的时间”。

当然，工作质量不等同于产品质量，作为管理者，不能把这两个概念混淆。工作的质量决定了产品的质量，所以，工作的质量是最为关键的。

第182天 建立学习型团队

企业之间最核心的竞争，就是看谁比竞争对手学习得更快。

——俞敏洪

当今社会已经进入了资讯时代，科技的发展日新月异，没有任何一个产品可以永远畅销，也没有任何一个企业可以依赖过去的产品永久性地存活下去。并且，随着知识更新速度的加快，产品的生命周期越来越短，一项创新、一个新的产品，并非是一个人可以完成的，需要团队间的相互协作。当今社会进步与文明发展表明，一个人单打独斗的时代已经成为过去，团队的作用越来越重要。其实，现代企业间的竞争，说到底是团队之间综合实力的竞争。而考核一个团队的竞争力如何，除了看团队的协作力外，还要看团队的学习力。

在现实社会中，许多管理者只是把注意力放在做事上，没有将团队的培训与教育作为一项长期的工作去抓，团队成员的成长完全依赖其悟性，即便是有培训，也仅仅是停留在对基础层面的泛泛培训上面，没有做到因材施教，没能让员工学到真正实用的技术。

北大光华管理学院管理课指出，培训并不是今天投入，明天收益，能够立竿见影的工作，是需要长时期的坚持的。经过学习体验才能达到掌握与熟练应用的发挥。如果管理者不重视员工的培训，其所领导的团队工作执行力一定会存在问题。所以，管理者对此一定要有清醒的认识，从思想上加以重视。俗话说，授之以鱼，不如授之以渔。给人以鱼，只能够解决其一时的温饱；而如果授之以渔，则能彻底解决一世的温饱。

作为团队管理者，不仅要自己会“渔”，同时，还要教会员工懂“渔”。

给人以鱼只能使他“做对事情”，授人以渔则可以使他“以正确的方法做对事情”。不仅要做正确的事，还要正确地做事，高效率地做事。北大管理理念指出，培训是最大的福利，这已经得到大家的普遍的认可，如果你有学习的机会而不懂得珍惜，那么就离“掉队”的日子不远了。

第 183 天　每天进步一点点

强大的学习能力是一个团队赢得竞争的重要优势之一。

——北大光华管理学院管理课理念

《每天进步 1%》的作者于文博说过一句精辟的话：“学习的动力，学习的毅力以及学习的能力，才是你未来超越他人的唯一优势。”这句话告诉我们，学习是一个团队赢得竞争的关键，管理者要注重团队的学习能力，要尽可能多地为他们提供学习机会，每天进步一点点，以促进整个团队的技能水平不断提高。

华信公司历来是一个重视培训与学习的企业，尤其是高层领导起了极好的表率作用。从前任总经理到现任总经理，每一个星期天，他们都会进行一次分析交流大会，这种敬业精神与毅力非常值得我们每个管理者进行学习。

这也告诉我们，建设一个学习型团队，需要各级管理者带头学习，同时能够将培训作为一项重要工作去做，并且还要认真地组织和安排好，从而创造出一个良好的学习氛围。

当然，建立学习型团队也需要企业管理层的积极响应，变“要我”为“我要”，珍惜一切学习的机会，以调动员工积极主动地参与到学习中来。

其实，在企业中，学习的机会是多种多样的，学习的方式也具有多样性。比如组织队员参加培训、上级的指导会议、一些交流会、案例分析会议，还有一些同事或者客户的交流等都是极好的学习的机会。

总之，学习能力决定了整个团队的执行力和创造力。借由学习而不断地做出改变、成长与突破，终能够在激烈的市场竞争中脱颖而出。

第 184 天　让团队成员负责任地做事

一个生机勃勃高效率的团队必然是由一群充满责任感的成员所组成的。

——北大光华管理学院管理课理念

责任是一种约束，也是一种督促。每个人都有属于自己的责任，职位越高，权力越大，需要承担的责任也会越大。有些管理者会发出这样的疑问：“该怎样才能让团队成员负责任地去工作呢？”

1. 根据团队成员的能力、特点合理地安排他们的任务，这能够让下属在工作中找寻到满足感、成就感。

2. 给团队成员的任务需要有一定的挑战性，难度要偏高。有些管理者可能觉得难度过高会给下属造成太大的压力，激起他们的抵触情绪，而实际上，那些难度低的工作才会让他们真正地不满，因为他们的能力完全没有得到真正的发挥，是某种程度上的大材小用。

3. 让团队成员明白他们所处职位和所从事工作的重要性，一旦出现问题，将会给整个企业带来怎样的影响。这能让下属感受到自己的重要性和价值，进而表现出强烈的责任心。

某大型商场需要招聘一名收银员，最后由三名应聘者进行角逐。

最后一轮面试由商场老板主持，当第一位应聘者走进办公室时，他递给他一张百元钞票，命令他到楼下买包香烟。这位应聘者很气愤，还没录用凭什么听你的，就这样气呼呼地走了。

接下来，第二位应聘者走了进来。老板的举动还是一样的，只是这位应聘者拿着钞票帮他买了一包烟上来，还把找回的钱也交给了老板。但她同样没被录取，因为老板给的那张钞票是假的，她看出来了，只是没好意思说，于是自己掏钱买回了香烟。

第三位应聘者还是遇到了同样的问题，不过，当她发现钱是假的的时候，微笑着把钱还给了老板，并请他重新换一张。老板满意地接过了假钞，当即录用了她。

4. 给优秀的团队成员创造晋升的机会，让他能够站在管理者的角度考虑问题，这是提高他们责任感的有效办法。

不管一个员工的能力有多强，如果他不愿意付出，缺少责任心，就不能为团队、为企业带来应有的价值。培养下属的责任心，仅凭这几点自然是不够，但完全做到这几点却也不容易。

第 185 天　激发团队成员的创新意识

团队的生命力及他的辉煌业绩，主要来自这个团队人员的积极主动的创新意识。

——北大光华管理学院管理课理念

在过去，人们把创新当作一种风险，所谓“一招不慎，满盘皆输”。后来，人们渐渐意识到，其实不创新才是最大的风险。这是一个不断求变求新的时代，一成不变终将会被竞争对手击败。对于一个企业、一个团队而言，没有创新就没有发展。

作为管理者，要鼓励下属开发他们的创新能力，激发他们的潜能。这样才能给团队、给企业不断注入新的活力。那么，管理者该如何激发他们的创新意识呢？

1. 在给下属分派任务之前，管理者需要制定合理的并具有一定挑战性的目标，并提出自己的建议。这样能使组织务实而创新，并激发员工的潜力。

2. 创新自然具有一定的风险，在创新的过程中会出现一些无法预料的情况，会出错。作为管理者，不能因为看到了错误而对下属采取限制措施，而是要鼓励他们从失败中总结经验教训。

3. 为员工提供富有挑战性的工作。有些管理者当心下属在处理一些稍难的工作时会应付不过来，于是总给他们分派那些简单易操作的任务，这不仅打消了他们的积极性，更抹杀了他们的创造性。在一个团队里，工作越富有挑战性，责任越大，就越能激发他们的潜能，提高他们的效率。

曾经担任美国通用汽车公司总经理一职的斯隆是积极培养员工创新意识、提升员工创造力的人。一次，他主持高层决策会议，结果大家的看法完全一致，本该是皆大欢喜，但斯隆却宣布休会。他认为，所有人对同一个问题的看法完全一致是不可能的，总会有一定的分歧，对一项决策应该是大家反复讨论甚至是争吵才能让其更合理。

作为管理者，要学会给下属创造一个能够激发他们创新意识的环境，允许他们表达出不同的见解，允许他们在探索的过程中出现错误，在不断激发下属潜能、提升他们的能力的时候，团队的竞争力也会得到同步的提升。

第7章
执行力管理课

第186天　提高员工的工作能力以提高执行力

多数企业，战略或决策都以失败告终，最常见的原因是执行的欠缺。

——北大光华管理学院管理课理念

一个企业的战略决策、目标是否能完成，关键在于是否拥有强大的执行力。如何提高执行力，也是企业每个管理者都十分关注的问题。当然，提高执行力是需要管理者各方面、各级管理人员努力去做的一件事情。

员工执行力就是保质保量地完成自己的工作和任务的能力。北大光华管理学院管理课指出，员工的执行力的强弱，主要取决于两个因素：一是个人能力；二是工作态度。也就是说，要提高员工的执行力，必须要从以下几个方面入手：首要的是要提高员工的工作能力。一个员工的工作能力很弱，是很难保质保量地完成工作任务的。那么，提高员工工作能力，主要可以从以下4个方面努力。

1. 定期地组织员工进行学习，提高自身的技能或文化素质。

2. 有步骤、有计划、分阶段地安排员工进行培训进修、轮岗锻炼、工作加压等手段帮助员工提高。

3. 进行现有员工价值和潜力的挖掘。要让员工发现问题，并在发现问题之后主动去思考问题，解决问题。

4. 管理者针对不同的岗位选用合适的人，让他在合适的岗位上工作，对不称职的岗位人员进行调整或者解聘，在组织内部形成强有力的竞争力，以让全体员工共同提高。

管理者在实施管理的过程中，要努力做到以上四点，有效地提高员工的工作能力，进而不断地提高执行力。

第187天　转变员工的工作态度

积极的工作态度可以创造巨大的工作效益。

——北大光华管理学院管理课理念

现实中，态度不够积极，是造成员工执行力弱的主要原因。态度是一个人内心的一种潜在意志，是个人能力、意愿、想法、价值等在工作中所体现出来的外在的表现。北大光华管理学院管理课理念指出，对于企业来说，员工拥有积极的工作态度便是企业强有力的竞争力，它是一名员工脱颖而出的重要砝码。

那么，对于管理者而言，要转变员工消极的工作态度，主要可以从以下几个方面进行努力：

1. 注重企业文化的形成，通过建立有执行力的管理团队与严格的管理制度，重执行会成为一种优秀文化在企业生根开花结果；从根本上让全体员工有一个极好的工作氛围，要求大家都有一个积极向上、要求进步的工作态度。

2. 员工应该持怎样的工作态度，如何才能够做到绝不拖延？如何实现从优秀到卓越？这些问题管理者都要进行深入的思考。对此，管理者可以通过仔细思考员工的个人规划发展，给员工制订个人生涯规划，这样可以从根本上燃起员工的工作热情，使普通员工的人生从平庸走向杰出，也使企业不断向前发展。

3. 强化员工的工作责任心。管理者一定要让每个员工都明确个人的责任，员工明确放弃自己对社会的责任意味着放弃了自己在社会中更好的生存机会。工作就意味着责任。每一个职位所规定的工作任务就是一份责任。当员工明白这些，并能够对自身的工作充满责任感时，就能够从工作中学到更多的知识，积累起更多的经验，就能够从全身心投入工作的过程中寻找到工作带给他的巨大快乐。这种习惯或许不会有立竿见影的效果，但可以肯定的是，当懒散敷衍成为一种习惯时，做起事来往往就会不诚实。这样，人们最终必定轻视你的工作，从而轻视你的人品。在工作上投机取巧也许会给我们的部门带来一点点的损失，但却可以毁掉一个人的一生。

总之，管理者要明白，只要的个人能力提高了，工作态度有所改观，员工能够积极主动地去努力完成自己的本职工作，就能够从根本上提高员工的整体执行力。

第 188 天　制订科学合理的激励机制

管理是科学，更是一门艺术。管理实质上是管理人的艺术，是运用最科学的手段、更灵活的制度调动人的情感和积极性的艺术。

——北大光华管理学院管理课理念

公平合理的激励机制也是提高员工执行力的重要保证之一。所以，管理者也要关注这一方面。企业在执行其战略决策的过程中，如果能够建立与之相适应的激励机制，可以有效地增强执行者的内在动力，提升职工的执行力，从而使员工的工作积极性得到持续性的增强，以保证组织目标的实现。

北大管理课指出，制定公平的激励机制是提高员工执行力的重要保证。激励制度一定要体现公平的原则，让公平原则形成制度并严格地执行下去，这是提高员工执行力的关键的一个步骤。同时，管理者也要将考核制度结合起来，有效地激发员工的竞争意识，充分发挥人的潜能。最终，在制定制度的时候，也一定要体现科学性原则。管理者必须要系统地分析、搜集相关的资讯，全面地了解员工的需求与工作质量，并且也要根据实际情况做出相应的政策。

最后，管理者要做的一点，就是要将企业的激励机制与执行力有效地结合起来。执行目标本身是不能模糊的，一定要明确化、数量化、标准化，并依照这样的原则合理地分配给每个员工，让员工在明确自身工作责任和工作任务的基础上提高执行力。同时，明确化、标准化和数量化的考核制度，也十分便于度量、考核、检查，另外，还要完善包括绩效考核制度、薪酬福利制度、员工升迁制度在内的合理而有效的激励制度，让员工自愿多用心，将工作执行到最好，这样才能够不断地提高员工的执行力。

第189天　科学地考查员工的执行力

高层的执行力、中层的执行力、员工的执行力要环环相扣，才能使战略、人员、运营流程很好地相结合，并能够以科学的方法考查每个阶层人员的执行力，达到预定的目标。

——北大光华管理学院管理课理念

要有效地提高员工的执行力，还需要一套科学考查员工执行力的制度或者手段。那么，对于管理者而言，在日常管理过程中，应如何有效地考查员工的执行力呢？主要可以从以下几个方面努力：

1. 工作的效率。对于如何考查员工的工作效率，我们具体可以从时间、质量两个角度进行考核，能否在规定的时间内依照标准交付结果，几种考核结果可以作为执行力判断的一个重要的依据：总是完不成；总是刚好完成；总是超额完成。根据具体的实际情况，给每个员工制订一个量化表，让他明白自身的工作效率，并有针对性地提高。

2. 工作态度。员工的工作态度是定性的，管理者主要通过工作观察和记录来对员工进行评估，一般有以下几种结果：

直接对抗型员工，这种员工只会依照自己的想法去做；

依照上级的指示，但在执行的过程中却敷衍了事；

认真地去执行，但是一旦达不到目标不从自身去找原因，只会找客观原因去辩护；

认真地去执行，达不成目标也能先从自己身上去找原因；

认真地执行，总是能够达成目标。

3. 对员工的技能水平进行考核。科学地考查员工的执行力，还包括公平地考查员工的技能水平。当然了，如何考查员工的技能水平，要根据每个员工不同的岗位来制订。比如，你要考察一个文员的技能水平，可以从打字速度、Office操作能力、办公设备操作能力、日常文书的管理能力、文书写作能力、日常事务的统筹计划能力，等等。

第 190 天　提高执行力，要确保计划的可执行性

判断一个计划是否完美，首先要确保它是否具有可执行性。

——北大光华管理学院管理课理念

在一个企业中，工作计划是员工执行工作要达到的目的，它对员工的工作具有实际意义的指导性。计划的完美与否，不仅关系着企业未来的发展状况，而且还关系着员工执行力的强弱。一个计划再完美，如果它不具有可执行性，那么，该计划就算不上一个好的计划。所以，管理者在制订企业计划的时候，一定要考虑计划的可执行性，这是保证员工高效执行力的前提。

一群老鼠经常被一只猫追赶得精疲力竭。所以有的老鼠都受够了这种躲躲藏藏的日子。有一天，它们便召开全体大会。一只领头老鼠号召大家都献出自己的智慧，拿出一套对付猫的方案来，争取一劳永逸地解决这件生存大事。

在大会上，所有的老鼠都绞尽脑汁，有的提议说要培养猫吃鱼吃鸡的习惯，有的建议要研制出一种能让猫闻到气味就死去的毒药……经过一番商讨之后，一个老奸巨滑的老鼠出的主意让所有的老鼠都佩服得五体投地，连呼高明。那就是要在猫的脖子上面挂一个铃铛，只要猫一动，就会有响声，大家就可以预先听到警报躲起来。这一决议最终得到了全体老鼠的赞同。但是，接下来的难题出现了，谁能够给猫的脖子上挂上铃铛呢？如果谁能办到，将得到高薪奖励，并且还可以在老鼠群中发号施令，等等。但是，最终还是无一鼠能够站出来，将这个计划执行下去。

这个故事告诉管理者这样一个道理：计划或决策在理论上如何地完美，但是却无法在行动上执行下去，那么，一切将会变得毫无意义。很多情况下，决策或计划不在于有多么地英明，而在于是否能够有效地实施。

具体来说，管理者在制订工作计划或做出决策的时候，一定要考虑你的计划在实际操作过程中是否具有可执行性。具体来说，重点要考虑以下几个因素：

1. 制订计划时，一定要考虑每一个细节，全面而细致地考量其是否具有可执行性。

2. 按照计划给员工布置工作任务时，是否能确保员工能够有效地执行。

3. 计划在执行过程中，能否量化，能否公平合理地对员工的执行情况进行考核。

4. 计划在执行过程中，管理者能否对执行情况进行有效的监控。

第191天　领导要拥有执行的魄力

只有果断地执行，才能树立个人威信，才能使制度落实下来。

——北大光华管理学院管理课理念

在现实中，我们经常会看到这样的现象：制定了一整套执行制度，但是，从上层管理者到基层的员工都不敢果断地执行，相互间对等地拖拖拉拉，懒懒散散，最终导致工作目标的落空。这主要是企业管理者缺乏执行的魄力，不能够带头严格依制度办事，上行下效，导致企业的执行力虚弱。

有这样一个故事：

阿飞自小生活在乡下，是一个地道的农民。因为生活富裕了，就到香港去旅行。到达的第一天，阿飞就住进了豪华的五星级酒店。因为阿飞没出过远门，也没见过什么世面，第一次住进五星级酒店中，感觉舒服极了，不免有些诚惶诚恐。

第一天的早晨，很早的时候阿飞就听到有人按门铃，心里奇怪犯嘀咕："这么早，会有谁来啊？"他开门一看，是一个服务生端着早餐站在门口。这个服务生看到客人，便有礼貌地说了句："Good morning，Sir!"接着就将早餐端了进来。阿飞听到这一句英语，便愣了一下，心想：在城中见到陌生人一般都会问贵姓，莫非服务生也是这个意思。于是，阿飞便回答说："我叫阿飞。"服务生惊异地看了他一眼，放下早餐就出去了。

第二天早晨，同样的情况又一次出现。当服务生再次用同样的英语向阿飞打招呼的时候，阿飞还想：这个人应该有问题，昨天不是告诉他了吗，怎么又问呢？于是便生气地回答说："我叫阿飞！"服务生一听，便又吃惊地放下餐盘出去了。

阿飞第二天在旅游的过程中，便向朋友讲起了自己的这段经历。朋友听了他的描述后，便笑着告诉他说："你真是太土了，人家是在问你早上好，而不是问你叫什么。"听了朋友的话，阿飞感觉很自卑，因此便记住了服务生的那句"早上好"。

第三天早上，门铃又像往常一样开了，阿飞便抢先说了一句："Good morning，Sir!"结果这位服务生便说了一句"我是阿飞"。阿飞听了这句话，便也感到惊怪了，顺口说了句："你怎么也叫阿飞呢？"服务员又在奇怪："客人怎么突然会说英语了？”还没听完阿飞所说的话，便匆匆忙忙地离开了。

这个小故事告诉管理者这样一个道理：两强相遇，勇者胜。只要你坚持，对方就会退步。在很多时候，尽管你是错误的，但是只要你态度强硬，对方便会软下来。在管理过程中也一样，谁有足够大的勇气谁就会胜利，当你缺乏这种勇气的时候，执行就会出现问题。所以对管理者来说，执行的勇气对其是十分关键的，只要你拥有足够的勇气，敢于在员工面前拿出点强硬的态度和行事果断的魄力，那就可以树立起个人的威信，使制度切实地落实下来，以提高员工的执行力。

第 192 天　组织员工培训学习要具有目的性

企业缺乏系统的执行训练是企业缺乏执行力的主要原因之一。

——北大光华管理学院管理课理念

一支好的军队只有在平日中经过严格的执行力训练，才能在真正的战场上做出迅速的反应。为了不断提高作战能力，军队从入军的第一天起就会对每个军人进行不懈的训练，具体主要包括价值观、战术、纪律等方方面面的训练。其实，企业也一样，如果要提高员工的执行力，就要加强对员工的执行力进行系统的教育和培训。

但是，在对员工的执行力进行教育和培训的时候，一定不要盲目，要有目的性和针对性。否则，达不到良好的执行效果。

刘营是广东某民营公司的老板，他的企业共有 3000 多名员工。一直以来，他没有对自己的员工做过任何的培训和教育，主要是担心员工进行培训后，就会跳槽离开他的企业，更让他害怕的是他所支付的培训经费被浪费掉。于是，该企业的员工除了白天在车间枯燥地工作外，再没什么事情可做。尤其在晚上，员工的生活更是单调，这导致许多员工无事生非，致使旁边的医院总是异常地繁忙。

看到这样的情景之后，刘营终于作出了一个决定，对员工进行培训。一方面为员工充电，另一方面也可对他们进行教育。然而，要对员工进行哪些方面的培训，刘营心里却没有底。一个偶然的机会，他得知当地一位有名的激励大师很是会培训员工，于是，刘营就果断地挑选了 300 名相对优秀的员工去听那位激励大师的培训。但是这 300 名员工回来后，便马上走掉了 100 多名。这样的结果，出乎刘营的意料，他顿时感到很是沮丧。经过认真的反思和请教相关人士，刘营终于认识到自己培训的失误就在于：没有把对员工的培训当作是自己企业本身的一项工作，仅仅是为了培训而培训，最终造成严重的后果。

通过以上的案例，培训与其他工作是一样的，必须要有明确的目的。要想提高企业的执行力，一定要根据需要拟定较为系统的、层次分明的培训计划。管理者要明白，高层员工有高层员工的培训方式，基层员工有基层员工的培训方式，如此才能让培训达到既定的目的，才不至于出现案例中的不良结果。

另外，管理者也要明白，除有目的、有针对性地对员工进行技能方面的培训外，还要学会去对员工进行思想和心态方面的培训，这样才能从根本上焕发员工的工作积极性和创造性。

第 193 天　如何督促员工更有效地完成工作

管理者不仅要给员工安排工作，还要懂得如何让员工完成工作。

——北大光华管理学院管理课理念

要提高企业的执行力，管理者除了要有针对性地给员工安排合理的工作之外，还要懂得采用有效的措施督促员工完成工作。

现实管理中，一些团队执行力弱，主要是因为工作压力大造成的精神紧张所致，企业极难在原有压力基础上再次加压以达到完成工作任务的目的。

虽然管理者不可能改变企业对员工所施加的工作压力，但管理者则可以通过下面的几种方法有效地使员工完成工作任务。

1. 管理者可以通过制订一整套完整的工作计划，在不给员工加压的情况下，让其自觉地感受到工作的紧迫感。当然，在员工执行的过程中，遇到什么难题，管理者要给予充分的帮助和理解，并且尽力给他们提供更为高效的方法，以使其更高效地完成任务。

2. 管理者要能够以身作则，勇于承担比较繁重的工作任务。同时，给其他员工分配工作的时候，也要讲求公平、公正。每个员工的工作强度都应该差不多，并且要制订公平合理的考核制度，如此才能在消除员工抱怨心理的基础上，让其全身心地投入到工作中。

3. 员工在执行工作的过程中，管理者要采取合理的方法对其进行监督，并对那些散漫的员工给予督促，以确保工作的进度。

4. 平时对于表现优秀的员工，管理者要给予表扬，使他成为其他员工学习的榜样。同时，对于那些表现差的员工，要主动找他们了解情况，帮助他们找出原因，并提供必要的帮助和指导。

5. 平时在工作中，要勤于向员工征求意见，看如何才能够更好地完成工作。当这些建议被采纳之后，应当对提出建议的人给予适当的表扬和奖励。

总之，在平时的工作中，管理者要根据员工的实际情况采取有效的措施，从根本上提高员工的执行力。

第 194 天　对工作流程及时跟进

过程因素也是造成多数企业执行力弱的一个重要因素。

——李彦宏

工作计划或工作流程出来后，你是否因为没有及时跟进员工的工作，而给企业造成过巨大的损失，或者因为信息不对称而导致低下的执行力？

及时跟进可以避免员工在操作过程中的失误给企业造成不必要的损失。同时，还可以避免因为信息不对称而产生的执行力低下的问题。其实，信息不对称也是造成企业执行力弱的主要原因。比如，某个管理者知道很多信息，但是他并没有将这些信息告诉下属或员工，只是告知下属“你们赶紧按我的要求去做”，而下属却不知道为何要这样做，而管理者则会觉得下属的悟性太差或者反应迟钝。有时候，情况则正好相反，下属或员工知道很多执行信息，而管理者则知道的很少，这个时候，下属或者员工就会觉得“领导怎么什么都不知道”，从而导致上下信息流动出现堵塞，这也是许多企业执行失败的一个重要因素。

而如果管理者在工作流程或者工作计划下发后，就能及时地跟进，那么，就能够避免上述情况发生。

第 195 天　让员工管理好自己的时间

你关心什么，就会关注什么；你关注什么，就会得到什么，注意力等于事实。

——翟鸿燊

企业执行力差的另一个重要的原因就是员工不懂得管理自己的时间。在管理过程中，我们可能经常发现有这样的员工：工作中，他们不能管理好自己的时间，对在什么时间该做什么样的事，没有一个很好的规划。在执行过程中，眉毛胡子一把抓，让时间白白地流逝，该做的事情还摆在那里，内心总是异常地着急，到该交任务的时候，心情就开始烦躁不安，越是这样，越是做不好事情，最终造成执行力的低下。

对于这样的员工，管理者要帮助他们做好时间管理，以提高他们的工作效率。具体可以帮助他们根据实际情况对工作进行合理的分配，将工作安排得井井有条，从而轻松地完成自己的工作。

歌德说，善于利用时间的人，永远找得到充裕的时间。相反，不善于管理时间的人则永远是忙忙碌碌、焦头烂额，做不完的事总是像追债一样，压得人透不过气。

那么，管理者具体如何教员工管理好自己的时间呢？

1. 在员工每天上班的时候，你可以帮助他花 20 分钟去对当天的工作进行筹划，做好计划。你可以让员工拿出一张纸，把当天的工作安排记下来，稍后工作的时候，就不必花时间去考虑接下来该做什么了。

另外，在列工作清单的时候，要按照事情的重要程度给他们安排次序。要是事情较多，就把最迫切的定为“甲类”，次要的定为“乙类”，再其次是“丙类”，或者可以用不同的颜色的笔来分类。

2. 要让员工明白他每做一件事的目的是什么，要达到什么样的效果。员工如果能够带着目的去做，就可以大大地提高做事的效率。比如，员工在给客户打电话的时候，要让他弄清楚打电话的用意。如果要谈好几件事情，那就先用笔将之记下来，然后再照着谈。

3. 让员工有效地利用起零碎时间。在一些大城市中，很多员工每天早上上班要花一个小时在高速公路或者火车上面，而下班回家则又得花一个小时。针对这种情况，要引导员工考虑两个问题：第一，能否缩短交通时间？第二，能否有效地利用交通时间。如果能合理地引导，就能让员工发现不浪费这段时间会获得多么宝贵的益处。

当然，让员工善于利用时间，并不是必须要求员工每一刻都要埋头苦干，也可以让员工在工作之余抽时间来稍作休息，这样可能会使他们稍后将工作做得更完美。

第196天　让员工养成及时报告工作的习惯

让下属及时反馈工作信息，可以避免一些不必要的错误或损失。

——俞敏洪

及时让员工作工作报告，并反馈给管理者，也是提高执行力的一个关键。生活中，凡是管理者不断地向员工催问工作进程的部门，出现错误的可能性就越大；而让员工提前提交工作报告的管理者，则能带领员工将工作进展得比较顺利。

那么，在日常管理中，管理者如何才能让员工养成写工作报告的习惯呢？

1. 管理者可以具体制作一张表格，将工作具体量化、数字化，让员工每天根据自身工作的完成情况坚持填写，并及时交上去，时间一长，员工就自动养成习惯了。

2. 如果是口头报告，管理者要让员工每天在规定的时间对其工作的实际情况进行报告。管理者在听完报告后，要对员工的工作情况给予评价，工作完成得好的，可以给予适当的表扬；工作效率慢的，要及时帮他找出原因，并予以改进。久而久之，员工就将此养成一种习惯了。

3. 员工进行报告后，管理者要对其下一步的工作进行计划和安排。这样才能让其在适当的压力下，保持弹性的工作状态。

总之，让员工养成及时报告工作的习惯，可以让企业避免发生许多失误或者错误，同时也能够使企业的决策更加合理化。

第197天　汇报工作要实事求是

平和与豁达是很重要的一种人生态度。

——俞敏洪

在管理过程中，一些员工在汇报工作的时候，经常会出现谎报的情况。员工之所以不能如实地向管理者汇报工作实情，主要是害怕管理者因听到不好的消息而发怒或生气。于是，“好消息往上传得快，坏消息永远传不到上头”是多数企业的通病。

面对这样的情况，管理者需要做的就是在员工无论汇报什么样的消息的时候，都能够保持心平气和的态度，以消除员工的恐惧心理。同时还要鼓励员工如实汇报工作，如果能这样的话，再坏的消息都能够在第一时间内传递到你的耳中。

当然，人都是有情绪的，谁都不愿意听到坏消息，在听到坏消息的时候，都难免会生气甚至发怒。但是管理者一定要明白，你处于管理者的位置，坏消息对你来说是十分重要的，它能让你及时地发现自身工作的漏洞，发现工作问题。如果你能及时得知这样的消息，就能及时采取有效的措施进行弥补或者补救，避免给企业带来更大的损失。如果你随时能够静下心来听取下属或员工的汇报，不动不动就责骂员工或下属，而且还善待如实汇报工作的员工的话，那么，任何消息都能无阻碍地上传到你的耳中。

第 198 天　用流程解决共性问题

世界上没有一劳永逸的事，问题总是千姿百态，层出不穷，但我们永远应该做制造印钞机而非手工打制铜钱的事情。遇到问题，多问几个为什么，找到根源，用系统的解决方案根除它，才可以为组织不断增强免疫力和提升工作效率。

——李彦宏

在管理界，一直流传着这样一句话：一流的企业卖标准。何谓“标准”？主要是指被人们所公认的最佳的流程与规则。如果你能较早地将一件事情流程化，并且这种流程被大家所普遍接纳，你的流程就变成了统一的标准。

百度公司总裁李彦宏说，遇到问题，多问几个为什么，找到根源，并用系统的解决方法去根除它，就可以为组织不断增强免疫力和提升工作效率。这句话其实是告诉管理者，要努力去做一个系统性思维的人，要学会及时发现工作流程中的漏洞和不足，并及时规范流程。比如，酒店会为服务员清扫房间的步骤设计一个标准化的流程，以确保服务的质量如一；超市会为自己的供货物流设计精准的流程以尽可能减少库存……小到一段程序，大到一部法律，我们的生活中都充满了流程化的产物。同样地，任何一项工作都是一个系统的流程，在企业内部，你的工作流程难免会不健全或者不能对接，那么就极容易出现效率低下或者使工作出现一系列的难题。在这样的情况下，管理者就要及时改进工作流程，以使一些问题得到有效的解决，提升员工整体的执行力。

第 199 天　不要轻信报喜不报忧的话

谎言往往披着美丽的外衣，我们要时时提防。

——俞敏洪

在管理过程中，你是否知道下属或员工经常有意或无意地掩盖事实，在汇报工作的时候，经常报喜不报忧？比如，“老板，这次的工作任务已经圆满地如期完成了，每个员工都表现得很好，都希望下一次能接受一次更具挑战性的任务。”

“是吗？有没有详细的工作记录，细节问题都做到位了吗？每个员工都真的表现得很积极吗？”

如果遇到这样的情况，作为管理者，这样的询问还是不够的。聪明的管理者应该派人到私下里进行调查，并让下属提交一份真实的工作进程报表，然后再认真地检验工作结果，看看事实与下属汇报的是否相符合。

即便员工的报告不是完全地捏造，仍然有部分属实，你也不能够接受，因为这样会养成他们欺瞒管理者的习惯。

一个真正优秀的管理者，在听取下属汇报工作的时候，都会认真地考虑，仔细地调查事实，不会被看似美丽的谎言所蒙蔽。同时，也不要只听取一面之词，要听取其他人的工作汇报，以多人的谈话结果作为事实依据。如果企业管理者做到了这一点，就不会因为随意听取谎言而误了正事。

第 200 天　对企业的运营要了如指掌

凡是拥有主动心态的人，都比较容易成为出色的管理者。

——俞敏洪

很多企业执行力低下，就是因为用了空降兵，对企业的流程缺乏实战经验，也缺乏必要的了解，不了解下属或员工的能力、个性等，也无法对员工的工作进行合理的安排。

作为管理者，你是否亲自参与企业的运营，你是否对企业的运营状况了如指掌？如果回答“是”的话，那么就说明你是一个合格的管理者。

华为公司长期以来形成了一个好的习惯，每一个管理者在入职之前，首先要下工厂，参与每道工序的具体操作工作，这样才能更好地指导下属工作。管理者亲自参与企业运营与不亲自参与，其所产生的感受是不同的。

作为企业的管理者，你是否只是一个发号施令的人呢？你是否真正深入到企业内部去了解公司和企业的真实情况和员工的心理状态呢？你是否经常问一些一针见血的话，迫使手下思考问题，探索答案？如果你的回答是否定的，那么，你还是多深入到基层那里去工作一段时间，多了解企业的实际情况，再着手进行管理吧！对管理者来说，这也是提升团队执行力极为关键的一个步骤。

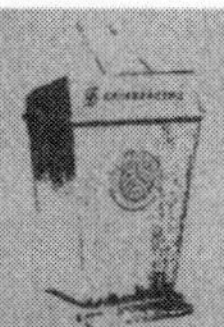

第8章 企业文化课

第201天 企业文化具有强大的精神力量

企业文化的外在表现就是平时我们所说的企业风气。有什么样的文化就有什么样的风气。换言之，当人们的文化观念与社会发展相一致时，就是正风正气，反之，就是歪风邪气。

——周建波（北京大学教授，经济学博士）

什么是企业文化？从企业的发展历程来看，企业文化是企业在创业和发展的过程中所形成的物质文明和精神文明的总合。企业文化一般决定着企业员工的价值取向和行为方式，在企业中，它具有强大的精神力量：凝聚力、激励力、约束力、导向力、纽带力和辐射力。可以说，企业文化就是企业的灵魂，是推动企业不断向前发展的不竭动力。

世界500强企业之所以能够胜出其他公司的根本原因，就在于其善于给企业文化注入积极的因素或者活力。企业文化在企业内部能发挥巨大的精神威力，是企业内部所有员工所依赖的“路径”。一个企业拥有什么样的思想观点，其内部的员工就会有什么样的行动，而员工的行动则决定着企业的发展方向与效益的好坏。积极的企业文化对员工有着积极的价值导向，而消极的企业文化则对员工有着消极的导向，那就必须要对企业文化进行改造和创新，植入积极的因素，以带动企业不断向前发展。

当企业文化形成之后，其就是推动企业不断发展的润滑剂，推动企业长期稳定地发展。企业文化对该企业的道德、规范以及习俗等会产生长远而深刻的影响；同时，企业文化也能够增强企业的无形资产，推动公司品牌的提升。许多国际知名公司的品牌无不来自其背后具有强辐射力的企业文化的支持。比如可口可乐的美国文化、轩尼诗的爱情文化、劳斯莱斯的贵族文化、万宝路的牛仔文化、白兰地的田园文化、麦当劳的温情文化等。所以，管理者在企业发展的过程中，一定要注重积极的企业文化的塑造，让企业文化为企业的发展服务。

第 202 天　建立员工认同的企业文化

缺少大家认同的企业文化，就无法形成凝聚力。

——北大光华管理学院管理课理念

作为管理者，你要时时扪心自问：企业内部有没有令员工共进共退的发展目标？有没有经常与员工分享思路与价值观？有没有一种能让员工充满激情的工作氛围？如果你的回答是否定的，那么，你的企业就缺乏一种员工认同的企业文化，这也是造成企业内部执行力弱的一种重要原因。

一个缺乏员工认同的文化的企业，是无法形成强大的凝聚力的，更无法从根本上激发员工的工作积极性和创造性，那么，其执行力自然就弱了。

管理者要明白，随着现代市场经济的发展，企业最高层次的竞争，已经演变为一种文化的竞争，最为先进的管理思想是用文化进行管理的。但是，如果员工无法认同企业的文化，只会形成内耗，大大降低执行力。在一些企业，每个员工表面看起来都很有力量，但由于方向相异，所以合力很小，在市场竞争中将显得十分脆弱，企业的整体执行力就相对地变弱了。

海尔总裁张瑞敏谈到自己在企业中的角色时说：“第一是设计师，使组织结构适应企业发展；第二是牧师，不断地布道，使员工接受企业文化，把员工自身价值体现和企业目标实现结合。”可见，加强员工对企业的文化认同感，并将之转化为他们自觉的工作行为，对企业文化建设是多么地重要。

第 203 天　如何建立员工认同的企业文化

对学生的让利使新东方获得了口碑，对员工的让利让新东方守住了人才，对管理者的让利实际上是形成新东方强大团队的根本原因。

——俞敏洪

建立员工认同的企业文化可以有效地提高员工的凝聚力，也是提高执行力最根本和最有效的途径之一。企业文化的建立是一个长期发展的过程，管理者如何才能建立让员工认同的企业文化呢？

主要可以从以下几个方面努力：

1. 管理者要对原有的文化进行积极正确的评估。欲想建立员工认同的企业文化，就必须要对企业原有的文化进行科学的评估。企业文化是历史的沉淀和时代的产物，会随着企业的发展而发展，经历了如此多的风风雨雨，员工对企业文化会有许多自身的看法。管理者要在对原有企业文化状况进行准确定位的基础上，建立员工认同的企业文化。所以，管理者只有通过分析，科学地评估企业文化的实际状况，并广泛地听取员工的意见和建议，才能更有针对性地制定出适合企业、能够为广大员工认同的企业文化。

2. 确保高层管理者全力投入。在一个企业中，高层管理者一般承担着企业文化建设的重担。常言道："正己然后可以正物，自治然后可以治人，德高方能望重。"一些企业高层管理者总是感觉企业文化是拿来激励和约束员工的，这种看法是错误的。企业文化更是来约束和激励管理人员的，再者，高层管理者作为企业文化的建筑师，其一言一行对企业文化的发展都起着极为重要的作用，所以，高层管理者一定要全力投入，成为企业文化的主要传播人和构建人。

3. 全力发动全体员工参与企业的文化建设。很多管理者认为，高层管理者是企业文化的构建师，所以，就认为企业文化是领导文化、高层文化、管理者文化，这些看法其实都是片面的。企业文化并非只是高层的一己之见，而是企业整体文化的价值观和行为方式，只有广大员工共同地参与其中，才能得到认同，才是有价值的企业文化。

对于此，管理者要广泛地征求广大员工的意见和建议，让全体员工共同地参与进来，共同探讨公司的文化，取得对原有文化糟粕和优势的认知，并采取扬长避短的方法，保留原有企业文化的优点与精华，对其进行广泛的宣场，让全体员工明白公司企业文化是如何产生的，这样才能形成文化认同感。

同时，企业文化的理念确定后，管理者要对其进行导入，将之与员工日常的工作结合起来，将理念转化为切实的行动，这样才能使企业文化产生巨大的效能。美国社会心理学家勒温认为，当改革遇到阻力时，如果采取高压手段，可能一时平息，但反抗者会积聚力量，卷土重来。管理者需要注意的是，在导入企业文化的时候，不能够采取强压式的政策。可以先让广大员工结合自身具体的工作进行讨论，明确企业为何要树立这样的理念，应如何改变观念上的认知，如何进行改善和提高，从而使自身的工作与企业文化紧密地相结合。

第204天　将“以人为本”作为管理理念

要将“以人为本”作为管理理念执行终生。

——俞敏洪

北大光华管理学院管理课指出，管理其实就是管人加理事。管理者必须要以“人”的管理和使用为根本，以打造独特的企业文化为核心，在增强企业发展的动力上下功夫，在增强企业核心竞争力上下功夫，在增强企业的凝聚力上下功夫。而要做好这些方面，首要的是管好“人”。要坚持以人为出发点和中心，围绕着激发和调动人的主动性、积极性和创造性展开，以实现以人与企业的共同发展为目标的一系列的管理活动。

“以人为本”的基本管理思想就是：人的发展是企业发展的前提。员工的聪明才智是企业重要的知识资源，它的开发程度决定着企业能否持续发展。所以，企业管理要以人的全面发展为核心。要知道，人作为企业中最基本的要素，是能动的，与环境有着交互作用的。企业管理者只需要创造良好的环境，便可以有效地促进人的发展，从而带动整个企业的发展。同时，个人目标与企业目标也是可以相互协调的，我们完全可以将企业变成一个学习型组织，使员工在实现企业目标的同时，也实现个人的目标。所以，在企业发展的过程中，管理者一定要及时了解员工的心理需求，使企业目标更能够体现员工利益或者员工的目标。

当然，要做到“以人为本”的管理理念，还应该努力遵循以下的原则：

1. 重视人的需求。
2. 鼓励培养员工，以实现个人的全面发展。
3. 组织调节以人为中心，努力使个人目标与企业的目标相吻合。

这些原因在企业管理中应概括为四个字：知人善用。当然了，用人主要包括尊重人、信任人、理解人、关怀人、激励人。而善用是指用人的合理性，即用其所长、用其所思、用其所愿，还应当用其当时。

第 205 天　企业文化是企业发展必不可少的要素

管理者唯有了解企业文化的重要性，才能彻底去重视企业的文化建设。

——北大光华管理学院管理课理念

企业文化是企业发展过程中所必不可缺少的要素。我们知道，健康、积极的企业文化，可以有效地提高员工的执行力，为企业带来利润，也能为企业未来的发展指明道路。

通常情况下，企业文化对企业发展的意义主要表现在以下几个方面：

1. 制定和实施管理制度的需要。优秀的企业文化是企业管理制度的有效的补充，它是比制度更为温和的管理，能起到管理制度所不能及的规范和约束的作用。

2. 企业参与市场竞争的需要。良好、健康的企业文化能够起到较为积极的作用，能够为企业提加利润，减少费用支出，提升企业的品牌力量，增加产品的价值，从而从根本上增强企业的竞争力。

3. 留住人才的需要。企业内部如果有较为积极的文化，会使企业员工产生较为稳定的归属感，从而能够吸引和留住人才。

管理者如果懂得了企业文化对企业自身发展的重要性，那么，就应该在企业发展的过程中时时注意用心去构建和丰富企业文化，增强企业软实力的同时，也增强企业的外在竞争力。

第 206 天　企业文化需要创新

一成不变只能老化，企业文化也需要不断创新。

——北大光华管理学院管理课理念

在现代社会之中，企业的文化可以称得上是企业的灵魂，是企业竞争的核心。但是随着市场的不断变化，企业文化也是需要随着企业的不断发展变化创新的。

自古以来，中国人都有“谦受益，满招损”的道理，很多人对此也都心知肚明。但事实上，能够真正做到谦逊的人却少之又少。一些企业在取得自身的发展后，会不自觉地排斥新文化、新观点与新理念，而这势必会阻碍企业的进一步发展。所以，管理者必须要跟上时代的步伐，在管理创新的同时，还应当对企业进行必要的文化创新，将现代优秀企业文化融入到企业的文化之中，从而实现企业的可持续发展。

说到美国通用电气公司，相信很多人都不会陌生，该公司目前在全世界很多国家都设有生产基地，拥有 250 多个工厂，员工达到 30 多万。可以说，无论是销售额还是知名度，抑或是大众对其品牌的信赖度，在国际上都是名列前茅的。

中国有句俗话叫：变则通。只有不断变化，公司才能不断找到新的出路、新的活力。美国通用公司之所以能够如此长盛不衰，和它不断变化的企业文化是分不开的。

其实早在 1981 年，美国通用公司并不算很出众，它的生产增长率与日本的同类企业相比低了很多，就连原本在技术方面的领先地位也日渐不保。不久后，韦尔奇接任了总裁的位置，他认真地研究了企业的内部形势，发现了企业止步不前的根本原因。原来，很多员工还在用旧眼光看待通用的发展，他们认为自己的企业仍然是世界上独一无二的，甚至是不可超越的，那些发自心底的骄傲感使得他们看不到危机，摸不清方向。认识到这一点后，韦尔奇开始在企业文化上进行改革，创建了一整套企业文化管理模式。

他不断向员工们灌输这样的理念：世界不断在变化，市场不断在变化，因此我们也必须变革。我们现在必须认清自己的能力，认清市场的形势，从而把握自己的命运。他的目的在于让每一个员工都认识到“变革的必要性”。

韦尔奇还提出了著名的“青蛙效应”：将一只青蛙放在温水中慢慢加热，那么它会安静地死去；但如果你将它放在滚烫的开水里，它却会本能地跳出来以免一死。韦尔奇告诫员工，通用电气公司不能像温水里的青蛙一样得过且过，否则必定面临失败。

这项改革经历了 5 年的时间。在这 5 年里，韦尔奇顶住了来自各方面的压力，努力地让企业文化靠近企业发展的方向，并让员工们适应和认同这一点。

正是因为韦尔奇对该公司的企业文化作了成功的改革，通用电气公司才会有今天不菲的成就，并创造多项世界奇迹。所以，现代管理者也要能够积极从中吸取经验教训，注重企业文化的创新，让它时刻保持活力，顺应时代的发展变化，从而推进企业不断向前发展。否则，一成不变的企业文化只会让企业陷入困境。

第207天　企业文化的创新要从哪些方面努力

构建先进的企业文化，首先要学会融合互补。

——北大光华管理学院管理课理念

管理者都明白，现代企业的竞争其实质上是文化的竞争，是企业积极文化与消极文化的竞争，是开放文化与保守文化的竞争。于是，企业文化要讲求不断地创新、发展。那么，企业文化的创新发展，需要从哪几方面入手去做呢？

1. 进一步强化企业原有优秀文化与现代文化的有机融合。要使企业文化实现创新性发展，而不被现实淘汰，首要的一点就是要将一些先进的现代文化理念融合到企业原有优秀的文化中去，以消除其原有的消极的文化。比如，对于家族式企业来说，其“家”文化具有很多保守性与消极性，如排外、唯亲、集权、专断的特征，现代的企业文化则倡导快速、学习、创新、融合的理念，后者显然要比前者更具生命力，更具积极、开放的特性。因此，家族企业文化要融入现代的企业文化因素，就必须要对原有的家族的血缘文化进行理性的变革与客观的保留与摒弃。

2. 强化企业原有文化与人本文化的有机融合。人本文化则强调从人的本性，如人的需求、发展、心理平衡为出发点，以关心与满足人性为基础，是能够激发人的积极性、主动性与创造性的企业文化。它是一种积极的文化，为此，管理者就要广泛地吸纳这种文化，将其融合到企业原有的文化中，尤其是家族式企业，其企业文化相对较为封闭，且家族的内部成员普遍具有优越感，甚至任人唯亲的心理态势较严重，不利于吸引外来人才的加入，也不利于企业内部高凝聚力的形成。管理者如果能将人本文化融入其中，才可能在企业内部构建平等、和谐的人文氛围，真正做到对内以全体员工为本、对外以顾客、用户为本，大力提倡平等、公平、公正的文化意识，通过与非家族成员之间的真诚的沟通，达到和谐共处的状态。只有这样，企业内部的员工才会感到自己才是企业真正的主人，才会认同企业的价值与企业的长远发展目标，从而发自内心地去为企业发展贡献出自己的力量。

第 208 天　文化能够造就企业的品牌价值

具有卓著成效的品牌加上优异的文化底蕴，这无疑为新东方不断地壮大与发展打下了坚实牢固的基础。

——俞敏洪

文化促进了人类文明的发展，是人类社会发展过程中的重要内容与精神动力。同样地，文化对于企业品牌价值内涵的提升也是十分重要的。品牌是企业的核心竞争力，企业的品牌谛造要依托于企业的文化内涵，文化与品牌的合一即为企业的品牌文化。

所谓品牌文化，就是指企业通过建立一种清晰的品牌定位，并在这个基础上利用各种内外部传播途径形成受众对品牌的高度认同，最终形成一种文化氛围。很多企业就是通过这种文化氛围形成了极强的客户忠诚度，为自身带来源源不断的活力。这种忠诚度是物质与精神的合二为一，是对品牌文化的总结，可以为企业创造潜在的价值。更加有趣的是，品牌文化还代表了一种人群的生活方式、价值观与个性。例如：星巴克是咖啡的品牌文化，这种纯正的咖啡文化凝聚了一批喜欢咖啡的忠诚顾客，他们会认为，享受纯正咖啡就一定要到星巴克，这是顾客对咖啡文化的认同。

营销专家黄相如指出："一个企业的品牌能够在众多的品牌中脱颖而出，首要的一点就是这个品牌是否具有自身鲜明的文化个性与特色。一个高品质的品牌，除了品牌自身的高科技含量、经营模式与服务特性之外，更多的是要以其深厚的丰富的品牌文化积淀去打动和吸引消费者，同时要带给消费者美的愉悦与感受。一个企业的好的品牌，首先要将它扎根于深厚的企业文化之中。"这是提升企业品牌价值，提高企业竞争力的有效方法之一。

第 209 天　为品牌穿上文化嫁衣

品牌只要穿上文化的嫁衣，企业就能焕发出新生的力量。

——北大光华管理学院管理课理念

在知识经济时代，技术与品牌是企业的核心竞争力，企业文化是打造强势品牌并影响企业成败的关键因素。企业在其发展的过程中，管理者一定要将打造企业品牌文化放在显要的位置，坚持品牌文化路线，创造品牌价值。

红蜻蜓鞋业品牌在中国家喻户晓，它的成功就是将品牌穿上了文化的嫁

衣。依照常理推想，鞋业与邮票应该是八竿子打不着的，但红蜻蜓偏偏就让两者融合到了一起。2003年10月，当时的红蜻蜓鞋业集团在中国并不是特别知名，但它的一个举动彻底开创了一个新局面。红蜻蜓与中国邮政部门联合推出了中国鞋履文化邮票，并在中国国际轻工博览会上举行了首发仪式。该邮票最为特殊的是，票面上印有不同时期不同民族的各具代表性的鞋履图案。有中国最古老的鞋——周朝的“舄”，有清朝的“高跟皮金莲”，有元朝的小脚鞋，甚至还有距今已4000多年历史的“世界第一靴”的楼兰羊皮女靴等。邮票一经发行，便引起了很多人的关注，同时人们也开始注意到这个叫作红蜻蜓的鞋业品牌。毫无疑问，这些邮票的发行，为红蜻蜓鞋业注入了新的文化元素，为企业的进一步发展奠定了基础。

推出鞋履文化邮票并不是红蜻蜓集团的一时之举，几年来，红蜻蜓集团一直致力于打造高起点、高品位的文化品牌，坚守“品牌开路，文化兴业”的发展战略。另外，企业更是投入了大量的人力、物力以及财力，在中国鞋文化的发掘与创新上面，还设立了第一家鞋文化研究中心，创建了第一家鞋文化展馆，编辑出版了第一本中国鞋履文化专项辞典，为中国的鞋业从“数量时代”、“质量时代”逐步向“文化时代”过渡贡献出了自己的力量。

红蜻蜓鞋业集团与文化的接轨，不仅让人们了解了中国博大精深的鞋文化，更成功地推出了企业的品牌，获得了巨大的利润。

如今的红蜻蜓鞋业已经红遍了中国的大江南北，它凭着独有的鞋履文化创造出了企业的高品质品牌，为企业日后的发展积累了雄厚的实力，也为企业赢得了广大忠诚的客户。

当然，这并不容易做到，管理者可能会面临诸多困难，也需要突破许多环境的局限性。因为品牌文化的建立不是一蹴而就的，是需要较长时间的培育和建设的，这需要管理者一定要拥有足够的耐心，将品牌置于深厚的企业文化之中，那么，企业所获得的收益就不止一点点。

第210天　如何建立一个好的品牌文化

一个好的品牌文化，首先应立足于现实。

——北大光华管理学院管理课理念

好的品牌文化可以使企业焕发出新的活力，那么，对于管理者来说，如何才能建立一个良好的文化品牌呢？具体来说，需要以下三个步骤：

1. 对市场进行充分的调研和考察。俗话说：知己知彼，百战百胜。企业要想在市场上立足，就必须充分把握和认识市场，并结合自身的优缺点来适应市场，如此才能充分调动自身的积极性，才能明确应该努力的方向。如果不经过市场调研而盲目创立品牌，是十分危险的。细致地来讲，市场调研应该从三个方面入手：市场环境、消费者及其他同行业的商家。只有弄清楚了这些因素，才有可能顺利完成创立品牌文化的第一步。

2. 给品牌一个准确的定位。中国的文化博大精深，如何让企业有一个正确的文化定位是十分关键的。我们以服装业为例。在古时候，人们对服装的概念仅仅停留在保暖上，随着文明的进一步发展和人们生活水平的提高，又开始注重其质量的好坏。发展到现在，服装所能体现和承载的文化也越来越多，人们开始从衣服上寻找地位、气质、美感、形象，等等。因此，管理者想要立足，品牌定位是根本。

3. 建立组织架构。做好前两步工作后，接下来的事情就是企业的运营及对品牌的宣传了。企业管理者首先要树立品牌文化战略意识，这是需要全体员工的共同努力，产品的设计人员、生产人员、销售人员、管理人员等都需要在自己的岗位上尽职尽责，精益求精，注重企业的形象，注重品牌文化的建设。

此外，企业品牌文化的内涵，可以以一种品牌文化资源为突破口，带动其他品牌文化资源的丰富和发展，以大客户效应组合推广企业品牌文化；还可以围绕技术领先提升企业的品牌文化；或者以知名品牌组建企业文化，等等。

第 211 天　企业文化要符合社会价值

履行企业责任要符合社会的价值期望。

——北大光华管理学院管理课理念

企业本身是一个经济实体，表明了它具有经济属性即成本与利润；但同时，企业本身也是一个社会组织，也是具有社会属性的。企业生产的产品只有在社会上流通以后，才能体现出其中的价值，而企业要想实现自身的价值，就要承担一定的责任。如果企业只追求自身的利润，不顾社会价值，势必不能得到社会的认可，企业的利润也就不可能持续。相对地，企业自身的文化价值也包括个体文化价值与社会文化价值。其中个体文化价值是首要的，如果企业实现了社会文化价值，将更有利于个体文化价值的实现。

2006 年 10 月，在世界市场中国十大年度品牌颁奖典礼上，中国著名的家族企业“远东”荣获“2006世界市场中国（电缆）十大年度品牌”称号。获得这一殊荣，远东企业的董事长蒋锡培显得非常高兴，而他自己也被称为“2006推动中国品牌国际化50人之一”。

获得这样的荣誉，远东企业是有说话权的。远东总裁蒋锡培创造了太多让人惊叹的业界传奇，他本人不仅是全国劳动模范，还是十六大的代表……仅仅用了10多年的时间，他便将远东从一个家庭作坊式企业，发展成为目前年销售额100多亿元、拥有12家旗下公司的大型股份制企业。那么，这些卓越成就是凭借着什么打造的呢？作为远东控股掌舵人的蒋锡培又凭借怎样的企业家精神开疆拓土？在远东20多年的创业史中，这位商人在创造令人赞叹的物质财富的同时，又创造了哪些令人震撼的精神财富呢？

对此，蒋锡培做出了这样的回答：“企业的社会性是我一直在思考的一个问题。尤其是在企业做大之后，我作为企业的领导人，应该为社会做些什么呢？又该为我的家乡做些什么呢？”蒋锡培深深地懂得：是时代造就了自己手中的财富，因此他总是对这个社会充满感激之情，同时也在企业内部不断地为员工灌输这样的理念。在关注远东发展的同时，蒋锡培向更多的弱势群体伸出了援助之手。十几年以来，他一直在关注着残疾人的事业，每年都会向社会弱势群体、慈善基金以及重大灾区等捐款，总额已达数百万。他还拿出近亿元的资金用于修路、教育、体育、扶贫以及绿色环保等事业。这种回报社会的信念，早已成为远东企业内部不成文的企业文化，每个人都深深受到感染。

从远东的发展可以得知，其实企业与社会是有契约的，只不过这是一种无言的契约。企业不仅要获得自身的经营利润，而且还要符合社会的期待，并承担一定的社会责任。而这种社会责任，通常都在企业的文化之中体出来。

社会总价值需求很容易理解，它最直接的体现便是市场的需求，无论是做什么行业，无论是工业、商业还是服务业，都必须生产或者提供市场所需求的产品和服务。反之，不管再好的产品，如果市场不需要，那么创业者就会面临失败。同样地，企业文化也是如此，企业管理者若想让企业长盛不衰，就必须使企业文化符合社会价值。也正因为如此，我们现在看到的各行业优秀企业的文化都来源于对社会总体价值的部分片断的放大。

第 212 天　让企业充满温情

抱团取暖才更加需要众人拾柴，如果每个人都能从集体的利益出发，同心同德，就一定能度过寒冷的冬天。

——俞敏洪

一个充满温情的企业往往具有极强的生命力。在现实中，无论你是大企业的管理者，还是小企业的老板，如果你希望你的企业人人都能守规矩，仅仅靠冷酷的制度约束是不够的，这样只会打压员工的工作的积极性和主动性。而如果你能在管理过程中适当地融入一些感情的因素，那么，员工就能够在体味温暖的同时，发挥出其积极性和创造性。

娃哈哈集团在中国具有相当高的知名度，它便一直将“家”组织作为企业的经营理念，力求让每个员工都感受到“家”的温暖，如集团十分注重员工生活水平的提高，也总是对员工所提出的建议认真考虑等。正是这种管理方式，使得娃哈哈集团内部形成了“和谐一家”的良好局面，同时也使数万娃哈哈员工以及家族人员，建立起了强烈的企业凝聚力、品牌认同感和职业荣誉心。即使面对天灾人祸，集团内的员工也能团结如一人、坚强如钢铁，这种精神品质比金子还要闪亮，比坚石还要强硬。

一直以来，娃哈哈集团都秉承着“安居才能乐业”的企业理念，仅在杭州，集团已为员工分配住房 1300 多套，发放补贴近 4000 万元，让很多员工都少了许多“后顾之忧”。同时，集团还在海宁建立起了员工公寓楼，以廉租房价格租给外来青年职工，让他们不必为了高房租而发愁。为了给未婚员工提供设备齐全的集体宿舍，集团更是花费大量资金购买了空调、电视机、饮水机等设备。同时为了提高员工们的业余生活质量，集团还十分细致地配备了阅览室、健身房等，方便了员工的生活，提高了员工的归属感，使员工甘愿和公司共进退。如此一来，企业也少了人才流失的担心。

娃哈哈集团正是有效地将“家”文化的理念融入到企业之中，才有了后来健步如飞的发展。在提高企业凝聚力的同时，也大大节约了人力资源成本，提高了员工的归属感，使员工能够与企业同甘苦共命运，共同促使企业不断向前发展。

多数企业的管理者认为，企业内部员工如此之多，必须要靠严格的制度去实施管理，否则将无法提高其工作效率。其实，制度可以用来约束员工偶发的违规行为，而如果能将制度之外的管理融入一些人情味，管理者能够时时一心为员工着想，那么，就会让员工产生归属感、认同感，能够产生强大的凝聚力，大大增强企业的竞争力，企业未来的发展道路也将会越来越好。

第213天　企业文化建设的误区

企业文化建设的误区是影响企业健康发展的绊脚石。

——北大光华管理学院管理课理念

企业文化对于企业经营管理的作用越来越受到重视，员工的使命感与信仰是支撑企业不断向前发展的重要支柱。然而，企业文化的建设是一个长期的过程，它需要管理者在平时的管理工作中一点一滴地不断付出、积累，不断达到完善的效果。那么，企业经营管理者在建设企业文化的时候，要注意以下几点，以防走入误区中：

1. 文化建设不可以急于求成。管理者要明白，企业文化建设是一项长期复杂的系统工程，既不会一蹴而就，也不会一劳永逸。企业文化建设是一个螺旋式循环上升的过程，并且还伴随着企业的发展而发展。只有经过持续艰苦的共同努力，企业文化才能够融入到员工的血流中，落实到员工的行动上。否则，企业文化只能成为一个漂亮的摆设。

2. 企业文化建设不只是一个自上而下的过程。不可否认，在一定程度上，企业文化就是老板文化。但是文化建设除了自上而下的过程，还需要自下而上的过程。在文化建设中，如果能让全体员工共同参与，那么，将会起到事半功倍的效果，这样的文化最终能够得到企业员工的认可。在文化建设方面，管理者可以重点让员工参与以下几方面的工作：凭借其在公司工作的点滴感受，参与文化理念的制定过程；通过对公司提出合理化的意见和建议，帮助管理者改变不合适的做法或纠正不合适的看法。积极参与公司组织的各项集体活动；同时，也要让员工注重自身的行为，成为企业积极文化的传播者和执行者，进而影响其他同事。

3. 企业文化理念要简单明了，通俗易懂。很多管理者在文化建设过程中，在理念的编制方面，只顾求新求异，大有“语不惊人死不休”之势，使文化理念晦涩难懂，使多数员工看不懂，如何深入人心？这样的企业文化无异成为了企业的一种华丽的摆设，起不到应有的作用。实际上，对于管理者而言，不仅要将企业文化理念内化于心、固化于制、外化于行，而且企业文化理念要从员工行为上提炼，通过公司制度进行塑造。

4. 编写文化手册也是文化建设一个极为重要的方面。不可否认，响亮的口头文化理念对于凝聚人心、对外树立形象具有十分重要的作用，但是要注意，我们不能只将文化流于口头形式，还要具体编写成文化手册，以示正规化。实际上，文化手册编制完成之后的实施推广工作更为重要，它消耗的资源很多。改变员工的行为容易，但改变员工的思想却很困难。企业文化的实施不仅需要企业各级管理者身体力行，而且要使管理部门进行精心的组织，各部门大力配合，还要广泛地发动全体员工参与其中，以使企业的管理更为完善，更富人情味。

5. 文化建设不只要依靠宣传来完成。很多企业管理者在文化建设过程中，总会以各种宣传活动为主。座谈、演讲、培训，甚至对文化理念进行考试，通过一系列的宣传，在员工了解企业文化的基础上，再要求他们倒背如流。然而，这样并不能使员工在心理上对企业文化有一个认同感，也无法使他们从内心依照文化去约束自己人。管理者要知道，文化建设不仅仅需要宣传，更需要依靠激励和约束、利益共享来实现。要让员工明白遵循企业文化理念对于企业自身发展的好处，让员工感受到自身和企业是利益共同体。要做到这一点，就需要对公司的分配等重要的制度依照文化理念进行修改，让“文化”长上“制度”的腿，让员工在深入认可和理解的基础上，切实将之落实到行动中。

第 214 天　将不成文的规矩制度化

企业文化归根结底主要决定着员工在企业中的做事方式，它直接决定企业管理的优劣。

——北大光华管理学院管理课理念

在现实生活中，“企业文化”一直被用来描述当人们在一起工作时所显现出来的群体性的特征。然而，真正驱动一个企业的文化的东西，是那些不一定要说出来，但是多数员工在私下里都能够心神领会的规矩。

企业文化有许许多多理论上的解释，这些解释尽管各有各的道理，但多数情况下都缺乏必要的实际意义，多数管理者往往要将企业文化看作是大而无用的概念。如果沿着这条道路走下去，管理者便会在企业文化建设上感觉无能为力。他们中的许多人认识到自己的企业文化正在阻碍自己的业务发展，但却无从下手去改变局面。当然了，这种无力感有多种表达形式，其中之一便是，尽管很多企业都将自己的价值观念写进令人印象深刻的书面材料中，但是企业员工在具体做事的时候，其行为却同这些价值背道而驰。

这样造成的结果为：员工的文化陷入恶性循环之中，因为员工已经很清楚，公司的价值宣言并不能客观地反映现实。上级在下级心中的威望日渐降低，玩世不恭的情绪开始猛烈地增长，言行之间的鸿沟日益地增大。

简单地说，企业文化不是别的，就是人们在一个企业当中做事的方式。而这种方式往往会以不成文的规矩的面目出现。比如，一些企业的员工认为，在开会的时候提建议是无用的，因为即便是提了意见，也不会发生任何事情；老板和员工说话的唯一机会便是你做错了事情；公司强调客户至上，但是员工却明白，这些都是无关紧要的，内部的官僚程度才是至高无上的；公司工作不力，却找借口说他们的上司束缚了他们的手脚；公司召开全体会议时，员工都认为最好是低头不语，贡献太多会导致一些额外的工作，还会让其他同事挑刺……这些不成文的规矩对任何团队的工作表现都存在巨大的影响，可以说它是人们对自己工作感觉的首要界定因素，会大大地影响员工工作的积极性和挑战性，也影响了企业的整体执行力。针对这种情况，管理者只有让不成文的规矩浮上水面，并且还要努力形成积极的不成文的规矩，企业文化概念才会在管理者手中落到实处，成为一种可以被掌控的东西。

第215天　注重感情投资的管理者深得人心

只有注重感情投资的管理者才能深入人心。

——北大光华管理学院管理课理念

聪明的管理者都非常重视对下属的感情投资，他们明白感情投资也许不会立竿见影，马上见效，但绝对不会吃亏。因为感情投资不需要多少金钱，但其效果却远比金钱的作用来得大。

作为一名管理者，要想让下属理解、尊重并支持自己，就必须学会关心、爱护他们，这是进行感情投资时首先应该注意的问题。因为只有如此，才能使下属与自己的心贴得更紧，才能使他们更加拥戴和支持自己，才能使他们对工作尽心尽力，才能给予你更大的回报。

周强是上海一家电子厂的普通员工，上个月他突然接到家里人的电话，得知父亲患了胃癌，急需要一笔医疗费。这对于本来不富裕的周强来说无疑是雪上加霜，一时也不知道该怎么办。

在无奈之中，周强便主动找了自己的老板，希望能够预支一些工资。王总了解到情况后，二话没说就让出纳给他付了20000元，并嘱咐周强千万不要因为这些钱背什么思想包袱，救人要紧。

虽然事后周强的父亲因病情加重去世了，但周强却始终对王总感恩戴德。一年后，由于市场竞争激烈，王总的工厂效益很是不好，勉强维持着。就在此时，周强的一位在菲律宾的远房新戚要来大陆投资办厂。周强就在中间周旋，竭力地介绍亲戚与王总认识。两人交谈后，周强的亲戚认为王总是个讲信用的人，经过实地考察后，就决定将钱投在王总的工厂中，并且还带来了大批新式鞋样、成套设备和许多订单。就这样，王总的工厂在外资的帮助下又起死回生，并且生意越做越大。

王总明白，这也多亏了周强的帮忙。

有投入才会有产出，有耕耘才会有收获，不行春风，哪得春雨？感情是维系人际关系不可缺少的纽带。作为一个管理者，要想让下属理解、尊重、信任和支持你，并忠心地为企业效力，首先要懂得如何理解、信任、关心和管护他们。因为人都有让他人尊敬重视自己、关心体贴自己、理解信任自己的心理渴望。如果管理者能够注意到这一点，并且身体力行，那么企业中将会出现亲切、和谐、融洽的气氛，内耗就会大大地减低，凝聚力和向心力也将会大大地增强。

第216天　将工作当成一种使命

把工作当成一种使命，那我们的生命才会更有意义。

——俞敏洪

使命感是一种促使人们积极采取行动，实现自我的信仰和人生目标的心理状态，是决定人们行为取向和行为能力的关键因素，是人的内在的永恒的核心动力。一个人的使命感越是强烈，那么，其人生希望也就越强烈，其工作激情与生活热情越是强烈。对工作有强烈使命感的人，是一个自觉的人，一个奋力向上的人，一个百折不挠的人，一个任劳任怨的人，是一个坚强不屈的人。管理者如果能将工作当成一种使命，那么就可以有效地带动企业内部的员工形成一种积极向上的文化氛围，有效地提高员工对工作的积极性和创造性。

将工作当成一种使命感，可以最大限度地焕发出员工对工作的热情和热望，他会不畏惧工作中的任何挑战，对工作会更为努力和勤奋。只有拥有这样的工作态度，才能够获得工作所给予的更多的回报，也才能带动整个企业向良性方向发展。

在面对德国奔驰和宝马的时候，很多人一定会感受到其公司产品的那种特殊的技术美感：从高贵的外观到性能良好的发动机，几乎每一个无可挑剔的细节都极好地体现了公司人对完美产品的无限的追求。因为高品质，德国产品在国际上几乎成为“精良”的代名词。日耳曼民族素以严谨、认真闻名，正是他们这种独步天下的严谨与认真，造就了德国产品的良好口碑。

他们的动力主要来自哪里？答案就是对职业的虔诚，我们只需要用虔诚来看待自己所从事的工作，并将这种虔诚完全地融入到产品的生产过程中去，那么，就能够生产出“精良”的产品来。用海尔总裁张瑞敏的一句话：什么叫作不简单？能够将简单的事情做好就是一种不简单。什么叫作不容易？大家所公认的非常容易的事情，如果你能非常认真地做好它，就是一种不容易。

很多情况下，工作是上天赋予的一种使命，出于这种神圣感，每个人都应该尊重自己的工作，这种精神就是敬业精神。每一位管理者唯有对自己的工作具有神圣的使命感，才能够将自己的生命信仰与自己所从事的工作视为自己生命的信仰，才能够真正地掌握敬业的本质。

第 217 天　宽容地对待你的员工

新东方是一个相当活跃的群体，里面的大多数人才对我都毫不客气。无数“狂妄”的教师可以当面批评指责我，也可以在课堂上拿我“开涮”。这种下属随意公然批评领导的情况在别的企业公司是不可想象的。然而我却接受了，并乐于与这一群“恃才傲物”的才子们相处。我之所以能笼络这群“怪物”为新东方效力，靠的正是无限的宽容。

——俞敏洪

管理者与下属或者员工相处的时候，一定要有宽广的胸怀，具有容人的雅量。面对员工的错误，不是一味地指责和批评，而是要给予积极的鼓励，并给予积极的支持，还要为员工提供必要的资源助其顺利地开展工作。对于那些工作积极度极低的员工，管理者应该给予必要的激励，并教他改进工作效率，帮助他消除影响任务实现的障碍。这样才能充分发挥每一个员工的才能，合理地安排每位员工的岗位，做到人尽其才，才尽其用，与下属或员工打成一片，从根本上提高团队的凝聚力和工作的效率。

“宽容”的核心是“宽恕”和“容人”，这对于企业管理者具有十分重要的意义。一般情况下，管理者的度量也就决定了领导的成熟度，它标志着管理者的自信心与迎接挑战的能力。一个宽容的管理者，其结果就是能够有效地创造出对管理者与被管理者之间的和谐关系，创造出一个下属或者员工最大限度发挥其工作积极性的良好的环境。

在协调上下级关系的问题上，管理者如果缺乏宽容的力量，那么就会受到员工的孤立甚至敌视，将大大不利于企业内部和谐文化的形成。

当然，管理者的宽容，还表现在管理者能够积极地听取员工的不同的意见或建议，并能够容纳属下或员工不同的观点，这能够大大地激发员工的工作积极性和主动性。关于这一点，索尼公司就做得很好。索尼企业在内部倡导每位管理者要学会尊重每一位员工，要善于听取他们的不同的意见和建议，使他们人尽其才，激发每位员工的工作积极性。索尼总裁盛田昭夫曾经说过：“管理者要给每位员工充分的自由，要他们放手去做任何自己认为对的事情，即便是犯了错误，也可以从中吸取经验教训，使自己以后不再犯同类的错误。”这些都体现了索尼公司管理者的容人之心与对员工宽容的工作态度。这样，他们才能够大胆地让员工发挥其自主意识与创新精神，十分有利于调动每一位员工的聪明才智。

第 218 天　宽容但不能姑息

宽以待人是对的，但并不意味着要纵容员工的错误行为。

——北大光华管理学院管理课理念

在现实的管理过程中，对员工宽容是十分必要的。但是，管理者也要注意一点，宽容并不意味对恶人横行的迁就和退让，也非对自私自利的鼓励和纵容。当员工犯了原则性的错误或者严重地违反公司的规章制度的时候，管理者一定要采取有效的方法给予警告或者惩罚，让其予以纠正，并起到震慑其他下属的作用。

不可否认，工作中，每个员工都有可能会遇到情势所逼的无奈，不可避免地会失误，会因为大意而出现考虑欠妥的差错。我们所讲的对下属宽容，就是以善意的态度去关心员工，去对待员工的缺点或者失误。但是，宽容绝不意味着无原则地姑息和放纵。

比如，对于一些犯错误的员工，第一次一些管理者为了激励他，原谅了他的过失，并给予积极的指导，但他对管理者的指导熟视无睹，仍然粗心大意地再次犯错误，这个时候，管理者就要采取一定的惩罚措施给予警告，强制他改正自身的错误。

工作中还有一些员工犯了错误之后，管理者给予其及时的提示，但是其仍旧据理力争，死不认错。对于这样的员工，管理者就要拿出具体的制度或者是其他的惩罚措施给予强制纠正了。

第219天　抓住员工的心，才能让企业快速成长

你只要将人心抓住了，就什么都有了。在新东方这样的团队里，任何技术都不起作用，从员工到学生，重要的是抓住人心。

——俞敏洪

对于任何一个企业，管理者唯有善于抓取员工的心，才能让员工树立主人公的工作态度，才能让员工努力为企业做贡献，才能推动企业的快速增长。相反，如果管理者不能够有效地抓住员工的心，一旦员工对其所选择的职业失去了安全感和信心，他们就会寻找新的企业，投入到员工感觉更有意义的企业中去工作。所以，要想留住人才，稳定并获得员工对工作的热爱，首要的就是要留住员工的心。

在日常管理过程中，管理者可以从以下几种情况出发，有效地赢得员工的心：

1. 要时刻站在员工角度考虑问题；
2. 树立“我们是同行”的观念，并将此观念有效地执行到管理过程中；
3. 有效地完善分配制度，让优秀员工入股；
4. 学会主动从细微之处关心员工，顾及员工的家庭困难；
5. 努力营造良好的工作环境，使员工工作愉快；
6. 尊重员工的思维；
7. 为员工做职业规划，让员工获得较高的收入或者报酬；
8. 让员工清楚知道企业需要他；
9. 给予员工10%的自由发展空间；
10. 多与员工进行双向的交流，有问题及时沟通，尽力帮助员工解决一切工作中的困难。

员工是企业利润的重要源泉，管理者要稳定抓牢员工的心，必须要付出大

的精神、经济代价。其实，获得人心最为直接的方式即为让员工觉得“企业有希望，本人有奔头”。再一点就是“老板对我很不错”。总之，赢得人心就等于赢得了强有力的竞争力，赢得了财富。

第220天　努力营造“勤于学习，提高自我”的氛围

我们的每一步都应该是在不断学习、不断解决问题的过程中前进的。

——李彦宏

在现代社会，一个优秀的管理者，首要的就是要在企业内部营造“勤于学习，提高自我”的氛围。当今社会是个信息社会，每个企业都是要面对不断变化的市场的，欲想在市场竞争中不被淘汰，就要学会适应不断变化的市场，不断提高自身的知识水平，善于并且勇于发现自己的浅陋，深入自身的专业领域，扎实业务知识，正视自身知识的缺漏并加以弥补，对于层出不穷的新知识、新理念要及时去掌握。如此才能让你紧跟时代进步的步伐，才能带领员工以及企业开拓创新，不断向前。

俗话说，非学无以广才，就是说，不学习就无从增长自身的知识，提高才干。而学习能力是21世纪管理者最为重要的能力。美国管理学大师罗伯特·卡茨曾经提出了一种极为有影响力的说法，认为管理者必须要具备三种素质：技术能力、交际能力与分析能力。如果说技术能力与人际交往能力和分析能力是管理者技能的三大支柱的话，那么支撑这三大支柱的就是学习能力。也就是说，一名合格的管理者必须要肯于学习，善于学习，善于从他人的经验教训中总结经验并吸取教训，勤于思考。而那些不善于学习、不勤于思考的管理者，注定跟不上社会形势的发展，不可能及时了解外界的情况，在做决策的时候，很有可能会不断地重复别人犯过的错误，容易犯经验主义、机会主义的错误，造成决策和管理方面的失误，最终将企业带入不可挽救的深渊之中。

另外，企业管理者在通过学习增强自身知识的同时，还要善于激发整个团队的学习热情，构建学习平台，努力打造一支学习型团队，这样才能使自己的组织或企业紧跟市场变化，永远立于不败之地。

第221天 “仁爱”是赢得人心的有效方法

“仁爱”可以焕发出一种强大的威力，它是获取人心、激发下属工作积极性的法宝。

——北大光华管理学院管理课理念

“仁爱”即对人宽容慈爱，爱护、同情的感情。用在管理中是指管理者对员工给予尊重、激励、同情以及悉心的爱护的一种情感投入方式，它是“赢得”下属的最为有效的方法之一。

古今中外，但凡在事业上能够做出突出成就的人，都不是用金钱激励出来的，而是靠管理者的“仁爱”之心激发出来的。

范旭东是一位民族资本家，他创立的永利碱厂，刚开始聘请侯德榜担任总工程师，研制纯碱。为了研制纯碱，侯德榜夜以继日不停地干了4年，但是由于永利制碱在技术上无法与洋碱竞争的关系，永利面临着倒闭的危险。

面对这种情况，股东们终于沉不住气了，要求要另请外国人担任总工程师。这让侯德榜内心顾虑重重，再也没有心思将研究进行下去了。然而，管理者范旭东却给了他极大的鼓励，他力排股东们对他的质疑，在董事会上，他肯定了侯德榜的辛苦努力，并要求董事们“要像支持我一样支持侯博士的工作，在紧急关键时刻，千万不能挫减他的锐气”。同时，在以后的生活中，他给予了候德榜更多的激励和关怀。这让侯德榜激动得热泪盈眶，他说：“范先生至诚相待、相濡以沫的精神使我终生难忘，今日只有一意死拼，以报范公之诚。”也正是由于范旭东的信任与支持，使得侯德榜更加努力，最终永利纯碱厂在国际博览会上一举夺魁，挽救了面临倒闭危险的永利厂，同时也为祖国赢得了荣誉。

范旭东正是用仁爱之心化解了侯德榜的种种顾虑，最终激发出了他内心的研究激情，获得了巨大的成功。

要知道，在企业中，任何一个员工都有“归属感”的心理需求，渴望在企业中找到“家”的感觉，渴望得到管理者的关怀与温暖。而当管理者心存仁爱之心的时候，就会不自觉地积极地创造条件让他们的心理需求得到满足，这时候，下属或员工的思想认识也会得到升华，无论在什么时候都会以企业的利益为重，严格要求自己；工作态度就会从被动转变为主动，愿意以实际行动为团队增砖添瓦。所以，我们每位管理者都应该培养起自己的“仁爱”之心，如此可以让你凝聚起最强大的人力资源，最大强度地激发下属的工作热情，使企业在发展的道路上越走越远。

第9章

危机管理课

第222天　危机无处不在

企业的经营即便对一个成功者来说也不是一帆风顺的，你今天是一个成功者，你明天如果不加防范的话可能会变成失败者。

——周春生（北大光华管理学院教授）

我们身处一个产品更新速度极快的时代，很多新的产品让我们目不暇接，很多时候，当我们还在使用自认为新潮的产品，在别人眼中，你却已经“OUT”了。这就给了我们一个提醒：当我们自认为企业发展良好的时候，是不是真的就没有了压力了呢？

活生生的案例一再告诉我们，一个人、一个企业如果不想着如何谋发展，是很快便会被淘汰的。每一年，我们都可以看到许多企业走上下坡路，直至破产，其中也不乏一些实力雄厚的企业。当然，我们也可以看到许多新的企业诞生。

2004年3月，一篇原联想员工撰写的文章《裁员纪实：公司不是我的家》在网上迅速流传开来。文章说，一些部门员工整体被裁，这恐怕是联想历史上规模最大的一次裁员。领导者战略上犯的错，却要员工承担。不管你如何为公司卖命，当公司不需要你的时候，你曾经做的一切都不再有意义。员工和公司的关系，就是利益关系，千万不要把公司当作家。

这篇文章在社会上引起很大的轰动，4月，素有“中国企业教父”之称的柳传志出面向被裁员工做出回应并道歉。由于业绩下滑，以及裁员事件所引起的对联想的质疑和关注持续了很长一段时间。

一个我们眼中已经很是成功的联想依然会遇到许多危机，作为管理者，要能够对可能出现的危机进行及早的防范。

北大管理理念提醒每个管理者，在任何时候，在任何企业中，危机是无处不在、无时不有的。管理者如果不能意识到这一点，后果将会是很严重的，即便企业有着很强的实力，也仍会给企业带来不利影响。实际上，那些能够在很长一段时间内保持竞争优势的企业都有着强烈的危机意识和完善的危机处理措施，当危机真正出现的时候，便能够有效地将其化解，最大程度地减少危机给企业带来的影响。

第223天　比危机更可怕的是缺乏危机意识

中国有一句老话，“富不过三代”，家也好、企业也好，到了三代一定会衰败，这不是一个必然的事情，但它告诉我们一个道理：要时时拥有危机意识。

——周春生

对于每个企业来说，危机都是不可避免的。那么，如何避免危机？最重要的就是要树立危机意识。北大光华管理学院管理课理念指出，在一个多变的环境中生存，谁准备得更为充分，谁就能够第一个崛起。准备不是说可以杜绝危机的发生，准备就是所谓的危机意识，就是当危险来袭时，可以化腐朽为神奇，可以将别人所认为的危险转化为你发展壮大的机遇。既然危机不可避免，那么，我们需要做的就是准备、准备、再准备，以至于可以预知危机，克服困难，提前做好防患措施，战胜危机。

危机很可怕，但是对于企业的管理者而言，比危机更可怕的是缺乏危机意识。就像温水煮青蛙一般，很多企业都死于疏于防患的安乐。所以，管理者一定要时时拥有危机意识，让危机意识给我们灵感，让危机意识指引我们前进的方向。要明白，我们今天所担心的可能就是明天将要发生的，这样才能提前做好防患措施，尽可能地减少危机的发生，这也是杜绝危机的绝佳的方法。

第224天　骄傲自满会给企业带来危机

很多时候，在人们最得意的时候也许就是他们最失意的时候。因为这时的他们容易松懈，容易放松警惕，或者虚荣心膨胀，将企业带入一个错误的轨道，最终给企业造成巨大的损失或者给企业带来毁灭性的打击。

——北大光华管理学院管理课理念

在管理的过程中，我们经常会说“创业容易守业难”，在一个商机遍地的时代，虽然创业也不是一件简单的事情，需要长期努力与投入才有机会取得成功，但守业却是一件更不容易的事情。许多曾经优秀的企业照样从我们的视野中消失，看似风光无限的一些企业，却总是潜藏着许多危机。

在一个企业起步的阶段，管理者总是在考虑该怎样把企业做大做好，但是，当企业取得一定的业绩后，有些人便有可能变得安逸，他们过高地评估了眼下所取得的成绩，沾沾自喜，难免滋生骄傲之心。尤其是一些在行业内颇有影响的企业，似乎更容易以为自己是一枝独秀，以为其他企业在很长一段时间内不可能对自己形成威胁；更有甚者，会认为自己将在此领域永远充满竞争力，以至于故步自封，难觅更大的发展。

2009年6月1日，美国通用汽车公司正式申请破产保护，这个世界上最大的汽车企业、美国的老字号最终还是陨落了。

分析其走向衰落的原因，我们会发现，骄傲自满、轻视对手是一个重要因素。宾夕法尼亚大学沃顿商学院教授凯德·何塞说：“通用在产品和客户群方面都感到自满，以为美国购车者只会选择通用，日本汽车制造商的强势竞争并没有引起通用的注意，最终使市场份额被丰田、本田、日产等其他品牌不断蚕食。”

骄傲自满本身就是一个可怕的陷阱，更让人感到可怕的是，这个陷阱是自己亲手挖出来的。在成就面前，管理者显得有一些自大也无可厚非，可是变得骄傲自满，以为已经没有任何对手能与自己所在的企业相抗衡，那就不应该了。

作为管理者，如果不思进取，便很容易被一些繁荣的表象所迷惑。越是在企业做大做强的时候，管理者越要保持谨慎，反思自己、企业在成功的过程中还存在的一些不足，以待改进，让潜在的危机得到及时的处理，让危机消失在萌芽阶段。

第225天　不被一时的辉煌蒙蔽双眼

控制风险，最重要的就是要居安思危。

——周春生

在激烈与残酷的竞争中，没有一个企业能在一成不变或盲目进取的基础上保持永恒的竞争力和领先优势。我们常说站得高才能看得远，更强调在任何时候都需要做到防微杜渐。曾经有许多名噪一时的大企业在人们的注视下悄然而逝，退出了历史的舞台；一些人们眼中的小企业不断强大，取而代之。百年老字号都不免有被淘汰的结局，作为管理者，怎能被眼下的辉煌蒙住自己的眼睛？

“兵无常势，水无常形”，管理者如果不思进取，或是盲目发展，都会给企业带来不利的影响，甚至使企业淡出人们的视线。危机无处不在，无论是对于一个人，还是一个企业，都要增强自身的危机意识，尤其是在达到一定高度的时候，更不能自觉得意。要知道，站得越高，摔得越疼。

作为一个曾经红遍全国的知名企业，巨人集团在不到2年的时间就实现销售额近4亿元，员工更是达到了2000多人，然而在不到4年的时间里，便沉陷危机之中。

1993年到1996年，巨人集团放弃了要做中国“IBM”的专业化发展之路，开始在房地产、生物工程和保健品等领域朝“多元化”方向发展。但是，这让巨人集团自身的弊端一下子便暴露出来，公司落后的管理制度和财务战略上的重大失误最终使巨人集团身陷困境。

其实，在1995年的时候，史玉柱也已经意识到了企业存在危机。为此，他走访了太平天国起义的旧址——金田，仔细研究了洪秀全的成败得失；他来到大渡河，面对滔滔河水，仰天长叹：“我们面前就横着一条大渡河呀！”

像巨人集团这种在当时十分成功的企业，最终也不免陷入危机之中。在当时，电脑还是朝阳产业，巨人集团在这方面还远没有成熟，可以将其作为核心业务来发展，在其他业务上不必投入过快。但巨人集团却反其道而行之，使企业陷入难以自拔的地步。

作为管理者，要居安思危，这样才能让自己不满足于眼前的所得，保持不断努力奋斗的良好状态，让自己、让企业走得更远，不至于昙花一现，如流星般光耀一时。

第226天　危机往往让人猝不及防

面对快速变化的外部环境和快速发展的产业，如果能及时准确地把握产业机会，就可能回避风险并快速获得成功，这一切都取决于一个人的判断力。

——李彦宏

当危机出现的时候，总给人一种猝不及防的感觉，很多人不会想到怎么自己或者企业一下子陷入如此被动的境地。

虽然说“冰冻三尺，非一日之寒”，危机的爆发也是一个长期的过程，但这一瞬间的释放还是会让许多人觉得难以接受。不管危机该不该来，但还是来了。既然如此，管理者就不能选择在这个时候退缩，要勇敢地站出来，应对危机。

1999年6月9日，比利时120人（其中有40人是学生）在饮用可口可乐之后发生呕吐、头昏眼花及头痛的症状，与此同时，法国也有802人出现类似的症状。已经拥有113年历史的可口可乐公司遭遇了历史上罕见的重大危机。

在这一事件中，可口可乐公司事发后没有意识到问题的严重性，没有立即采取积极的姿态声明自己的态度，甚至没有宣布要收回受污染的产品，以免连累其他市场的可口可乐的产品信誉，而是一再声明自己产品的安全可靠，消费者难以分清是非，误以为所有的可口可乐产品都是可疑的，最后造成比利时和其他临近国家饮料零售商采取局部或全部停售可口可乐产品。可口可乐公司在这场危机中的表现令社会公众大为不满，公司的形象遭到前所未有的损害。

企业的形象对企业的发展起着十分重要的作用，而企业又随时可能会遇到一些突发性事件，这时候，如何处理便显得尤为重要。作为管理者，需要在危机出现时做出正确的判断，而不能心存侥幸。否则的话，一个本不会产生多大影响的事件也有可能被放大，给企业带来极大的损失。

第227天　了解危机，练就危机处理的能力

一个企业也好，个人也好，一旦出现危机往往是一个小事情、小人物引发的。如果不加以控制，会变成更大的危机。就要切割。像一个人去医院检查，医生会告诉你切割掉。这就是解决肿瘤最有效的方式。

——艾学蛟（北京大学危机管理课题组组长）

当一个企业面对突如其来的危机时，有的能够化险为夷，有的却被击倒，这样的例子实在太多。不管是从正面分析，还是从反面总结，都在告诉我们，要不断提高危机管理和应对意识。

危机无时不在，平时只是处在一个酝酿的阶段，一旦发作便会造成巨大影响。任何轻视危机管理的思想都会使管理者在面对危机时不能妥善处理，轻则使工作陷入被动，重则给企业带来巨大的损失，双汇的“瘦肉精事件”就是一个很好的例子。

2011年，当央视在“3·15晚会”上爆出“瘦肉精事件”之后，双汇集团于16日在其网站上只是做简单的道歉，双汇产品在全国范围内开始下架。

然而，在这一段时间里，双汇的广告依旧没有改变，并试图把矛头直指上游养殖户，决定亲自养猪，从源头上把关。

到了 3 月 31 日上午，双汇集团在河南漯河市体育馆召开万人大会，但从头到尾都没有看到具体的针对消费者的致歉、赔偿举措，而是渲染此次事件给双汇集团带来的损失，居然还有经销商喊出了“双汇万岁！万总万岁”的口号，使得这次大会更像动员大会。

由此可见，出现危机后，是否能够及时有效地处理好危机，直接决定着企业未来的发展状况。那么，作为管理者，如何才能有效地处理危机意识呢？主要可以从以下几个方面努力：

1. 管理者首先要在平时的管理过程中，时刻做到居安思危。

2. 在面对危机时，要立即采取行动，快速地调查事件的原因，弄清楚事情的真相，尽可能地将最真实的、完整的情况公布于众，各部门保证信息的一致性，避免公众的各种无端猜疑。

3. 要以最快的速度启动危机处理计划。每次危机各不相同，应该针对具体问题，随时修正和充实危机处理对策。主动、真诚、快速反应、公众利益至上是企业面对危机最好的策略。

4. 危机在一定程度上也是一个机会，管理者可以在这个阶段了解企业发展的不足，探索发展的新路。

危机并不意味着企业必定走向失败，但如果能够及时并采取有效的方法进行补救，依然能走出危机。而对于管理者来说，我们要不断地提高处理危机的能力，只要处理得当，危机也会让企业进一步完善。

第 228 天　危机前的隐性信号

危机的发生虽然带有偶然性和突发性，但这绝不意味着不做计划，听天由命。而是要根据一些隐性信号采取有效的预防措施。

——北大光华管理学院管理课理念

在危机发生之前，总会或多或少暴露出一些异常的蛛丝马迹，展现出一般正常状态下不正常的反应，这些不正常的反应就有可能是危机出现前的一些征兆。在面对这些问题的时候，管理者不能松懈、麻痹大意。

危机前的信号有显性和隐性之分，相对而言，后者比前者的危害小得多。隐性信号虽然不会对企业造成直接危害，却对企业的良性发展起着制约的影响。当这些尚处于隐性的危机信号没有引起管理者的重视时，一旦越积越严重，便会导致危机的爆发。

那么，危机前的隐性信号有哪些呢？在众多的案例中我们可以总结出这样几个方面，如企业有少部分优秀的人才流失、所占的市场份额逐渐萎缩、企业的盈利能力相对较差、执行力差、信息沟通与传递不畅、创造力低下、缺乏发展后劲等。

在一个鸡窝里，一只老母鸡正坐在十多个蛋上孵蛋，其中有一只蛋的外观与其他蛋很不相同。老母鸡想：可能它只是一个特例吧。过了几天，小鸡开始破壳而出，但从那只蛋里钻出来的“鸡”长得很奇怪，但老母鸡又想：可能是它比较难看吧，自己听过丑小鸭的故事，人家最后还是天鹅呢。

时间一天天过去，小鸡都慢慢长大了，而那个不同的小“鸡”也逐渐显露出自己的面目，它居然是一只老鹰。这一下，鸡窝里大乱了，上演了老鹰抓小鸡的一幕。

在这个故事中，我们可以得到一个启示：危机都会有一个酝酿的过程，不要对潜在的危机视而不见，更不要纵容危机！作为管理者，在发现一些不好的苗头、认识到危机前的隐性信号的时候，就要采取有效的措施进行处理，把可能出现的危机消灭于萌芽阶段。

第229天　危机前的显性信号

显性危机是给管理者最好的警示，如果不小心，一切都将毁于一旦。

——北大光华管理学院管理课理念

“千里之堤，毁于蚁穴”，当危机前的隐性信号没能引起管理者的重视，任其发展到一定程度的时候，就会表现出一连串的很直观的危机迹象。本来不够严重、可以避免的危机似乎于瞬间展现出强大的威力，对企业的存亡构成重大的威胁。

显性的危机信号对企业危害比隐性的大得多，如果这个时候还不能让管理者感受到压力，引起他们的注意，将会造成相当严重的后果。其表现有大量人才流失、销量或产值急剧下降、面临或处于亏损、流动资金短缺、公共关系紧张、领导人迷失经营方向等。

2009年以来，惠普DV2000、V3000等型号的笔记本电脑集中出现质量问题，引发消费者集体投诉，但惠普公司一直没有给予积极回应。

同时，根据有关媒体报道，中国惠普公司客户支持中心的有关人员否认惠普笔记本存在任何质量问题。客户体验管理专员袁明在接受采访时，称惠普笔记本出现故障与消费者笔记本使用环境的脏乱差有关，导演了一场“蟑螂门”。

直到2010年3月17日，惠普才召开紧急新闻发布会，承诺将在今后的30天中展开综合整顿计划，但整个发布会只用了20分钟便草草收场。

可以说，惠普的质量问题在很久之前就已经暴露了出来，面对消费者的不满，不仅显得反应缓慢，更是显得傲慢，“蟑螂门”一出，也让惠普的产品销量急骤下降，品牌形象一落千丈。

作为管理者，对危机前的隐性信号不予重视已然是失职，而危机前的显性信号还不能引起重视更是无法原谅。危机给企业的危害是不容忽视的，当管理者已经发觉的时候，一定要马上采取行动，冷静地面对危机。

第230天　危机发生时要冷静面对

面对危机丧失信心比危机本身更为可怕。

——北大光华管理学院管理课理念

很多时候，不管你如何防范，危机该来时还是会来，挡也挡不住，在预防上所做努力只能起到延缓其发生、尽量减轻一些损失的作用。而且，由于危机往往具有突发性，喜欢在人们开怀大笑的时候当头一棒，面对这样的“不速之客”，有些管理者便显得不知如何是好。

对于一个企业而言，它能取得不凡的成绩不在于它没有经历过危机，而是当危机降临的时候，它能及时采取有效的措施，将危机带来的影响降到最小。

在很久以前，一个村中住着樵夫和他的妻子。樵夫每天早上都要出门到森林中去砍柴，当忙碌了一天之后，回到家中，妻子总会笑容可掬地端着热气腾腾的可口的饭菜等着他。

日子就这样过了许久，一天提早收工回家的樵夫，却意外地在窗外面看到妻子和村中的一位当铺的老板在屋中偷情。当他开门的时候，这位当铺的老板便慌忙地躲进了他家中的柜子中。樵夫还是如往常一样，进门便不动声色地拥抱自己的妻子，并且还告诉妻子：“今天砍柴，我遇到了一位神仙。神仙说我很是勤劳，于是就赐给了我一对可以透过任何遮挡看到别人所看不见的东西的千里眼。”紧接着，他又告诉妻子，他发现了房间中藏了一件很是值钱的东西。于是，为了证实给妻子看，他将面前的柜子上了锁，就将柜子扛在肩膀上，直奔当铺而去。柜子放在当铺的地上后，樵夫就说要拿出柜子中的东西，价值50个金币。

伙计一看只是一个破柜子，当然是不同意。于是樵夫走到门外悠闲地散步，要伙计慢慢地考虑这笔生意。这个时候，当铺的老板便有了机会，便在柜子之中高声叫嚷，让伙计拿出50个金币来抵押了这个破旧不堪的柜子。

通过这个事例，我们便可以了解到，樵夫的一个极为巧妙的计策，使小气吝啬的当铺老板为自己的行为付出了代价。在婚姻危机面前，樵夫能够以冷静和幽默的方式去化解危机，不仅使自己意外地得到50个金币，而且还问心无愧地报了一箭之仇，同时也对自己的老婆提出了严重的警告。在管理中也是一样，在危机来临时，管理者保持冷静的心态十分重要，从冷静中想出解决危机的办法来。

对于管理者而言，无论什么时候，如果自己先乱阵脚，丧失了理智，那样只会给自己带来一连串的不利的影响。可以说，从某种程度上讲，如何应对并处理危机是考验一个管理者心理素质的重要方面。

第231天　发现危机，及时上报

快速反应，及时上报，发现危机之后的干预工作要按照制度中的程序和策略的要求，有条不紊地展开。

——北大光华管理学院管理课理念

在每一次危机刚刚初现端倪的时候，它还不会形成后期那样强大的破坏力。就像炎热的夏天突降一场暴雨，开始的时候，它还能发挥出降温消暑的作用，但是，一旦不能引起重视，就会造成道路严重积水、引发地质灾害等情况，甚至会造成人员伤亡。

实际上，当危机还处在萌芽阶段的时候，破坏力不够强大，有的人便自信地以为摆在面前的完全是小菜一碟，自己有十足的把握处理好问题，结果事态彻底超过了自己的控制，等到别人知道的时候，曾经眼中的那碟小菜已然变成了大问题。

1997年，当时酷爱名车的三星董事长决定涉足汽车业。虽然知道汽车业市场拥挤不堪、生产能力过剩，但许多高层经理只是在内心里对130亿美元的投资表示反对，却并没有真正指出来。结果，三星汽车公司投产仅一年就倒闭了，董事长只好从自己口袋掏出20亿美元安抚债权人。事后，他也感到很奇怪：怎么当时就没有人对自己的决定表示不同意见呢？

所以我们在危机处理过程中，应努力避免信息不对称的情况，尽量把知道的真实情况报告给自己的上司、同事、下属、客户甚至一般消费者。从操作的层面看，及时报告要诀有四点：

1. 谨记“报告比不报告好、完全报告比片面报告好”。

2. 无论如何也不可让内外受众在失控状态下胡乱猜测。

3. 保证对内、对外发布的所有信息都是经过精心准备、严格审核的，不信口开河、即兴发挥。

4. 不仅是对外，对内也应让普通员工都知道。

第232天　深入调查，找出危机的源头

危机来临时，找出危机源头最要紧！

——北大光华管理学院管理课理念

受到危机的突发性的影响，很多人和企业在面临危机时并不知道为什么企业会突然面临危机。这时候，不要去抱怨，说什么造化弄人，而是要积极采取有关行动，找出危机的源头。

造成企业危机的原因会有很多，有来自企业内部的，如产品质量问题、服务问题、管理问题等，也有可能是一些外部原因，如恶意竞争、虚假消息一时泛滥等。作为管理者，要在危机的繁杂中理清头绪，建立相应的危机公关小组，找出使企业陷入危机的真正原因，这样才能让企业在处理危机时做到有的放矢。

2005年4月中旬，国内各大媒体转载英国《旗帜晚报》的一则报道，报道称包括高露洁在内的数十种产品内含有致癌危险的物质。

此消息一出，高露洁的销售大幅度下降，绝大部分人在接受调查时声称将不会再购买高露洁牙膏。

对此，高露洁迅速组建公关团队，召开新闻发布会，到了4月27日，高露洁又澄清信源，播放了美国弗吉尼亚理工学院的教授彼得·威克斯兰的一段录音。彼得表示，自己的研究只是关于自来水和含有玉洁纯的清洁剂相互之间的化学反应，根本没有涉及牙膏。同时“刷牙时仅用少量的水，因此研究中所提及的化学反应不会发生在任何类型牙膏的使用过程中”。通过各种措施的综合运用，高露洁慢慢地逐渐消除了危机造成的不利影响。

当企业查明危机原因、了解事件真相后，便能够在危机中做到泰然处之，采取有针对性的措施解决危机。如果危机的原因在于企业内部，便进一步完善；如果危机的原因在于外部不实的报道或恶意竞争等，则快速澄清事实，最大程度地减轻危机给企业带去的损害。

不管危机的原因是内部的还是外部，管理者都要在第一时间如实地公布已经掌握的信息，避免他人在好奇心的驱使下做出一些不真实的猜测并传播开来。一旦企业有意拖延、知而不报，便有可能让企业陷入更大的危机。

第 233 天　将真相公之于众

亡羊补牢永远不晚！

——北大光华管理学院管理课理念

当危机发生之后，对管理者而言，要快速有效地减少危机带来的危害；对大众而言，他们希望在最短的时间内了解事情的真相。如果一个企业的危机是因为产品的质量出了问题而引起的，他们很自然地会关心到底是个什么样的情况。

在面对这种情况的时候，如果管理者还寄希望于大事化小、小事化无，那无异于痴人说梦。最好的选择就是主动向公众道明事实的真相，减少公众的猜忌，否则的话，只会让危机的破坏性变大，让局面变得难以控制。

在 2007 年底的时候，三鹿已经收到消息，说婴儿在食用三鹿婴幼儿奶粉后，尿液中有颗粒出现，甚至有的婴儿患上了肾结石。

转眼就到了第二年 8 月份，当三鹿收到权威机构令人色变的检测结果后，却并没有将奶粉问题进行公开，而是企图通过奶源检查、产品调换、加大品牌广告投放和宣传软文等措施，将“三鹿”、“肾结石”的关联封杀于无形。同时，对于经销商，三鹿也同样采取了糊弄的手法，造成不可挽回的局面。最终失去了消费者的信心，企业也走向破产。

当危机已经摆在眼前的时候，如果管理者还在想着如何隐瞒真相，或者散发一些不真实的消息，只会让大众更加反感，引起他们更大的不满。

主动将真相公之于众，更有利于让自身处于一个比较有利的位置，不然的话，就会让企业一直都处在被动应付的状态，并怀疑所发的消息是否属实。危机出现后的 24 小时内是应对的最佳时机，也被称为危机处理的“黄金 24 小时”，此时企业要想取得公众的信任，就必须实事求是地向社会公众说明，让事实说话。

英国危机公关专家罗杰斯特尔就提出了“三 T 原则”，即以我为主提供情况、提供全部情况、尽快提供情况，否则不休的猜测只会使企业的损失变得更加严重。

第 234 天　争取得到其他方面的支持

当风险发生时，要争取一些可能的力量，才能大大地降低风险。

——北大光华管理学院管理课理念

当企业面临危机的时候，仅仅靠个人或企业的努力是不全面的，还需要在一定程度上能够借助外界的力量，比如相关媒体、一些权威机构等，它们的正面消息对于减少大众的猜忌能够起到很好的作用。

作为管理者，当危机出现的时候，要力争能够得到消费者代表、权威机构及媒体的支持，这会给企业带去很大的帮助。很多时候，自己给自己辩护往往给人的感觉就是在掩饰，在为自己开脱，推卸责任，即便自己是对的，也不一定能取得好的效果。而权威机构在此时更能体现出公正，人们更希望它们所公布出来的信息。

2004 年 11 月 30 日，创维董事局主席黄宏生被香港廉政公署拘捕，一时间，国内的许多媒体纷纷议论和猜测。就在当天，创维集团即时发布情况，向外界说明了具体的情况，并于当晚广邀全国各地的大媒体齐聚深圳，定于第二天召开正式的新闻发布会。

12 月 1 日，国美、苏宁、大中、永乐四家家电连锁巨头发出声明力挺创维。12 月 2 日，北京松下、彩虹、三星等八大国内彩管企业发表声明，表示将优先保证创维的原材料供应。12 月 3 日，深圳七家银行分行行长聚集于深圳创维大厦，表示将鼎力支持创维，而在公司内部，全体员工更是齐心协力共渡危机。

在整个事件过程中，创维集团一直表示出积极主动的一面，快速出击，合理借力，争取到了各方面的支持。它不仅积极地向政府解释，获得政府支持，那些供应商、经销商和银行，也都在业内有很重的分量，最终成功地渡过了危机。

完全依靠企业自身的力量往往不足以让企业快速摆脱危机，作为管理者，一定要采取全方位的措施，通过多种渠道快速有效地解除危机，重塑形象，赢得消费者的认可。

第 235 天　发出“同一个声音”

危机发生之后，企业应该明确谁来说，如何说，内部应确定一个发言人，让企业统一口径，统一行动，以一个声音对外说话。企业多个声音、多种口径对外，往往会失控、失序，甚至自相矛盾，加重公众疑惑，使问题复杂化。

——北大光华管理学院管理课理念

在日常的管理中，我们大可发扬民主作风，不管谁有什么不同的意见，都可以提出来，这样可以及时发展问题，解决管理中的一些不合理之处，进一步完善企业的管理等。但是，当企业面临危机的时候，该怎么做呢？还能像平常那样吗？尤其是在接受媒体采访的时候，该怎么办？

面对这种突发性的危机，企业内部可能会出现混乱的情况。这时候，企业上下一定要加强沟通，做到统一口径，传达出同一个声音，不然的话，事情只会因回答的不同言语而变得越来越严重，给企业带来更大的麻烦。

2004年8月2日，《瞭望东方周刊》质疑北京新兴医院以巨额广告编造“包治百病”的神话，随后多家媒体剑指该医院“广告门”。在遭受舆论重击之后，该医院似乎想以人海战术来增强反击的气势。在几天后的媒体见面会上，院方重量级人物悉数到场，依次发言，语气无不慷慨激昂，而且每个人的发言都各有侧重。看上去该医院很好地利用了这次与媒体沟通的机会，但古语有云“言多必失”，从事后媒体对此次见面会的报道看，院方的态度和言辞已然引起了公愤，有直言医院答非所问、回避问题的，也有斥责院方“表演实况”的。虽然该医院的诚信危机已告一段落，但院方在危机事件管理方面的不佳表现也是有目共睹。

作为企业的管理者，在信息发布的源头上要保持一致，最大可能地保持事件舆论的基本方向，最大限度地避免舆论方向混乱，争取全面把握舆论的主动权。如果在同一问题上出现了许多不同的版本，就会让有些人捕风捉影、妄加猜测，结果发出一些不实的报道，给企业的形象带来负面影响，引发信任危机。

很多时候，媒体的报道也是一把“双刃剑”，它能帮你澄清事实，重塑形象，也可能会给企业造成负面影响。当然，出现这种不实的原因也与企业发布的信息相关，作为管理者，需要让他们在第一时间传递出最新的来自权威管理部门和权威检测机构的消息，树立企业的正面形象。

第236天　真诚沟通，减少负面影响

减少负面影响最重要的是要做到“真诚”。

——北大光华管理学院管理课理念

每一个企业都希望在一个健康的环境中稳步地发展，向着既定的目标前

进。然而，在现实中，企业的发展往往会面临诸多的困难，危机无处不在。当一个突如其来的危机摆在企业面前的时候，媒体及广大消费者都会表示强烈的关注，如何与他们进行有效的沟通成了一个十分重要的问题。

有些企业的管理者在面对这种情况时，会选择隐瞒，直到问题变得更加严重，不得不出面的时候才发布了一些消息，有时甚至发出一些与事实不符的消息。这样的行为，无不让我们想到两个成语：掩耳盗铃、自掘坟墓。

2004 年，某航空公司 HU7435 次航班海口转深圳飞徐州延误近 4 个小时。面对这种情况，该公司向深圳的乘客解释时说是因海口下大雨导致飞机延误，给海口乘客的解释是深圳下大雨。然而，事发时两地都没有下雨。

当飞机到达深圳后，深圳乘客要求海航道歉，由于对方不肯而拒绝登机，这也让海口乘客在飞机中闷等 3 个多小时，之后被通知下飞机。凌晨 3 点，机场方面将深圳和海口两地的乘客接到机场酒店入住休息。

次日 9 时，突然传来消息，HU7435 已经飞走了，上面只有几十名乘客。其余的人，有的知道飞机起飞，但拒绝登机；而有的则是在机场候机大厅，根本就没有得到起飞通知。旅客群情激愤，矛盾进一步升级。滞留深圳机场的 30 多名乘客有三人发病，被送往医院，其中一人因血压升高，晕厥在机场酒店；一位怀孕女子因焦躁疲劳，导致先兆流产。在机场候机楼，乘客们还上演了向海航工作人员下跪，将海航补偿给乘客的 1000 元挥洒空中等匪夷所思的一幕。

在处理危机的问题上，管理者的反应自然是要迅速。同时，在面对相关报道时，也要与媒体及大众真诚沟通。在采取任何补救措施之前，尽快将已经掌握的信息如实公布出去，这是永远也不会错的决定。人们知道真相只是一个或早或晚的问题，没有必要有意隐瞒，也不应隐瞒。

从某种意义上讲，危机管理并没有什么高深莫测的法子，胆量和智慧是最好、最朴素的信条，坚持消费者的利益至上。当顾客的利益受到损害的时候，企业应以真诚的态度主动承担责任，进行有效的沟通，这能合理地解决问题，更能防止引发更大的危机。

第 237 天　沟通中应注意的几个问题

遇事必须深思熟虑。先考虑可行性，考虑的方面越广越好。

——季羡林

社会是在不断进步的，人们的自我保护意识也在不断地增强。当消费者自身的利益受到伤害的时候，会极力地维护自身的利益。无数的事实也证明，一个成功地企业之所以能够成功地化解危机，是因为它能够把消费者的利益放在首位，而那些瞒得了一时的企业，却终究不能涉险过关。

在企业面临危机的时候，管理者应做的不是如何谎报、瞒报，而是要做真诚的沟通，直面问题与疑问。作为管理者，在沟通的时候，要注意以下几个问题：

1. 遇到问题，不能刻意逃避。当一个企业面临危机，尤其是第一次遇到危机的时候，有可能就会因为慌乱、紧张等原因使自身不知所措、犹豫不决，这时候，往往需要有公司的发言人给外界一个明确的态度。

2. 在遇到危机时，要在第一时间对事件作出回应。第一时间对事件作出回应，表明了企业对事件的重视程度。当然，在危机刚发生的时候，也许对危机的原则尚不完全明确，这个时候，应声明强调企业正在采取行动，调查事情真相，并会在第一时间公布调查结果。

3. 主动承担责任，把所掌握的情况真实地向外界公布，不有意隐瞒因企业自身原因而造成的不利影响。

4. 主动邀请相关的权威机构对企业进行有关的调查，查明真相。如果事件本身与企业无关，而是他人蓄意破坏，则更能显示企业的强大实力，树立企业的良好形象。

5. 当事件真相查明之后，如果责任在于企业自身，一定要主动认错道歉，真相终究会大白于天下，一时的否认或者把没理说成有理，最后只能是给自己、给企业带来更大的危机。

第238天　重塑企业的竞争优势

危机过后，能否重塑企业的竞争优势关系着企业未来的生死存亡。

——北大光华管理学院管理课理念

在大部分的情况下，企业每经历一次危机，在很长一段时间内都会受到影响，有的企业甚至因此而渐渐淡出人们的视线，退出市场。如此一来，如何在危机中和危机后重塑企业的形象和竞争力，无疑成为一个相当重要的问题。

一个企业能在激烈的竞争中生存下来，自然是有它自身的优势。在遭遇危机之后，这种优势便有可能有所减退。面对这种情况，管理者一定要冷静思考，采取有效措施，找回或重新塑造企业的竞争力。

1982年9月，美国芝加哥地区发生有人服用含氰化物的泰诺药片中毒死亡的严重事故，一开始死亡人数只有3人，后来却传说全美各地死亡人数高达250人。其影响迅速扩散到全国各地，调查显示有94%的消费者知道泰诺中毒事件。

事件发生后，在首席执行官吉姆·博克的领导下，强生公司迅速采取了一系列有效措施，赢得了公众和舆论的支持，使公司的损失减少到最低程度。

事故发生前，泰诺在美国成人止痛药市场中占有35%的份额，年销售额高达4.5亿美元，占强生公司总利润的15%。事故发生后，泰诺的市场份额曾一度下降。但是，强生公司在此次危机过程所体现出的对消费者利益的重视，以及社会责任感，受到了消费者的欢迎和认可，拯救了强生公司的信誉。仅用5个月的时间就夺回了原市场份额的70%。

一个没有核心竞争力的企业是不能长久的，尤其是在这个更新速度快的时代。即便一个企业没有遇到危机，也要时刻想着如何不断优化自己的竞争力，更何况是一个危机中的企业？这需要不断的突破与创新，紧跟时代的发展，力挽狂澜，尽快摆脱不利的局面。

第239天　面对危机的几种错误态度

要处理好危机，首要的就是要端正你的态度。

——北大光华管理学院管理课理念

我们可以毫不夸张地说，危机是对一个企业能否继续生存的考验，跨过去了，企业就有重塑形象、再次辉煌的可能；而一旦没能迈过去，那企业面对的将是一个更糟的结局，甚至是走向破产。

在处理危机的时候，管理者的态度是很重要的。如果管理者自身不加以重视其危害性，将会使危机进一步恶化。所以，作为管理者，在危机面前一定要摆正自己的态度，积极地面对危机，避免以下几种错误的态度：

1. 当别人提议建立危机预警机制、加强危机管理的时候，管理者不重视，认为企业运行良好，不会出现问题。这种侥幸的心理很容易让管理者失去觉察到危机前一些异常反应的机会，不能有所防范。

2. 当发现危机的原因不是企业自身所致时，对于外界的所有疑虑不作回答，自以为对的终究会是对的，以后他们自然会知道。其实，这反而给外界留下一个极其不好的印象，还以为企业的管理者是在有意隐瞒什么。

3. 当发现危机后，管理者选择逃避，不敢面对现实。

4. 不主动承担责任，并推卸责任，结果使或许本可以化解的危机进一步恶化，变得更难处理。

5. 刻意隐瞒事情的真相，发出一些错误消息，但我们常说“纸是包不住火的”，结果只会使企业身败名裂。

6. 不向公众诚恳地道歉，而是寄希望于平日积累的各种关系，想通过这些关系把危机压下去，不让其扩大。可事实一次次向我们证明，这种方法也是行不通的。

作为管理者，在危机出现以前，要尽可能地做到未雨绸缪；而在危机出现以后，要做到积极地正面地面对危机，在最短的时间里向外界传递出有效的信息，这样才能让自己、让企业在危机中更加主动。

第 240 天　在危机中寻找机会

风险就是危险和机会的总和。

——周春生

当一些无法预料的灾难突然降临的时候，很多企业会因此而陷入危险的境地，甚至会一蹶不振。从某种意义上讲，与其说危机是一次灾害，不如说是对企业商业流程和管理者随机应变能力的一次全面考验。

当危机来临的时候，企业管理者的表现应该像一个侦察兵一样，临危不乱、快速反应、果断处置。有人形象地指出，企业管理人员，在平时要充当守望者，像一只机警的猎犬，对每一条可能对企业产生影响的信息都机警地关注；对于预防危机发生要充当规划者，设计好的体系、架构、流程、人力等实现各种资源的调配；在危机处理中要充当协调者，协调与媒体、行业协会、主管部门、经销商、消费者、竞争对手之间的关系，有效传递正确的信息。

郭少明是香港莎莎集团的掌门人，在莎莎集团的发展过程中，出现过两次大的危机。

第一次危机是当莎莎生意正在日益发展的时候，商厦的业主突然抬高租金，并限定他三天之内答复。郭少明没把这当回事，业主就把店面租给别人了。没办法，郭少明只好另租一个地方。为了巩固自己已建立起来的人脉，郭少明提前半年退出商厦。在那半年的时间里，他雇人每天到商厦把顾客接到莎莎新店。搬迁之后，营业额翻了 4 倍。一场危机成了发展的机会。

第二次危机是亚洲金融风暴，生意一下子跌了三四成。郭少明认为经济衰退正是莎莎向国际化发展的大好时机。在这期间，郭少明开了 11 家新店，还在新加坡、马来西亚也开设了分店。

任何事物都有它的两面性，危机也不例外，如果觉得风险大而错失一个良机，也颇为可惜。作为管理者，在危机面前不能显得脑子一片空白，需要表现出一个管理者应有的判断力，在条件充分的时候，勇敢地把危机变成机会。

第 241 天　如何处理产品质量危机

“小胜靠智，大胜靠德”，处理产品质量危机最主要的就是要以“德”服人。

——北大光华管理学院管理课理念

在企业所面临的各种危机中，产品危机占有相当大的一部分，很多时候就是因为企业的产品质量出现了问题而使企业陷入舆论的风口浪尖。

产品的质量是一个企业的生命，质量好、满足市场需要的产品才能受到青睐，形成强大的竞争力，并占据一片市场。

但是，市场的竞争是激烈的、残酷的，一旦产品的质量出现问题，给消费者造成重大损失，投诉量激增，或是产品更新太慢，已经不能满足市场的需要，都会使产品的市场占有率急骤下降，从而使企业陷入困境，给企业带来危机。

当企业面临产品质量危机的时候，可以有针对性地采取下面几种措施：

1. 快速反应，召回问题产品，防止问题产品进一步流入市场，造成更大的危害。这是防止危机蔓延的一种有效手段，也能体现出企业的社会责任感，增加消费者对企业的信任。

2. 调查原因，及时向外界公布所掌握的最新消息。要知道，质量危机带来的不仅是引起企业自身和受害者的关注，还会有更多的目光在注视着，主动公布企业所掌握的信息，有利于消除外界的疑虑，使自己在危机中更加主动。

3. 对受害者进行赔偿和抚慰。当因产品质量问题造成重大事故，形成重大损失的时候，企业要敢于承担相应的责任，真诚地向他们表示歉意，给予受害者或其家人相应的补偿。

4. 如果产品是因为过于落后而不能满足市场的需要，企业就要加大研发力度和市场调查，不断创新，让产品适应市场的需要，重塑产品的竞争力。

第 242 天　如何处理信誉危机

善待消费者，努力做个诚信的企业典范。

——北大光华管理学院管理课理念

“人无信不立”，对于一个企业而言，又何尝不是这样。信誉不仅是一种道德约束，也是一种能为企业带来经济效益的重要资源。企业或管理者如果不能意识到信誉对消费者的影响作用及其在交易中所能扮演的重要角色，对企业来说都是一种莫大的损失。

信誉是一种无形的资产，卡耐基也曾经说过：“任何企业的信用，如果要把它断送了都不需要多长时间。”然而，对一个企业极大的不利因素，就是它自身学会了欺骗和说谎。哪怕你是一个极谨慎的管理者，只要偶尔忽略，多么好的名誉便可立刻毁损。

2010年4月6日，肯德基中国公司推出“超值星期二告别秒杀优惠券”活动，此活动共为三轮，极大地引爆了顾客的热情。

第一轮秒杀活动正常进行，时间到了下午4点，当顾客再次手持“优惠券”去购买全家桶时，却遭到了拒绝，工作人员称活动已经取消。

对此，肯德基做出的解释是出现了假的优惠券，但各门店给出的理由却并不一致。此事一出，消费者认为肯德基忽悠了大家，通过各种形式表达自己的不满情绪，一时间，肯德基在人们心中的形象大打折扣。直到4月12日，肯德基才开始采取一些措施，极力挽回自己的声誉。

如果一个企业突然遭遇到信誉危机，便会对正常的生产经营活动产生影响，并极大地影响到企业平日积累起来的良好形象，造成不可忽略的损害。

信誉关乎企业的形象。一个不追求信誉的企业，也许能在某一段时间内获得一定的效益，但肯定不能长期如此。作为管理者，不能因为缺乏信誉而将本可处理好的事情弄得不可收拾，给企业带去无法弥补的损失。

从维护企业信誉的角度出发，一旦企业陷入这种危机，便需马上采取行动，以公共利益为先，快速处理，承担责任，与外界真诚地沟通，快速有效地消除危机，重塑企业良好的形象。

第243天　人才危机

预防人才危机，重要的是防患于未然。

——北大光华管理学院管理课理念

人才对企业意味着什么呢？比尔·盖茨曾经说过：“如果我可以带走微软的研究团队，我就可以重新创造一个新的微软。”从这句话里，足以看到人才对于企业的重要作用。

对一个企业而言，如果人才大量流失，就会使各项工作受到巨大的影响，甚至不得已而停止，而那些关键人才的集体出走，更会给企业带来灭顶之灾；同时，企业没能及时引进优秀的人才，也会造成人才不足，阻碍企业的发展。

某酒店特别注重对新员工的培训，凡是那些新来的员工都需要接受相当长的一段时间的培训，为的就是让他们在服务时能做到让客人满意。但是，当他们真正走上工作岗位之后，在短时间内纷纷选择跳槽，致使酒店总是出现不断招新的情况。

刚开始的时候，酒店的管理者并没在意，以为这只是一种偶然现象，然而在接下来的时间里，那些经过培训出来的员工都出现上岗没多久便离职的现象。长期下去，酒店的服务水平下降，在顾客心中的印象也越来越差，最终使酒店的经营陷入危机。

不管是什么样的行业，人才的流失都会造成岗位的空缺，直接影响企业的业绩，提高了企业的经营成本。尤其是这些自己培养出来的人才跳槽到竞争对手的阵营时，会给企业带来更大的危害。

每一个企业都要尊重人才，充分发挥他们的能力，在他们自身价值能够得到实现的同时，更要适时地提升他们的职位，提高他们的薪酬，加强沟通，肯定他们的价值与贡献。同时，企业也要不断提高自身的影响力，这样才能吸引人才，不至于使人才流失。

第 244 天　如何应对财务危机

衰败往往是内部发生了问题，比如该转型的时候他没有成功转型，不该扩张的时候他盲目扩张。

——周春生

在企业所会面临的危机之中，财务危机是其中重要的一个方面。一旦企业陷入财务危机，就会使企业的流动资金占用迅速上升，周转不灵；同时，由于可利用的资金大幅下降，企业只能从事一些简单的生产，很多重要的工作得不到开展。

财务危机给企业带来的危害是巨大的，它会影响企业的正常生产经营，严重制约企业的发展，同时还会打乱企业已经制订好的计划，影响员工的生产积极性。在这种情况下，往往会造成企业难以维系下去的后果。

财务危机带来的后果也会是致命的，作为企业的管理者，要重点做到以下几点：

1. 建立财务危机预警系统，在危机还处于萌芽状态时及时发出危机警报。

就算是财务危机最终还是爆发，也有利于企业在最短的时间内找出危机出现的根源，对症下药，防止企业陷入破产的境地。

2. 全面考虑企业自身的负债规模和偿还能力，把握好企业负债经营的度，一旦这个度超过了危险线，债务的增多便会成为财务危机的征兆。

3. 要不断完善企业的内部控制，防范财务危机。

总之，在管理者日常的经营管理中，要不断增强危机意识，捕捉各种财务危机的征兆，提高对企业经营状况的判断能力，有效地对付潜在的危机或已经显露出来的危机。

第 245 天　如何应对品牌危机

在应对品牌危机时，首先要面对的群体是消费者，我们要做到关爱和交流。

——周春生

对于一个企业来说，树立一个品牌是一个需要数年甚至数十年的过程；而毁掉一个品牌要简单得多，也许只是一瞬间的事，一次小的危机没有处理好，便有可能使企业覆灭。

在市场的竞争中，品牌对产品的竞争力起着非同一般的作用，很多人在选择同类产品的时候，往往会对品牌情有独钟，名牌产品能给人更大的吸引力。但是，每一个企业都有可能被危机萦绕着，任何一个品牌都有可能遇到无法预测的事情，一个人们眼中的名牌也会在瞬间消失、毁灭。这并不是危言耸听，现实中这样的例子实在太多。

2001 年 9 月，中央电视台揭露南京冠生园用陈年老馅做月饼。事件曝光后，冠生园公司受到来自各方的严厉批评。

百年品牌一时间陷入空前的危机之中，作为一个老字号企业，南京冠生园却做出了让人不解的反应：既没有坦承错误，承认陈陷月饼的事实，也没有主动与媒体和公众进行善意沟通，赢得主动，反而公开指责中央电视台的报道蓄意歪曲事实、别有用心，并声称陈年馅月饼的做法并不违反有关规定，“生产日期对老百姓来说只是看看而已”。

然而，事实就是事实，想靠狡辩是不能侥幸渡过危机的，他们的所作所为直接让危机更加严重，昔日的品牌辉煌从此不再。

品牌是一个企业竞争力的体现，并不是那些大的、有名的品牌就不会遇到危机，相反，一旦那些有名的品牌遭遇危机，带来的危害会更大。

当危机爆发后，将会使一个企业身陷“四面楚歌”的境地，来自各方面的批评与质疑会让企业陷入旋涡。这时候，企业要敢于承担责任，诚恳地道歉，一个有责任感的企业，更能赢得外界的同情与信任，有利于化解危机，给企业创造重生的机会。

第 246 天　理智面对媒体危机

在媒体危机前，最重要的是要做到快速和真实。

——周春生

媒体在进行新闻报道的时候追求快速、真实，当企业在媒体中以一个正面的形象展示在众人面前的时候，能够帮助企业扩大知名度，提高产品的竞争力。但是，如果媒体报道的是企业的负面消息，就有可能给企业带来意想不到的危机。正所谓“成也萧何，败也萧何”。

受到客观事物和环境的复杂性和多变性的影响，以及报道人员在观察问题时的立场有所不同，在报道的时候出现失误是常有的现象。媒体的不实报道会给企业带来危机，而媒体的真实报道也会给企业带来危机，这种情况是企业自身出现问题被媒体披露。

在“正广和汽水瓶老鼠案”中，上海某报纸刊登出“‘正广和’汽水瓶中，竟有一只死老鼠”的消息。这突如其来的传闻使“正广和”一下子便陷入了危机，“正广和”迅速成立危机公关小组，在对每一道工序进行仔细的检查和分析后，他们认为老鼠不可能在生产的过程中进入汽水瓶。

对此，“正广和”并不是仅仅向外界澄清事实，而是请记者对此事进行跟踪报道。第二天记者们参观了汽水生产线上的所有工艺路线，厂方向记者介绍产品生产采用的是第四代美国杜邦公司反渗透水处理的高技术，还参观了洗瓶流水线和灌装线。事实完全令记者们信服，老鼠不可能在生产过程中钻入瓶子，只能是顾客打开瓶盖后钻入的。

第三天，报纸即以醒目位置报道了记者们在上海汽水厂的所见所闻，不仅澄清了事实，消除了危机，还对“正广和”做了一个很好的宣传，扩大了“正广和”的影响。

作为管理者，应当懂得媒体的特点。当危机出现的时候，要与媒体真诚地沟通，及时发布正确的消息，而不是试图掩盖什么。要知道，在报道的时候，媒体更加同情受害者，反感那些喜欢狡辩的人，而你越是想掩饰，他们就越是要打破砂锅查到底。

第247天　恶意攻击也会给企业带来危机

恶意攻击有可能将企业拖入万劫不复的境地，运用这种战略的企业很少有赢家。

——北大光华管理学院管理课理念

危机的产生一定就是企业自身的不足造成的吗？不然，有时候，恶意竞争、对手的诽谤也会让企业沉陷危机、面临困境。

我们常说“人怕出名猪怕壮”、“树大招风”，在激烈的竞争中，谁都想在市场上占据一席之地，甚至想把竞争对手统统赶出市场，一家独大。这时候，有的企业不从提高自身的竞争力出发，而是出一些损招，企图给对方造成不利影响。

2010年7月16日，某报刊登一篇所谓“深海鱼油造假严重”的新闻。某家公司经理委托某公关公司策划并实施《DHA借势口碑传播》项目。一夜之间，网络各大论坛、博客上“深海鱼油不如地沟油”等攻击性言论便甚嚣尘上。

7月中旬起，网络攻击深海鱼油的行动有组织地向深层次发展，该公关公司通过天涯问答、百度知道等进行鱼油DHA会引发性早熟的揭发性提问，草根博客引导性文章解读，网络新闻转载强化攻击效果，并以消费者身份发动“万人签名拒绝鱼油DHA”一掀“性早熟”线下狂澜，波及国内奶粉巨头。同时，运用关键词优化及品牌植入，推销自身藻油DHA安全性、纯度更高的产品信息。

然而，最终的调查结果是这只是该公司推广自己的一种不光明的手段。事实虽已经查明，但仍然给其他企业造成巨大的损失。面对公众和同行的指责，该公司最终还是发表声明就“诽谤与被诽谤”事件道歉。

还是那句话，危机无处不在，如果是由于竞争对手恶意竞争、采用卑鄙手段而导致企业出现危机，在危机刚发生的时候，企业需要快速行动，查出危机的原因，用相关证据证明自己的清白，并合理利用媒体等权威机构的影响力。

无论危机的起因是企业自身的原因还是来自外部的恶意攻击，都会使企业遭受质疑。如果不能提出确凿的证据，反而会使问题越描越黑。所以，在遇到别人的恶意攻击时，一定要第一时间进行处理，以避免事态恶化、达到对手渴望看到的结果。

第248天 建立危机预警系统

每一个企业要做强，就要有很强的抗风险能力，你要经得起现代经济的波澜起伏。

——周春生

不管一个人或一个企业眼下有多么风光、多么成功，都不能忽视隐藏在风光背后的不利因素。有备才能无患，防患于未然才能尽可能地让突如其来的危机造成尽可能少的危害。

对于一个企业来说，建立有效的危机预警系统是很有必要的。危机预警主要是指对危机的认知，表现为具有很强的危机意识以及在认知基础上构建的预警系统。这一系统能够让企业及时有效的找出对企业能够造成不利影响的因素，随时对企业的情况进行监测，对那些将会危害企业生存与发展的问题进行分析，最终的目的就是起到防止和控制危机爆发、减少危机破坏力的效果。

危机预警系统主要包括三个方面的内容：一是搜集那些有关企业危机发生的信息，对可能引起危机的各种因素和危机的反应进行监测；二是对监测所得的信息进行有效的取舍和分析，从而对可能发生的危机及其可能造成的危害程度进行预测和预报；三是针对那些可能引起危机的因素采取与之相对应的措施，以有效地避免危机的发生或最大程度地减少危机可能造成的损失。

每一个企业都不可避免地会受到危机的突然袭击，但这并不意味着企业就只能坐以待毙，等着危机降临后再慢慢采取相关的措施被动地应付。建立危机预警系统，有利于企业及早地掌握危机的前奏，从而采取更加有针对性的措施，以做到应付自如，在危机的处理过程中更加主动。

第10章 时间管理课

第249天 何谓“时间管理”

时间管理是有效地运用时间，降低变动性。

——北大光华管理学院管理课理念

一个精明的管理者，一定要管理好自己的时间，这是提高工作效率的最为有效的方法之一。时间管理的目的，就是让管理者明白，什么事该做，什么事不该做。管理者要想做好时间管理，一定要从以下几个方面入手：

1. 有效管理外在的要求。作为一个企业管理者，工作效率低下的主要原因就是外界的干扰太多，随时得放下手边的事情去处理其他的事情。我们明白，身为管理者，一个主要的职责就是集合多数人的努力，共同完成一份工作。换句话说，管理者的工作有很大的一部分需要与他人互动，外界的干扰是管理者工作的一部分。你可以排定某些时段作为你的工作档，当有人临时有车需要你参与其中时，你就告诉对方，这会儿正忙呢，不急的话，在你的空档时间再来详谈。

要做好时间管理，一定要具体做好以下几点：一是要建立备忘录；二是需要事先的计划和准备；三是要根据你对任务的理解排列优先顺序；四就是要做好分工合作的授权管理。

2. 做事要有方法，这是提高工作效率的重要方式。日常管理中，我们经常会运用自己所熟悉或者最为直接的方法去做事，但事实上，这并非是十分有效的方法。完成一件事情，可以有许多种方法，关键在于你能否找出最为快速的方法。千万不要毫不考虑就直接做了，花几分钟时间事先衡量一下，计划一下，想一下可以选择哪种更为有效的方法来完成事情。

3. 要积极排除周围干扰因素。周围众多干扰因素，也是时间流逝的致命的杀手。比如窗外的嘈杂声，桌面上的杂志、零食、报纸、美容品等，还有工作地点的温度、安全感、方向感、氛围、压力、烟瘾、联想、健康状况。为此，管理者要做好时间管理，一定要尽力排除这些干扰因素，让自己处于一个清净、舒适的工作环境中，有利于自己全身心地投入，从而大大地提高工作效率。

第 250 天　时间就是财富

我觉得我们这一生，唯一的成本其实就是时间。

——叶茂中（北京大学总裁班营销专家）

每一天都只有 24 小时，不多也不会少。这样一来，在工作的过程中，如何高效地安排自己的时间，提高工作的效率是每一个管理者亟待解决的问题。善于合理利用时间的人，在工作的过程中往往显得得心应手，而不善于安排时间的人却往往有着忙不完的事情。

不管做什么，都需要消耗时间，不然的话，规划再好，目标再高，能力再强，一切也是免谈。时间就是财富，一个不懂得利用时间的管理者，不仅不能完成该完成的任务，更是对企业财富的浪费。

曾经有人打过这样的比喻：假设有这样一家银行，每天都往你的账号里存入 86400 元钱，条件是你必须把这些钱在当天用完，否则，到了第二天就会自动清零，你会怎么办？

每一天我们都会有一个新的 24 小时，那些昨天没能合理用掉的时间并不会累积到今天，而今天也不能提前预支明天的时间，我们所能做的，只能是合理地利用今天的时间。

虽然时间不能像产品一样不断地被创造，但它能被人们利用、安排。一个真正会利用时间的管理者，不是把大量时间花于杂乱无章的工作中，而是用在制订即将行动的计划中。能干的管理者，用很多时间去周密地考虑工作中立即行动的计划，预定出目标的进程及步骤。不但在制定企业目标的时候是这样，在动手做每件事以前也都是这样。不管做什么事，都要事先周密考虑，一旦制订出完整的计划，执行起来就很顺，正所谓“磨刀不误砍柴工”。

时间就是财富，作为管理者，要将时间合理地分配，这样才能保证各项工作在有效地进行，才能为企业创造更多的利益。

第251天　坏情绪会偷走你的时间

任何时候，一个人都不应该做自己情绪的奴隶，不应该使一切行动都受制于自己的情绪，而应该反过来控制情绪。无论境况多么糟糕，都应该努力去支配你的环境，把自己从黑暗中拯救出来。

——罗伯·怀特（北大光华管理学院管理课引用名言）

情绪对工作能产生什么样的影响呢？相信我们每天都能切身地体验到。当我们心情不错甚至很好的时候，工作效率会大大提高，碰到一些困难也觉得不是那么难以处理；但是，一旦我们的情绪不好，置身于一种阴霾之中，我们的注意力会十分分散，神情萎靡，连一些简单的事情我们也不喜欢去做，时间就这样悄悄地流走。

北大光华管理学院管理课指出，不良的情绪对工作的影响是极大的，作为管理者，在能敏锐地观察到员工的各种情绪的同时，也要注意自己的真实情绪，不能出现医者不能自医的情形。

我们有时会发出这样的感叹：今天又是什么事情都没做成，整天浑浑噩噩的，都不知道怎么过的。其实，在很大程度上是情绪在作祟。我们的情绪会受到工作中各种因素的影响，有的人控制不住便让自己变得愤怒、伤感、忧郁等，一时间变得对工作毫无兴趣，即使在做也是心不在焉，常常犯一些低级错误。到头来，还得花时间重新检查、弥补过失。

既然情绪对时间的影响是极大的，我们就要尽量不要把那种不良的情绪带到工作当中。要知道在处理问题的过程中，应以工作为中心，而不是以自己的情绪为中心。只有这样，我们才能把时间真正地放在工作当中，不断提高工作的效率。

因此，作为一个成功的管理者，一定也是一个情绪管理高手。不良情绪给我们带来的只会是失误的不断碰撞，留下的只有一片狼藉。管理者要认识到情绪管理与创建高绩效之间的重大关联性，不管情绪有多么糟糕，也要把握有效情绪管理与调节情绪的方法，不断提高工作效率，在有限的时间里做更有价值的事。

第 252 天　抱怨是消耗时间的无益举动

抱怨是最消耗能量的无益举动。

——北大光华管理学院金句

在工作的过程中，抱怨也是一种非常浪费时间的行为。工作中难免会有一些不尽如人意的事情，会让管理者觉得心里很不舒服，如果因此而不停地抱怨，把手头的工作晾在一边，反而会延误工作的时间。

根据心理专家的分析，当人们在遇到不惬意的事情时，通常会有四种表现：一是离开，二是改变，三是适应，四就是抱怨。前三种都有可能找到新的办法，有效地解决问题，只有抱怨不仅不能解决问题，反而会让人变得消沉。然而，在现实中，许多人却偏偏选择了第四种，时间长了，抱怨也成了一种职业通病。抱怨都有哪些表现呢？

一是抱怨上级领导。管理者的任务都是上级领导分派的，任务重、时间紧、可利用资源有限等都会成为管理者抱怨的原因，似乎抱怨也成了一件合情合理的事情。

二是抱怨同事。每一个管理者的竞争都是激烈的，不仅体现在与其他的企业间的竞争，也有企业内部同事间的竞争，当自己的任务没能及时完成时，有些管理者便推卸责任，认为是别的同事抢了自己的市场。

三是抱怨下属。许多问题是要靠下属去完成的，当他们的完成质量不够好时，管理者便责怪他们这里不是、那里不好，指出他们的许多问题，但又没有帮助他们克服那些问题，结果反而使得双方的矛盾越积越深，给任务的进度带来不利的影响。

四是抱怨客户。当管理者需要与客户打交道时，一旦面对一些问题偏多的人，便没有了耐心，觉得他们什么都不懂，完全是在浪费自己的时间，结果往往使事情办砸。

在激烈的竞争面前，只知道抱怨是没有用的，它只能让你虚耗时间，影响团队气氛，甚至让你再次错失一个转败为胜的机会。作为管理者，在遇到不如意的事情时，与其在那儿做抱怨的无用功，不如仔细想想，看有没有什么办法能够处理问题，得到一个较为满意的结果。

第253天 集中精力做那些最重要的事情

我发现如果我试着同时做多种任务，我常常压力很大，而且不能集中。所以我试着一天中只做一件事，然后尽我所能做到最好。

——季羡林

每一天的时间都是有限的，但需要解决的问题却并不一定与它成正比，有时候需要管理者解决的问题不是很多，但有些时候，管理者觉得好像是一座山压在了自己的身上，大事小事一大堆，想喘口气的机会都没有。

每一个成功的管理者都是一个善于分派任务的管理者。在每天面对的各种任务中，重要性自然有大小之分，如果管理者把那些不那么重要的事情也都揽在自己的身上，既浪费了时间，效果也不见得格外地好。管理者要能够抽丝剥茧，把那些不那么重要的事情委派给下属去做，而更重要的事情则自己亲自完成。

管理者成功的原因会在哪儿呢？主要还是集中精力去完成最重要的事情。每一天的任务都是没完没了，而完成这些任务的时间却相对少得可怜。作为管理者，想要更好地处理这些问题，那他就需要有一个完整的时间，越是想要完成任务，就越需要有这样一个集中的时间。否则的话，这件事情做一点，那件事情做一点，结果都只能算是做了一点，却都没有完成。

完成不了任务的人往往显得比任何人都忙，这是我们在工作的过程中能够切身体会到的一种现象。并不是因为他们需要处理比别人更多的难题，只是因为他们不善于合理规划自己的时间。处理问题时，时间既分散，又没能抓住最重要的问题，自然不能取得好的效果。

第254天 面对突发状况要及时处理

今天所做之事勿候明天，自己所做之事勿候他人。

——歌德（北大光华管理学院管理课引用名言）

每一个企业都会在发展的过程中遇到这样或那样的突发性状况，有些更是会直接影响企业的未来，我们称其为危机。作为管理者，一旦遇到这样的情形，一定要及时予以处理，不能迟缓，不然的话，给企业带去的绝对是极其不利的影响。

从古至今，只有常胜将军，没有永胜将军；企业何尝不是一样，只有常胜的企业，没有永胜的企业。企业可能面临的危机是各种各样的，每一种都可以给企业带来毁灭性的打击。作为管理者，如果不能在第一时间寻找处理危机的方法，想看看事件的下一步走向，只会坐失良机。在这里，时间不仅是财富，更是企业的生命，浪费了宝贵的时间就会让自己成为把企业推向深渊的“帮凶”，这并不是危言耸听。

作为一个管理者，当企业面临危机的时候，不能只是在那里等着下面的消息。企图消除对企业不利的各种新闻，一定要在第一时间内出击，寻找危机的来源，然后采取快速有效的措施将危机化解。这样才是面对危机的一种正确态度，也是有效利用时间的一种正确方法，在危机中浪费了时间比任何时候都可怕。

“危机”二字有“危”也有“机”，一个身陷危机的企业，纵使不至于走向消亡，也会使自身元气大伤。让企业从“危”中渡过，并能转危为安、为“机”，正是管理者能力的一种重要体现。滞后或不作为自然不能达到这样的效果，只有积极面对，快速反应，及时处理才有可能使企业置之死地而后生，甚至给企业带来更大的财富。

第 255 天　克服拖沓的习惯

节省时间，也就是使一个人的有限的使命更加有效，也即等于延长了人的生命。

——鲁迅

我们一再地强调，每一天的时间都是有限的，需要我们充分地利用，不要总想着把今天的事情放到明天去做。因为明天自然会有明天该做的事情，这样一来，只会让事情不断地累积，最后让管理者自己都头痛不已。

做事拖沓的管理者总是会安慰自己：歇一会，晚点做还来得及，就算明天做不完，不还有后天吗？今天本应该也可以完成的事情，为什么一定要留到明天去做呢？

可以说，我们每一个人都很清楚拖沓并不是一个什么值得炫耀的习惯，但就是时常提醒自己可以偷一会儿懒，结果延迟了任务的完成进度。

王强是某企业的一名市场活动主管，负责公司的促销活动。作为一名管理人员，每天的工作应该是忙碌的，但是对王强来说却并不这样。假如他有 6 天的时间去筹备一个活动，在前 5 天的时间里他总是显得轻松自如，不把活动放在心上，直到活动快要开始的时候，他才发疯了似的联络商场、备货、招聘促销员等，直到最后一刻才办好该办的事，有时甚至搞砸一个活动，给企业造成不小的损失。

许多人都会为自己的拖沓行为找借口，看似轻松惬意，实则心里也很不安，每当告诉自己该行动的时候，似乎总有一个声音在对自己说“再歇会儿吧”。他们知道拖沓的不对，却又一直在重复着。

面对工作中的任务，管理者需要做到各个击破，而不能把今天的事、明天的事、后天的事集中起来一并处理。

拖沓是浪费管理者宝贵时间的一个重要原因，也是管理者能否取得更好发展的一个重要对手。一味拖延时间，往往使许多本该完成的任务得不到及时完成，轻则延迟任务的交付时间，重则使企业在激烈的竞争中失去主动，被竞争对手捷足先登，给企业带来损失。

第256天　高效地委派工作

无端地空耗别人的时间，无异于谋财害命。

——鲁迅

当管理者从一个普通员工变成管理者的时候，你做的还会是以前做普通员工时所做的工作吗？答案肯定时否定的，分工不同，所做的工作自然也不尽相同。作为管理者，如果不懂得进行委派工作，那也就谈不上管理了。所以说，能否对下属高效地委派工作，也是管理者面临的一个重要问题。

对管理者而言，并不需要所有的事情都要自己亲自去做，也不单单是做好自己该做的事，还应高效地给下属委派工作，这样才能有效地节约时间、完成任务。

委派工作对下属、对管理者、对企业都是有好处的，作为管理者，如何才能让委派工作的过程高效呢？需要做到下面几点：

1. 向下属解释清楚工作任务及其重要性，下属只有充分了解了任务的要求才能明确自己的工作方向。

2. 只提出自己对任务完成情况的要求，对任务执行的过程则由下属自己去掌握。

3. 明确下属在执行任务的过程中可能动用的权力和资源。

4. 对员工执行任务的时间有一个明确的限制，这样有利于提高员工的紧迫感，合理计划工作的进度。

5. 加强与下属的沟通，不要一味地只是自己在不停地说，也要让下属有发言的机会，确保他们完全清楚任务的要求。

6. 对下属执行任务的过程进行相应的监督、跟进，避免下属走错方向。

对于那些必须或可以让下属去做的事情，管理者就应该让他们去做，许多管理者之所以觉得太累，是因为他们做了许多本该是下属去做的事情。高效地委派工作，就有利于把管理者释放出来，把时间花在那些更需要他去做的事情上。

第257天　提高会议的效率

合理安排时间，就是节约时间。

——培根（北大光华管理学院管理课引用名言）

开会是每一个管理者在工作的过程中不可或缺的一种工作手段。但是，开会就需要占用时间，就算是一个很善于分析和控制自己时间的管理者，也还是要在开会这种活动上耗费不少时间。

既然是工作的正常需要，我们不能将其取消，也唯有想方设法提高会议的效率了。很多时候，我们会发现这样一个现象，员工在工作的时候突然被叫去开会，听着听着就犯困打起了瞌睡，最后接到一个让其头痛的任务就离开了。这样的会议并不能达到真正的目的，效率十分低下。

某公司为提高开会效率，实行开会分析成本制度。每次开会时，总是把一个醒目的会议成本分配表贴在黑板上。

成本的算法是：会议成本＝每小时平均工资的3倍×2×开会人数×会议时间（小时）。公式中平均工资元所以乘3，是因为劳动产值高于平均工资；乘2是因为参加会议要中断经常性工作，损失要以2倍来计算。因此，参加会议的人越多，成本越高。有了成本分析，大家开会的态度就会慎重，会议效果也十分明显。

如何才能有效地提高会议效率呢？我们可以从以下几点着手。

1. 明确开会的目的。如果我们知道为什么要开会，效率起码可以提高一半。

2. 只开必须开的会，对那些可有可无的会议不开、少开。

3. 确认参加会议的对象和会议的类型。会议的类型主要有沟通型、管理型、决策型，不同类型的会议能够参加的人员也是不同的，管理者要做到心里有数。

4. 在会前把会议议程发放给参会者，让他们事先清楚会议的目的、主题、程序等。

这些会议前的准备能够有效地提高会议的效率。当然，在会议中我们也要控制好会议的时间，并让会议的主题不偏移。很多时候，明明会议是为某件事而开的，结果半道却讨论起了另一件事，打破了会议的计划，也搅乱了会议的进程，让会议的效率下降，没能达到应有的效果，我们要拒绝把时间浪费在无效的会议上。

第 258 天　处理问题要一次到位

完成工作的方法就是爱惜每一分钟。

——达尔文（北大光华管理学院管理课引用名言）

有些人在处理问题时没有一个全盘的考虑，总是喜欢想到什么再去做什么，做起事来总是断断续续，有时甚至是半途而废，直到又有什么好的想法时再把事情翻出来，试着去处理，结果不仅没有效率可言，更有可能造成难以预料的损失。

作为管理者，要有一个统筹规划的意识，一次就把问题处理好。很多时候，我们之所以需要消耗相当多的时间在同一件事情上，就是因为开始的时候没有真正地彻底解决问题，犹如一件不合理的产品，要么将其视为废品，要么不断地返工，以达到标准。

某广告公司的一名员工在为客户制作宣传广告时，将客户的联系电话中的一个数字弄错了。当他们把做好的宣传材料交给客户时，由于时间紧，客户也没来得及细看便在第二天的新闻发布会上使用了。直到新闻发布会结束后，在整理剩下的宣传材料时，客户才发现关键的联系方式出现了问题。

一怒之下，客户向广告公司提出巨额赔偿。由于错误确实在自己这一方面，给对方也造成了巨额的损失，广告公司只好按照客户的要求进行了赔偿。钱没了可以再挣，但事情并没有就此结束，它严重危害了公司的口碑，客户迅速减少，给公司的生存带来恶劣的影响。

如果管理者也像这名员工一样，天知道会造成什么样的后果。有些事情我们还可以再花一些时间重做，但有些事情错了就无法回头了。

我们常常会说“一鼓作气，再而衰，三而竭”，在处理问题的时候，何尝不是这样。如果耗费太多的时间在同一问题上，不仅影响了任务的进度，对个人的信心也是一个不小的打击。第一次就把事情做好，节省了时间，避免反复去解决同一件事情，提高了工作效率。一次就把事情做好的员工才能成为一个优秀的员工，同样，一次就把事情做好的管理者才能成为优秀的管理者。

第259天　做事没主见只会白白地浪费时间

遇到应该做的事，犹豫不决只会白白地将时间浪费掉。

——达尔文（北大光华管理学院管理课引用名言）

作为管理者，都有着丰富的工作经验，但管理的经验不见得也很丰富。如果管理者还像做普通员工时那样，缺乏自己的主见，遇到什么难题便往领导那儿摆，等领导处理，这肯定是不行的。

每一个管理者都应该有自己的主见，不能等着上级领导解决需要自己处理的问题；也不能盲目从众、随大流。在需要自己对一件事情作出决定的时候，在合理吸引别人意见的同时，要作出自己的决定，不能不同的人提出的不同办法都是可行的，结果没有一个真正的指导方针。

有这样一个故事：

一天，爷孙俩牵着一头驴子去赶集，就这么悠闲自得地走在路上，周围的人都笑话他们："这两个人真是笨到家了，手里牵着驴子却不骑。"

听到他们的议论，做爷爷的觉得有理，没理由让驴子闲着，便把孙子抱上驴背，自己紧跟在后面。

可是，没走多远，又有人开始议论："这孩了，都这么大了，还不懂事，爷爷累坏了怎么办?"做孙子的赶紧下来，让爷爷骑了上去。

没走多远，又有人说："这老人家也太狠心了，让一个孩子在下面走，真是越来越糊涂了。"

爷爷赶紧把孙子也抱上驴背，心想："我们都骑着，总该没人责备了吧!"

但是他还是错了，因为人们又开始说爷孙俩残酷，不体恤牲口，就这么的，爷孙俩都陷入了苦恼中。

如果管理者也像这爷孙俩一样，完全被别人的话左右，那会给工作带来很多不利的影响。试想，一个没有主见的管理者，在安排任务或执行任务的时候会出现一些什么样的情况呢？他们会试着用各种不同的、看似有效的方法去解决问题，一旦遇到阻碍，又会换另一个办法，结果，时间就这样被浪费了。

也许别人的意见都是可行的，但需要自己处理的问题还得作出属于自己的决定，这样才不至于在一个问题上花费太多的时间。

第260天　每件事情都需要自己亲自去做吗

做事不分轻、重、缓、急，什么都抓，只会什么都抓不到。

——北大光华管理学院管理课理念

为什么有些管理者总是一天到晚忙得焦头烂额、似乎有着永远也处理不完的事情呢？在很大程度上，这并不是因为他们该做的事情真的有那么多，而是他们总是事无巨细，都亲自去做，结果往往在一些并不紧要的问题上耗费了大量的时间，而那些更需要处理的问题反而被耽搁在一旁。

作为管理者，要明确自己的工作职责。要知道，时间对每个人来说都是很重要的。节约出更多的时间，可以使管理者减少琐碎的、细节性的、重复性的、简单的、例行的工作，从而有更多的时间和精力放在更重要的事情和宏观思考上，能够有足够的时间站在不同的角度和高度，甚至站在一个旁观人的角度来看事情的本来面目或全貌，也可以让管理者把他更深的潜力或能力充分发挥出来。

周先生是做事很仔细的业务经理，为了保险起见，凡事他都会去过问，否则的话就会觉得不妥。

一次，公司派周先生去国外出差10天。这倒让周先生有点忧虑了，他想，他不在的这10天里会发生什么呢，还不乱套了。为此，他在出发前把能处理的一些事情都处理了。

不过，下一刻会发生什么我们谁也不知道，因为工作的需要，周先生出差的时间需要延长半个月。这下让周先生有点坐立不安了，他总有一种不祥的预感。

然而，当他怀着忐忑的心情回到公司的时候，眼前的一切让他感到惊喜、欣慰。原来，他不在的时候，下属们的积极性反而大增，有效地处理每一件事情，而那些有疑问的问题，他们也会请示有关主管。

这时候，周先生才明白，原来下属们的能力是很强的，自己平时感觉太累，都是自己强加给自己的。

充分发挥下属的能力，既能提高下属的积极性，也能让管理者有更多的属于自己的时间，做那些更需要自己解决的事情。管理者要经常提醒自己，真的每一件事情都需要自己亲力亲为吗？放手让下属去做效率会更高。

一个管理者，如果使自己停留在那些本不需要自己的事情上，只会让有限的时间耗费在一些相对而言的小事上面，而那些真正需要你的大事，反倒是没有时间去处理，这也正是许多管理者觉得每一天的时间都太短的重要原因之一。

第 261 天　加强与别人的合作

人的全部本领无非是耐心和时间的混合物。

——巴尔扎克（北大光华管理学院管理课引用名言）

每一天的时间都是有限的，我们虽然不能创造时间，但可以让时间得到某种意义上的拓展，合作就是一个最好的方式。

在这个讲求合作共赢的时代，与你合作的人越多，给你自身带来的好处会越大，很多事情可以借助他们的力量去完成，这完全可以让自己显得紧凑的时间变得充足。

一个小男孩在院子里的草地上玩耍，身边有一些他的玩具——小汽车、积木、魔方和一把塑料铲子。他想在草地上修一条公路，好让小汽车在上面跑起来，不幸的是，一块石头挡住了去路。

小男孩开始挖走石头周围的土，试着把它慢慢推开。但对他这样的小孩来说，这石头简直就是一个庞然大物。时间在一点点地流逝，石头还是没能移开。小男孩失落地坐在草地上，十分生气。

这时候，小孩的父亲走了过来，说："儿子，你在这块石头上浪费了不少的时间了，既然搬不动，为什么不叫我呢？"说完，父亲弯下腰，轻轻抱起石头，将它扔到了远处。

这样一来，小男孩就可以快速地修建他的公路了。

在工作中何尝不是这样，我们可以将公司的一些业务委托给其他公司完成。正如一个婚庆公司不一定鲜花、酒店等各个领域都涉及，它可以与有关的公司合作。就有这么一个成功的婚庆公司，虽然它在业内很有名气，竞争力也很强，但它的员工并不显得多，只有 60 多人。这些人主要从事策划和销售工作，而与婚庆有关的其他内容，公司也可以做好，因为它与别的公司有着长期稳定的合作关系，有着良好的服务质量。

第 262 天　交代下属任务时不可过分节省时间

只有能够合理掌控时间的人，才能更好地掌控好人生。

——北大光华管理学院管理课金句

作为管理者，当你在向下属交代工作任务的时候，最好是向他们交代得清清楚楚，让他们明白任务的要求、标准等。一旦下属没能真正明白任务的要求，在工作中不管遇到什么情况都会先请示管理者，征求管理者的意见，这样就会极大地打乱管理者自身的安排与工作节奏。

许多管理者在交代任务时总是非常笼统和模糊，下属自然不能明白管理者的意图，但又不好意思再问到底要他做什么、做到什么样的程度才算合格，只是点头表示自己已经清楚了，在工作的过程中只能靠揣摩去意会管理者的要求，其结果还是任务不达标。这就需要管理者在追踪任务进展时不断地提醒，或者下属时常询问。本来一件看似简单的事情，最后却花了不少的时间和精力。

很多人都知道麦当劳和中餐的不同，中餐对大厨的依赖性是很高的，如果一个中餐店的掌勺离开了，很可能会导致生意一落千丈，即使有新的大厨来了，顾客也不一定感到满意。但麦当劳却不一样，一个烤鸡翅的员工离职不会对它的生意产生丝毫影响，因为他们在操作过程中都有着明确的要求，有操作手册可供参考，这就是有一个明确的考核标准。

作为管理者，如果以为与下属讨论一项计划、一项方针，或是一项工作表现时，只需要 10 分钟就够了，那你一定是自欺欺人。如果你真想影响别人，那至少需要 1 个小时以上。如果你想和别人建立良好的人际关系，就需要更多的时间。

有很多管理之所以没有达到预期的结果，甚至还让许多时间白白地浪费掉，原因固然会有很多，问题没有交代清楚是一个很重要的方面。因为，不管下属的执行能力有多强，管理者没有表明考核的要求，他们也不能很好地完成任务。

第 263 天　给任务一个期限

不逼自己一把，永远不知道自己有多优秀。

——**北大光华管理学院管理课金句**

在日常工作中，我们都会有这样一种倾向：对于那些不需要马上完成的任务，我们习惯于在最后时刻才会匆匆忙忙地去努力完成。试想，如果我们自己给任务一个完成的期限呢，会出现什么样的情况？

北大管理课中提到，有一个明确的期限能让我们对工作的要求更加明确，当我们意识到某个问题必须在某个时间前完成的话，我们自然不会放松对自己的要求，会让自己充实地过着每一分钟。

当我们在从事任何一项工作的时候，都要给自己一个期限，不能在下意识里对自己说“慢一点、晚一点没有关系”、“这事情简单，不需要怎么费力就能解决”之类的话。很多看似简单的事情一旦出现什么变数，也有可能变得不简单，到时候再处理麻烦就大了。

每做一件事情都需要耗费时间，给任务设置一个期限，是管理者对时间的预算，它就像开支预算，是很有必要也很有效的提高效率的工具。开支预算可以避免你进行冲动性消费，透支过度；而时间预算则可以督促你在有效时间内完成重要的事情。时间是有限的，利用期限来完成任务是相当有用的。

时间不能储存，所以我们只能珍惜和合理规划时间，给自己一点压力，我们会得到更大的动力。

第 264 天　不要在一些小事上过于追求完美

小题大做并非是企业的圣经，整天围绕着那些不影响大局的小事没完没了，不仅浪费时间，而且还浪费精力。

——北大光华管理学院管理课理念

很多时候，我们很累，不因为别的，只是太执着于完美。尤其是在一些小事情上，偏偏要做到无懈可击。其实，很多事情的要求并不算高，很容易便能完成，可偏偏就因为追求完美，而让自己的时间在不知不觉中浪费。

在工作中过于追求完美，在一些小事情上斤斤计较，首先就会让管理者在其他一些更重要的事情上显得时间不足，往往是抓起了芝麻，却弄丢了西瓜，给任务的完成进度造成影响。

其次，在那些小事上浪费时间，有时往往会使自己陷入重复的无底洞中而无法脱身，浪费的时间也就越来越多，进而大大地影响自身的热情与积极性，以为自己连这么一点小事都做不好，更别提那些大事了。很多时候，我们对工作的热情是促使我们不断坚持下去的一个重要原因，没有了它，我们的工作效率会受到严重影响。这正如气球里面的气，没了气气球也就飞不起来了。

小李是某公司的经理助理，一次，经理要叫小李给总经理送材料，她挎上包就去了经理的办公室。然而，经理似乎一眼就觉得她的包不好，严肃地对她说，能不能买一个好点的包，既是工作的需要，也是对上级的尊重。

这一下，小李可就觉得有点委屈了。一直以来，她都是这样的风格，也没谁说怎么样。要是工作中出了什么问题被说也就罢了，但这次居然因为经理对这个包不满意而被说了一顿，她的确感觉不满。她想，是不是经理对她有什么看法，故意找个借口损她呢。

作为管理者，要对自己正在做的事情有一个清楚的认识，什么事情重要，什么事情需要力争最好都要心里有数，一个被小事情束缚住手脚的人是做不成一个优秀的管理者的。想让马儿跑，又不想让马儿吃草，哪有那么便宜的事。

也许你的追求完美的精神能让人佩服，但并不能让人接受。小题大做会让自己的时间在一些不值得的地方浪费掉，的确是没有必要的事。

第 265 天　要有明确的目标

让目标去引领行为，就会大大地提高工作效率。

——北大光华管理学院管理课理念

目标是一个人行动的导向，当目标不明确的时候，管理者就有可能没有工作的重点，时而做这事，时而做那事，结果一件都没能做好，时间就已经过去了。

无序的管理会让管理者忙得焦头烂额，其结果也往往不尽如人意。其原因还是在于管理者自身不清楚到底该做什么好，总是东抓一把，西抓一把，假如今天是最后一天，我们就会发现还有很多的重要的问题没有得到解决。

作为管理者，首要的目标就是要完成任务，也就是最初设定的目标。有了目标才能让你自信，产生动力；有了目标才会激发斗志，提高潜能，才会知道努力的方向。不然的话，那些琐事便成了管理者有限时间的最大敌人，目标更是难实现。就如有些新员工在进行市场推广的时候一样，他们在大街转几圈，路虽然走了很多，却很少开口问人家需不需要，有些员工问几家，歇半小时，喝喝水，再告诉自己需要打个盹，半天时间很快就过去了，然后他们便心安理得地收工了："今天我出去了解市场了，虽然没出什么成绩，但我尽力了！"他们总会这样安慰自己。有些员工明日复今日，反正离任务完成的日期还远着呢。有些员工不敢设定目标，不敢面对任务，因为他们害怕失败而受到伤害，害怕完不成任务而遭到别人闲话。

不管是普通员工还是管理者，都需要在工作中有明确的目标。员工没有目标会浪费时间，管理者何尝不是这样。有些管理者总是埋怨说："我们没有受过任何管理方面的训练，每天桌子上的东西总是多得让人喘不过气来。"

许多管理者之所以不善于管理好自己的时间，往往就是因为没有一个明确的目标，不知道自己工作的重点应该放在哪里。管理者在分配时间上的悲剧往往在于：小事上花大时间，大事上花少时间甚至没有时间顾及。

第 266 天 制订有效的计划

你没有最有效地使用而把它放过去的那个钟点是永远不能回来了。

——托尔斯泰（北大光华管理学院管理课引用名言）

新的一天，当你走进办公室的时候，你是否知道在这一天里该做些什么呢？

很多时候，管理者眼中的所谓难题都是因为没有经过认真考虑的行动引起的。我们常说“运筹帷幄之中，决胜千里之外”，事情做好了部署与计划，才能在操作的时候有章可循，变得得心应手。在制订有效的计划中每花费 1 小时，在实施计划中就可能节省 3～4 小时，并会得到更好的结果。如果你没有认真作计划，那么实际上你正计划着失败。

计划能够体现出管理者的全局视角，管理者不应该在没有任何计划的前提下就开始埋头苦干。如果是这样的话，就会经常遇到这样的情况：时间总是用在了一些细枝末节上，一旦遇到了问题，事情又得从头做起。

计划也能充分地利用资源，这样就能让管理者充分了解下属的作用与能力。当然，计划还能够帮助管理者有效地预见困难，这样就不至于在问题出现的时候手足无措，花费大量的时间去考虑该如何应对。

计划是提高工作效率的一个重要前提。每一个企业都有它的年度计划、季度计划、月计划、周计划，这些计划明确了我们需要完成什么样的任务，也是管理者有效地节约时间、把时间用在重要问题上的重要方法。没有计划，就等于是在浪费时间；没有计划的工作，就等于是无价值的工作；没有计划的管理者，只会更忙碌。

第 267 天 不要让别人浪费你的时间

人是时间的纲领。

——爱默生（北大光华管理学院管理课引用名言）

在完成任务的过程中，管理者往往能够真正体会到什么叫计划赶不上变化，因为就在他们全神贯注地处理问题时，总能出现一些莫名奇妙的事情干扰他们的工作，有时甚至使他们不得不暂时中断。

一个很现实的问题，当管理者正在办公室整理一份很重要的报告时，难免就会有某个下属突然敲门求见，需要向管理者请教一些他们在工作中遇到的困难。这时候，管理者虽然有点不太情愿，但也没有拒绝的理由，因为，解决他们的疑问也是你的工作职责。就这样，跟下属详细解决了二三十分钟，下属满意地离开了。

试想，在这样的情况下，你能说你能够迅速地进入工作状态吗？很多时候，思路一旦被打断，就需要一个衔接的过程，也许你还会想着刚才下属请教的事情，想想自己是不是有些地方还忘了告诉他。最后，管理者只好又把前面做好的一部分再温故一遍，重新整理思绪。

也许就在你刚进入状态的时候，又有一个电话突然出现，询问一些不打紧的事情，或是突然走神了，想着一些不着边迹的事情……这些都会让自己的时间变得更加有限。

对此，管理者就需要采取一些措施来防止别人打断你的工作。如给自己设置一个安静的一小时，在这一个小时里，请求你的同事或下属不要来干扰，告诉他们你正在做一件很重要的事情，除非有什么特殊的情况发生；当你发现下属在工作中的问题时，可以提前就找他们谈话，把问题解决……

当然，能够打断管理者工作连续性的因素有很多，这就需要管理者有针对性地一一去“破解”，采取有效的措施去梳理，这样才能真正地“保护”好属于自己的那一份时间。如果管理者真能做到在这一个小时里完全不被干扰，让自己工作或思考，那样效率会是惊人的，有时候甚至能抵得上你一天的时间。

第268天　当最紧急的事遇上最重要的事

当紧急的事情和最重要的事发生冲突的时候，首要的就是要保持冷静。

——北大光华管理学院管理课理念

在工作的过程中，永远不会像事先安排的如剧情那般进行，总会有一些问题突如其来，迫切需要管理者去解决。作为管理者的你，如果发现自己每天都是在处理这样的问题，那只能说明你的时间管理并不理想，你确信这些事情是最重要的事情吗？

凡事都有轻重缓急之分，“重”与“急”自然比“轻”与“缓”重要，而作为管理者，最需要你花费时间的还是那些重要的事情，而不是最紧急的事情。

在管理学中，有一个“二八定律”，它的大意是：在任何特定群体中，重要的因子通常只占少数，而不重要的因子则占多数，因此只要能控制具有重要性的少数因子即能控制全局。延伸到时间管理上，是指大约20%的重要项目能带来整个工作成果的80%，并且在很多情况下，工作的20%时间会带来所有效益的80%。

然而在现实中，有些人却往往反其道而行之，每一天都会有新的情况发生，也许它们看起来很紧急，需要管理者去处理，但它们并不真的是最重要的。作为管理者，要深知其中的道理，不然用了80%甚至更多的时间又如何，能完成的往往是20%甚至更少的任务。

一个会管理时间的管理者不用整日喊自己忙得不可开交，虽然没有人能够控制住时间，让它在某一时刻突然停止，但我们可以管理好时间，把时间都用在刀刃上。古人都说“有所为有所不为”，我们更加明白摆在我们面前的问题哪些可为，哪些可不为。

作为管理者，需要找出是什么原因、什么事情让自己耗费了大量的时间，而成效却微乎其微。这样，管理者就会发现，不管那些紧急的事情有多紧急，还是最重要的事情更重要。

第269天　清楚自己最有效率的时间段

聪明的管理者往往能够完成成堆的任务，并不是因为他们用在工作上的时间比别人多，加班加点，而是因为他们是时间管理的高手。

——北大光华管理学院管理课理念

提高自己的工作效率、让时间管理取得成效，并不意味着就是让管理者一直处于忙忙碌碌的状态。很多人给人的印象就是不停地工作，有着忙不完的活，但真正完成的却没有多少，尤其是那些重要的事情，他们甚至还没来得及处理。

其实，一个人如果长时间处于忙碌紧张的状态，大脑得不到有效的休息，反而会让自己的处事能力下降。每个人都有自己的工作节奏，也就是我们常说的生物钟。作为管理者，要能够掌握好自己的工作节律，清楚自己在哪个时间段的工作效率最高。在这个时候去完成任务，往往能取得事半功倍的效果。

如果我们能够找到那个效率最高的时间段，便要充分地利用，尽量采取一些措施，避免受到外界的干扰。而在每一周的工作日里，也适合处理不同的问题。

星期一不是一个埋头做事的好时间，因为人们在痛快地休息了两天后，没能完全从放松的心态中走出来，这时候最好分派任务，做好规划，设定目标。

星期二的工作效率最高，尤其是上午10点到中午这段时间，可以优先处理那些最重要的事情。对管理者来说，可在此时安排下属一周内最有挑战性的任务。

星期三是一周的转折，此时人体的精力还是很好，且思路活跃，最有创造性。这一天是制定战略、开展“头脑风暴”的最佳时间，也是决策技能最能得到发挥的时候。

星期四基本上是人们的雄心和精力均已下降的时段，却又对即将到来的周末充满希望。这时候人也变得比较通融，这时候去找客户，客户向你妥协也最有可能。

星期五人们最容易冒险。这一天人们喜欢进行高风险的投资。另外，到了星期五，人们总希望一周事一周清，一些一周内纠缠不清的事情，大家都喜欢这个时候来个了断。

时间管理的高手，他们知道自己在哪个时间段工作效率最高，哪个时间段的工作效率很低。与其在工作效率低的时间段浑浑噩噩地做事，还不如稍微休息一下，到了工作效率高的时间段再集中精力做事。

第 270 天　不要将简单的问题复杂化

简单、明了、有效是处理一切问题的原则。

——北大光华管理学院管理课理念

管理者每天都会面对各种各样的问题，有重要的有不重要的，有复杂的有简单的，需要管理者能够有效地裁决，做自己最应该去完成的任务。

有些管理者就是想法太多，本来一件简单的事情，愣是考虑了种种可能会出现的情况，结果时间流走了，最后并没有取得什么惊天动地的成果。事实上，很多时候，太多的顾虑反而会让人走上弯路，结果自然与所想的不一致。

日本最大的化妆品公司收到客户抱怨买来的肥皂盒里面是空的，于是他们为了预防生产线再次发生这样的事情，工程师便很努力辛苦地发明了一台X光监视器去透视每一个出货的肥皂盒。而同样的问题发生在另一家小公司，他们的解决方法是买一台强力工业用的电扇去吹每个肥皂盒，被吹走的便是没放肥皂的空盒。

作为管理者，每天面临的所有问题并不都是那么重要、复杂的，之所以变得复杂，很大程度上是我们给它们赋予了太多的意义。就像我们手中握的一支笔，它就是一支笔，用来写字就行，如果你偏要给它套上多么神圣伟大的外衣，何其苦累。

需要管理者做好的工作概括起来有三项：策略、用人和日常管理。如果有一天，在别人的眼中你过得清闲自在，却又很好地完成了该完成的任务，掌控好了每一个环节，提高了业绩，你就是一个成功的时间管理者。相反，如果你一天到晚忙个不停，不得半刻清闲，这种忙并不是真正有价值的忙，恰恰是你不得时间管理要领的体现。

第 11 章

自我管理课

第 271 天　何谓“自我管理”

不管我们处于什么样的时代，什么样的环境，我们每个人都应该给自己留有思考的空间，留有一片属于自己的心埋空间。在适应社会需要的同时，保留原本真实的自我。

——李虹（北大管理心理学教授）

欲想管好别人，必须先管好自己，这是管理者自我管理的基本概念。其实，所谓的自我管理就是管理者要对自身，包括自身的目标、思想、心理和行为等进行必要管理的行为，自己将自己组织起来，自己管理自己，约束自己，激励自己，最终实现自我奋斗目标的一个过程。

那么，作为一名优秀的管理者，应如何进行自我管理呢？主要包括以下几个方面：

1. 自我定位管理。对于任何人来说，看清楚自己是最为重要的。所以，身为管理者，每天早上最好能够对着镜子问一句：“我是谁？”这样就可以认清楚自己，明确自己的工作职责。同时，也要及时问一问自己：身为管理者，哪些做到了，哪些没有做到？这样就十分有利于我们更好地投入工作和反省自己。管理者一定要及时正视而非漠视存在的问题，自身无法达成的工作，不能够听之任之，而是要积极地协调和充分利用外部的资源来实现。一个人只有真正认识了自己，并付出了相应的行动，才能够不断地完善自己。

2. 自我目标管理。一个人最大的悲哀并不是无法实现目标，而是根本没有目标。唯有目标才能够指引我们走向最终的成功。欲想出色地完成工作任务，最为重要的是不断地确立新的目标，对每一项工作、每一天都要进行目标管理，这样才能够选对努力的方向，让自己少走弯路，循序渐进地实现自身的目标。

3. 自我心态管理。作为管理者最为重要的就是要避免情绪化。管理者要心静，一定要善于释放自身的工作压力，避免在工作中宣泄情绪，避免浮躁心理的产生。要知道，浮躁就会草率，草率就容易犯错误；同时，身为管理者也一定要尊重员工，做到与员工坦诚地沟通，让他们明白目前自己所面临的困难与企业或部门内部存在的问题，要利用团队的力量，上下同心，共同突破困难，达成工作目标。

4. 自我突破管理。工作中，我们难免会感到劳累、思想困惑、止步不前，面对问题无计可施，这主要是因为我们的思维被固有的模式所禁锢了。这个时候，我们的管理方式往往是画地为牢，难以突破，这时，管理者就要学会变换角色，善于从其他角度去思考问题，不断地进行创新性思维。这样才能够摆脱对过去的依赖，唯有思维具有灵活性且具有实干精神的人才能够开拓创新，锐意进取。“问渠那得清如许？为有源头活水来。”所谓的“活水”就是自我突破。

5. 自我学习管理。在这个信息化的社会中，只有勤于学习的人，才能够不断提升自身的竞争力和能力。所以，一个聪明的管理者，一定要时刻给自己留下足够的学习时间，不断地钻研技术、获取养分、借鉴经验，只有这样才能够从各个方面不断地提升自己。

李嘉诚说：“自我管理是一种静态管理，是培养理性力量的基本功，是人把知识和经验转化为能力的催化剂。”从这个意义上说，自我管理既是一种自我完善的方式，也是一种自我激励，更是一种自我实现。对企业管理者来说，自我管理是其他一切管理工作的基础。

第 272 天　为什么要进行自我管理

管理者能不能管理好别人，从来也没有被真正验证过，但管理者完全可以管理好自己。

——李虹

在我们笑话别人有点自不量力时，总能听到这样的话：“没学会爬就想走路。”而对于管理者，我们可以这样说：“如果连自己都管不好，怎么还能奢望你去管理一个更大的团队呢？”所以说，管理者也该学会如何进行自我管理。

某管理大师曾说过这样一句话：“管理者能不能管理好别人，从来也没有被真正验证过，但管理者完全可以管理好自己。”这也与我们中国古代所讲的“修身齐家治国平天下”不谋而合。你可曾想过，你真的认识自己吗？有些人也许会觉得这句话问得就没什么道理了，一个人还不能认识自己吗？不然。很多时候，当人们在看待别人的问题时，总会显得目光如炬，一眼就能看出别人存在的一些问题；但在认识自己的时候，却往往是不得要领。认识别人的问题是容易的，但认识自己却不简单，正如下棋的时候，往往是旁观者清，而当局者迷。

一天，佛堂里的一块大理石地板抱怨世人对它的不公待遇。因为它与佛像来自同一块石头，然而待遇却有着天壤之别：佛像受人敬拜，而它却只能躺在地上，每天都有数不清的人在它身上踩过。佛像听到了它的怨言，说：“你说的也不错，我们的确是来自同块石头。但你知道吗，自从分开后，我们就不同了。我经了几个有名石匠师傅数年的雕刻，才有机会站在这里，而你只是接受了一些简单的加工，所以你就只能铺在地上做地板啊。”

像这块地板一样不能真正认识自己的人不在少数。在一个企业里，为什么有些人在别人眼中总是那么幸运，不管什么好的机会都会先落在他们的头上，而有的人了具备了成功的能力，而成功却避开了他们。问题在哪儿呢？就在于你是否真正地认识自己，并不断地让自己得到升华与提高，是否懂得自我管理的重要性。

有人说过这样一句话：“从我做起，从现在做起，管住别人不算什么，管住自己才是真本事！”

第273天　扬长避短，了解自己的优缺点

一个人只有不断反省自身，才能够在了解自身优缺点的基础上，扬长避短。

——李虹

一个人，只有在他最擅长的位置上才能发挥最大的作用，这利于他的优势能够得到最大限度的发挥。作为管理者，如果希望自己的能力也能得到有效的发挥，自然也需要把自己摆在一个正确的位置，正确地认识自己的长处与优势，并将其完全发挥出来。要知道，做那些让自己觉得蹩脚的事情是很难有所突破的。

有一句广告语说得好，“不选贵的，只选对的”。作为管理者，不求自己的职位越高越好，但求职位与自己越匹配越好。很多人也曾身居高位，但后来还是黯然而退，能力不及是一个重要的原因。作为管理者，要认识自己真正的长处，这样才能让自己在工作中更加得心应手。

赵兵是某公司的一名金牌销售员，每月的销量都能排在公司的前三名，深受上司的喜爱。由于对公司做出了杰出的贡献，上级决定任命他为新的销售主管。这在很多人眼中真是求之不得，但赵兵却有一种赶鸭子上架的感觉，对新工作中的许多问题都是一头雾水，离开了最熟悉的销售岗位，总让他觉得少了什么。

当然，上级领导也看出了他在新岗位上的问题，在与赵兵进行一番交流后，又把他调回了原来的岗位。这样一来，赵兵的工作激情似乎又重新点燃了一样。

做那些自己力所能及的事，这是每个人都需要知道的事情。然而很多人却总是打肿脸也要充胖子，就算自己在某一方面没有优势，也要造一些假象以说明自己有这方面的优势。其实，每个人的优势不尽相同，在这方面你不及别人，但在别的方面别人又不及你。

作为管理者，也要做到扬长避短，不要在自己不擅长的地方做那些让自己蹩脚的工作，这样只能是事倍功半，而我们要做的是事半功倍，发现自己的优势，才能让自己更好地工作。

第 274 天　要对工作充满兴趣与热情

兴趣与热情是推动一个人不断前进的巨大动力。

——北大金句

当人们还在争论是“爱一行，干一行，还是干一行，爱一行”时，你有没有想过自己是否喜欢自己正在从事的工作呢？因为喜欢才会把工作做到最好。

“爱一行，干一行”能让人更加快速地融入到工作当中，但这并不意味着“干一行，爱一行”就不可行，兴趣是可以培养的，热情也可以随着对工作的了解而不断增加。不管是什么情况，如果一个人对自己的工作感到厌恶，对工作没有了热情与兴趣，那是干不好工作的。

有这样一个故事，说的是三位砌砖工人的工作态度。

有人问：你们在做什么？

第一位工人回答：砌砖。

第二位工人回答：在做每天赚10美元的工作。

第三位工人回答：我在建造世界上最伟大的建筑。

我们可以想象，若干年以后，这三位工人都会在干吗呢？前二位也许还只是砌砖工，而第三位已经有了属于自己的建筑队伍，并不断地向更好的方向发展，因为他的话说明了他对工作的看重与热爱，表示出他发展的巨大潜能。

比尔·盖茨有这样一句名言："每天早晨醒来，一想到所从事的工作和所开发的技术将会给人类生活带来的巨大影响和变化，我就会无比兴奋和激动。"

这句话阐释了他对工作的激情，也是作为一名优秀的管理者应该具备的最重要的素质。能力、责任等条件是作为优秀管理者应具备的，但是如果没有对工作的热情，这一切都将会黯然失色。

作为管理者，对工作的热情是必不可少的，这样才能让自己的才能真正地发挥出来，才能让自己真正感受到工作所能带来的快乐。

第275天　享受合作为你带来的快乐

一个管理者就像一根火柴，如果自燃，充其量不过是星星之火，而如果能点燃管理对象这堆干柴，那就能发出熊熊火光，力量就大了。

——北大光华管理学院管理课理念

在激烈的竞争中，我们通常会采用合作的方式去解决问题。作为管理者，要知道，个人能力再强也是不能处理所有问题的，只有合作才有可能完成。

合作是现代管理者必须具备的一个能力，单打独斗的时代早已过去，一个不懂得合作的管理者不是一个合格的管理者，更体会不到合作能给人带来的快乐，这样的人很难有什么大的作为。

每一个人的成功都会与别人的合作紧密相关。我们听到最多的一句话通常是"我所取得的成绩，离不开大家的支持与合作，成绩是属于大家的"，虽然这是一种自谦，却也正是成功的关键。如果一个管理者动不动就用解雇、开除等方式解决问题，说明你没有与人合作的能耐。

在动物的世界里，蜜獾和导蜜鸟是一对金牌搭档，它们就是用合作的方式共同捣毁蜂巢，享受成果。

野蜂常把巢筑在高高的树上，蜜獾想找到它可不是一件容易的事，但是这也难不倒它，因为它有导蜜鸟这个优秀的合作者。导蜜鸟目光极其敏锐，每当它发现了蜂巢后，便会去寻找蜜獾。蜜獾一旦得到信号，便匆匆赶来，爬上树去，咬碎蜂巢，赶走野蜂，吃掉蜂蜜。导蜜鸟站在一旁，等蜜獾美餐一顿后，再去独自享用蜂房里的蜂蜡。

在工作的过程中，需要合作的事情太多太多，也只有合作才能真正实现成就。正如一堆沙子是松散的，可是它和水泥、石子、水混合后，却比花岗岩还坚硬。要成就事业必须把众多的力量集合起来，才能众志成城。不要嫉妒别人、排斥别人，唯有合作才能彼此方便与顺利，才能真正感受到成功所能带来的喜悦。

第 276 天　工作中也要劳逸结合

做好自我健康管理，首先要做到劳逸结合。

——北大光华管理学院管理课理念

现实中我们经常能看到这样的情况：一个人为了完成任务而不辞辛劳地连续工作，弄得自己身心疲惫，更关键的是，最后还是没能得到想要的结果。

有些人十分喜欢自己的工作，也希望展现自己更强的一面，于是像上了发条似的拼命地工作，直到有一天累倒了才明白过来，休息好了才能更好地工作。

有时候，我们会发现这样一些现象，有些问题不管你如何去思考，却想不出解决的办法，却在不经意间闪出一个好的法子。例如你为了提前完成任务，在晚上用了两个小时去分析一个程序问题，最后还是解决不了，但就是在回家的路上却突然恍然大悟，一个灵感闪现出来了。

作为管理者，在工作中也要注意劳逸结合，试想，如果一个问题花了一两个小时还是不能解决，那么再想下去也不一定会有什么办法。这时候不如停下来休息放松或是干点别的事情，说不定在放松的片刻会有灵光一动。

休息与工作并不是矛盾的，休息好了才会有更好的精神状态，让你时刻充满对工作的热情，也是让你能连续工作的保障。近些年来，我们常常能听到某一个人因过劳而猝死的消息，在惋惜的同时，也在给我们敲响警钟：凡事都要有一个度，对工作的投入也一样，不懂得劳逸结合是做不好工作的，也许眼下能取得一些令人羡慕的成绩，但从长远来看，却是一个不好的现象。

第 277 天　管理者要拥有长远的眼光

管理者的眼界，直接决定了其所带领团队的未来的发展状况。

——北大光华管理学院管理课理念

世界每天都在发生着变化，我们的周边自然也不例外。作为管理者，不能被眼前的一些得失蒙住了自己的眼睛。在这个日新月异的时代，如果还一味地让自己处在一个原有的高度，那迟早会被淘汰，因为你的视野永远只有那么大。因此，每一个管理者都需要让自己不断地站在一个新的高度，这样才能让自己的视野不断地拓展，才能在激烈的竞争中占有优势。

北大管理课指出，任何一个企业的发展都是一个长期的过程，如果管理者急功近利，目光不够长远，很难做到可持续发展。李嘉诚就说过这样的话："好景时，绝不过分乐观；不景气时，也不过度悲观。在衰退期间，大量投资。我们主要的衡量标准是，从长远角度看该项投资是否有盈利潜力，而不是该项资产当时是否便宜，或者是否有人对它感兴趣。"正是有着这样长远的目光，李嘉诚取得了极大的成功。

作为管理者，需要有长远的眼光，做到高瞻远瞩，这样才能对可能出现的机遇与挑战做出正确的判断，从而帮助自己做出正确的决策，这样才能帮助自己在率领下属做好当前工作的同时，有效地应付那些可能出现的挑战，更能抓住那些转瞬即逝的机遇。

随着时间的不断推移及知识的不断积累，管理者也在不断地丰富自己的修为。当一个公司处在一个良性发展轨道上的时候，管理相对会轻松许多；但是，一旦公司陷入了某种困难，就会对管理者形成很大的挑战。成绩往往会让管理者变得自满，而挫折又会让人变得灰心丧气，而正是在这些关键的时候，需要管理者保持平和的心态，着眼于长远的目标，这样才会更好地促进企业的发展。

第278天　管理者要做到以身作则

管理别人简单，约束自己却十分困难。

——李虹

在古代的战场上，我们经常能看到这样的画面：在两军阵前，总是将领首先出来叫阵，士兵在身后呐喊助威。而在我们熟悉的电视剧《亮剑》之中，在每一个战场上都能看到主人公李云龙的身影。在一次突击行动中，他还任命自己为突击队长，极大地激发了士兵们的激情，战斗也取得了圆满的成功。

"喊破嗓子，不如做出样子。"当然，这里的"做出样子"不是指那种说些表面文章的话，而是真真切切地去做。拿破仑常常用他那叱咤风云的豪迈气概，激发带动部队的士气和提高战斗力，他坚定地认为，在千钧一发的关键时刻，将帅本人的坚毅决心和模范行动，是拉动火车前行的火车头，是取得战斗胜利的巨大精神支柱。

在联想集团，有这样一条规则，如果开20人以上的会议你迟到了1分钟，对不起，那你得罚站1分钟。

规则实行后，联想的一个老领导倒成了第一个触碰规则的人，这让柳传志和他都觉得有点难为情，罚站的时候老领导紧张得一身是汗，柳传志也是一身汗。而柳传志同样被罚过3次。其中有一次是他被困在电梯里，咚咚地敲门希望有个人听到帮他请个假，敲了半天也找不到人，等他出来了，没做任何解释，自觉地被罚站1分钟。

管理者作为上司，理所当然地要起到模范、表率作用，形成上下同心协力的工作局面。美好的形象能产生一种形象效应给下属以信心、勇气和力量，吸引他们勇往直前。管理者的顽强意志与人格魅力，影响着下属的工作方向。领导的形象使下属产生折射反应，会产生极好的效果。如果“三个车间”各自为政、互不协调、口角摩擦、思想观念转变缓慢，其折射反应将会影响整体利益。

作为管理者，真正做到以身作则，才能成为下属在工作中的一个榜样。从来“强将手下无弱兵”，你有真实力，你有切实的行动，就能形成榜样的力量，带领下属一起前进。

第279天　坏情绪会影响管理效果

人的情绪主要根源于自己的信念以及其对生命情境的评价和解释。

——李虹

作为一名管理者，除了必备的一些技能和管理方式之外，还应该管理好自身的情绪。因为很多时候，情绪会影响你的管理水平与管理结果。比如，员工在向你汇报工作的时候，假如你自身的情绪不好，给员工一张阴沉的脸，员工便不敢再进一步地与你沟通。总之，坏的情绪能够产生不好的管理效果。所以，管理者在管理过程中除了提高自身的技能外，还要着重提高自身的情绪掌控能力。

管理者要掌控好自身的情绪，首先要了解情绪产生的原因，再采取有效的方法进行疏导。

北大管理课指出，情绪主要是指个体对本身需要和客观事物之间关系的短暂而强烈的反应，它是一种主观的感受、生理反应、认知的互动，并且表达出特定的行为。从这个定义，我们可以得知：

1. 情绪是个体对外界的一种自然的反应。也就是说，情绪本身没有好坏对错，只是个体本身对客观事物的一种自然的反应。每个人都有喜怒哀乐，所以，我们要控制自身的情绪，首先要学会主动去接纳自身正在发生的情绪，不去批判和怀疑它。

2. 情绪是感受与认知的一种内在的互动。正面或负面情绪的出现，只是自身对需求得到满足或者没有得到满足时的一种生理反应。所以，任何一种情绪的背后，都对应着自身感受与主观认知的一种互动。

3. 情绪会转化为一种特定的行为。情绪是由外而内的感受、互动，然后又通过个体由内而外表现和行动。即，外界环境影响并产生的情绪，而情绪又会通过特定的表情、语言以及动作表现出来。

为此，可以说，情绪是人的一种自然的反应，本身没有好坏，管理者一定不要谈“情绪”色变，但是不同的情绪所引发的行为则会带来不同的后果。为此，身为管理者，要控制情绪，就要学会控制自身对外界的反应。有情绪并不可怕，重要的是要懂得如何去疏导和管理，以此形成积极的组织情绪。

第280天　如何进行有效的情绪管理

最严重的错误就是不觉得自己有任何错误。

——卡莱尔（北大管理课引用名言）

北大管理课指出，积极的情绪可以大大地提高我们的工作效率，提高我们的工作绩效，而消极的情绪则会降低工作效率，工作绩效也会更差。对于管理者来说，应该随时都要管理好自身的情绪，用自身良好的情绪来带动员工的工作热情，从而实现组织的目标。

当不良的情绪出现时，管理者可以通过以下的途径去舒缓自身的情绪。

1. 及时给不良情绪找一个发泄口。比如，管理者可以及时外出游泳、踢球等，释放自身的情绪。也可以尝试去郊外去感受大自然宽厚的胸怀，甚至还可以在办公室挂上拳王泰森的画像，有气的时候，随手挥两拳。

2. 办公室的环境再好，也要尝试到外面去走走。办公室可以是实现理想抱负的无限空间，但是精神紧张、情绪激动的时候，也可能会成为思想的禁锢之地，很容易让我们钻牛角尖。为此，当你心情不好的时候，不防尝试到办公室外面去走走，慢跑快走，看看周围的绿化树，望着街上行人发发呆，就可能会控制住自身的坏情绪，能对心情起到一个舒缓的作用。

3. 别让自己脱离组织。很多时候，办公室乱发脾气的管理者，都有情绪失控的时候，实际上都将自己置身于组织之外。这个时候，我们要学会让自己冷静下来，思考一下自身的行为，尽可能地融入到组织之中，让情绪得到有效的舒缓。

生活中，一些管理者可能会说，发脾气有利于提高自身的威信，有利于驱赶自己的下属尽快地完成工作。但是，这里需要告诉管理者，无论是出于何种目的，还是习惯于将责任推给自己的部下，乱发脾气只会伤害越来越多的人，伤害更多的心。所以，无论在何种场合下，我们都要学会适当地控制和管理好自身的情绪，以提高自身的管理能力和管理效力。

第 281 天　正视下属的抱怨之声

在领导者的所有素质中，智商是基础，情商是升华。管理者的位置越高，其情商的作用就越大。

——李虹

在管理的过程中，我们时常能听到一些员工的抱怨。对于这种现象，管理者不能只是顾着排斥，而是要弄明缘由，然后采取适当的措施去解决。

抱怨是指下属因对管理者心存不满而说管理者的不是。下属抱怨是管理工作中经常遇到的一个问题。管理者对下属的抱怨采取不同的态度和方式，会对下属产生不同的影响。充耳不闻、漠然置之的，下属以为其麻木不仁；怒形于色、大动肝火的，下属以为其心胸狭隘；表面接受、实则应付的，下属以为其官僚虚伪。由此看来，对待下属抱怨的问题，领导者确实不能掉以轻心。

作为管理者，被下属抱怨是一件很正常的事情。因为一人难满百人意，你不可能面面俱到，让所有人都对你的工作满意，管理者只能说是尽可能地朝这方面努力。一旦管理者出现某一方面的疏忽，便会引来下属的不满与抱怨。

对此，管理者首先就需要创造一种积极的谈话氛围，而不是有意去抑制，他们的抱怨在某种意义上是在指明你工作上存在的一些不足，要认真地听他们的倾诉。其次，要有听他们抱怨的耐心，这也不是一件看似简单的事情，因为人一旦听到别人对自己的批评，本能地就想去反驳，尤其是自己忙碌的时候，更容易把下属的抱怨当成一种无关痛痒的小事。再次，找出下属抱怨的真正原因，并采取对应的措施进行处理，是他们对薪资不满，还是对岗位不适应，或是管理者的行为令他们不满，从而使管理者探明原因是出自自己还是下属本身。

无论原因是什么，管理者都要妥善地处理，及时地解决，避免问题进一步扩大，造成更大的影响。

第282天　要学会不断反省

不断反思自己所取得的效果，比不断学习还要有效。

——李虹

北大管理心理课上指出，反思是一个管理者不断前进的动力。如果说失败是成功之母，那么，反思便是成功之父，它是一个人不断走向成熟、走向卓越的重要方式。

孔子言："吾日三省吾身。"对于个人来讲，问题不在一日三省吾身还是四省吾身，现在是速度革命时代，一天只有早上、中午、晚上才反省怎么够，应该具有高敏感度，时时刻刻都能自我反省才对。唯有如此，才能时刻保持清醒。人做一次自我检查很容易，难就难在时时进行自我反省，时时给自己一点压力、一点提醒。尤其是对管理者而言，在有空的时候，还是多反省一下自己吧，它会使你在人际关系上多一些自如，少一些摩擦，也会使你在人生路上多一些成功，少一些失败。有了这样的心态，一个人、一个企业才会无往而不胜。

无论是企业还是个人，没有反思就不会有进步。同样的道理，不懂得反思的管理者，也会停步不前。从这个意义上说，进步是由反省诞生的。不能因为业绩的上升，就认定昨天和以前的做法是对的。企业管理者一定要知道，今天的做法并不能得到满分，一定还有值得改进的地方，每个人都应以100分为目标去努力。即便做不到，也要经常保持这种反省的态度。

随着时代的不断发展，每一个企业都一直处于创业之中，创业既然是一个不断摸索的过程，创业者就难免会在此过程中不断地犯错误。而反省，正是认识错误并改正错误的前提。可以说，反省的过程，就是学习的过程。有没有自我反省的能力，是否具备反省的精神，决定了企业管理者能否认识到自己所犯的错误，能否改正所犯的错误，能否不断地学到新的东西。要知道，企业在任何时候都可能会遭遇挫折或遇上低潮，在这种时候，企业管理者的反省能力和自我反省精神决定了企业最终能否走出低谷、渡过难关。所以，企业管理者一定要养成勤于反省的习惯。

那么，在具体的工作中，管理者主要反省哪些内容呢？

1. 遇到问题或者麻烦时，不要总将问题归咎于外界，而是要学会及时反思自身的行为。

2. 针对下属或者员工提出的意见或者建议，要及时进行反思，以做出相应的判断。

3. 自己的日常行为，比如管理方式、说话方式等，事后都要及时进行反省，看其是否有值得改正的地方。

总之，只要自己处处留心，都有值得自己反省和反思的地方。

第283天　不断提高自己的工作能力

作为一名基层管理工作者，必须坚持与时俱进，紧密结合自己的工作，认真学习，不断学习，以不断提高自己的工作能力。

——北大光华管理学院管理课理念

这是一个竞争的时代，虽不说是弱肉强食，但也是在优胜劣汰。作为管理者，在认识到自己在面临企业外部竞争的同时，也在面临着企业内部的竞争。当你在要求自己的下属不断提高能力并不断开发他们的潜能的时候，你自己的工作能力可曾也同步得到了提升？

有些管理者往往会犯这样的错误，他对自己的下属要求很严格，但对自己的要求却越来越松懈，简直可以用不思进取来形容。不管什么岗位，向来都是能者居之，我们知足但不能满足，否则的话，就会被能力更高的人超越，影响自己的未来。

“不谋万事者不足谋一时，不谋全局者不足谋一域”，作为管理者，眼光要长远，不要以为自己可以在现有的位子上坐得稳稳当当，也要不断地学习新的知识，发挥自己的潜能。我们可以试着想象一下：在一个平庸的管理者手下，有着一群能力强的下属，在他的调度下，整个团队圆满地完成了任务，取得了不错的成绩。虽然表面上看来一片祥和，但实际上不一定这样，下属会想，凭什么你的能力并不比他们中的任何一个人强，却管理着他们呢？引起他们的猜忌与不满。而且，每一个企业都重视能力更强的人，如果你不能满足他们的要求，自然会提拔更优秀的人取代你的位子。

作为管理者，要正确地认识到自身存在的一些不足之处，认识到在激烈的竞争中对新的工作能力的要求，这样才能让自己在竞争中处于优势，为自己的未来做好铺垫。

第284天　让良好的工作习惯伴随自己

管理者只有做好自己，才能带动和领导下属培养起良好的工作习惯。

——北大光华管理学院管理课理念

工作习惯在很大程度上能影响一个人工作能力的发挥。有些时候，我们可能会发现这样一种情况，明明有些管理者的能力并不比别人差，甚至是有过之而无不及，但办事的效果却没有对方好。原因何在？工作时的习惯便是其中之一。

著名的成功学大师拿破仑·希尔曾说过："我们每个人都受到习惯的束缚，习惯是由一再重复的思想和行为所形成的。"因此，要不断提高自己的工作效率，养成良好的习惯就是必须的。

1. 一个优秀的管理者知道如何最有效地掌握和分配自己的时间，在有限的时间里迅速高效地完成任务。

2. 一个优秀的管理者善于充分发挥自己和下属的长处，共同完成任务。

3. 一个优秀的管理者重视下属对团队、对企业做出的贡献，所以，他在讲话的时候更多会用"我们"一词，而不仅仅是"我"。

4. 一个优秀的管理者善于授权，分得清事情的轻重缓急，使自己的精力集中在那些少数的更重要的事情身上。

5. 一个优秀的管理者能够做出有效的决策，需要采取什么样的行动，该怎么去行动，都能做到心里有数。许多管理者就是因为决策力不够，从而当自己遇到一些紧急情况时往往陷入被动，错过了最佳时机。

6. 一个优秀的管理者能够在工作中不断总结和反思，从而使自己的能力也不断得到提升。

总之，作为管理者要养成良好的工作习惯，而对于那些不好的习惯，自然要及早地摒弃，这样才能更好地发挥和提升自己的竞争力。

第285天　要慎言，更要慎行

只有平时慎言的领导者才有资格，才有威严来这样说这些"不慎言"的管理者。

——李虹

北大光华管理课理念指出，慎言慎行是管理者树立威信的一个重要方式。

这就告诫我们管理者，在管理中，对下属的情况没有真正弄明白、搞清楚之前，一定不要随意发表自己的意见。否则，就有可能会失去公信力和管理者应有的威信。要明白，管理者是全面工作的指导者，并非是专家，在一些具体的事情上面，要多听听下属“专家”的意见，多听听更了解情况的基层的意见，而不是随意去乱“指示”，尤其是身居要位的管理者更要慎言慎行才是。

对此，美国总统尼克松曾这样说道：“夸夸其谈的人往往是思想最为浅薄的人。”对于希望成为一个好的领导者的人来说，一定要遵循这样一条有益的规则，那就是少开口，多动脑。这也从侧面告诉管理者，发表自己的观点时一定要严谨、谨慎。一个人的名气越大，说话就越要谨慎。

为此，企业的管理者在说话时，也尽量要谨慎，不要信口开河，失信于属下，这样既避免让自己成为话语的奴隶，还可以在下属面前建立自己的威信。从一定意义上讲，领导者在群众中是一个组织的代表，领导者的言行对群众的影响非常大。很多情况下，领导者说者无心，但群众却不自觉地从中听出弦外之音。因此，领导者一定要慎言，不该说的不说，不该讲的不能乱讲。在讲话尤其是在公众面前讲话一定要尽力地约束自己，尽力遵循“言必适时、言必适情、言必适中”的原则。

第 286 天　要有积极的工作心态

努力做好工作，积极进取，不推卸责任、不逃避是每个管理者应该树立的心态。

——北大光华管理学院管理课理念

许许多多成功人士的经验告诉我们：成功取决于积极主动的心态。而未来学家弗里曼在《世界是和平的》一书中说：“21 世纪的核心竞争力是态度。”由此我们可以看出心态的重要性，它也是一种稀缺资源，对每个人都会产生重大的影响。

心态有好坏之分。好心态是人们得以安康生活、工作、学习的保证；没有好的心态，我们就会失去心理均衡，我们的生活、工作、学习就会失去正确的方向指导，或者独断专行，或者任劳任怨，总之整个人都会处于不良状态之中。再者，人们也常说：一个人的胜利，是占 90％的心态加上 10％的办法和技巧。这些都表明，好心态对每个人而言都是必须具备的。

在工作中，最好的工作心态就是有着成就感，这样才不会把工作当成一种被动的应付，只是一种赖以谋生的手段，而是一种实现自身价值和个人目标的重要途径，如此一来，每一天都会让自己有着奋斗的目标，享受实现目标后的喜悦。

在工作的过程中，我们可以切实地体验到这一点：当自己情绪低落、状态奇差的时候，做什么都不得劲，即便是那些平日里简单的事情，也总会犯错；而一旦自己情绪高昂，似乎什么困难都不能称其为困难了，因为自己总能想到解决的好对策。

不管遇到什么样的情况，管理者都要自信积极地面对，学会调节自己那些不好的心态，毕竟在生活或工作中总会有一些令人感到不适的事情，如果不能很好地化解，就会让那种消极的心态影响到自己。每个人，只有有了积极的心态，才能在工作中更好地发挥自己的能力，拥有更加美好的人生。

第287天　抓住成功的机会

每个人都被机会所包围着，关键要看你怎么来抓住机会。未来是不确定的，成功会在某一天、某一刻到来。

——北大光华管理学院管理课理念

每一个人都希望有着一个更好的发展空间，没人会认为在现在的岗位上长期待下去是一个明智的选择。作为管理者，自然也希望自己能够站在一个更高更大的舞台之上，朝一个更大的目标前进。

在工作的过程中，机会与挑战总是并存的。对每一个人而言，机会是公平的，只是有些人抓住了，有些人没抓住；有些人发现了，有些人却纵容它轻易地流走。

小陈原是一位市场一线员工。一次他所在的市场突降暴雨，积水严重，眼看着仓库里价值不菲的货物有可能要被淹了，由于经理正被大水困在别处，他迅速组织剩下的几位促销员，站在齐膝深的水中，把货物转移到了安全的地方。洪水一退，就立刻清点在经销商处存放的货物，帮助他们克服洪水带来的影响，最终完成了当月的销售任务。

总公司每个季度都会有例会，他被破例允许参加，当时他含泪的发言给在场的每个人留下了深刻的印象，会后没有多长时间，其就被提拔为另外一个地级市市场的经理。

小陈通过自己的努力，赢得了一个展现自己的机会，而且他也很好地抓住了这个机会，走上了一个新的岗位，站在了一个新的高度，赢得了一个更好的展现自己的舞台。

作为管理者，也同样不能故步自封，要善于抓住每一次成功的机会。抓住机会的能力在很大程度上影响着每一个人的发展。当机会来到你面前的时候，你是否抓得住呢？一个聪明的管理者一旦发现机会，便会将他拽在自己手中，即使是巨大的挑战，也勇于面对。

第 288 天　善于建立良好的人际关系

管理者应该建立良好的人际关系，和谐的人际关系是做好管理的基本需要。

——北大光华管理学院管理课理念

做事难，其实做人更难。在现代社会中，一个人事业上的成功一部分靠他的专业技术和技能，更重要的却是靠他的人际关系和处世的艺术。人际交际也便成为工作和生活中不可缺少的一部分。

成功学大师卡耐基曾说过："成功必须以良好的人际关系作为前提和条件。"对于管理者而言，没有任何形式的活动会比建立人际关系来得更有渗透性，他们的接触面除了公司内部人员，如上司、同事和下属外，还需要接触公司的合作伙伴、顾客和客人等。

那么，该如何去建立良好的人际关系呢？我们可以从这样几个方面着手：一是要有自知之明，关心、尊重他人，不要时刻只是惦记着自己的小利益；二是在工作中要有自己的原则，忠诚于企业的同时，也不只顾着讨上级领导的欢心而不务正业；三是与同级的同事之间保持良好的关系，虽有竞争，也是光明正大，不做那种背地里耍阴招的小人；四是与下属建立良好的关系，真正地关心他们，帮助他们成长，言必信，行必果，不要让自己在下属眼中成为一个虚伪的人。

有了一个良好的人际关系，有利于增进同事之间的情谊，使上下级关系融洽，增强凝聚力，使人们在高效、合作的氛围中完成工作，提高工作的效率，对管理者自身的发展更是一个大大的利好信号。

第 289 天　给自己一个正确的定位

企业管理者在管理中一定要给自己定好位，从自身和管理角度出发，深入分析，找出最佳管理方式，这样才能更好地管理好企业。

——北大光华管理学院管理课理念

在人们的眼中，管理者是那些能力优秀的人的代表，永远都生活得那么滋润。但烦恼也是属于每一个人的，管理者在管理的过程中也会经常遇到那些令他们棘手的问题，如当企业的利益与员工的利益有了矛盾的时候，他们也不一定能快速找到解决的办法。

有些管理者会常常陷入左右为难的境地，有时公司因为发展的需要，需要对冗员进行精简，但那些被辞退的人肯定心里不舒服，对管理者充满不满，认定管理者只顾自己，不管他们，管理者不想伤害员工，但公司的利益也不能不考虑。作为管理者，在这个时候就需要明白自己的工作职责与角色定位。

1. 管理者是下属眼中的管理者，每一个管理者的成就都离不开下属的努力与支持，作为一个优秀的管理者，应能够充分发挥团队的力量，带领自己的团队有效地实现目标。管理者要运用各种措施让下属更好地去工作，提高他们的工作能力，因为他们的成绩影响到你的成绩，如果做不到这一点，便是管理者自身失职。

2. 管理者是同事眼中的同事，团队目标的实现离不开整个团队的通力合作，也离不开团队与其他部门的合作，只有各个部门的管理者密切合作，才能真正推动企业的发展。

3. 管理者是上级领导眼中的下属，所以，你要想得到重用，就必须正确地贯彻他们的意图，处理好与上级领导的关系，才能为自己争取更多的机会。

所以说，要成为一个优秀的管理者，必须认清自己的职责，给自己一个正确的定位，这样才能做好自己的本职工作。

第290天　敢于承担责任

不愿意承担责任的人，永远不能成为好的领导。

——北大光华管理学院管理课理念

当你因为整个团队表现不如人意而被上级管理者训示的时候，你会怎么做呢？是主动承担起责任，还是对上级管理者说这个事情不是你经手做，是某个员工做的呢？一个管理者，要勇于担负起责任。

作为一个团队的管理者，你需要担负起全部的责任和后果，不需要找任何理由把责任推在下属的身上，而且，他们也不可能代替管理者来承担应由管理者承担的责任。

一个优秀的管理者，总是会为事情的结果承担起责任，不轻易地把麻烦推给别人。在我们看来，不管在什么领域，都有着这样两种人：一种是不断地为自己辩解，对别人说那些失误并不是自己犯下的；一种是遇到问题果断地承担起自己的责任，因为他们知道，一个管理者如果想要发挥管理效能，必须勇于承担责任。

一个管理者对他的下属破口大骂："你们都是干什么吃的？既不清楚客户的具体要求，也不按公司的流程进行安装施工，现在让所有人为这一个客户忙得团团转，你们对工作也太不负责了。"

其实，下属之前已经找了他很多次，他每次都说自己太忙，结果一出事，他就想把责任推得一干二净。

责任代表着一个人的品质。责任使人变得稳重，使人知道自己的义务，让人知道怎样才能做一个真正的受到下属尊敬的人。敢于担当能够让自己赢得上司、下属的信任，提高自己的凝聚力与影响力。

作为管理者，你有责任为公司贡献自己的力量。当自己的团队出现纰漏的时候，更需要承担起责任，不要因为责任需要付出更大的努力而选择放弃责任，不要因为责任给自己带来不利影响而逃避责任。放弃、逃避责任不能塑造自己的形象，反而会使自己在下属、在上级管理者心中的形象受到损害。

第 291 天　学会自控和自警

时刻警戒自己，以增强自律意识和自我约束能力。

——北大光华管理学院管理课理念

自控和自警是自我管理的一个重要的方面。自控，主要是指管理者要自觉地规范自我，是一个人意志、能力与水平的综合体现。从控制论的角度来看，人们进行具体的实践活动，也是自控的过程。对管理者而言，要学会自控，首先要控制好思想上的阀门，与时俱进，不断地吐故纳新，确立正确的理念、思路、心态等。另一方面，也要控制好行动的阀门，什么该为，为到什么样的程度，什么不该为，如何控制，都要有十分明确的目标要求与行为规范，并且还要自觉地强化自我约束。无论想问题、做事情，都要抓好事前、事中、事后的控制，经得住磨难，耐得住寂寞，抵得住诱惑。管理者要很好地控制自我，一定要牢记一句话：自控一时化险夷，纵容一步是雷池。

自警，也就是指自我提醒、自我约束以及自我警戒。就是管理者要学会自觉地遵守正确的行为规范，管理好自己的嘴，不该吃的不吃。管好自己的手，不该取的不取。管好自己的腿，不该去的不去。自觉地做到不因"善小"而不为，不因"恶小"而为之。这样才能树立威信，警戒下属。

其实，在一个企业中，管理者也是企业的一员，员工手册上明明写着，员工迟到一次罚款多少。但为何普通员工还要打卡上下班，迟到了要被罚款，而管理者甚至管理层，就可以随意迟到早退呢？可以随意去破坏企业的制度呢？莫非制度是专门为基层员工制定的？如此不能管理好自己，属下的员工能真正地从心底去服从你吗？

在企业中，管理好自己是管理好别人的起点。管理者也只有随时做到自控、自警，才能够随时警戒并约束好自己，真正敬畏自己制定的制度，才能够真正管理好别人。

第 292 天　懂得自律和自重

一个人管理别人容易，管理自己却很难。

——李虹

自律和自重，也是自我管理的一个极为重要的方面。这里所说的自律是指一种觉悟、一种境界，也是一种能力和水平。这告诉管理者，在企业中受约束以及约束他人的时候，一定要先学会自律。这里主要强调个人的价值取向、价值定位。尤其是在对待个人的得失问题方面，要算大账、算总账，多想想政治得失、长远利益、事业成就、亲情健康等。同时，还要时刻提醒自己，模范地遵纪守法，筑牢道德防线，远离法规的“高压线”，堂堂正正地做人，干干净净地做事，这是做好管理的基础。

自重，主要是自我尊重，行为要检点，不轻率、不轻浮，珍惜自身的人格，珍惜自身的名誉，珍惜自己所拥有的，珍惜良好的工作机会，珍惜岗位，珍惜事业、家庭，并且还要端正自我价值取向，使自身在企业中发挥更大的作用。

第 293 天　要自强和自励

一个人心胸有多宽，就能做出多大的事业。

——李虹

自强和自励是管理者自我管理的一个重要的方面。一个人自强方能够自立，自强的管理者，就是要不断地加重人生的分量，增加人生境界，拥有宽广的胸怀，远大的志向，清晰的思路，方能在工作中做出成绩来。

思路决定出路，定位决定地位。方法是实现目标的重要的手段，方法一定要切合客观的事实，亦须有主观的努力。否则，就不可能有良好的方法。所以，管理者在付出劳动、取得成绩之后，一定要拥有平和的心态，正确对待组织，正确地对待他人的评价，正确地对待已经拥有的成就，并作为新的起点，再进一步做出新的努力。

自励，即为自我激励，及时鞭策自己，勤奋学习与工作，励精图治。一个人如果没有了理想，就失去了其生存的意义和价值。为此，身为管理者，在工作中一定要时时地坚定信心，坚定信念，坚定决心，并且持之以恒。自觉成为一个可靠的人，业务上的精英，工作上的有为之人。这样才能不断地提高自身的竞争力，从而带动整个团队不断地提升，成为行业中的精英。

第 294 天　多与下属沟通

很能和别人沟通的人也是很能和自己沟通的人。

——翟鸿燊

实际上，管理者是一个领着一群人工作的员工。有些人总喜欢把自己贴上“管理”二字的标签，以为从此就与旁人不同了，觉得自己高高在上一样，有时会觉得下属的理解能力差，许多问题讲过一次了他们还不明白，结果拉大了自己与下属的距离，极大地激发了下属的不满情绪。

其实，要想成为一个优秀的管理者，一个深受下属爱戴的管理者，你需要加强与他们的交流与沟通，倾听他们的真实想法，这样你才能知道他们的一些看法，及时发现问题，然后解决问题。

研发部新来了一位周经理，一段时间之后，不管是专业能力还是管理绩效，都得到了大家的肯定。

周经理每天都很忙，把自己的大部分时间都用在了工作上，第一个到，最后一个离开，但是不管任务有多重，他部门的员工都会准时走，很少跟着他留下来，大家似乎没有被这位新经理的模范作用感化。

原来，这位周经理很少与他们面对面交流，基本上都是采用电子邮件的形式，而员工们普遍对这种方式感到不满，渐渐地，部门也就少了当初的那种向心力。

作为管理者，首先就是要从思想上重视与下属沟通的重要性，注重征求员工的意见和建议，让团队的每一个成员都有机会表达自己的意见，给予他们更多的空间，相互信任；其次要建立执行反馈制度，在每一个任务开始执行后，管理者要定期对他们的执行情况进行检查，及时发现和纠正出现的一些问题，同时，下属也要及时地向上反映新出现的情况，共同解决。

一个善于沟通的管理者十分清楚下属的能力，知道他们能胜任哪方面的工作，于是在安排任务的时候便能做到应对自如，让他们在最合适的岗位上展现自己的才华。当然，在与下属加强沟通的过程中，管理者能够不断发现问题，并不断提高自己的管理水平。沟通是管理者不可忽视的一门课程，是值得每一个管理者好好学习的。一个善于沟通的管理者，才能把下属最好地糅合在一起，形成一个强大的整体。

第295天　要有自己的人生目标

在一个崇高的目标支持下，不停地工作，即使慢，也一定会获得成功。

——爱因斯坦（北大管理课引用名言）

目标是什么？是指引人们前进的动力。有的人显得整日都很忙碌，却不知道自己真正是为了什么，到头来才发现，所得的并非自己渴望的，算不上成功。不管是谁，想要让自己变得更优秀，就需要给自己设定符合自己的人生目标，并有着一系列的实现目标的计划。

我们可以看到，在周围的人群当中，有的人活得精彩，笑口常开；有的人却觉得无趣，愁容满面。一个不合格的管理者，没有自己的方向，没有自己的目标，所以，他们总是原地打转，甚至慢慢地在退步，一点点被别人超越。

一位长跑运动员参加一个十人组的比赛，教练帮他分析，认为他的实力远在其他几个人之上，结果，这名运动员轻松地拿了第一名。

后来教练又让他参加了另一个小组的比赛，但在赛前没有向他介绍其他运动员的情况，结果他以为自己的能力还不够，最后只是勉强跑完了全程，而实际的情况是，其他人的历史最好成绩都没有他的好。

作为管理者，要有自己的目标与规划，知道自己是在为什么而奋斗。一个渴望成功的人，要有目标，很多人觉得自己陷入了一片茫然，不知道未来在哪里。未来在哪里呢？其实就在每个人自己的手中。有什么样的目标就有什么样的人生，目标的作用在于时刻提醒我们为什么而活，在提醒我们还有很长的路要走，眼下做得并不够好。

没人会希望自己的生活平静得如一潭死水，只有有了目标，有了越来越高的目标才能让自己充满激情，充满动力，并去打造属于自己的传奇历程。

第 296 天　要有自己的主见

我决不能劝告你们总是走我的老路！我在你们这个年纪的时候，也曾把船解开，让它从码头漂出去，迎接狂风暴雨，谁的警告都不听。

——泰戈尔（北大管理课引用名言）

每个有着成熟心态的人，遇到事情都应该有自己的主见。如果凡事都依赖他人，那你的命运就被别人掌控着：他们说你行，你还有可能行；他们说你不行，你就肯定不行。每一个想成大事的人，首先就得是一个有价值的人。如果你有自己的主见，就是在为自己创造成功的机会。因为你知道自己在做什么、为了什么。

有时候，远水解不了近渴，求人不如求己，一个能够成就大事的人，即使陷入困境也会满怀希望和自信心，非弄出一个满意的结果来不可。他向着自己的目标前进，决不跟着人家随声附和，左右摇摆。只要他作出决定了，就不再畏畏缩缩，而是勇敢地走下去。

记得曾看过这样一则报道：有一位教授曾对不同年龄的学生问了同一个问题，问他们“0”是什么？小学生们回答是零，初中生们回答是欧，而高中、大学的学生却闭口不答。但当他们问幼儿园的小朋友时，他们的回答却各不相同。有的说是皮球，有的说是鸡蛋，有的说是土豆，有的说是地球等。那些大学生难道不知道吗？难道他们没有自己的主见吗？不是的，他们是受了周围环境的影响。当我们对同一事物得出不同的结论时，请保留自己独到的见解并把它说出来，或许那还是一个很有价值的发现呢！

小泽征尔是世界著名的交响乐指挥大师。一次，他去欧洲参加音乐指挥大赛，与另外两位选手进入了最后的决赛，并被安排在最后一个出场。

评委们给了他一张乐谱。面向着一支世界顶尖的乐队，小泽征尔集中全部的精力、尽情地挥动着指挥棒。突然，他发现乐曲中有不和谐的地方，他指挥乐队停下来重新演奏一次，结果还是不能让他满意。就在这个时候，在场的作曲家和评判委员会等权威人士都郑重地声明乐谱肯定没有问题，而是他自己的错觉。

一开始，小泽征尔对自己的判断也有些动摇，面对那么多权威人士，他觉得十分难堪。但是，当他在脑中快速回味刚才的音乐后，他相信，自己的判断没有错。

他大吼一声：“不，是乐谱错了！”话音刚落，那些评判们立即起立致敬，向他报以最热烈的掌声，祝贺他获得了比赛的第一名。

原来，这只是评判们设下的一个陷阱，只是想用来考验这些比赛选手，看他们在遭到权威人士“否定”的情况下，能不能坚持认为是乐谱错了。其实，前面两位选手也发现了问题，但他们并没有坚持自己的观点，而是对权威们的说法表示认同。而小泽征尔没让自己的想法被人左右，终于获得了冠军。

取得成功的人，无不拥有着极大的勇气，敢于挑战艰难险阻，向所谓的权威挑战。正是这种主见、这种自信，才能使他们能够身披成功者的光环。试想，如果小泽征尔也同前两位选手一样，“苟同”了那些评判们的说法，那他也就不能取得成功，不能算是最顶尖的指挥家。正是他有自己的主见，才让他大赛夺魁。

当我们认准了目标，并决心要实现这个目标时，就不能太在意旁人的说法和看法。如果自己的行动老是被别人的看法左右，让自己活在别人的目光和唾液里，缺乏主见，一辈子匍匐在别人的脚下，特别在处理一些重大问题时也一样缺少主见，那就不仅仅是闹出笑话这样简单了，可能会给个人的事业和他人造成重大的损失。

有人面对一些事总是拿不定主意，于是去问别人，问了 10 人肯定有 9 人说不能做，于是自己就放弃了。其实，你不知道机遇来源于新生事物，而新生事物之所以是新生事物，就是因为 90%的人不知道，知道了就不再是新生事物了。

一个坚定、能有所作为的人，会对自己的判断永远表示认可，充满信心，面对一切可能出现的问题，他会沉着冷静地应对，而不是手足无措。

在这种生存竞争日趋激烈的时代，没有主见的人无论在什么地方都会受到排斥，受人欺骗，不知有多少本可有所作为的人因此而渐渐迷失了自己。而一个有主见、敢担当、有激情的人，到哪儿都有他发展的空间。

当你发现自己缺乏主见的时候，一定要磨炼自己的意志，不要让自己越陷越深，在迷途路上越走越远。要勇于担当，敢于抉择，当别人对你“指手画脚”的时候，敢于说“NO”。

第 297 天　给自己做个明确的职业规划

没有比漫无目的的徘徊更令人无法忍受的了。

——荷马史诗《奥德赛》（北大管理课引用名言）

一个人的工作生涯是漫长的，对管理者来说，要使你工作更有动力，那就要针对自身的情况与企业未来的发展状况，给自己的人生做个明确的职业规划。比如当前是25岁，到50岁退休，那么，你的工作生涯就是25年，这25年的工作时光如何度过，必须要做个长远的、详细的规划和打算。

长远的事业规划和发展计划，才能明确你的目标，确定实施细则，促使自己朝着这个方向分步骤、有理性地逐步实施，从而推动事业稳健地向前发展。

其实，在个人前进的过程中，无论你多么地意气风发，无论你多么地富有智慧，无论你花费多大的心血，如果不给自己的事业做个长远的规划，你可能会过得很迷茫，甚至还会感到消极，渐渐地会丧失斗志，以至于还会忘记了最初的梦想，甚至还有可能会走上一条不归路，枉费了自己的聪明才智，贻误了自己的青春年华。

管理者要明白，有规划的人生是踏实的，是时刻充满希望和激情的，依照目标稳步前进的过程中，不但丰富了你的生活，同时也带给了你步步收获的喜悦，减少失败的烦恼以及与他人比较之后失意的喟叹。记住，在任何时候，你的事业都需要一份详尽的规划表。

有的人将自己以10年为一个阶段进行了划分，比如10～20岁为人生的学习期；20～30岁为人生的奋斗期；30～40为事业的巩固期……当将你的人生规划整理出来之后，你就可以清楚地看到实现人生梦想所要经过的途径。但是，这只是一个极为笼统的规划，你的人生没有几个十年。在这个基础之上再细化你的计划，可以细化到制订详细的读书和工作计划。比如，你是一个会计师，你可以这样规划，一个月内，熟练操作公司的财务软件；三个月内，看完一本财务管理方面的专业书籍……目标应该清晰明了，要与现实生活密切相关，并且要在你能实现的范围之内。这样才能够脚踏实地、一天天地逐步推进你的事业大计划。

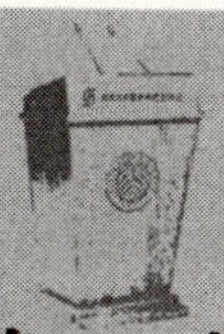

第 12 章
竞争管理课

第 298 天　整体竞争力决定企业的成败

“同甘”的前提必然是“共苦”，唯有经历患难，才能换来共同的享受。

——北大光华管理学院管理课理念

在这个竞争如此激烈的社会，企业的整体竞争力决定企业的成败。然而，要提升企业的整体的竞争力，最需要的就是“人气”，即全体员工本着“同坐一条船”的信念，为企业的未来谋求生存的空间与长远的利益。

“同坐一条船”是由哈佛著名的管理专家波特提出的价值链，他认为，企业活动的各个环节都是有内在的优势的，任何一个环节有缺陷，都会从整体上影响企业的整体运作效率。

所以，在管埋过程中，管理者应该时时告诉员工，企业就是他的船，既然大家都在同一条船上面，就要同舟共济。同时，可以相应地组织一次活动，锻炼大家的团队协作能力，共同体验“同坐一条船”的感受。如此才能让全体员工齐心协力，为企业做出贡献。

第 299 天　创立自己的品牌，提升核心竞争力

新东方创立自己的品牌不是一朝一夕的事，而是经过长期实践和磨砺才拥有的牌子。对于这种来之不易的品牌，我们更应该珍惜、爱护，让它朝着更长久、更远的方向发展。从品牌来看，新东方品牌发展战略模糊不清，也就是说决定现在的新东方应该选择哪个领域或哪些业务作为主营业务，是否要进入新

的领域或者退出某些已进入的领域。这就需要我们更进一步地去研究。与此同时，新东方凭借品牌输出选择在本领域中有实力的伙伴，从而避免了很大的风险。所以，我们更应该把自己的品牌延伸出去。只有这样，才能进一步扩大品牌的效应，进而带来更大的利益。

——俞敏洪

企业的整体竞争力主要是由其核心竞争力体现的，而要增强企业的核心竞争力则主要在于创立属于自己的企业品牌。

海尔集团自 1984 年创建以来，实现了持续稳定的发展，现在已经是在海内外享有美誉的大型国际化企业集团。取得如此的宏大业绩，主要由于海尔企业家群体与全体员工能围绕创建知名品牌，提升其核心竞争力，着力建立市场化的经营机制，从而从根本上推动海尔集团全面进入市场，成为自主创新、充满生机和活力的市场竞争主体，保证了企业的持续发展。

树立强烈的品牌意识是创造世界品牌的保证，海尔之所以在不到 20 年的时间内就成为世界最具影响力的品牌之一，首先在于全体员工牢固地树立了强烈的品牌意识。

对于创业者来说，品牌效应具有极大的效果。在企业刚刚起步的时候，企业就应该注重去树立品牌效应。唯有这样，才能让企业在市场中立于不败之地。

第 300 天　勤于学习，提升自身的竞争力

唯有不断攀登，不断进取，才有可能到达顶峰，实现人生的理想和价值。

——俞敏洪

在日新月异的现代社会中，管理者一定要顺应时代发展潮流，树立终身学习的观念，始终保持谦虚的态度，多多向他人请教、学习，以贤为镜，这样才不容易被市场所淘汰。同时，也不要认为自己手下有一大批厉害的骨干精英便万事大吉了，反而应该不断地观察他人，并向他人学习有效的管理经验。

一些良师益友在有需要的时候向你提供的非正式的指导也是弥足珍贵的，或者也可以选择一些较正式的学习途径，例如修读培训课程。这样才能够不断地紧跟时代的发展提高自己的专业知识与管理水平，使自己在日常管理过程中少犯错误。

对于即便具有多年经验的管理者，时不时地参加一些正规的培训，亦可以

从中获益。参加培训可以让你有机会撇下日常的事务，重新对事物产生新的观点与看法。在培训当中也可以重新获取一些市场发展方面的新趋势，提高自身的技能与学习特定的技术，了解自己的优点与缺点，并有机会向那些具备一定专长的人士学习，这样定会让你受益匪浅。

另外，你也可以经常询问下属的意见，他们的回应可对你的表现提供新的观点与看法。在平时的管理中，如果你能经常与其他人分享你的经验以及专长，十分有助于你及时了解自己在管理方面的优缺点，并可以及时分析自己的管理方式是否是合理的，是否是有效的。同时，你也可以在平时借着管理员工的机会，探求他们内心的需求，也可以获取他们对你管理方式的回应，从而使自己少犯错误。

总之，管理的本质即为沟通，如果你多与其他“贤能”的人士及有经验的人进行及时的沟通，多借鉴他们的管理经验，就可以改善自己的管理方式，让自己少犯错误！

第301天　精细化是决定企业竞争成败的关键

精细化是时代发展的趋势，也是企业管理的必经之路。

——北大光华管理学院管理课理念

“精细化管理”是在20世纪90年代西方所盛行的一种管理理念。精细化作为现代化的一个管理理念，它主要源于生产领域，目前已经延伸到企业管理的方方面面，成为一种通用的管理思想。

北大管理课指出，“精细化管理”，也叫作“精益化管理”。“精”，主要体现在质量上面，涵盖所有的产品、服务和工作，追求尽善尽美、精益求精的管理理念。“益”，体现在效益和成本上，强调要获得收益。“精细化管理”本质上强调的是一个持续改进、不断完善的过程。

“精细化管理”可以出效益，但凡一个成功的企业，必定要在管理上有其“精细”之处。

丰田公司较早就推出了“精细化管理”的理念。在2004年，该公司虽然只生产了678万辆汽车，但其3年的收益却高达86.4亿欧元，利润比通用和福特这两家美国汽车公司的利润之和还高出两倍多，其拥有的证券总值也高于美国通用、福特、克莱斯勒汽车“三巨头”的总值。

取得如此好的效率，丰田其实并没有“三头六臂”，它在管理上成功的秘诀便可以归纳为两个字：精细。

可见，无论什么样的企业，其主要矛盾的主要方面必然要聚集在管理的精细化方面，只有依靠精细化的管理才能够真正地出效益。

众所周知，著名的海尔集团曾以高效的精细化管理、优良的产品、优质的售后服务，打开了国内国际市场，赢得了极好的社会信誉，被誉为“海尔现象”。它的成功的秘诀就在于“精”和“细”，海尔集团在领导决策、管理制度、人才运用、市场调查分析、产品生产、质量监测、市场营销、售后服务等方面，都体现着精细化的管理方式。

可以说，精细化是企业提升自身竞争力的主要方面。企业精细化是企业适应集约化和规模化的生产方式，建立目标细分、标准细分、任务细分、流程细分，实施精确计划、精确决策、精确控制、精确考核的一种科学的管理模式。与精细化相对应的就是粗放式的管理方式。粗放型的管理形式无法有效地提高企业的生产效率、产品和服务质量。精细化管理的要求之一，就是改变企业粗放的经营模式，使企业向着精细化的方向迈进。

第 302 天　寻找你的竞争优势

你有什么样的优势直接决定你拥有多大的竞争力。

——北大光华管理学院管理课理念

运动员要成为竞赛项目的冠军，那么，在平时的训练中会根据自身的特点进行严格和系统的训练定位，比如训练的时间、地点、方式、强度和步骤等，而这些计划只有建立在比对手更准确、难度更高之上才会有夺取冠军的机会，这便是管理上的差别化定位。

具体来讲，所谓差别化定位，即是将自己的每一个环节都摆在对应的位置上，展示出自己最好、最优秀的一面。很多时候，优秀的企业之所以优秀，不在于企业的大小，而是具有自己独行创造竞争力的能力。所以，作为企业管理者，要想提高企业的竞争力，就要注重企业的发展优势，在企业中打造强有力的品牌产品，实现品牌化的经营方式。

企业在运行之中，定位越是精细，执行越是严格，其竞争力就会越明显，就越容易实现企业的快速发展。

当然，作为企业管理者，千万不要期望能够在短期内打造出自身的优势品牌来，而是应在企业点滴的发展过程中，从各个方面努力，经过点滴的积累，从而实现优势竞争力。

第303天 竞争的前提——合作

合作是聚集发展优势，提升企业竞争力的一个重要途径。

——北大光华管理学院管理课理念

我们生存在一个充满竞争的时代，企业所面临的生存问题越来越艰巨。正因为如此，我们才需要与他人合作，借力而行。这样才能够有效地运用合作法则使企业生存得更为长久。

比尔·盖茨在年轻的时候，非常喜欢数学和计算机。于是，他自己便努力地开发软件，但是因为单人的力量是有限的，没有研究成功。后来，他最好的朋友保罗·艾伦主动来帮助他。他俩便在不断的努力之下使研究取得了重大的突破。因为缺乏资金，后来，两人便找人合作来投资他们的产品，产品上市后便使他成为美国最有名的人物，进一步在竞争合作中巩固了其公司在软件开发领域中的地位。

一个人的能力和力量是十分有限的，唯有合作才能最省时、最省力、最高效地完成一项复杂的工作。假如没有其他人的协助和合作，任何人都无法取得完美和持久性的成功。

从远古战场到现在的龙头企业，任何将领、任何一个管理者都要借助士兵和员工的力量来使他们处于不败之地。合作与竞争看似水火不相容，实则是相依相伴的。在知识经济时代，竞争与合作已经成为不可逆转的大趋势，合作与团队精神变得空前地重要。只有承认个人能力的局限性，懂得自我封闭的危险性，并明确合作精神的重要性，才能够通过有效的合作来弥补自身的不足，达到最优的效果。

第304天 变通是提升竞争力的关键

变则通，通则久。懂得了变通，便拥有了先人一步的优势。

——北大光华管理学院管理课理念

变色龙，在复杂的环境中改变自己的体色，才避免了敌人的残害；蛹，脱掉了自己的外壳，才拥有空中的美妙的色彩；旗冠树，削掉了自己的“肢体”才适应了环境。同样的，在奋斗的道路上，只有能变通，才能将成功持续得更长久。

变通代表的是一种创新的思维方式，一个人或一个企业只有在创新中才能发展，才能不断进步，才能走得更为长远。

一提及方便面，无人不知道日本日清公司总裁安藤百福，他正是方便面的发明者。

方便面的发展是食品业的一次大革命，给人们生活带来了无比的方便。然而，方便面的发展历程却是一个充满变通的历史。而安藤百福正是依靠变通，让日清公司不断地向前发展，最终成为日本的明星企业。

安藤百福是从针织品行业起家的，但一场突如其来的变故让他跌入了人生的低谷。因为信用公司的破产，一瞬间，安藤几乎赔光了自己所有的财产。

当时的日本正值战后不久，食品极为匮乏，人们饿得连薯秧都吃。在1957年的一天夜里，落魄的安藤经过一家拉面馆，看到人们都在为吃上一碗热腾腾的面条而顶着严寒在长长的队伍中焦急地等候，这让他发现了一个商机。

安藤就决定对面条进行变通，研制出一种只需要开水冲汤就能立即食用的面。终于，在1958年，第一包方便面“鸡汤面”问世了。这种面一上市就受到人们的喜爱，尽管当时同等量的一碗面只需6日元，但是安藤方便面因为成本过高，售价高达35日元，但仍旧受人欢迎。

在1962年，安藤就成立了自己的公司，并获得了制造方便面的技术专利权。经过几年的发展，安藤百福的方便面销售额在不断地增长。但是他却深知任何产品的市场都会经历一个“市场周期”，有上升期，必有衰退期。为了避免衰退期的到来，安藤百福做出了变通，他重点在外出旅行人员群体这一消费群体方面进行了变通。终于在1971年研制出了碗装方便面，大大方便了外出旅行人员。

就是这样，安藤百福不断地根据市场需求，研发新的产品，使方便面企业不断地壮大。

纵观安藤百福方便面的发展史，我们可以得到这样一个结论：唯有变，才能顺通，才能发展得更为长久。变通是企业发展的灵魂，是提升竞争力的关键因素。变通是一种优势，人生唯有变通才能赢。

第305天　用独特性提升你的竞争力

学会转换个思路，往往能够取得一些创新的设想，使你一举成功。

——北大光华管理学院管理课理念

任何事物都包含相互对立的两面，这两个方面是相互依存的一个统一体。人们认识事物的过程，实际上是同时与其正反两方面打交道，只不过因为日常生活中人们形成了一种思维定式，即只看到其中的一面，而忽视另一面。所以，当企业遇到危机时，管理者要学会转换一下思路，往往能取得出奇制胜的效果，从而从根本上提升企业的竞争力。

达拉斯是美国德克萨斯州的第一大城市，在那里有一家奇特的牛排店——肮脏牛排店，牛排店取名为“肮脏”，岂不令人望而生畏，谁还敢光顾？但事实却刚好相反，这家店的生意很是兴隆，老板为此也发了大财，店中的牛排也成为众人称赞的美味食品。

从表面上看，“肮脏牛排店”是名副其实的“肮脏”，店里不用电灯，用的全是煤油灯，看上去黑蒙蒙的一片。抬起头看店里的天花板，上面全部是极厚的灰尘，不过都是人造的，灰尘不会掉落下来。四周围的墙壁沾有数不清楚的纸片和布条，还挂着几件破旧的装饰品，比如最原始的锄头、牛绳子、木犁，以及印第安人的毡帽和木雕等。里面的餐桌全部都是木头制成的，做工粗糙极了，椅子坐上去还会“吱吱”地响，厨师和侍者穿的衣服，看上去也像从未洗过似的。

其实，最为引人注目的还是店里的一些“文明”的规定：顾客光顾店面，不准配戴领带，否则会“格剪勿论”。而好奇心强的顾客偏偏会结上领带过去试真伪，岂料一走店门，便会有两位笑容可掬的年轻小姐迎上前去。她们一人持剪刀，一人拿铜锣，只见锣响刀落，试探者的领带已被剪下来一大段。在一旁当班的经理，此时也会马上递给被剪掉的顾客一杯美酒，向对方表示歉意，也给对方压惊。这杯酒是免费的，其实这杯酒的价钱足以赔偿顾客领带的损失。那一段被剪下来的领带，则随即连同该顾客签了名的名片，一同会被粘到墙上面留纪念。被剪了领带的顾客，或者试探者决不会因这一举动而不快，相反他们会觉得很有趣。饭店墙上沾满的全部是肮脏的纸片与布条，饭店尽管伪装得很是肮脏，但是其供应的牛排食品却是十分美味和卫生的，让人百吃不厌。正因为如此，其饭店终年门庭若市，生意也应接不暇，收入也十分地可观，其店名也因此亦不胫而走，名扬四方。

经营餐馆的人极多，绝大多数餐馆都是以动听美好的店名与富丽雅观的装修来招引顾客的，这是人们的习惯思维。但是“肮脏牛排店”却反其道而行之，采用不雅的店名与貌似不卫生的风格来进行经营，让许多人意想不到的是，该店的经营者运用了逆向思维的方式，引来了人们的诸多注意与好奇，同时又使人们在进餐的时候感到随意，富有情趣，有创意，进而带来了滚滚的财富。

在现代竞争日益激烈的市场中，要使企业尽快占领优势，管理者就要敢于打破思维定式，突破主流，反其道而行之，反过来用另一种角度、另一种消费动机、另一种偏好来考虑问题，分析市场，制造与众不同的竞争优势，寻找新的制高点。别人往上时，你偏往下；别人都想朝左时，你偏往右，这样做，会让你在不经意间填补市场空白点，在满足消费者好奇心的同时，出人意料地赢得市场。

当然了，运用逆向思维，并非是不顾条件，刻意造作，而是要建立在能够满足人们的某种需求的基础之上，给人出人意料的惊喜，能激发人们的探密心理和好奇心。计无定法，妙思天成，一切都要根据实际问题进行具体的分析。

第306天　提升竞争力就要“与众不同”

在市场经济浪潮中，谁能随市场的变化而另辟蹊径，谁就是高明的人，谁就能立于不败之地。

——北大光华管理学院管理课理念

“物有所始，必有所终”。在激烈的市场竞争中，没有一劳永逸的神话，没有永恒的产品和市场，只有永恒的市场变化。一个卓越的管理者，必须要带领企业永远地应付各种变化的情况，迎接全新的挑战，在变化多端的市场上做一个永远的赛车手。

《孙子兵法·虚实篇》中讲到：“兵无常势，水无常形，能因敌变化而取胜者谓之神。”言下之意，就是要我们观念灵活一些，思路宽广一些，面对复杂、多变的市场，能随机应变。

在美国，有40%的女人都因为太胖、臀部过大，无法穿裤袜。对此，她们都忧心忡忡，也不敢轻易穿裤袜，认为裤袜会使苗条的妇女看起来更为健美，但是却会使身材肥胖的妇女看上去更加地臃肿。

美国的许多生产裤袜的厂家，都认为胖女人不会穿裤袜，更不会买裤袜，所以，这个市场没有什么机会，长时间没有人去开发这一块市场。但是雪菲德公司则通过对市场调查的资料进行分析，得出了一种与众不同的意见，正是因为这些肥胖的女人目前不穿裤袜，是一块处女地，所以，就瞄准了这一市场，认为大有开发的前景。他们认为如果放弃这个40%的市场实在太过可惜，于是，就决定抓住这个机会，开辟全新的销售市场。

于是，雪菲德公司就开始招集最优秀的设计员，专门为胖女人设计出一种名为“大妈妈”型的裤袜。接下来，该公司为“大妈妈”型的裤袜开始大做广告。在广告中，有3位胖墩墩的妇女穿上他们生产的裤袜排成一线，标题赫然写着“大妈妈，你真漂亮”几个大字。3位胖妇女，面带微笑，仰头挺胸，他们的臀部看起来很肥，但是穿上裤袜之后，从侧面看上去不但没有肥胖的感觉，而且让人觉得她们很快乐而且充满自信。

广告发布后的第一个月内，雪菲德公司就收到了7000封赞誉信，而且商店里买裤袜的胖女人争先恐后，盈利大增。雪菲德根据市面上的调查资料，打破胖女人不穿裤袜的现实，独具慧眼地捕捉到极具潜效益的机遇，为特殊顾客着想，特意为胖女人设计裤袜，奠定了该公司在裤袜市场的新地位。

一个企业要想在市场中迈大步，快发展，管理者首先就要拥有灵活的头脑，懂得变通，敢于打破思维定式，这样才能够捕捉到潜在的商机，打破常人所不能为，以特色制胜，赚别人赚不到的钱。

日本“理光”公司的创始人市村清有一句名言：“行人熙攘的背后有蹊径。”意思是说，人家都在走的道路前端不会有“金山”等着你，要到那些不为人注意的地方才有可能让你发财致富。善于另辟蹊径，与众不同，别出心裁，独树一帜，才是企业永恒的制胜之道。

第307天　在企业内部导入良性竞争机制

在企业内部推行“竞争上岗”，并建立科学、公开、公平、公正、优胜劣汰的竞争机制，能够大大地提升企业内部的活力。

——北大光华管理学院管理课理念

只要有组织、有团队的企业，其内部都不可避免地存在竞争。员工与员工之间，管理者与管理者之间，员工与管理者之间，都存在着竞争关系。

其实，竞争分为良性竞争和恶性竞争。而恶性竞争则是为了个人或者部门业绩的高低，采用排挤、陷害等不正当手段，去拖其他人或部门的手腿，导致对方业绩下降，使自己业绩比其他人好的现象。这种恶性竞争只会导致员工士气下降，不将主要心思花在工作上，一门心思搞阴谋诡计。

良性竞争则与之相反，是指员工内部人与人之间相互竞争以相互促进，共同提高，没有因为内斗而产生内耗。

而管理者的职责就是要遏制员工之间形成恶性竞争，积极引导员工之间的良性竞争，从而在企业内部形成科学、公开、公平、公正、优胜劣汰的竞争机制，十分有利于激发企业内部员工的工作积极性与创造性，提高企业总体的战斗力。

在现实的管理过程中，在企业内部导入良性竞争机制，则主要可以采用合适的激励手段。单纯的激励，有可能会引发恶性竞争。比如，企业内部如果唯以业绩为标准，管理者的考核指标中如果只有业绩，或者业绩占绝对作用的话，员工就会争相在提高个人业绩上面下功夫，有可能就会引发恶性竞争。如果考核注重团队合作、工作态度等方面的奖励，同时，还注重员工个人价值的实现、职业生涯规划、企业的愿景等方面去鼓励员工，而不仅仅是金钱或者职位的刺激，学着从精神层面去刺激员工产生工作动力，从考核方面给予员工压力进行竞争，最终则会形成良性竞争环境，这样就有利于企业效益和战略的实现。

第 308 天　人弃我舍，勇创新路

从“人弃我舍”的智慧中，可以让你寻找到新的机会，而一个新的机会则往往意味着竞争力的提升。

——北大光华管理学院管理课理念

白圭是战国时期一位著名的经济谋略家和理财家。在很早的时候，他就提出了农业经济循环说，即农业的丰收和天时有关系，认为十二年为一个周期，开始的第一年是大丰收年，此后的两年则是衰退期，第四年则是干旱期，再两年是小丰收，第七年又是大丰收年，此后两年又衰退，到第十年则又干旱，随之又是两年的小丰收，到下一年重新又开始一个新的周期。根据上述思想，白圭就提出了一套经商致富的原则，也就是所谓的“治生之术”，其主要原则为“乐观时变”，主张根据丰收歉收的具体情况实行“人弃我取，我取我予”。当时的贸易形式是以货易货，白圭却能够准确地把握市场行情，在他人觉得“多

余"大量地抛售时，就大量地吃进；而等他人缺少货物需要吃进时，他就开始大量地抛出，这样低进高出，必然能够从中获取利润，积累到更多的财富。

人弃我取，是一条高明的经商策略。作为企业的经营者或者管理者，可以在生活中灵活地运用，以达到巧妙致富的效果。

在沈阳街头流传着这样一个故事：

有兄弟两人和妯娌俩同时筹集了两家人的全部积蓄，从海南往沈阳贩卖西瓜。在当时，沈阳市场的西瓜极为紧缺，经营者都纷纷奔赴海南购买西瓜，都想赚一大笔钱，这是一个极佳的机遇。

然而，现实情况却出人意料，当兄弟两人把西瓜从海南贩运到沈阳之后，沈阳市场上的西瓜则是堆积如山，兄弟俩人喊破了喉咙也卖不动。最终一算账，连本钱都没能够赚回来。于是哥俩都绝望地说道："今后，死也不做这种长途贩运生意了。"

但是，妯娌俩却没被眼前的困难所吓倒，她们就筹集了一大笔资金，不顾众多人的劝阻，二下海南。这一次，当她们把西瓜运回来之后，市场上当天也只有她们两人的西瓜，客人很多，西瓜一下子就被人抢光了，不但弥补了上次的亏损，还获得了一万多元的利润。

有人问她们当初赔了那么多钱，为何还要去海南贩运西瓜呢？而妯娌俩却这样说道："第一次，市场上缺西瓜，我们去贩运的时候，很多人也去贩运了，又都是那两天到货，货物一多，价格就降下来了。而在我们赔钱的时候，别人也照样赔钱，就如他们哥俩那样，害怕再赔钱。正是在这个时候，我们把西瓜运过来，市场却只有我们一家，价格自然就上去了。"

妯娌俩的成功，就在于她们能够灵活地运用"人弃我舍"的智慧，看到了停滞的市场行情背后的盲点，二次贩瓜，一举成功。在管理中，管理者也要善于灵活运用这种智慧和方法，为企业发展新的发展机会，以提升竞争力。

第309天　勿将劣势当优势

认识别人容易，认清自己却很难。

——李虹

在经营自己的企业的过程中，要时刻清楚企业自身的优势在哪里，团队的优势在哪里，否则，很容易迷失自己，走偏路，即便付出巨大的努力也不一定能有所成。

美国西北地区的一家保险公司在一期对新员工的培训中，最看好的是一位退役军官。他当过伞兵，服役表现出色，并与当地数百名军人保持密切的关系，而且他能言善辩，在哈佛大学获得了MBA。他的经理对他寄予了很高的期望，希望他以后能大展宏图。

他工作十分努力，但是几个月后的销售业绩让人大为失望。培训经理让他分析失败的原因。他其实是完全按照培训的要求去做的：他倾听客户的需求，强调投保的收益，介绍了各种保险项目，表现实在好极了。然而，在向顾客要订单时，他却张口结舌，语速突然加快，重来一轮销售演说，却闭口不谈订单。他使顾客和自己都精疲力竭，却什么都没卖出去。经理发现了症结所在："他无法成交。"

后来他参加了数月的成交技巧培训，却无济于事。他拒绝承认自己不擅长推销保险，决定转到另一家有"严格的纪律和更好的培训"的公司。他凭借自己出色的简历（加之新近获得的保险行业的经验），很快被另一家一流的公司聘用。刚开始几星期，他卖了几单，大受鼓舞。但是，好景不长，在与更多的客户握手言欢后，他的"噎住综合征"死灰复燃。他知道"羞于向别人开口讨要"是他的弱势，虽然他很擅于言谈。但这一弱势注定他在销售领域很难有所作为。

但他没有就此转移，选择自己具有优势的行业，而是继续规划工作和不断"修改计划"，工作更努力了。但他的弱势注定他付出的不能得到应有的收获。在强手如林的环境中艰难地拼搏了一年后，他没有取得想象中的成绩，反而信心大失，得了一场大病。

他在住院期间，终于悟出了自己的失败所在。从那以后，他再未回到保险业。现在，他在中西部经营一家马术训练场，生意相当火爆。而在那里，他再也不必张口问客人要订单。

误把劣势当优势是这个军官犯的最大的错误，他为自己的错误付出了很大的代价。所幸的是，这位军官及时转到另一个与他的优势相吻合的领域。

可悲的是，在现实中，一些管理者因为过于执着反而偏离了主体优势，最终只能以失败而告终。所以，我们一定要时刻认清楚企业的优势，当你发现了企业的真正优势，才能在市场上大展拳脚，从根本上提升企业的竞争力。

第 310 天　对内部管理者实行公平的考核机制

有竞争，就有进步。

——李虹

在企业内部实行良性竞争，对管理者的考核也是极为重要的一个方面。为了最大激发管理者的工作积极性和热情，企业可以对管理者实行公平、公正的考核制、任期制，能者上，无能者被淘汰，这样主要有两方面的益处：

1. 这种动态管理机制，十分有利于提升管理人员的责任心和进取心。

2. 能有效地调动其他员工的工作积极性，只要做出成绩，顺利通过考核，便可以上位。同时也自然地淘汰那些水平平庸的管理者，有利于在内部形成良性的竞争环境。

同时，采用任期制和年度考核制可以有效地保证权力不会长期集中在一个管理者的手中，避免独裁，有利于高层管理者掌控。

当然，具体采用什么样的方法，管理者一定要根据企业内部的现实情况进行分析，选用最合理的考核机制，让有能力者上位，从而带动企业整体的快速发展。

第 311 天　在企业内部导入分组竞争机制

来自同级的压力比来自上级的命令更能够促进员工的工作积极性和工作热情。

——北大光华管理学院管理课理念

管理大师，通用前 CEO 杰克·韦尔奇就推崇在企业内部导入分组竞争机制。具体方法为，将公司每个部门划分为若干个小组，每天或者每周都公布成绩排行榜，月终总结，表彰先进员工，激励落后员工。

比如，管理者可以在每个部门这样分组：以业绩为横轴（由左向右递减），以组织内达到的这种业绩的员工的数量为纵轴（由下向上递减）。而业绩排在前面的 20%的员工为 A 类，中间的 70%的员工为 B 类，业绩排在后面的 10%的员工为 C 类。每天对每组的员工给予记录，每月进行总结。韦尔奇将三类员工区别对待，给 A 类员工以奖励，并努力帮助 B 类员工转化为 A 类员工，而对于不能胜任工作的 C 类员工，公司将不在他们身上花更多的时间。

如果这样，就可以在企业内部形成良性的竞争，调动每个员工的工作积极性，使他们努力上进，自觉学习和提高自身的技能，有利于企业的整体发展。

第312天　采用“末位淘汰”机制

企业留住人才，淘汰庸才是人力资源管理对立统一的两个方面。

——北大光华管理学院管理课理念

任何一个组织或者企业，其岗位是有限的，员工的数量也是相对的。所以，庸才不流出，人才也进不来。资料显示：员工的流动淘汰率如果低于2%，是企业的“死亡线”；而高于6%，企业才能够生存。为此，管理者要在内部合理地引入“末位淘汰”机制，以淘汰那些庸才，不断地引进人才，以增强企业的活力。

当然，“末位淘汰”并非是“末位死亡”，而是“末位离开”。淘汰有多种含义，比如降职、轮岗、培训等，实在不适合岗位的人才真正予以淘汰。在企业内部实行“末位淘汰”机制，可以大大地唤醒人们的危机意识，对被淘汰者来说，眼前是有点失意，压力也会增大，但是从长远来看，能够使员工不断地挑战自身的潜能，充分调动员工工作的积极性。通过“末位淘汰”机制，可以使企业保持“活水”的状态，既可以有效地补员，又可以发挥“鲇鱼效应”。实行“末位淘汰”法，能够给员工以压力，在企业内部形成竞争的气氛，十分有利于提高员工的工作绩效，以使员工更好地适应市场的生存规则。

第313天　有原则地实施“末位淘汰”机制

“末位淘汰”机制有其价值，但是如果使用不当便会带来极强的负面影响。

——北大光华管理学院管理课理念

实行“末位淘汰”机制能够为企业带来活力，但是，如果运用不好，也会为企业带来一些负面的影响。

海尔集团是中国最大的家电企业之一，其管理层在企业内部也曾实行“末位淘汰”机制，其中有6位总裁因为没能够完成年初既定的业绩而被免职，排名在前10%的员工被奖励、升职，排名在后10%的员工则被降级或者免职，如果连续3次考核都排名在后10%，那就要辞职或者转岗。这样的结果，引发了许多员工的强烈的争议，很多员工在私下里都表示，所谓的末位淘汰机制很不地道，底层领导纯粹是为了完成指标，裁去的多是自己不喜欢的和老实内向、不会闹事的员工。

同时，过于频繁的末位淘汰使企业内部每个员工内心都产生了危机感，导致员工不安其位，人人自危。

在现实中，一些企业引入末位淘汰制度，因为过于草率，没有真正地了解其含义，更没有结合企业的实际状况，仅凭着自己的感悟，想当然地按照自身的理解去做，不仅没起到良好的作用，而且还为企业带去了不可挽回的损失。

其实，要实行“末位淘汰”机制是有原则的：

1. 这种机制，只有在迫不得已的情况下才能使用。

2. 即便是末位淘汰也要尊重员工的意愿。

同时，在实施末位淘汰机制的时候，一定要有一个严格的程序，同时也要结合企业的实际状况，以避免管理者滥用职权。

第 314 天　如何让你的团队成员主动展开竞争

竞争不能靠强迫，而是要让员工心甘情愿地参与竞争，这样才更容易出成绩。

——北大光华管理学院管理课理念

一个管理者带领一个团队，如果你让团队成员自行去实施决策目标，结果只能是低效，甚至无效。只有采用有效的措施，让团队成员自己去主动展开竞争，才能充分发挥团队成员的主动创造性，获得极高的效益。

美国有一位企业家，经营很多工厂，但是其中有一个工厂的效益始终徘徊不前，团队成员工作没干劲，不是缺席便是迟到早退，交货总是延误。最主要的是该厂生产的产品质量很是低劣，总是不停地接到消费者的投诉。虽然老板想尽办法提高该工厂团队员工的战斗力，但是，却始终不见成效。

有一次，这位企业家交代给现场管理人员办的事情一直没有得到有效的解决，于是便亲临现场进行检查。该工厂于是就采取昼夜二班倒轮流制，他在夜班要下班的时候，在工厂门口拦住一名员工，便问道：“你们的工作流程每夜能重复几次呢?”员工随口答道：“五。”老板听后便在车间的小黑板上写下了“五”。紧接着，白班的人进入了车间，看到这个数字之后，竟然改变了“五”的标准，那天将工作流程重复做了六次，这时候，老板又在小黑板上重新写上“六”。到了晚上，夜班的员工为了刷新纪录，就做了十个工作流程。就这样，小黑板上的字不断地递进。一个月后，该工厂便成为该老板所经营的工厂中最好的。

这位企业家仅靠一支小小的粉笔，便立即提高了团队成员的士气，改善了该厂的经营效益。而这种士气主要就是因为有了竞争对手的原因。所以，在平时的管理过程中，一定要善于运用团队成员的“争胜”心理，合理地引入竞争机制，让团队成员知道竞争对象的存在，从而成功地激发员工的工作积极性，提升工作效率。

第13章
压力管理课

第315天　企业压力管理的重要意义

压力管理已经成为企业管理最为重要的一个方面。

——北大光华管理学院管理课理念

联合国国际劳工组织发表的一份调查报告认为：“心理压抑已经成为21世纪最为严重的健康问题之一，它是影响现代企业利润的一个重要问题。”一系列的调查表明，过度的压力会使员工个人和企业都蒙受巨大的经济损失，所以，压力管理已经成为现代企业管理者管理的一个主要方面。

据美国一些研究者调查，每年因员工心理压抑给美国公司造成的经济损失高达3050亿美元，超过500家大公司税后利润的5倍。所以，重视员工的心理健康，应该成为企业管理者的一项重要工作。

过度、持续的压力会导致员工严重的身心疾病，而压力管理则能够有效地预防压力对员工造成的这种毁灭性损害，有效地维护、保护企业的“第一资源”——人力资源。同时，员工压力管理十分有利于减轻企业内部员工过重的心理压力，让他们保持适度的、最佳的压力，从而使员工提高工作效率，进而再提高整个企业的绩效，增加利润。

而且企业关注员工的心理压力问题，能够充分地体现以人为本的管理理念，十分有利于构建良好的企业文化，增强员工对企业的忠诚度。

第316天　适度的压力能激发员工的工作激情

人一出生就伴随着压力，压力保证了生命的质量。没有压力的人不会知道生活的分量。所以，我们当对压力抱有感恩之心。

——曹文轩（北大教授、著名作家、学者）

在工作中，压力太大，会使员工产生焦虑、紧张、痛苦等负面的情绪，会影响员工的工作效率，不利于企业自身的发展；但是，压力太小或者没有压力，也会给人带来一些负面的情绪，比如消极的态度、焦虑、没有成就感、实现不了自我价值等，久而久之，也会引发一系列的心理危机。

人都是有惰性的，刚开始谁都愿意享受没有任何压力的轻松工作，谁也不想在沉重的压力下艰难前行。对于这种惰性，我们不能任其放纵，因为放任惰性就意味着放任员工在心里产生空虚感与姑息员工滋生消极的思想观念。

刘强是一家企业的老员工，是公司后勤部的办公室主任。收入稳定，工作轻松，家庭幸福。周围的人都感到刘强应该为自己现有的一切而感到满足。但是，刘强本人却经常焦急万分，原因是他的工作太过清闲，太无聊，没什么奔头。

他说，他每天上班除了上网聊天就是喝茶、与同事闲聊，几年下来，他自己都厌倦了这种生活。看到周围的同学、同事大大小小都做出了一些成就，而自己却整天待在这里虚度光阴，内心更是感到不安。

长年懒散的工作状态，使他养成了懒散、内向、不与人争的性格。在工作上能混就混，即便有工作任务，也只是敷衍了事，对工作没有任何热情，没有任何成就感，经常会有一种小小的挫败感。

有时候，他与那些有成就的朋友聊天，就觉得低人一等。想换工作，但是多年下来，自己几乎没有学到任何工作技能。他只想在不改变现状的前提下求得安慰，但是又不甘心就这样，每天只能在痛苦中煎熬……

管理者是否思考：在自己的企业中是否有像刘强这样经常感到空虚和失落的员工呢？如果有，那么，你就要着手给其施加适度的压力了。要知道，人只有在压力下，才能够不断地激发出工作热情，最大限度地发挥潜能，使内心产生成就感和满足感，从而远离心理危机。

心理学家指出，工作上的空虚可能引发十分严重的心理失调，严重的还会导致精神崩溃，或者还会发生心理障碍。所以说，让员工保持适当的压力是十分有必要的。

另外，适度的压力是推进个人事业与企业发展的必要条件。正如创造学之父奥斯本说："多数有创造力的人，其实都是在期限的逼迫下从事工作的……决定了期限，就会产生对失败的恐惧感。因此，工作时加上情感的力量，会使得工作更加完美……谁被逼到角落里，谁就会有出奇的想象。”

第317天　压力也是一种激励方法

压力有时比激励方式更能发挥有效的作用。

——北大心理管理课理念

在工作中，没有员工不希望自己能够得到管理者的赞扬。为此，多赞场员工可以增强员工的自信心，激发他们的工作积极性。但是，管理者如果一味地赞扬，势必会让员工养成自高自大、目空一切的态度，而且极容易丧失工作斗志，对工作也失去目标。这个时候，管理者就要对其施加适当的压力。有压力，才不会使员工在现实中慢慢地腐朽，才会使他始终保持着昂扬的斗志。因此，给下属一定的压力，其实也是一种激励方式。

有这样一个故事：

有一次，伯乐在集市上面选了一匹青鬃马，便说道：“只要经过训练，这匹马一定可以成为千里马。”但是，一个月过去了，又一个月过去了，无论伯乐采用什么方法，青鬃马的成绩始终不理想。它每天的奔跑距离，总是在900里左右徘徊。伯乐对青鬃马说：“伙计，你得用功啊！再这样下去，你会被淘汰的！”青鬃马却愁眉苦脸地说道：“真的没法子啊，我已经尽了最大的努力了。”伯乐问：“真的吗？”青鬃马则说道：“真的，我将吃奶的劲都使出来了。”

新的一天的训练开始了。青鬃马刚刚起跑，突然，其背后响起了一声惊雷般的吼叫。青鬃马扭头一看，一头雄狮旋风般向它扑来。青鬃马大吃一惊，撒开四蹄，没命地狂奔起来。

晚上，青鬃马气喘吁吁地回到伯乐身边说，“好险！今天差一点儿被狮子吃掉了。”伯乐则笑道：“你知道吗？你今天跑了1050里！”

“什么？我今天跑了那么多路？”青鬃马惊喜地望着伯乐，伯乐脸上挂着神秘的笑容。青鬃马心中豁然一亮。从此，它一上训练场，就总是设想自己的身后有一头狮子在后面追赶自己。后来，它果真变成了一匹千里马。

在工作中，很多员工一听到压力总是皱起眉头，感到压力是一种让人喘不过气来的力量。殊不知，压力还有它的另一面积极的动力，它是防止生活僵化的防腐剂，是刺激人们不断奔向成功的兴奋剂，也是帮助人们走向辉煌的助推器。就好像故事中的千里马一般，在没有感受到压力的时候，它总是不能够发挥出自身的潜能，并且因为一直取不到良好的效果，还导致它对自身能力产生了怀疑。但是，等狮子出现后，这匹马终于发挥出了其千里马的潜能。所以，管理者要明白，必要的压力也可以起到极好的激励效果，甚至要比其他的激励方式更能够立竿见影，更为明显。

第318天　如何让员工保持适当的压力

压力如同一把刀，它可以为我们所用，也可以把我们割伤。关键是看你握住的是刀刃还是刀柄。

——著名心理学家罗伯尔（北大管理课引用名言）

我们知道，适度的压力可以有效地使员工对工作充满激情，可以焕发员工的潜能，让他们产生满足感和成就感。那么，对于管理者而言，如何才能让员工保持适度的压力呢？

1. 让员工正确地认识压力。让员工在工作中保持适度的压力，首先要引导员工正确地认识和对待压力。认识到压力的本质是什么，认识到压力产生的必然性与必要性。不仅要让他们认识到压力消极的一面，也要让他们认识到压力积极的一面。然后，让他们在工作中保持适度的压力。

2. 让员工正确地评估自己。在工作中，要让员工正确地评估自身的能力，切勿将自己看得一无是处，也不要将自己看得无所不能。然后，再针对不同的岗位、员工不同的工作能力，对他们施予不同的压力，让他们游刃有余地投入到工作之中，激发他们个人的潜能，让他们产生成就感。此外，让他们永远保持一颗平常心，不要将目标定得高不可攀，凡事要量力而行，并根据需要随时调整自己的目标。在工作中也不要处处都要与人攀比，尤其是不要拿自己的短处与别人的长处相比。这样才能让自己过得充实且充满成就感。

3. 让员工认识环境并适应环境。管理者要让员工明白，自己生活在一个充满竞争的现代社会之中，这是一个适者生存的世界。在这个环境中肯定会产生许多不公平、不合理、不适应、不近人情之处，这个环境是不可改变的事实，要学着去接受这样的现实，而不是拿消极的情绪来与之对抗，从而消除员工的负面情绪。

让员工明白，抱怨除了给自身增加痛苦之外，并不能给自己带来什么。唯有努力地完善自我，才能让自己变得更为强大，才能让自己生活在更为公平、合理的环境之中。

第319天 唤起下属的危机感

要振奋员工的奋斗意志，首先要建立危机意识。

——北大心理管理课理念

作为管理者，在日常管理过程中，应该时刻给你的下属或员工制造危机感，告诉他们如果业绩不好，将会被团队淘汰，如此这样，可以大大地激发员工的工作积极性，不至于使他们怠慢工作。

俗话说，有压力才有动力。给员工适当的危机感，可以使员工在面临工作挑战时更加地自信，从而为团队做出更大的贡献来。

从管理的角度来说，培养员工的危机意识是一种管理手段。作为管理者，一方面要使员工保持适当的压力，使员工不断地努力工作，产生主动改进工作的愿望；一方面要将员工的前途与自身的前途相结合，树立团队精神。

当然，培养下属的危机意识需要一些途径，比如危机管理的知识，让员工清楚生产、生活中处处都有陷阱和危机，让员工及时做好转危为安的方法；让员工辩证地看待危机，明确不断地学习是前进的动力源泉；加强危机处理的案例分析，提升下属的综合素质，培养下属的敬业精神。

通过对下属危机意识的培养，让员工切身地感受到自身所在团队的发展与自身的相关性，使员工能够清楚地认识自己，认清楚自身应担负的工作责任，将员工的危机意识转化为努力工作的一种自觉的行为，进而提升整个团队的工作效率。

第320天 用行动给员工一些“无声鞭策”

感动、亲力亲为都能给员工“无形的鞭策”。

——北大心理管理课理念

适当的压力可以有效地激发员工的工作效率，那么，管理者在日常管理过程中，适当地亲自示范，做出一个高姿态来，无形当中就能够“震”住员工，此所谓“无声胜有声”。

士光敏夫在任东芝董事长期间，有一次，他听到一位业务员向业务经理反映，企业有个大合同怎么做也做不成，主要是因为对方的相关负责人经常外出，业务员虽然多次登门拜访，却总是扑空。

士光敏夫听了具体情况后，沉思了一会儿，便对那位业务员说：“你不要泄气，待我上门试试。”第二天，士光敏夫便亲自去找欲合作方的具体负责人，但还是没能见到对方。但是，他却没有立即回去，而是坐在对方办公室的走廊上等候，直到对方回来。

到下午很晚的时候，那位负责人看到士光敏夫独自坐在走廊上等候，惊讶了片刻之后，慌忙地说道：“真是对不起，让您久等了！”士光敏夫脸上毫无不悦之色，相反却微笑着说道：“你很忙，看来你们的生意很是兴旺啊！我等候是应该的！”那位负责人看到堂堂的董事长亲自出马，便很快就与对方达成了交易。

随后，那位业务员了解到士光敏夫与对方洽谈业务的过程，额上面渗出了冷汗。此后，部门中再也没有人因为“见不到人”而与对方做不成业务。

面对工作中的难题，管理可以亲力亲为，把事情做到最好，给员工造成一种压力，让员工遇到此类的问题时，也不敢再寻找借口。

同时，管理者要明白，每个人都有自尊、自爱心，也有虚荣心和好胜之心，在日常管理过程中，管理者每天都应该采取有刺激性的语言，去将这些心理激活，使员工改变工作态度。在很多时候，给员工施压，不需要太多的语言，用实际行动就能够达到理想的效果。

第 321 天　杀鸡儆猴施手段

威是管理者的力量保障，是管理者使被管理者服从管理的威望和力量。

——北大心理管理课理念

杀鸡儆猴，是指杀鸡给猴子看。据说，猴子是最害怕血的，如果猴子不服训教，训猴的人就当着猴子的面宰杀一只雄鸡。当雄鸡在惨叫着流血的时候，猴子便会吓得浑身发软，任凭人的摆布。运用到管理之中，这便是权术，是御众的一种极好的手段。管理者可以将它运用得合情合理，丝毫不显残忍。相反，还会赢得好名声。

运用这个管理方式，管理者可以树立起自身的权威，给那些平时懒散的员工施加一些压力。当然，采用这种方法，最为关键的是要选好“鸡”。惩罚员工需要看情况，因为员工犯错误的原因是各不相同的，管理者一定要谨慎采用惩罚措施。比如，一个没来多久的新员工，因为不熟悉工作流程而在工作中出了大错误，或者因为一时的疏忽犯下了错误，这只能叫作不小心，管理者要采用柔和的手段予以警告，让其改正错误。如果采用“重刑”，也就等于否定了员工其他方面的努力，很有可能会使员工的心偏离团队，也等于破坏了团队的凝聚力，实在是得不偿失。

其实，真正应当施以重刑的人，是那些明知制度有规定，却依然违反制度的人。他们给企业带来的影响最大，只有将重刑施予这些人，才能起到“儆猴”的作用。

第322天　塑造员工“赢者”的心态

态度决定高度，心态决定人生！

——北大心理管理课理念

北大管理课指出，观念引导态度，员工的工作业绩往往取决于其对工作的态度。在企业中，员工如果时刻能够保持赢者的心态，那么，便会对工作充满激情，将工作看作是一件愉悦的事，这样往往能够取得出人意料的好成绩。所以，管理者在平时就要多留意去激发员工的好胜心，塑造员工一种赢者的心态，以便更好地面对工作。

要塑造员工赢者的心态，管理者在平时就要注重对员工进行精神激励。比如员工做出成绩，管理者要在公众场合及时给予表扬，激发员工的荣誉感和自豪感，充分认识到自己在团队中的价值，将“赢者”的心态根植于其心中，从而更能调动他们的工作积极性。

当然了，管理者要明白，员工“赢者”的心态主要来自于他们的自信心，只有在平时对他们的工作给予肯定和赞扬，才能从根本上激发他们的自信心，才能塑造员工“赢者”的心态。企业中的每一个员工如果都能够树立起“赢者”的心态，才能促进整个企业在激烈的市场竞争中激发“赢者”的精神，并促进企业在竞争中永远立于不败之地。

第323天　让员工始终保持紧迫感

真正的紧迫感是一种信仰，是一种正面的情感力量和推动力，目的是帮助企业赢得竞争。

——北大光华管理学院管理课理念

北大管理课指出，在企业内部营造一种紧迫感，会给员工带来一种无形的压力，这种压力会有效地促进员工努力工作。一个不能让员工感到紧迫感的管理者，是不合格的管理者，他不可能为企业创造良好的管理局面。只会使企业员工对工作敷衍了事，在面对工作中的难题的时候，也无法真正深入地去解决。同时，工作缺乏主动性和创造性，如果团队中的每个成员都是如此，那么，最终只会导致企业效率低下，无法进步，最终只能被市场所淘汰。

所以，管理者在平时的管理过程中，一定要使企业内部员工保持适度的紧迫感，让员工进步的同时，也促进企业不断地发展进步。

一个人的紧迫感不是紧迫感，而全体员工的紧迫感才是紧迫感，这样才能够在企业内部形成强大的战斗力，促使企业不断发展。当然，要让员工保持紧迫感，管理者必须要通过恰当的渠道对员工进行教育、引导，让他们认清楚形势，从思想上形成紧迫感；同时，还可以通过合理的竞争机制和激励机制，从行为上鼓励员工建立起一种紧迫感，使紧迫感成为前进的动力。

第 324 天　了解员工的压力主要来自哪里

适当的压力可以产生动力，但压力过大则会产生负面作用。

——北大心理管理课理念

在工作中，适度的压力可以有效地激发员工的工作积极性。但是，过大的压力却会给员工带来心理上甚至是生理上的疾病。过大的压力不仅会引发抑郁症、神经官能综合征等，还会使人产生呕吐、心悸、尿频等症状。另外，高血压、冠心病、偏头痛、肥胖症等疾病都与心理压力过大有着密切的关系。

在哈佛大学，有一位教授做了一个极有意思的试验。他用很多铁圈将一个小南瓜团团地捆住，以观察南瓜长大时这个铁圈所产生的压力有多大。

第一个月过去了，南瓜承受了 500 磅的压力；到第二个月时，南瓜承受了 1500 磅的压力；到它承受 2000 磅的压力时，教授必须要对铁圈加固，以免南瓜将铁圈撑开。到最后，当整个南瓜承受了 4000 磅的压力时就断裂开了。

当教授再次打开南瓜后，发现它已经无法再食用了，因为它中间充满了层层纤维，而且南瓜为了突破它生长的铁圈，将所有的根都伸展向了不同的方向，以致其将整个花园的所有的根都往不同的方向去伸展，直到将整个花园的土壤与资源都全部控制了为止。

压力如捆在南瓜上的一圈圈的铁丝一样，每个铁丝圈都会对南瓜的生长产生阻力。同样，在生活中，压力也是来自各个方面的，如果不注意，生活中的各种小事都可能成为你压力的来源，让员工痛苦不堪，无法安心工作。

管理者要明白，压力对每个人的身心影响是巨大的。当压力来临的时候，人的身体就会迅速地做出相应的反应，比如荷尔蒙分泌增加，血压升高，心率加快，等等。如果压力持续地存在，这些积极的作用只会变成消极的破坏作用，我们的身体会从警觉状态发展到衰竭，最后崩溃。所以，管理者在平时的管理过程中，一定要对员工的压力给予管理，并做到合理地疏通，这样才能有效地提高和激发员工的工作积极性。

第325天　合理配置员工岗位

垃圾放对了位置就可以变成宝贝。

——北大心理管理课理念

在工作中，管理者是否经常思考这样的问题：团队中，员工的能力能否最大限度地得到发挥，对工作是否能做到在毫无压力的情况下高效地完成工作任务，是否能让员工在自己的职位上产生职业认同感。如果你的回答是"否"，那么，你就要认真地考虑对自己的员工的能力进行合理的评估，并为他们安排与之相匹配的工作岗位。

要知道，每个人都有自身不同的特点与特长。企业只有根据员工的特点与特长为他们安排合理的工作岗位，才能让员工在无压力的情况下，对工作产生使命感，才能够激发员工的事业心，让他们在岗位上承受更大的工作压力，适时地将压力化为动力，发挥自身的最大潜能来。

张兰毕业于北京某外国语大学，能说一口流利的德语。所以，毕业后的她想找一份与德语相关的工作，以发挥自身的专业特长。很幸运，凭借她的才能便在北京一家外贸企业找了一份经理助理的工作。

张兰心想，总经理应该会与许多国外的客户见面，到时候就可以尽展自身的才能了。为此，她对自己的未来充满信心。

但是，事实却让她感到很失望。外贸公司总经理每天只是处理一些琐碎的工作，比如帮总经理安排日程、帮助总经理撰写发言材料等，几乎不能发挥出自身的才能。即便是偶尔会陪总经理去与国外的客户访谈，但与客户搭话的机会总是极少。这让张兰很是苦恼。这个岗位与自己原先的预想差距实在太大。她每天的重要工作就是帮助总经理撰写一大堆的文字材料，张兰对文字工作并不擅长，在自己的岗位上做得十分吃力，感觉压力也甚大。

3个月后，她就对工作丧失了激情，做起事情来无精打采的。后来，她就主动找总经理，要求调换工作岗位。总经理了解到她的情况后，就将她安排到了业务部，工作的主要内容就是与国外的一些客户洽谈业务。这大大激发了张兰的工作热情。虽然没什么经验，但工作起来却得心应手。随着公司业务的不断扩展，公司对外贸部的业绩要求越来越高，其他员工都感觉压力甚大，张兰却做得游刃有余。她自己也感受不到什么压力，每天都十分开心。

是轮胎，就要去奔跑；是火柴，就要去发光；是音响，就要去发声。员工的岗位分配是否合理与其压力大小有着密切的关系。张兰因为并不擅长于文字处理，所以在总经理助理的岗位上做得很辛苦。后来，到了业务部，她的工作能力得到了极好的展现，有了工作激情，每天过得很开心，而且还增强了抗压能力。由此可见，将合适的人才安排在合适的岗位是激发员工工作热情、增强员工工作积极性、缓解员工压力的重要途径。为此，管理者一定要做好这方面的工作，这是缓解员工压力的一个极为重要的方面。

第 326 天　如何才能给员工安排合适的岗位

适合自己的才是最重要的。

——北大光华管理学院管理课理念

既然压力与岗位安排的关系如此密切，那么，管理者应如何合理地安排员工的工作岗位呢？主要可以从以下几个方面努力：

1. 企业要明确工作岗位的职责。对企业来说，合适的人才就是有用的人才。要想招到有用的人才，首先要明确企业中每个工作岗位的职责，根据职责去调用或聘用合适的人才，使员工发挥所长，提高工作效率，增加抗压能力，最终增加企业的效益。

2. 引导员工准确地评估自己的特长。有一句格言说得非常好：“许多时候认识别人容易，认识自己难。”有时候员工对自身的认识是有偏差的，这就需要企业给予他们以正确的引导。企业可以制定详细的调查问卷，并结合他们的性格特点，帮助员工对自我做出正确的评估；或者做测试，与他们谈心，了解他们的真正所长，等等。

了解了岗位职责与员工的特长，就可以对他们进行合理分配。在工作中，也可以结合他们的不同特点对他们实行不同的培训方法，从而最大限度地调动他们的工作积极性，挖掘他们的工作潜能，让他们摆脱压力的困扰。

第 327 天　心态带来的压力

只有从根本上了解了压力的根源，才能彻底减轻或者消除压力。

——北大心理管理课理念

北大心理管理教授认为，工作压力危害身体健康，管理者在实施管理过程中，一定要用适当的方法予以减轻压力。要减压，首先要找准压力产生的根源。

据调查：在现代生活中，压力主要来自两方面：一是工作，二是家庭。

1. 工作方面带来的压力。工作中的压力主要来自：工作条件，如超时超量的工作任务、对自身职业产生的不安全感、工作灵活度较大、常要经常出差等；工作角色压力，如对自身的角色认识不清、角色不稳定、处于矛盾之中；人际关系，如缺乏支持与关心、竞争与妒忌等；自身的职业发展，如职位变化产生的不适感、自身的职业发展前途和理想受挫等；组织结构，如企业内部管理僵化、监督不力造成的不公平等。管理者可以根据不同员工的实际情况，找出压力产生的具体根源，以合理地疏散压力。

2. 家庭方面带来的压力。家庭方面的压力根源主要有：单身与恋爱，如单身的孤独感、对家庭与婚恋的困惑等；结婚，如结婚后的经济压力、家庭成员之间关系的压力等；孩子，如孩子的教育等；家庭内部各种各样的矛盾，如夫妻间的沟通问题以及对某个大问题产生的分歧等；婚变，如分居或离婚、家庭暴力等。

针对以上这两方面的压力产生的根源，让员工结合自己的实际情况想一下，自己的压力根源到底来自哪里。只有找到了压力根源，管理者才能教导员工正视它，并帮助员工采用适当的方法减轻压力，让员工以快乐、积极的心态去面对工作。

第328天　减轻压力，首先要调节员工的心态

一个人压力的大小，完全取决于他的心态。

——北大心理管理课理念

管理者在生活中，可能会有这样的感受：在同一部门中，面对同样的压力，有的人痛苦不堪，怨声载道，而有些人则能够处之泰然。这主要是心态的不同，我们对外界事物抱有一种什么样的心态，就会产生什么样的现实状态。所以，管理者要有效地减轻员工的压力，主要从员工的心态方面着手。比如可以通过培训，让员工正确地看待和处理工作或生活中遇到的各种问题，以免自己生活在压力和痛苦之中。

有位老木匠年龄大了，准备退休。于是，他就告诉老板，他要离开建筑行业，回家与妻子儿女享受天伦之乐。老板很是舍不得老木匠，问他离开前是否能再造一座房子，老木匠随口就答应了。但是大家后来都看得出来，他的心已

经不在工作上了，他用的是软材料，出的是粗活。等房子再建好的时候，老板就将房子大门的钥匙交给他说："这是我送给你的退休礼物。"老木匠惊得目瞪口呆，羞得无地自容。如果他知道是在给自己建房子，他肯定会摆正心态的。现在他只得住在一幢粗制滥造的房子中！

什么样的心态就能造出什么样的房子，等我们惊觉自己的处境之时，早已经深困在自己建造的"房子"中了。所以，工作中因为员工压力过大而影响工作状态进而影响工作质量时，管理者首先要学会去调节员工的心理状态，用他们的智慧好好地建造属于他们自己的"房子"！

科学家对压力的定义为：外部的干扰，以及个体面对那些干扰时所做出的反应。从这个意义上说，压力能否产生或者产生压力的大小主要取决于一个人对外部事物所做出的反应。如果管理者能够让员工以端正的心态去面对外部的种种干扰，或者根本不去理会这些干扰，那么，压力便不会对员工造成多大的影响了。

第 329 天　如何调节员工的心态

你想要成为什么样的人，你就能够成为什么样的人。

——培根（北大心理管理课引用名言）

压力主要指的是内在、外在事件对精神和身体造成的心理和生理上的压抑感。也就是说，压力更重要的是取决于我们看待这些现实问题的态度。如果管理者能让员工以积极的心态去面对外部的种种干扰，那么，压力便不会作用于其自身的心理了。

日常工作中，我们的外部干扰主要来自工作本身与同事之间的关系，当这些干扰来临时，我们都面临一个选择，是保持积极的心态还是消极的心态，这将深刻影响我们的前程、人际关系、工作效率、健康和幸福指数。

管理者如何才能培养起员工积极的心态呢？

1. 培养用积极的心态去看待问题的方法和困难。当工作或生活中的困境或者不幸来临的时候，管理者要告诉员工，一味地抱怨是于事无补的，要学会去接纳，要将之看成是上天对自己的赐予，这样才能够得到意外的收获。同时，要让员工在面对工作时，学会时刻提醒自己要用高度的专注与热情为自己增加成功的砝码。久而久之，员工便会自觉地形成一种习惯，形成一种积极的心态。

2. 管理者要合理地引导员工以积极的心态与同事或者下属相处。心理学家把我们的心态比喻为内心看不见的水桶，当水桶满时，就兴高采烈、意气风发、充满活力；当水桶空时，就垂头丧气、压抑郁闷、精疲力竭。每个人都有一把看不见的勺子，我们用勺子为别人的水桶加水，同时也在为自己加水。当我们用言行打击别人的积极情绪时，就在给别人放水，同时我们也在放掉自己水桶里的水，最终只会徒增烦恼和压力。所以，在工作中，管理者要积极引导，不能让员工从自己或别人的水缸中舀水，学会欣赏和夸赞别人的优点。同时，还要学会宽容别人，给他人制造意外的惊喜等。

总之，只要让员工放平心态坦然面对，并与他们真诚地交往，那么，员工便会时时感受到工作中是充满了快乐的。

第330天　细节是员工压力产生的一个根源

一根稻草，没有什么分量。谁也不会把一根稻草放在眼里。可是如果你把稻草一根一根地往骆驼的背上码放起来，最终总有一根稻草会把骆驼背压垮的。切勿做添放最后那根稻草的事情。

——北大心理管理课理念

现实工作都是由一系列的细小的事情组成的，如果没有处理好工作中的一些细节，会给员工带来极大的精神压力。比如，一个很优秀的员工，会经常因为上班迟到而被老板批评，从而影响到升职的进度而使自己背上沉重的精神压力；一个员工因为不善于规划时间，工作起来毫无顺序，影响了工作效率，从而使自己经常陷入焦虑之中，等等。所以，在平时的管理过程中，管理者一定要注意员工工作中的每一个细节问题，合理地引导员工，别让细节成为员工工作压力的主要来源。

在南美洲亚马逊河流域热带雨林一带，一只蝴蝶偶尔扇动几下翅膀，就会扰动其周围的空气，渐渐地这种微弱的空气流动会对地球的大气产生影响。随着时间的不断增长，其两周后甚至可能在美国得克萨斯州引起一场龙卷风。

这就是著名的“蝴蝶效应”理论，它也说明了，生活中一个细微的小问题就有可能会引发一系列巨大的不良反应。很多时候，员工工作压力大，主要是因为我们忽视了对细节的管理，让员工额外地给自己增加了一些不必要的工作。表面上，一些员工每天都很繁忙，有所追求，是积极向上的，但实际上，他们却被无所谓的小事所羁绊。久而久之，就自然会陷入为忙碌而忙碌的怪圈之中，精神压力当然会大了。所以，管理者在平时管理过程中，一定要积极地对员工给予引导，以免被细节所羁绊了。

第331天　如何帮员工摆脱细节带来的压力

管理，说到底就是对工作细节的关注和处理。

——曾仕强

作为管理者，如何才能引导员工不为工作细节所累呢？基本要做到以下几点：

1. 不要为员工无端地增添忧愁。北京大学客座教授曾仕强在讲到细节管理曾这样说道："你当总经理，如果发现一个下属迟到你会怎么办？如何处理？很多老总都会喊住迟到的员工，道："过来，过来，你今天怎么迟到了？"那是大错特错的。他挨你骂，骂久了就皮了……我常常问一些经理：'上午4个小时，你做了什么事？'他说：'气得要死。'一个上午只做4个字：气得要死。老实讲，我们把一个下属情绪弄坏，一定是我们吃亏。他在那里发混账气，东看不顺眼，西看不顺眼，他什么事都不做，谁倒霉？你倒霉！如果一个下属迟到，他心里最担心的是什么？如果他只担心，老板会骂我、会被扣薪水，这个人一辈子没有出息，你根本不要理他。如果他不在乎被你骂，也不在乎扣薪水，他所在乎的是：会不会耽误公司的事情，如果由于他迟到，耽误了，那他实在是受不起，所以他赶快去把它做好。这个人是可造之材。他本来是急急忙忙想去把工作做好，结果你把他叫来骂，耽误谁的事情？耽误公司的事情。"

所以，最终曾仕强便奉劝各位管理者，对一些无关紧要的事情要学会糊涂处之，切勿因此给员工增添无端的忧愁。

2. 不和同事搞"小帮派"。在工作中与同事搞"小帮派"，结果只会害了员工自己。其实，团体主义是个人主义的扩大，它的目的是为了自己的利益排斥更多的人。有很多人将这种做法称之为竞争的一种方式。其实，真正的竞争应该是公平健康的，违背公平的原则的小团体主义谈不上是一种竞争方式。

所以，管理者在管理过程中，一定要杜绝自己搞"小帮派"，同时也要注意那些搞"小帮派"的员工，让所有同事都建立良好的合作关系，这样才不至于员工因为与其他同事闹矛盾而影响自己的工作。

3. 让员工遵守基本的纪律。让员工不被细节所羁绊，首先要让员工明白工作纪律的重要性，让员工通过自我约束做到不迟到、不早退、不在办公室打电话等。只有将这些事情做好了，才能得到同事与领导起码的尊重与赏识，用自己的聪明才智在自己的本职岗位上做出惊人的成绩。

第 332 天　竞争带来的压力

有竞争才有未来！

——北大心理管理课理念

“物竞天择，适者生存”是大自然永恒的法则，人类社会也以这样的法则不断进步。特别是现代社会，随着社会物质的不断丰富，社会的不断进步，人类的竞争越来越激烈，职场中，员工的生存压力也越来越大。

据调查，在中国 16 岁至 29 岁的青年人中，11 个人中就有 1 个失业者，失业率高达 9%。同时，在中国的白领阶层中，每年都有 20%的被社会所淘汰。在这样激烈的社会竞争之中，每个人都绷紧了神经，每天忙于加班，忙于好好表现，工作也不敢轻易出现差错，根本没有充足的时间去休息。在这样的情况下，巨大的精神压力就产生了。当然了，这也是社会大环境给职场员工带来的压力。面对企业内部的竞争，管理者要让员工正确客观地看待竞争，让他们明白，竞争是客观存在的，也是不可避免的，让员工树立正确的心态面对竞争，从而减轻竞争带给他们的精神压力。

一位猎人带着他的猎狗追一只受了伤的兔子，结果兔子跑掉了。猎人很不高兴地斥责了猎狗，猎狗很委屈地说：“我已经尽了力了。”

一会儿，兔子便跑回了洞窟，兔妈妈惊讶而心痛地问道：“孩子，你怎么跑得这么快，连猎狗都没追上你？”兔子说：“我是拼了命地在跑，而它只是尽力在跑。”

一个尽力地在做，一个拼了命地在跑，其结果是不一样的。这就是面对激烈的竞争时，不同的态度所产生的不同结果。

所以，对管理者而言，要想调节竞争给员工带来的工作压力，一定要重点从调节员工的心态方面着手，让员工客观正确地面对竞争，以积极的心态面对企业中的各种挑战，从而更从容、轻松地应对工作中的一切。

第 333 天　如何应对竞争带来的压力

最精美的宝石，受匠人琢磨的时间最长。最贵重的雕刻，受凿的打击最多。

——北大心理管理课理念

竞争是时刻都存在的，管理者在缓解员工竞争所带来的压力的时候，要注重从以下两个方面重点引导：

1. 忙碌奔波要关注身心健康。持续的心理紧张与精神疲劳，容易引发一系列的心理疾病，进而还会引发生理疾病。良好的心态是身体健康的前提。所以，管理者在帮助员工缓解竞争压力的时候，帮助员工树立良好的心态是关键。

管理者如何帮助员工树立良好的心理状态呢？心理专家指出，良好的生活习惯与放松、平静的生活方式是塑造良好心理状态的前提。管理者在日常工作中，要帮助员工保持乐观的情绪，不要长期地超负荷工作，同时也要适当地让员工进行休息与放松。同时，也要合理地给员工安排适当的休闲活动，比如要倡导员工散步、逛商店、与朋友聊天等。此外，遇到问题要多换位思考，保持积极向上的心理状态，还要善于向朋友倾诉，只有这样，才能为自己排解烦恼，使自己的心情更加舒畅。

2. 均衡营养是保持健康的关键。要想保持健康的身体，充足的营养当然是必需的。在职场中，许多员工为了不让自己的身体透支，每天摄入大量的食物，但是还是没能达到身体所需要的营养需求，原因就在于不注意营养的均衡摄入。

营养师认为：每天摄入的营养中，必须要有蛋白质（包括瘦肉、鱼虾类、奶类、蛋类和豆类等）、维生素 A（主要来源于动物肝脏、蛋黄、鱼肝油、禽蛋等）、维生素 E（主要来源于植物油、坚果、豆类等）、维生素 C（主要来源于新鲜蔬菜和水果等）。

在日常饮食中，要倡导员工多摄取这些营养。如果三餐的膳食供给中满足不了肌体这些营养的需要，可以有针对性地服用维生素片和其他保健产品，以使身体摄取的营养达到均衡。

第 334 天　加强培养团队精英

团队中如果多一些精英型的员工，可以无形中给其他员工带来一种压力。

——北大心理管理课理念

在工作中，我们经常会发现，如果团队中多了一些“精英”员工，他们有娴熟的工作技能，有极好的工作业绩。对于工作中的难题，他们能迎刃而解，这样就会给其他的员工无形之中造成一种心理压力，促使其他员工努力、上进，进而提高工作效率。

为此，管理者要提高团队的整体执行力，就必须要注重多培养一批精英，从而整体上提高员工的执行力或者工作效率。

要知道，团队精英一般都很会创造工作机会，很有办事能力。他们可以在工作中找出疑问，并且能够自觉地解决问题。他们有极高的工作积极性，能够找出很多工作去做，并且能够合理地分配时间去完成工作，提高效率。这样的员工，其工作效率是其他普通员工的几倍，他们一天的工作量相当于其他员工的好几倍。管理者应该多多重视或者提拔这些人，让他们成为自己最得力的助手，能够成为其他员工仿效或学习的榜样，从而提高整个团队的执行力。

第335天　别让员工被不良情绪所控制

改变不良情绪——一个人成功的开始。

——翟鸿燊

在工作中，每个员工难免会遇到一些不愉快的事情，比如失望、挫折、受委屈等，并随之会产生许多的烦躁、忧虑、悲观、绝望的情绪。心理学研究指出，外界各种不良的刺激作用于人之后，如果不及时将之宣泄出去，就会在人体内形成一种情感势能，日积月累之后，这种情感的势能就可能会达到一定的程度，就会超越个人的承受能力，会使人体的神经、循环、消化、血液、内分泌等紊乱，使肌体的免疫力下降，最终导致抑郁症、冠心病、高血压、结肠炎等各种心理和生理上的疾病。

医学研究表明，具有不良情绪的人，其感冒的发病率为正常人的3～5倍。同时，具有不良情绪的人在与人交往的过程中，还能引发出更多的矛盾和冲突来。所以，企业要想使你的员工保持健康的身心，使企业内部更为和谐，就要为员工的不良情绪提供发泄的渠道。

在组织行为学中，人们将不良情绪加以宣泄并使个体获得心理平衡，有利于组织内部矛盾与冲突的缓和与解决，有利于身心健康的现象，称之为“安全阀效应”。这主要是因为发泄的渠道、途径和方式犹如一个“安全阀”。它是从其他学科中移植过来的术语，如水利工程专家在水库设计、施工中，为了确保水库的安全，都设有“溢洪道”，水多的时候，让水流自动地溢出去，以达到安全之目的。如果没有安全阀，后果将会怎样呢？不堪设想！

现在许多优秀的企业都运用这一效应理论调动员工的工作积极性。日本松下电器便是其中之一，松下电器公司之所以会扬名天下，这是其重要影响因素之一。

日本松下电器公司创始人松下幸之助，为了调动员工的工作积极性，在企

业中设有"精神健康室"，里面设有哈哈镜，设有真人般的橡皮"经理"、"总管"，还有各种可供摔扔的橡皮玩具，为的是让那些满腹牢骚、带着不良情绪上班的员工入室即被一排哈哈镜诱笑，或者抄起棍子向真人大小般的橡皮"经理"、"总管"们痛打一顿，或者以摔东西来发泄心中的不满和烦恼。员工们发泄完之后，会让他们从另一个门走出，守候在门口外的领导、心理咨询师都会满脸笑容地倾听员工们的意见，使员工的愁烦烟消云散。

此外，对于工作量较大、压力较大的部门，还允许员工上班可以吃零食。他们认为，当食物与嘴部皮肤接触时，能够消除员工内心的压力，转移员工对紧张和焦虑的注意。此外，还厂房外面设了许多俱乐部、健身房，让员工在工作之余有一个发泄放松的场所。

在有些特殊部门还为员工提供按摩、瑜伽等减压服务，以让员工心情愉快地投入到工作之中，大大提升了工作效率。

松下幸之助表示，通过许多方式，为员工的不良情绪提供发泄的渠道，是提高工作效率、留住人才的好方法。

实践表明，日本松下电器用这种方法解决员工内心的冲突、维护员工身心健康，取得了明显的效率。组织行为学家也认为：下属有怨气，要通过一定的方式让他"出气"，有多少出多少，出现了错误也不要紧，因为发泄能起到很好的作用，以至于使整个组织生气勃勃。

第 336 天　让员工情绪有释放的通道

为员工建立有效的情绪释放通道，是改善员工不良情绪的重要方法。

——北大心理管理课理念

当员工有不良情绪的时候，让员工合理地释放自己，才能让其更高效地投入到工作之中，这样才能够让员工创造出更多的价值，企业也才会蒸蒸日上。

那么，作为管理者，如何才能为员工提供发泄的方法呢？以下几种方式，管理者可以作为参考：

1. 讨论"标准"法。每个人心中的烦恼是什么？应如何看待压力？如何减轻自己的理压力？诸如此类问题，不妨定期组织大家一起讨论一下。因为这些是大家最为关心的问题，让他们自己去发现正确的答案，本身就是一个自我完善、释放压力、使之升华为正确观念的过程。要通过讨论让大家认识到，有心理压力是极正常的，它会成为大家前进的一种动力。只是要选择合适的方式及时地释放和调整。

2. 笔头和口头宣泄法。可以动员工写信、写文章、记日记等，让他们直截了当地说出他内心的焦虑与郁闷。除此之外，公司中完全可以设立总经理信箱、员工绿色通道等，每个人都可以将自己的想法以及各种工作建议都直接传递给高层管理者。这种平等交流的方式可以避免员工出现不平衡的心理。

上司要多找员工谈话，要经常鼓励员工提建议和意见。让他们将心中的不快自然地流露出来，这也是一种有效的宣泄方法。

3. 语言想象放松法。在紧张的工作之余，要多引导员工去自由想象，训练思维游逛，如在蓝天白云下，我坐在平坦的绿茵草地上，在较短的时间内放松和休息，恢复精力，让自己得到精神小憩，这可可以让他们进入安详、宁静与平和的状态之中。

第 337 天　通过改善工作环境来减压

适时创造一个新鲜环境，不仅能激发好奇心，对提高工作兴趣也大有好处。

——北大心理管理课理念

改善企业的工作环境与工作条件，能够有效地减轻和消除员工的压力。那么，作为管理者，应从哪些方面努力去改善员工的工作环境呢？

1. 管理者要力求创造高效率的工作环境并目严格控制外界因素对员工的工作干扰。比如，工作区的噪声、光线、舒适、整洁、装饰等方面，给员工提供一个爽心悦目的工作空间，这样十分有利于达到员工与工作环境相适应，从根本上提高员工的安全感和舒适感，从根本上减轻压力。

2. 确保员工拥有做好工作的良好的设备、工具等。比如，管理者要及时淘汰办公室过于陈旧的电脑、复印机、传真机等。

第 338 天　从企业文化氛围上提高员工的心理保健能力

改善企业的文化氛围，给员工进行“精神按摩”，可以从根本上减轻员工的心理压力。

——北大心理管理课理念

提高员工的心理保健能力，是减轻和消除员工压力的良好途径之一。为此，管理者可以从企业的文化氛围上鼓励并帮助员工提高其心理保健能力，学会缓解压力，进行自我放松。

具体来说，可以从以下几个方面努力：

1．企业向员工提供压力管理的信息、知识。企业可以为员工订阅相关的心理保健与卫生的期刊和杂志，让员工免费阅读。这能够体现出企业对员工成长与健康的真正关心，使员工感受到关怀与尊重，从而也会成为一种有效的激励手段，激发员工提高绩效，进而提升整个组织的绩效。

2．企业可以为员工开设宣传栏，普及员工的心理健康知识，有条件的企业还可以开设相关压力管理的课程或者定期邀请专家作讲座、报告，以让员工掌握有效的减压方法。可以告知员工过大的压力会给其带来哪些严重的后果，比如疾病、工作中死亡、事故受伤、医疗花费、生产率下降而造成潜在收入损失等；还要宣传压力的早期预警信号，比如生理症状、情绪症状、行为症状、精神症状，等等。同时，也要掌握压力的自我调适方法，比如健康食谱，有规律地锻炼身体，学着放松，比如睡个好觉、发展个人爱好兴趣等。彻底让员工筑起“心理免疫”的堤坝，以增强心理“抗震”能力。

3．企业可聘请一些资深的专业人士为心理咨询员，免费向压力过大的员工提供心理咨询，使员工达成一种共识：“身体不适，找内外科医生；心理不适，找心理医生。”心理咨询意在为员工提供一种精神支持与心理辅导，帮助其提高社会适应能力，缓解心理压力，保持心理健康方面，的确是一种极为有效的科学的方法。

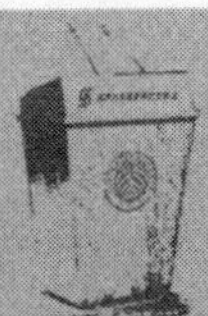

第 14 章
管理原则课

第 339 天　二八定律：抓住关键，创造利润

管理中的任何事情都可以遵循“二八定律”。

——北大光华管理学院管理课理念

二八定律也叫巴莱多定律，是 19 世纪末 20 世纪初意大利经济学家巴莱多发明的。他认为，在任何一组东西中，最为重要的只占其中一个极小的部分，约 20%，其余的 80%尽管是多数，但却是次要的，为此称为“二八法则”。

二八法则告诉管理者，在一个组织中，不要平均地分析、处理和看待问题，企业经营和管理需要抓住极为关键的少数，要找出那些能够给企业带来 80%利润、总量却仅占 20%的关键的客户，加强服务，以达到事半功倍的效果。

这也告诉企业管理者，在面对工作的时候，一定要对其进行认真的分析，将主要精力花在解决主要问题、抓主要项目上。除了抓住 20%的关键客户外，还需要注意以下两点：

1. 设法留住企业中 20%的关键精英型人才。美国一个调查机构曾做出了这样一项调查：在任何一个组织中，真正为企业创造利润的只是占企业 20%的人，其他 80%的人每天看起来非常忙碌，但却并不能为企业带来主要利润，有的甚至还在拖企业的后腿。为此，作为管理者，在平时一定要注意将这 20%的关键人才筛选出来，采取相应的措施重用他们，提升他们的待遇，提升他们的工作积极性和创造性，使其充分发挥自身的才能，从而从根本上提升企业的整体效率，促进企业向前发展。

2. 打造出20%的具有市场竞争力的核心产品。管理者如果清晰地对其企业内部的产品进行过详细的分析，这个时候，你就会发现，企业80%的利润多是由内部20%的产品所创造的。为此，管理者在平时应该将主要的精力投入到20%的核心产品上，以提升企业的竞争力，推动其不断发展。

当然，每个企业的情况不同，其核心产品的比例不完全是固定的20%，也可能是10%，也可能是30%，等等，这里我们所说的20%只是个概数，管理者要根据企业的具体实际情况实施。

第340天　青蛙原理：保持清醒，及时关注潜在问题

时刻保持清醒，不轻视任何问题，这样才能避免给企业带来巨大的损失。

——北大光华管理学院管理课理念

青蛙原理是说，将一只青蛙直接放进热锅中，因为它对不良环境的反应十分地敏感，会迅速地跳出锅外。而如果将一个青蛙放进冷水锅中，慢慢地加温，青蛙并不会立即地跳出锅外，水温逐渐提高的最终结局是青蛙被煮死了，因为等水温高到青蛙无法忍受时，它已经来不及或者说已经没有能力跳出锅外了。

青蛙原理用在管理中，反映出企业中存在的两种性质的问题，即显性问题与隐性问题。多数情况下，管理者对于显性问题，就如同青蛙对沸水的感觉一般，会立即采取相应的措施，及时将问题扼杀在萌芽状态。而对于企业中的隐性问题，不能及时被发现，日积月累，由小变大便能够酿成大祸。因此，作为管理者，一定要时刻保持清醒的头脑，关注企业潜在的问题，并及时解决，以免给企业带来大的损失或惨重的后果。

第341天　马太效应：强者恒强，赢家通吃

有效地运用集体的力量，才能充分地发挥马太效应的正面作用。

——北大光华管理学院管理课理念

有这样一个故事：

一个国王远行时，交给三个仆人每人一锭银子，吩咐他们："你们去做生意，等我回来时，再来见我。"

国王回来的时候，第一个仆人说道："主人，你给我的一锭银子，我已经赚了10锭。"于是国王奖励了他10座城邑。

第二个仆人则报告说道："主人，你给我的一锭银子，我已经赚了5锭。"

于是，国王奖励了他5座城邑。

第三个仆人则报告说道："主人，你给我的一锭银子，我一直包在手巾中存着，我怕丢失，一直没有拿出来。"

于是，国王便命令将第三个仆人的一锭银子也赏给第一个仆人，并且说道："凡是少的，就连他所有的也要夺过来。凡是多的，还要给他，叫他多多益善。"

这就是马太效应。用在管理中是说，任何一个企业都是以合法利益最大化为目的的组织。无论从投资的观点还是从管理的观点出发，无疑会将资源和支持尽可能地投给能带来最大效益的部门，但这样的结果有好有坏。管理者在管理过程中，要正确地利用马太效应。主要可以从以下几个方面努力：

1. 在集团管理模式之下，集团拥有若干的产业，但是每一个产业的盈利能力与预期是不一样的。对于集团来说，肯定会将资金投入能够快速带来利益的产业，这样就会形成越好的产业越被重视，发展局面越好的情况。

从这个层面来说，作为集团子公司的管理者一定要精心管理，有效地利用优秀的业绩来证明企业的发展潜力，同时还要加强和集团领导的沟通，让其看到企业发展的潜力与希望，以争取集团的支持。一旦取得集团的支持，进而快速地提升业绩，集团便会不断地支持企业的发展，这样就十分有效地利用了马太效应。

2. 优秀人才的培养。在企业中经常会出现这样一种现象：企业中越是表现良好的员工，越能够受到领导的重视和关注，越会被赋予更多更大的权力，这样的员工在组织中便会越发凸显其巨大的作用，也自然很容易获得升迁和培养的机会，这便是人才培养中的"马太效应"。这个时候，管理者一定要及时表场和提拔优秀的员工，这样便会带动整个公司其他员工的工作积极性，提升所有员工的工作能力。

但是，管理者也要十分注意：过于优秀的人才，如果表现过于突出，可能会与那些表现平平的员工发生冲突，不利于团队凝聚力的建设。这个时候，要多注意培养更多的优秀员工，只有这样才能带动整个公司员工的进步。

3. 团队建设。一个企业都有很多部门，形成了诸多的小团队。如果管理者能在工作中有效地利用团队建设的马太效应，不仅能够快速地完成本部门的工作任务，同时也为公司的团队管理提供了一个可以学习的模板，一定会得到领导的表扬与奖励。这样团队成员便会更加团结，团队建设便会更上一层楼。这样在公司不断的表扬和奖励之中，团队的建设便会越来越好，也越能够发现这个团队在公司中的重要作用，对提高公司的整体的工作效率有极大的帮助。如此这样，其部门领导升迁的可能性便越来越大。

总之，马太效应的运用一定要建立在全局的基础之上，唯有如此才能充分发挥马太效应的正面作用，否则，一定会将企业或者员工带入极为危险的境地，十分不利于企业和员工的和谐发展。

第 342 天　权威效应：树立权威，增强影响力

权威是最好的管理利器。

——北大光华管理学院管理课理念

权威效应，又称为权威暗示效应，主要是指一个人如果有极高的地位，在众人中有威信，受人敬重，那么，他们说的话以及所做的事情就极容易引起他人的重视，并让他们相信其正确性，即“人微言轻、人贵言重”。

北大心理管理课指出，“权威效应”的普遍存在，首先是因为人们有“安全心理”，即人们总是认为权威人物往往是正确的楷模，服从他们会使自己具备安全感，增加不出错的“保险系数”；其次是因为人们都有“赞许心理”，即人们总是认为权威人物的要求往往与社会规范是相一致的，如果依照权威人物的要求去做，将会得到各方面的赞许与奖励。

为此，管理者在管理过程中，可以通过树立自身的权威去实施管理，那么，你所发出的每一项“命令”，便可以得到有效的实施，这样不仅可以改变员工的工作行为，而且还可以改变员工的工作态度。

一个优秀的管理者一定是企业的权威，或者能够为企业培养一种权威，然后会利用权威暗示效应进行管理。当然，要树立权威首先必须要有极高的为人处世能力；其次是要学会以身作则，严于律己；最后是要树立榜样，敢为人先。做到这些，便可以有效地树立起管理者的权威。

第 343 天　鲶鱼效应：合理引入，激发团队活力

鲶鱼效应的关键就在于如何利用好鲶鱼型人才。

——北大光华管理学院管理课理念

挪威人大都喜欢吃沙丁鱼，尤其是活鱼。但是市场上活沙丁鱼的价格要比死鱼高出许多。所以，渔民总是会千方百计地想法让沙丁鱼活着回到鱼港。但是，虽然经过种种的努力，绝大部门的沙丁鱼还是在中途窒息而亡。但却有一条渔船总是让大部分的沙丁鱼的鱼槽里放进了一条以鱼为主要食物的鲶鱼。将鲶鱼放入鱼槽之后，因为周围环境的陌生，便会四处地游动。沙丁鱼见到鲶鱼

后便会十分地紧张，左冲右突，四处躲避，加速游动。如此这样，一条条沙丁鱼便可以活蹦乱跳地回到渔港，渔夫就是这样利用鲶鱼收获了最大的利益。这便是著名的“鲶鱼效应”。

鲶鱼效应用在管理中，是说管理者可以采取一种手段或者措施，去刺激一些企业活跃起来，投入到市场中积极地参与竞争，从而从根本上激活市场中的同行业企业。其实质即是一种激励，是激活团队队员的奥秘之一。

在企业管理中，管理者要实现管理的目标，同样需要合理地引入鲶鱼型人才，以此来改变企业相对一潭死水的状况。“鲶鱼型”人才，即为“好动型”、“活跃型”人才，他们具有强烈的竞争意识，有极强的工作能力，合理地引入，可以给其他员工造成一种压力，以激发整个团队的竞争意识和工作积极性。

鲶鱼型人才是企业管理必需的，因为其特殊性，管理者切不可用相同的方式去管理鲶鱼型人才，已有的管理方式可能有相当部分已经过时。因此，鲶鱼效应对于管理者提出了新的要求，不仅要求管理者掌握管理的常识，而且还要注重提升自身的修养和素质，这样才能让鲶鱼型人才心服口服，才能够保证组织目标得以实现。

另外，鲶鱼效应对于“沙丁鱼”来说，在于缺乏忧患意识。对于企业中的“沙丁鱼型”员工来说，其忧患意识太少，如果一味地追求稳定，最终只能被市场所淘汰。“沙丁鱼”型员工如果不想窒息而亡，就必须活跃起来，积极寻找新的出路。

第 344 天　蝴蝶效应：细节决定成败

谁能够捕捉到市场中的“蝴蝶”，谁便不会被市场所抛弃。

——**北大光华管理学院管理课理念**

蝴蝶效应是 20 世纪 70 年代，美国一个名叫洛伦兹的气象学家在解释空气系统理论时说的，亚马逊雨林一只蝴蝶偶尔地振翅，也许两周之后便会引发美国得克萨斯州的一场龙卷风。

其实，蝴蝶效应是说，初始条件十分微小的变化如果经过不断地放大，对其未来状态会造成极大的差别。有些小事可以糊涂，有些小事如果系统地放大，则对一个组织、一个国家来说是极为重要的，就不能够糊涂。

如今的企业管理，也受“蝴蝶效应”的影响。比如，在一个卖场中，消费者越来越注重购物环境、服务态度……这些无形的价值都会成为他们选择商品的重要参考因素；在对员工进行管理时，员工的情绪、对工作的态度等，都会影响其工作效率。所以，管理者在任何情况下，都要注重细节管理。

其实，只要你稍加留意，便会发现，那些管理规范、运作良好的公司在他们的公司理念中都会出现这样的句子：

“在你的统计中，对待100名客户里，只有一位不满意，因此你可以称只有1%的不合格率，但是对于该客户而言，他得到的却是100%的不满意。”

“你一朝对客户不善，公司就需要10倍甚至更多的努力去补救。”

“在客户眼里，你代表公司。”

可以说，在企业中，员工一个细小的动作，便会影响到整个企业的未来。所以，做好细节管理是现代社会与市场发展的重要要求，也是决定企业竞争成败的重要因素。

第345天　手表定律：对准一个目标，才能提升效率

一块手表能掌握时间，两块便无法掌握。

——北大光华管理学院理念

森林中生活着一群猴子，每天太阳升起的时候，它们便会外出觅食，太阳落山的时候便会回去休息，日子快乐而幸福。

一次，一名游客穿越森林，就将手表落在了草丛中，被一只叫作猛可的猴子捡到了。聪明的猛可很快就搞清楚了手表的用途，于是，猛可便成了整个猴群的明星。每只猴子都开始向猛可请教确切的时间，整个猴群的休息时间由此便由猛可来规划，猛可便在群猴中树立起了威望，当上了猴王。

做了猴王的猛可认为是手表给自己带来了好运，于是它便每天在森林中寻找，希望能够捡到更多的手表。功夫不负有心人，猛可便又拥有第二块、第三块手表。

但是出乎意料的是，得到了三块手表的猛可有了新的麻烦，因为每一块手表所显示的时间都不相同，猛可便无法确定哪块手表上显示的时间是正确的。群猴也发现，每当有猴子来问时间时，猛可便总是支支吾吾地答不上来。猛可的威望也由此大大地降低，整个猴群的作息时间也变得一塌糊涂。

只有一块手表，可以确定时间；但拥有两块或者两块以上的手表并不能够告诉一个人更准确的时间，反而会让看表的人失去对准确时间的信心。这便是著名的“手表定律”。

在管理中，手表定律给管理者这样的启示：同一个企业中，不能同时采用两种不同的价值标准。

主要表现在以下几个方面：

1. 对于任何一件事情，管理者不能设置两种不同的目标，否则会使下属或者员工无所适从。

2. 在企业中，管理者不能给员工灌输两种不同的价值观，否则，他的行为将陷入一片混乱之中。

3. 一个员工不能由两个管理者去指挥，否则，这个员工便只会感到无所适从。

4. 一个企业，不能采取两种不同的管理方法，否则将使这个企业无法发展。

在这方面，美国在线与时代华纳的合并就是一个典型的失败案例。美国在线是一个年轻的互联网公司，企业文化强调的是操作灵活、决策迅速，要求一切为快速抢占市场的目标服务。而时代华纳在其长期的发展过程中，迅速地建立起强调诚信之道和创新精神的企业文化。两家企业合并之后，因为企业高级管理层并没有极好地解决两种价值标准的冲突，最终导致员工完全搞不清楚企业未来的发展方向。最终，时代华纳与美国在线的"世纪联姻"以失败告终。这也充分说明，一个企业，只有一种管理理念便已经足够，否则，只会让企业陷入危机的境地。

第 346 天　木桶效应：注重提升"短板"员工

一个团队最为可怕的就是"短板"员工，他的成长，直接关系着整个团队的成长。

——北大光华管理学院理念

木桶效应主要是指一只水桶要想盛满水，必须要保证每一块木板都一样平齐而且还全无破损。如果这一只桶的木板中有一块不齐或者某块木板下面有破洞，这只桶便无法盛满水。也就是说，一只水桶能够盛多少水，并不取决于最长的那一块木板，而是取决于最短的那一块木板。木桶效应也叫作短板效应。

在企业中，一些管理者可能有这样的感受：为什么我带领的团队越来越差，而别人的部门却越来越强？是自己团队中"拖后腿"的员工太多，还是他人团队中员工的素质过高呢？其实，问题往往不出在员工身上，而是要从团队管理者身上找原因，即如何科学管理，才能让自己的团队成为一个优秀的团队。

其实，极为关键的一点，就是要避免"短板效应"。一个部门业绩的好与坏，极大程度上不是看部门内部有多么优秀的员工，而是要看部门有多少业绩差的员工。很多管理中，在实际生活中，经常会忽视这一点，对那些表现较好的员工大加赞赏，而对那些表现不好的员工则只会严厉地批评，最终只会造成这样的结果：那些优秀的员工换部门或者跳槽了，留下的却是看起来越糟糕的员工，以至于团队的业绩越来越差。

这给管理者这样一个启示：要想使整个团队的整体业绩上去，除了要奖励优秀员工外，还要注重去提升业绩差的员工的工作能力。重点去纠正他们的工作态度，调整他们的工作状态，同时也要注重对他们进行培训，教给他们工作技巧或方法，以从整体上提高团队的业绩。

第 347 天　刺猬法则：疏者密之，密者疏之

成功之道亲密无间不如亲密有间。

——北大光华管理学院理念

刺猬法则主要是指：两只困倦的刺猬，因为寒冷而拥挤在一起。但是却因为各自身上都长着刺，于是它们便离开了一段距离。但是又因为寒冷难耐，于是便凑到一起。几经折腾后，两只刺猬终于找到了一个较为合适的距离，既能够互相获得对方的温暖而又不至于被扎。

刺猬法则，运用到管理实践之中，就是领导者如果能够搞好工作，应该与下属保持亲密关系，但是如果过于亲密，便极容易破坏管理制度，违反原则。为此，也要与下属保持心理距离，这样可以避免下属的防备和紧张，同时也可以有效地减少下属对自己的恭维、奉承等行为，防止与下属称兄道弟、吃喝不分，既可以获得下属的尊重，又能够保证在工作中不丧失原则。一个优秀的管理者，只有做到“疏者密之，密者疏之”，这才是成功之道。

第 348 天　破窗理论：及时行动，防微杜渐

人的行为很大程度上是由环境决定的。

——北大光华管理学院管理课理念

如果有人打坏了房屋的一扇窗户，打碎玻璃者未受到惩罚，破碎的窗户又没有得到及时的修理。在这样的情况下，别人就会受到暗示性的纵容，去打烂更多的窗户。最终造成千疮百孔、积重难返的局面。这便是“破窗原理”。

其实，在现实的安全管理过程中，很多人总是会怀着侥幸的心理去钻制度的空子，或者无意地破坏制度，成为第一个“打碎玻璃者”。在物业安全中，常常会发现护卫人员在岗履行职责不力，外来人员进出不登记，巡逻时发现问题不处置，下半夜有的睡觉、脱岗，抱着“你不查，没人说；你不管，没人知”的态度，便是安全管理上暗示性的纵容。正是这种暗示性的纵容，塑造了诸多的“敢打玻璃者”。

其实，“破窗理论”给我们的管理者以这样的启迪：

1. 管理者不能够忽视第一块“破玻璃”，发现后，必须及时修好，以警示第一个“打玻璃者”，以防范其他员工步其后尘。

2. 不能够忽视事故的苗头，必须彻底地消灭。“破窗理论”警告我们：任何制度都有破坏的可能性，任何管理上的疏忽都有可能酿成大的祸端。所以，我们必须要持之以恒，堵塞各种可能造成事故的漏洞，狠抓制度的落实，维护安全制度的权威性和严肃性，不能让制度流于形式，绝不给任何威胁安全局面的人或者行为有一席场地和空间。

3. 对于违反企业制度的员工，必须依照规定给予惩罚。否则，会让制度流于形式，再好的管理也形同虚设，丝毫起不到警戒约束的作用，给管理埋下隐患。

4. 不能够忽视预警工作，必须要做到“防患于未然”。要能够从细微之处下手，从点滴上抓起，坚持小题大做和绝不放过。这样才能确保各项管理在得以落实的同时，捍卫制度，让员工养成自觉遵守制度的习惯，摒弃侥幸心理，时刻保持高度的警戒性，将每一个事故的苗头消灭在萌芽状态。

第349天　鳄鱼法则：小心谨慎，当断则断

投资本身没有风险，失控的投资才有风险。

——索罗斯（北大光华管理学院管理课引用理念）

鳄鱼法则是指，假设一只鳄鱼咬住你的脚，如果你用手去试图挣脱你的脚，鳄鱼便会同时咬住你的脚与手。你愈挣扎，被咬住的就越多。所以，当鳄鱼咬住你的脚的时候，你唯一的办法便是牺牲一只脚。

鳄鱼法则在管理中主要是指，当你发现自己的交易背离了市场的方向，就必须立即止损，不能有任何的延误，不能存在任何的侥幸心理。

波动性与不可预测性是市场最根本的特征，也是市场存在的基础，也是交易风险产生的原因，这是一个无法改变的特征。这也告诉管理者，交易中永远没有确定性，所有的分析预测仅仅是一种可能性，根据这种可能性而进行的交易自然是不确定的，不确定的行为必须要有有效的措施来加以控制，这便产生了止损。

止损是指在交易过程中自然产生的，并非是刻意的结果，是投资者保护自己的一种本能的反应。这也告诫管理者，止损远远要比盈利重要，因为任何时候，保本都是第一位的，盈利则是第二位的，建立合理的止损原则是极为有效的，谨慎的止损原则的核心就在于不让亏损持续地扩大。

第 350 天　羊群效应：不盲从，不跟风

所谓的失落就是没有目标，所谓的迷惘就是盲目跟风，不知道要干什么。

——俞敏洪

羊群是一个极为散乱的组织，平时在一起也没有规矩，只是盲目地相互撞击，但一旦有一只头羊动起来，其他的羊也会不假思索地一哄而上，全然不顾前面可能有狼或者不远处有更好的草。因此“羊群效应”就是比喻人都有一种从众心理，从众心理极容易导致盲从，而盲从则往往会陷入骗局或者遭到失败。

在管理中，羊群效应主要用来告诫管理者，在竞争极为激烈的“兴旺”的行业，极容易产生“羊群效应”。很多高层管理者看到一个公司做什么生意赚钱，都会蜂拥而上，立即干上这个行当，直到行业供应大大地增长，生产能力饱和，供求关系失调。如果一个管理者一味地模仿“领头羊”的一举一动，难免会缺乏长远的战略眼光，最终被市场所淘汰。这告诫管理者，我们不是愚蠢的羊，要学会用脑子去思考，去衡量企业所入的新的行业是否符合隐藏着潜在的危机。要知道，任何行业与企业都不可能是“避风港”。风险是存在的，管理者必须事先进行大胆而明智的洞察，这样才能避免企业陷入危机之中。

第 351 天　海恩法则：安全重于一切

所有的安全事故，都是事先有征兆和苗头的。

——北大光华管理学院管理课理念

海恩法则是德国飞机涡轮机的发明者德国人帕布斯·海恩提出的一个关于航空飞行安全的理论。海恩法则指出：每一起严重的事故的背后，必然有 29 次轻微事故和 300 起未遂先兆以及 1000 起事故隐患。

这个法则，多用于企业的生产管理中。在安全事故的认识和态度上，很多管理者都存在这样一个“误区”，只注重对事故本身进行总结，甚至会依照总结得出的结论“有针对性”地开展安全大检查，却忽视了对事故本身进行总结，忽视对事故征兆和苗斗进行排查。而那些未被发现的征兆或苗头，就可能成为下一次事故的隐患。长此以往，在企业中，事故便会产生“连锁反应”。一些企业发生安全事故，甚至特重大安全事故接连发生，主要就在于忽视了事故征兆和事故苗头。

“海恩法则”对企业来说是一种警示，它说明任何一起事故都是有原因的，并且也是有征兆的；它同时说明安全生产是可以控制的，安全事故是可以避免

的；它也给了企业管理者安全生产管理的一种方法，即发现并控制征兆。

具体来说，利用“海恩法则”进行生产的安全管理主要步骤如下：

1. 任何生产过程，最好都实行程序化，这样才能使整个生产过程可以进行考量，这是发现事故征兆的前提。

2. 对每一个程序都要划分相应的责任，可以找到相应的负责人，要让他们认识到安全生产的重要性，以及安全事故所带来的巨大的危害性。

3. 根据生产程序的可能性，管理者可以事先列出每个程序可能发生的事故，以及发生事故的征兆，培养员工对事故征兆的敏感性。

4. 在每一个程序上面都要制定定期的检查制度，如此才能及早地发现事故的征兆。

5. 在任何程序上，一旦发现生产安全事故的隐患，一定要鼓励员工及时报告，及时排除。

6. 在生产过程中，即便有一些小的事故发生，可能是避免不了或者经常发生的，也要引起足够的重视，要及时排除。如果当事人不能排除，也应该向安全负责人去报告，以便找出这些小事故的隐患，及时排除，避免发生安全事故。

第 352 天　搭便车效应：考核个体才能出绩效

管理者要学会何时强调整体效应，何时突出个人业绩重组和考核，尽量不要让优秀或一般的员工隐藏在团队中。

——北大光华管理学院管理课理念

搭便车效应是指在一个利益群体内，某个员工会为了本利益集团的利益所作的努力，集团内所有的人都有可能会得益，但其成本却主要由这个人来承担，这便是搭便车效应。

要解决企业中的这一问题，就要尽量有针对性地对每个员工实施奖惩措施。将个体的奖惩与团队的奖惩结合起来，以便为企业创造更多的利益。

管理者具体可以从以下几个方面努力：

1. 何时强调整体协同，何时突出个人业绩，千万不要让优秀或者低效益的员工隐藏在团队之中。比如，在一个大型的渔场中，一次大规模的捕鱼活动需要许多人去分工协作完成，比如，有人撒网，有人操作机械，有人收网，等等，而个人是不可能独立完成这项工作的。所以，对于捕鱼工作的考核应该以团队为主要考核对象。而如果是卖鱼的工作，则应该选择个人考核，将卖鱼者组成的团队进行考核，会大大地导致大量的搭便车行为与更少的产量。

2. 根据团体的规模使用恰当的绩效管理办法。要有效地避免团队中员工搭便车现象，管理者要根据团体的规模使用最恰当的绩效管理办法。对于小型企业来说，如果人员少、管理结构扁平、人员之间可便捷地进行沟通，则不需要建立烦琐的绩效管理体系，而应该重点突出考核的明确性、实用性、重点性和时间性。

3. 建立适当的团队规模。其实，搭便车效应往往都是因为团队规模过大，无法对个体进行考核的时候产生的。为此，管理者应该适当地缩小团队的规模，尽量对团队成员进行独立的考核，以避免搭便车效应的产生。

第 353 天　德西效应：激励要得当

奖励能激发员工的工作动力，但是却不能滥用。

——北大光华管理学院管理课理念

德西效应是指，在某些情况下，当外加报酬与内感报酬兼得的时候，不但不会使工作的动机力量倍增、积极性更高，反而使其效果降低，变成二者之差，外加报酬，反而会抵消内感报酬的作用。

在 1971 年，德西专门作了一个实验：选择大学生为对象，在实验室里解答一些有趣的智力难题。实验主要可以分为三个阶段：

第一阶段，所有的学生无论答对题，还是答错，都无任何奖励。

第二阶段，将学生分为两组，第一组学生每完成一难题可以得到 1 美元的报酬。而无奖励组的学生仍旧像原来那样解题。

第三阶段，在学生的自由时间，研究人员观察学生是否仍旧在做题，以此作为判断学生对解题的兴趣的指标。

最终的结果发现：无奖励组的学生要比奖励组的学生花更多的休息时间去解题。这也说明：奖励组对解题的兴趣衰减得快，而无奖励组在进入第三阶段后，仍对解题保持了较大的兴趣。这个试验充分证明：当一个人进行一项愉快的活动的时候，给他提供奖励的结果反而会减少这项活动对他内在的吸引力。这便是所谓的“德西效应”。

“德西效应”在管理上的表现，便是企业内部的薪酬制度。薪酬是企业管理的一个有效的硬件，直接影响到员工的工作情绪。但是，每个企业在制定了有效的薪酬制度后，便不会轻易给员工加薪，否则可能会带来“德西效应”，不仅不能激励员工，还可能造成负面影响。

在 IBM 有一句拗口的话：加薪非必然！在同行业中，IBM 的工资水平不是最高的，但也不是最低的。但 IBM 有一个让所有员工都坚信不疑的游戏规则：干得好加薪是必然的。

1996年初，IBM便推出了个人业绩评估计划（PBC）。PBC主要从三个方面win（致胜）、executive（执行）、team（团队精神）来考查员工的工作情况。

其实，IBM薪酬政策的精神主要是通过有竞争力的策略，去吸引与激励那些业绩表现优秀的员工继续留在工作岗位上。IBM独特而有效的薪金管理，能够奖励先进、督促平庸。将外在报酬与内在报酬相互挂钩，有效地避免了“德西效应”的产生，这种管理已经发展成为了一种高效的文化。

在平时的管理过程中，很多私企老板总是抱怨自己的高级人才流失太过严重：“我已经连续给他们涨了很多工资，不仅看不到一点成效，还留不住他们。”从薪金这个角度去看，原有的外加报酬如果距离人才需要满足的水平太远，直接激励的原有强度如果不充足，便必然会导致“德西效应”。而如果人才觉得工作本身所具有的外在报酬和内在报酬都不如人意，即便外在报酬不断地增强，也无法抵达到他的预期，人才离去也是必然的结局。

为此，每一位管理者在平时的管理过程中，都应该注意发现每位下属或员工的“闪光点”，在适当的场合恰如其分地进行表扬或激励。但是必须要注意，这种表扬是有限度的，要在平时的工作中随时进行。要懂得真正树立典型，唯有这样，人们才能将承担的义务看成是“应该做的”、“必须做的”，做不到应该受到严厉批评，做到不应当“邀功领赏”，只有做到最好，才会立功受奖。

第354天　得寸进尺效应：先小后大，逐步推进

“得寸”以后必须要“进尺”，这样才能让人甘心情愿地接受。

——**北大光华管理学院管理课理念**

美国一位社会心理学家曾做过这样一个有趣的实验：他让助手去访问一些家庭主妇，请求被访问者答应将一个小招牌挂在窗户上面，她们便答应了。过了半个月，实验者便再次登门，再次提出要求，将一个大的招牌放在庭院内，这个牌子不仅大，而且很不美观。同时，实验者也向之前没有放过小招牌的家庭主妇提出同样的要求。结果前者有55%的人同意，而后者则仅有不到17%的人同意，前者比后者高出了3倍。后来，人们将这一心理现象就叫作“得寸进尺效应”。

心理学家认为，人的每一项意志行动都有行动的最初目标，在诸多的场合之下，因为人的动机是复杂的，人们常常面临各种不同目标的比较、权衡和选择，在相同的情况下，那些简单容易的目标能让人接受。另外，人们也总是愿意将自己调整成前后一贯、首尾一致的形象，即便他人的要求有些过分，但是

为了维护印象的一贯性，人们也会继续下去。

这个心理现象告诉我们：要让他接受一个很大的，甚至是很难的要求时，最好先让他接受一个小要求，一旦他接受了这个小要求，他就极容易接受更高的要求。

用在管理上，这也告诫管理者：要使员工愿意承受一些高难度的工作任务，那就先让其承受一些较小难度的工作，从小到大，逐步推进，最终让员工心甘情愿地接受；要使员工能够承受较大一些的压力，那就先让他们承受一些较小的压力，采用“搭梯子”式的管理方式，贯彻“自小到大，逐步推进”的原则，需要注意的是，一定要注意“梯子”依靠的地方要正确，而且间距不能够太大、太陡，做到扶一扶“梯子”，托一托人，这样才能让员工甘愿领受。

第 355 天　踢猫效应：管理好自己的情绪

要管理好下属，首先要管理好自己的情绪。

——北大光华管理学院管理课理念

心理学指出，人的不满情绪与糟糕心情，一般都会沿着等级和强弱组成的社会关系链条依次地传递，由金字塔顶一直扩散到最底层，无处发泄的最小的那一个元素，成为最终的受害者。

一般情况下，人的情绪会受到周围环境以及一些偶然因素的影响。当一个人的情绪变坏时，潜意识便会驱使他选择下属或无法还击的弱者去进行发泄。而受到上司或者强者情绪攻击的人又会回去寻找自己的出气筒，这样就会形成一条清晰的愤怒传递链条，最终的承受者即是“猫”，是最弱小的群体，也是受气最多的群体，因为也许会有许多渠道的怒气传递到这里来。这便是踢猫效应。

这个现象告诫管理者：在管理中，要时刻管理好自身的情绪，不要随意找下属发泄，以免在企业中产生泄愤连锁反应，那么，最终的伤害者便是企业最底层的员工。如此一来，员工便也可能会拿工作来泄愤，那么，最终受损的还是企业以及企业中的高层管理者。另外，管理者如果总拿下属来泄愤，便也是违背了企业“人性化管理”的原则，那么，必然会造成底层员工的流失，使企业受损。最终，也不利于企业内部形成团结、友爱、和谐的文化氛围，不利于企业长远的发展。

第 356 天　半途效应：树大目标，迈小步子

树大目标，迈小步子。

——北大光华管理学院管理课理念

半途效应是指在激励过程中达到半途时，因为心理因素以及环境因素的交互作用而导致的对于目标行为的一种负面影响。

大量的事实表明，人在树立目标后，其达成目标的行为的中止期多发生在“半途”附近，在人的目标行为过程的中点附近是一个极其敏感与极其脆弱的活跃区域。

其实，导致半途效应的原因主要有两个：

一是目标选择的合理性，目标选择得越不合理，就越容易出现半途效应。在管理中，如果一个团队的目标选择不合理，也会使整个团队的行为“半途”而止，不仅影响了团队的士气，也削减了团队成员的工作积极性。同时，也给企业带来了巨大的资源浪费。所以，管理者在制定团队任务目标或者给员工制定团队目标时，一定要合理。这是成为一个好的管理者的重要基础。

二是个人的意志力。意志力越弱的人越容易出现半途效应。这就要求管理者在平时多鼓励，以培养员工的意志力。同时，也要采取多种激励方式，从精神上让员工坚持完成工作任务。

同时，管理者也可以采用“大目标，小步子”的方法，对于防止半途效应的发生具有重要的积极的意义。

第 357 天　帕金森定律：精简机构，降低成本

机构繁冗、臃肿，人员膨胀，是提升企业效率、降低成本的大敌。

——北大光华管理学院管理课理念

帕金森定律是帕金森博士在 1957 年提出的。帕金森指出，人员的晋升机会与机构增加成正比例，所以，人们总是希望多多增加企业的内部机构。他形象地描述了此种心理与行为过程。比如有一企业经理人 A，当他时常感到工作太过忙碌或太累时，就急需要增加人手，因为他认为仅凭自己来提升工作效率的办法是不切实际的，于是便找到比他级别和能力都低的 C 先生和 D 先生当助手，将自己的工作分两份给 C、D，自己掌握全面。

C 和 D 还要相互地制约，不能够与自己竞争。当 C 工作也累也忙时，A 就要考虑给 C 配二名助手；为了平衡，也要给 D 配两名助手，于是一个人的工作就变成 7 个人来干。A 的地位也随之抬高。当然，7 个人也会给彼此制造许多工作，比如一份文件需要 7 个人共同来起草圈阅，每个人的意见都需要考虑、平衡，绝对不能够敷衍塞责，于是，下属之间便产生了矛盾，他要想方设

法去解决；升级调任、会议出差、工资住房、培养接班人……哪一项不需要认真地研究，工作便也越来越忙，甚至7个人也不够用了……最终，帕金森便用英国海军部的人员证明：1914年皇家海军官兵146万人，而基地的行政官员、办事员3249人。到1928年，官兵则降为10万人，但是基地的行政官员、办事员却增加到4558人，增加了40%。

最终，帕金森得到结论：一个人的工作分成很多人来做，比一个人做时还要忙碌，因为很多人之间会形成很多牵制关系，制造出许多新工作，于是很多人便会显得很忙碌。这样便形成了人浮于事、机构膨胀、效率低下的局面。

可以看出，机构、人员膨胀是提高企业效率、降低成本的大敌。为此，作为管理者，一定要经常检查一下自己企业的组织结构，看是否有机构臃肿、人浮于事、效率低下的情况。若有的话，则需要尽快地改进。

当企业发展壮大之后，很多管理者会信心爆棚，从组织结构到人员设置，都有盲目求大的心理，这个时候需要警惕“帕金森定律”的发生。

第358天　贝尔纳效应：慧眼识才，放手用才

有怎样的胸怀，便能做出多大的事业。

——翟鸿燊

英国学者贝尔纳勤奋刻苦，同时也有极高的天赋。如果他将毕生的精力投入去研究晶体学或者生物化学，很有可能获得诺贝尔奖。但是，他却心甘情愿地走另一条路——为他人去做一架云梯，将一个个富有开拓性的课题提出来，指引他人登上科学的高峰，这一举动被科学家称之为“贝尔纳效应”。

这一效应应用在管理中，是指管理者一定要具有伯乐精神、人梯精神、绿地精神，在人才的培养过程中，要以国家与民族利益为重，以单位与集体为先，能够慧眼识才，放手去用才，敢于提拔任用能力比自己强的人，积极为有才干的下属创造脱颖而出的机会，最终让企业受益。这就需要管理者拥有博大的胸怀，如此才能做出伟大的事业来。

第359天　热炉法则：该强硬时且强硬

如果员工屡次违反企业的规章制度，一定要让他受到热炉般“烫”的处罚。

——北大光华管理学院管理课理念

一个员工如果违反企业的规章制度，一定要依照规章制度对其进行惩罚，该

罚多少便罚多少，不能有半点仁慈和宽厚。这是管理者树立自身权威的重要方法，也是维护企业严肃的必要手段。西方管理学家将这一惩罚原则称之为“热炉法则”。

这个法则告诫管理者，在任何时候都要懂得维护管理制度的权威性，如果有员工违反，就要让其像去触碰一个烧红的火炉那般尝到“烫”的滋味。要实施这种惩罚，管理者就需要具备强硬手段，并且实施起来要坚决果断。惩罚可能会痛苦一时，但却绝对有必要。如果在执行惩罚的时候优柔寡断，瞻前顾后，便会失去它应有的效力。

同时，管理者也要明白，任何事情都要依照制度去办，对事不对人。任何人犯错误，都要给予相应的处罚。

最后，在履行“热炉法则”的时候，一定要遵循以下原则：

1. 即刻性。触到火炉时，必须让员工立即感觉到被烫的感觉。

2. 预先警示性。火炉是烧红摆在那里的，要让员工明白，如果违反制度，就必须去触碰，就避免不了被烫。

3. 适用于企业里的任何人。管理者在实施“热炉法则”的时候，一定要遵循“不分亲疏贵贱，一律平等”的原则。

4. 贯彻要彻底。实施“热炉法则”时，绝对要做到“说到做到，从不唬人”，这样才能起到震慑员工的作用。

第360天　皮格马利翁效应：学会赞美和信任员工

赞美比批评，信任比怀疑更能激发出一个人的能量来。

——北大光华管理学院管理课理念

皮格马利翁效应，是由美国著名心理学家罗森塔尔与雅格布森在小学教学上予以验证提出的，也称为“罗森塔尔效应”或者“期待效应”。暗示在本质上，是人的情感与观念，会不同程度上受到他人下意识的影响。人们会不自觉地接受自己喜欢、钦佩、信任和崇拜的人的影响和暗示。而这种暗示，正是让你梦想成真的基石之一。

在管理上，皮格马利翁效应，给管理者这样的启示：赞美、信任和期待能够释放出能量来，它能够改变一个人的行为。也就是说，管理者如果对你的下属或者员工给予信任和赞美，它便能够感受到社会的支持，从而增强自我价值。最终便会对工作充满自信，最终获得一种积极向上的动力，并尽力达到管理者的期待目标，就不会让管理者感到失望。所以，在平时的管理过程中，要多对你的下属给予赞美和信任，它比批评和怀疑更能激发出一个人的能量。